HEYNE

AF626798

Das Buch

Bemerkenswerte Schilderungen darüber, was Menschen an der Schwelle des Todes erlebten, bevor sie wieder ins Leben zurückkehrten, gab es schon immer. Lange wurden diese von der Wissenschaft jedoch ignoriert oder einfach als Täuschungen des Gehirns abgetan. Auch der Psychiater Dr. Bruce Greyson war skeptisch – bis ihm etliche seiner Patientinnen und Patienten von schier unglaublichen Nahtoderlebnissen berichteten, die sein bisheriges Weltbild ins Wanken brachten.

Dr. Greyson begann, diese Erlebnisse mit all seiner wissenschaftlichen Kompetenz systematisch zu erforschen. Heute gilt er als der weltweit führende Experte auf diesem Gebiet. Begleiten Sie den Autor auf eine faszinierende Reise, die unschätzbar wertvolle Erkenntnisse für jeden von uns bereithält – und die tatsächlich die Angst vor dem Tod nehmen kann.

Der Autor

Dr. Bruce Greyson, geboren 1946, forscht seit über 45 Jahren zum Thema Nahtoderfahrungen und gilt als einer der weltweit führenden Wissenschaftler auf diesem Gebiet. Der emeritierte Professor für Psychiatrie und Neuro- und Verhaltenswissenschaften an der *University of Virginia School of Medicine* hat u.a. mit den berühmten Nahtodforschern Raymond Moody und Kenneth Ring zusammengearbeitet und ist Gründungsmitglied der *International Association for Near-Death Studies (IANDS)*.
www.brucegreyson.com

Dr. med. Bruce Greyson

ERFAHRUNGEN IM UNENDLICHEN BEWUSSTSEIN

Was Nahtoderlebnisse über das Leben nach dem Tod offenbaren

Aus dem Englischen übersetzt
von Juliane Molitor

WILHELM HEYNE VERLAG
MÜNCHEN

MIX
Papier | Fördert gute Waldnutzung
FSC® C014496

Penguin Random House Verlagsgruppe FSC® N001967

Taschenbucherstausgabe 09/2024

Die Originalausgabe erschien 2021 unter dem Titel
After: A Doctor Explores what Near-Death-Experiences Reveal about Life and Beyond bei St. Martin's Essentials, an imprint of St. Martin's Publishing Group, USA.
Die deutsche Erstausgabe erschien im Ansata-Verlag unter dem Titel
Nahtod – Grenzerfahrungen zwischen den Welten.

Redaktion: Ralf Lay
Umschlaggestaltung: Guter Punkt GmbH & Co. KG, München,
unter Verwendung von Motiven von © StationaryTraveller / iStock / Getty Images Plus, © Fug4s / iStock / Getty Images Plus, © draganab / iStock / Getty Images Plus, © GettyTim82 / iStock / Getty Images Plus, © Gloria Parker / iStock / Getty Images Plus, © Wirestock / iStock / Getty Images Plus, © PLAINVIEW / E+, © chaiyapruek2520 / iStock / Getty Images Plus, © no_limit_pictures / iStock / Getty Images Plus, © pixelparticle / iStock / Getty Images Plus
Satz: Satzwerk Huber, Germering
Druck und Bindung: GGP Media GmbH, Pößneck
ISBN 978-3-453-70467-1

www.heyne.de

Für diejenigen, die auf der Schwelle zum Tod standen und ihre sehr persönlichen und tiefgreifenden Erfahrungen großzügig mit mir teilten.

Inhalt

EINLEITUNG

Eine Reise in unbekannte Welten

Vor fünfzig Jahren sagte eine Frau, die gerade einen Suizidversuch hinter sich hatte, etwas zu mir, das alles infrage stellte, was ich über den Geist sowie das Gehirn und darüber zu wissen glaubte, wer wir wirklich sind.

Die Spaghetti waren schon fast in meinem Mund, als der Piepser an meinem Gürtel losging und mir die Gabel aus der Hand fiel. Ich hatte mich auf das Handbuch für Notfallpsychiatrie konzentriert, das aufgeschlagen neben meinem Tablett lag, und das plötzliche Piepen erschreckte mich. Die Gabel fiel auf meinen Teller, und die Tomatensauce spritzte auf die aufgeschlagene Seite. Ich griff nach unten, um den Piepser auszuschalten, und sah, dass auch meine Krawatte einen Tropfen Spaghettisauce abbekommen hatte. Ich fluchte leise, wischte den Klecks weg und tupfte die Stelle mit einer feuchten Serviette ab, bis der Fleck zwar weniger dunkel, dafür aber etwas größer war. Ich hatte mein Medizinstudium erst vor ein paar Monaten abgeschlossen und versuchte verzweifelt, professioneller auszusehen, als ich mich fühlte.

Ich ging zum Telefon an der Wand der Cafeteria und wählte die Nummer auf dem Display meines Piepsers. In der Notaufnahme lag eine Patientin, die eine Überdosis genommen hatte, und ihre Mitbewohnerin wartete auf ein Gespräch mit mir.

Ich wollte keine Zeit damit verschwenden, über den Parkplatz zum Bereitschaftsraum zu gehen und mich umzuziehen. Also nahm ich den weißen Laborkittel von der Stuhllehne, knöpfte ihn zu, um den Fleck auf meiner Krawatte zu verstecken, und ging in die Notaufnahme.

Als Erstes las ich den Aufnahmeschein, den eine Krankenschwester ausgestellt hatte. Holly studierte im ersten Semester an der Universität. Ihre Mitbewohnerin, die sie ins Krankenhaus gebracht hatte, wartete in der Familienlounge auf mich. Aus den Notizen der Krankenschwester und des Assistenzarztes ging hervor, dass Holly zwar stabil, aber nicht wach war und dass sie im Untersuchungsraum 4 lag mit einem »Sitter«, der sie beobachtete – eine routinemäßige Vorsichtsmaßnahme für psychiatrische Patienten in der Notaufnahme. Ich fand sie auf einer Trage liegend, in einem Krankenhausnachthemd, mit einer Kanüle im Arm und Herzmonitorleitungen, die von ihrer Brust zu einer mobilen Maschine führten, die man neben die Trage gerollt hatte. Ihr zerzaustes rotes Haar bedeckte das ganze Kissen und umrahmte ein blasses, kantiges Gesicht mit einer dünnen Nase und schmalen Lippen. Ihre Augen waren geschlossen, und sie bewegte sich nicht, als ich den Raum betrat. Auf dem Regalbrett unter ihrer fahrbaren Trage lag eine Plastiktüte mit ihren Kleidern.

Ich legte meine Hand sanft auf Hollys Unterarm und rief ihren Namen. Sie antwortete nicht. Ich fragte den Sitter, einen älteren Afroamerikaner, der in einer Ecke des Untersuchungsraums saß und eine Zeitschrift las, ob er mitbekommen habe, dass Holly die Augen aufgeschlagen oder gesprochen hätte. Er schüttelte den Kopf. »Sie war die ganze Zeit weg«, sagte er.

Ich beugte mich über Holly, um sie zu untersuchen. Sie atmete langsam, aber regelmäßig, und es roch nicht nach Alkohol. Ich nahm an, dass sie eine Überdosis Medikamente ausschlief. Der Puls an ihrem Handgelenk war normal, ließ aber alle paar Sekunden einen Schlag aus. Ich bewegte ihre Arme auf der Suche nach Steifheit und in der Hoffnung, einen Hinweis darauf zu bekommen, welche Medikamente sie genommen hatte. Ihre Arme waren locker und entspannt; und als ich sie bewegte, wurde Holly nicht wach.

Ich bedankte mich bei dem Sitter und machte mich auf den Weg zur Familienlounge am anderen Ende des Flurs. Im Gegensatz zu den Untersuchungsräumen war die Familienlounge mit bequemen Stühlen und einer Couch ausgestattet. Auf einem Beistelltisch standen eine Kaffeekanne, Pappbecher, Zucker und ein Milchkännchen. Hollys Mitbewohnerin Susan, ein großes Mädchen mit einer athletischen Figur und braunen, fest zu einem Pferdeschwanz zusammengebundenen Haaren, ging dort auf und ab. Ich stellte mich vor und bat sie, sich zu setzen. Ihre Augen wanderten durch den Raum. Dann setzte sie sich an ein Ende der Couch und spielte nervös mit dem Ring an ihrem Zeigefinger. Ich nahm mir einen Stuhl und setzte mich neben sie. Der fensterlose Raum war nicht klimatisiert, und ich schwitzte in der Hitze des Spätsommers in Virginia. Ich zog den Standventilator etwas näher und knöpfte meinen Kittel auf.

»Sie haben das Richtige getan, Susan, als Sie Holly in die Notaufnahme gebracht haben«, begann ich. »Können Sie mir erzählen, was heute Abend passiert ist?«

»Ich kam am späten Nachmittag von einem Seminar nach Hause«, sagte sie. »Da lag Holly ohnmächtig auf ihrem Bett. Ich rief ihren Namen und schüttelte sie, bekam sie aber nicht wach. Also suchte ich die Beraterin unseres Wohnheims auf, und die rief den Rettungswagen an, der sie hierhergebracht hat. Ich bin dann gleich in mein Auto gestiegen und hierhergekommen.«

Ich ging immer noch davon aus, dass Holly eine Überdosis Medikamente genommen hatte, und fragte: »Wissen Sie, welche Tabletten sie genommen hat?«

Susan schüttelte den Kopf. »Ich habe keine Tablettenröhrchen gesehen«, sagte sie, »aber ich habe auch nicht danach gesucht.«

»Nahm sie regelmäßig Medikamente?«

»Ja, ein Antidepressivum, das sie von der Studentenklinik bekam.«

»Gibt es in eurem Wohnheimzimmer noch andere Medikamente, die sie genommen haben könnte?«

»Ich habe Medikamente gegen meine Krampfanfälle, die ich im Badezimmerschrank aufbewahre; aber soweit ich weiß, hat sie nichts davon genommen.«

»Hat sie regelmäßig getrunken oder irgendwelche Drogen genommen?«

Susan schüttelte erneut den Kopf. »Nicht, dass ich es mitbekommen hätte.«

»Hat sie noch andere medizinische Probleme?«

»Ich glaube, nicht, aber ich kenne sie nicht so gut. Ich kannte sie gar nicht, bevor wir vor einem Monat in das Wohnheim gezogen sind.«

»Aber sie hat jemanden bei Student Health wegen Depressionen konsultiert. Hat sie in letzter Zeit niedergeschlagen oder ängstlich gewirkt oder sich seltsam verhalten?«

Susan zuckte die Achseln. »So nah waren wir uns nicht. Mir ist nichts Besonderes aufgefallen.«

»Verstehe. Wissen Sie zufällig etwas über bestimmte Belastungen, denen sie in letzter Zeit ausgesetzt war?«

»Soweit ich weiß, hat sie in ihren Kursen gute Leistungen erbracht. Wissen Sie, es ist für uns alle eine Umstellung, neu im College und zum ersten Mal weg von zu Hause zu sein.« Susan hielt kurz inne und fügte dann noch hinzu: »Aber sie hatte Probleme mit diesem Typen, mit dem sie ausgegangen ist.« Sie machte wieder eine Pause. »Ich denke, er hat sie vielleicht dazu gedrängt, bestimmte Dinge zu tun.«

»Sie gedrängt, bestimmte Dinge zu tun?«

Susan zuckte die Achseln. »Ich weiß es nicht. Es ist nur so ein Gefühl.«

Ich wartete, aber sie sagte nichts mehr.

»Sie waren sehr hilfreich, Susan«, sagte ich. »Gibt es noch etwas, wovon Sie denken, dass wir es wissen sollten?«

Susan zuckte erneut die Achseln. Ich wartete wieder, doch auch diesmal sagte sie nichts mehr. Ich bildete mir ein, ein leichtes Schaudern gesehen zu haben.

»Wie geht es Ihnen mit alldem?«, fragte ich und legte meine Hand sanft auf ihren Arm.

»Mir geht es gut«, sagte sie ein wenig zu schnell. »Aber ich muss zurück ins Wohnheim. Ich muss noch einen Aufsatz schreiben.«

Ich nickte. »Danke, dass Sie Holly hergebracht haben und noch geblieben sind, um mit mir zu sprechen. Gehen Sie jetzt ruhig zurück zu Ihrem Aufsatz. Sie können morgen früh noch einmal nach ihr sehen, wenn Sie möchten. Wir rufen Sie an, wenn sich etwas anderes ergibt.«

Susan nickte und stand auf, und ich brachte sie zur Tür. Als ich ihr die Hand gab, fiel mein Blick erneut auf den Fleck auf meiner Krawatte, und ich knöpfte meinen Kittel wieder zu, damit die Mitarbeiter der Notaufnahme ihn nicht bemerkten.

Ich ging über den Flur zurück zu Hollys Zimmer, um nachzuschauen, ob sie mittlerweile aufgewacht war. Sie lag immer noch bewusstlos da, und der Sitter bestätigte, dass sie sich nicht gerührt hatte, seit ich weggegangen war. An diesem Abend hatte ich nicht mehr viel zu tun. Ich sprach mit dem

Assistenzarzt, der Holly untersuchte und sagte, er wolle sie auf die Intensivstation verlegen, um ihren unregelmäßigen Herzschlag überwachen zu lassen. Dann rief ich den Psychiater der Fakultät an, der mich in dieser Nacht unterstützte. Er meinte auch, ich könne im Moment nichts mehr tun, gab mir aber den Rat, alles zu dokumentieren. Am Morgen sollte ich dann noch einmal nach Holly schauen und mit ihr sprechen. Bei der Visite um acht Uhr morgens sollte ich ihren Fall den leitenden Psychiatern des Ärzteteams vorstellen.

Als ich über den Parkplatz zum Bereitschaftsraum ging, gratulierte ich mir, dass ich mich nicht lächerlich gemacht und Glück gehabt hatte, dass diese Patientin auf der Intensivstation gelandet war und demnach der Assistenzarzt für ihren Aufnahmebericht und die Maßnahmen in dieser Nacht verantwortlich war und nicht ich.

Als ich am nächsten Morgen gut ausgeschlafen, frisch angezogen und entsprechend erquickt auf die Intensivstation kam, suchte ich das Regal im Stationszimmer nach Hollys Krankenakte ab. Eine der Krankenschwestern schrieb gerade etwas hinein und schaute zu mir auf. »Sie sind aus der Psychiatrie?«, fragte sie.

Ich nickte und sagte: »Ich bin Dr. Greyson.« Es war nicht schwer, mich als den Seelenklempner zu identifizieren, weil ich der Einzige auf der Intensivstation war, der unter dem weißen Kittel Straßenkleidung trug und keinen OP-Anzug.

»Holly ist jetzt wach, und Sie können mit ihr sprechen, aber sie ist immer noch ziemlich schlaftrunken«, sagte die Krankenschwester. »Sie war die ganze Nacht stabil, bis auf ein paar ventrikuläre Extrasystolen.« Ich wusste, dass diese unregelmäßigen Herzschläge vielleicht gar nichts zu bedeuten hatten, aber sie konnten auch mit den Medikamenten zusammenhängen, die sie in der Nacht zuvor genommen hatte.

»Danke«, sagte ich. »Ich werde jetzt kurz mit ihr sprechen, aber das Ärzteteam wird in etwa einer Stunde hier sein, um sie zu befragen. Glauben Sie, sie ist stabil genug, um heute in die Psychiatrie verlegt zu werden?«

»O ja«, sagte die Krankenschwester und verdrehte die Augen. »In der Notaufnahme knubbeln sich die Patienten, die nur darauf warten, dass hier ein Bett frei wird.«

Ich ging zu Hollys Zimmer und klopfte an den Rahmen der offen stehenden Tür. Sie hatte jetzt einen Schlauch in der Nase und einen im Arm; und die Herzmonitorleitungen waren mit einem Bildschirm über ihrem Bett verbunden. Ich zog den Vorhang um ihr Bett hinter mir zu und rief sie leise beim Namen. Sie machte ein Auge auf und nickte.

»Holly, ich bin Dr. Greyson«, sagte ich. »Ich bin im Psychiatrieteam.«

Sie schloss die Augen und nickte wieder. Ein paar Sekunden später murmelte sie leise und etwas schleppend: »Ich weiß, wer Sie sind. Ich erinnere mich an Sie von letzter Nacht.«

Ich hielt kurz inne und ließ unsere Begegnung in der Nacht davor in Gedanken Revue passieren. »Letzte Nacht in der Notaufnahme sah es aus, als hätten Sie geschlafen«, sagte ich. »Ich hätte nicht gedacht, dass Sie mich sehen können.«

Sie hatte die Augen immer noch geschlossenen und murmelte leise: »Nicht in meinem Zimmer. Ich habe gesehen, wie Sie mit Susan gesprochen haben, die auf einer Couch saß.«

Ich war sprachlos. Sie hatte uns auf keinen Fall am anderen Ende des Korridors sehen oder hören können. Ich fragte mich, ob dies nicht ihr erster Besuch in der Notaufnahme war und ob sie vielleicht ahnen konnte, dass ich dort mit Susan gesprochen hatte.

»Das Personal hat Ihnen *gesagt*, dass ich letzte Nacht mit Susan gesprochen habe?«, schlug ich vor.

»Nein«, sagte sie jetzt deutlicher. »Ich habe Sie gesehen.«

Ich hielt inne und war mir nicht mehr sicher, wie ich nun weiter vorzugehen hätte. Ich sollte dieses Gespräch leiten, Informationen über die Gedanken sammeln, die zu ihrer Selbstverletzung geführt hatten, und darüber, was in ihrem Leben vor sich ging. Aber ich war verwirrt und wusste nicht, wie ich weitermachen sollte. Ich fragte mich, ob sie nur mit mir, dem neuen Assistenzarzt, spielte und mich aus dem Konzept zu bringen versuchte. Wenn ja, leistete sie gute Arbeit. Sie spürte meine Unsicherheit, schlug beide Augen auf und stellte zum ersten Mal Augenkontakt her.

»Sie hatten eine gestreifte Krawatte um mit einem roten Fleck drauf«, sagte sie bestimmt.

Ich beugte mich sehr langsam vor und fragte mich, ob ich sie richtig verstanden hatte. »Wie bitte?«, fragte ich und war kaum in der Lage, die Worte auszusprechen.

»Sie hatten eine gestreifte Krawatte um mit einem roten Fleck drauf«, wiederholte sie und sah mir direkt in die Augen. Anschließend wiederholte sie mein Gespräch mit Susan – alle meine Fragen und Susans Antworten. Außerdem beschrieb sie, wie Susan auf und ab gegangen war und ich den Ventilator bewegt hatte – alles, ohne dabei irgendeinen Fehler zu machen.

Meine Nackenhaare stellten sich auf, und ich bekam eine Gänsehaut. Sie konnte das unmöglich alles wissen. Sie hätte vielleicht erraten können, welche Fragen ich wahrscheinlich stellen würde, aber woher hätte sie jedes Detail wissen sollen? Hatte schon früher am Morgen jemand mit ihr gesprochen und ihr erzählt, was ich als Vermerk in ihre Akte notierte? Aber sonst war niemand mit Susan und mir im Raum gewesen. Wie sollte eine andere Person bis ins Details wissen, was wir gesagt und getan hatten? Und außerhalb der Familienlounge hatte in dieser Nacht niemand den Fleck auf meiner

Krawatte bemerkt. Auf keinen Fall hätte Holly wissen können, dass ich mit Susan gesprochen hatte, geschweige denn, dass sie mit dem Inhalt unserer Unterhaltung oder dem Fleck auf meiner Krawatte vertraut gewesen wäre. Und doch war genau dies der Fall.

Jedes Mal, wenn ich versuchte, mich darauf zu konzentrieren, was sie da sagte, war ich wie benebelt. Ich konnte nicht leugnen, dass sie alle Details meines Gesprächs mit ihrer Mitbewohnerin kannte. Ich hatte es mit eigenen Ohren gehört, es war definitiv so. Aber ich konnte nicht herausfinden, *woher* sie all das wusste. Ich sagte mir, dass es ein Glückstreffer oder eine Art Trick sein musste.

Aber ich hatte keine Vorstellung, wie ein solcher Trick funktionieren sollte. Holly wachte gerade aus ihrem überdosierten Medikamentenschlaf auf. Sie hatte seit dem Tag zuvor nicht mehr mit ihrer Mitbewohnerin gesprochen. Wie konnte sie wissen, was Susan und ich gesagt hatten? Hatten sich Holly und Susan möglicherweise abgesprochen, bevor sie die Überdosis genommen hatte? Hatten sie geplant, was Susan zu mir sagen sollte? Aber den Spaghettisaucenspritzer auf meiner Krawatte hätten sie nicht planen können. Außerdem war Susan sehr aufgeregt gewesen, als ich mit ihr in der Notaufnahme gesprochen hatte, und Holly war jetzt immer noch benommen und niedergeschlagen. Es sah überhaupt nicht aus wie ein Scherz und fühlte sich auch nicht so an.

Ich hatte keine Antworten auf diese Fragen, aber auch keine Zeit, länger darüber nachzudenken, und ich wusste auch einfach nicht, wo ich das Ganze einordnen sollte. Dieser Vorfall ereignete sich Jahre bevor irgendjemand im englischsprachigen Raum den Begriff »Nahtoderfahrung« je gehört hatte. Und er hat mich belastet, weil ich ihn nicht erklären konnte. Alles, was ich tun konnte, war, diese Fragen im Hinterkopf abzulegen.

Hollys unregelmäßige Atmung, die darauf hinwies, dass sie wieder eingeschlafen war, brachte mich zurück in die Gegenwart. *Meine* Verwirrung konnte an diesem Tag nicht Thema sein. Es war meine Aufgabe, Holly zu helfen, *ihre* Probleme zu lösen und ihr gute Gründe zum Weiterleben zu geben. Im Moment musste ich mich darauf konzentrieren, in Erfahrung zu bringen, welche Stressfaktoren es in ihrem Leben gab, und ihre Suizidgedanken einzuschätzen, bevor das Ärzteteam zur Visite kam.

Ich berührte sie sanft am Arm und sprach sie erneut an. Sie öffnete ein Auge, und ich versuchte, meine Befragung fortzusetzen. »Holly, können Sie mir von Ihrer Überdosis letzte Nacht erzählen? Was hat dazu geführt?« Ich hatte mich genug gesammelt, um von ihr zu erfahren, dass sie eine Überdosis Elavil eingenommen hatte, ein Medikament, das gefährliche Herzrhythmusstörungen verursachen kann, und dass sie schon früher in der Highschool »ein paar« Überdosen eingenommen hatte. Sie bestätigte alles, was Susan mir erzählt hatte, und fügte noch ein paar Details hinzu. Sie erzählte mir außerdem, sie sei regelrecht überwältigt vom sozialen Druck im College und fühle sich den anderen Studenten nicht zugehörig. Sie sagte, sie wolle die Universität verlassen, nach Hause zurückkehren und ein örtliches Community College besuchen, aber ihre Eltern sagten ihr immer wieder, sie solle sich mehr Zeit für diese Entscheidung nehmen. Als es aussah, als schlafe sie gleich wieder ein, dankte ich ihr für das Gespräch und kündigte an, dass das Psychiatrieteam in etwa einer Stunde zu ihr kommen würde. Sie nickte und schloss die Augen.

Ich rief die Studentenklinik an, hinterließ eine Nachricht, dass Holly bei uns aufgenommen worden war, und forderte die Berichte über ihre psychiatrische Behandlung an. Dann schrieb ich einen kurzen Aufnahmebericht, der weitgehend auf dem beruhte, was Susan mir am Abend zuvor erzählt hatte, sowie auf dem wenigen, was mir an diesem Morgen an Hollys Stimmung und Gedankengängen aufgefallen war. Aber meine Präsentation vor dem Ärzteteam in der Psychiatrie war alles andere als vollständig. Hollys Behauptung, mich gesehen und gehört zu haben, während sie in einem anderen Raum schlief, erwähnte ich mit keinem Wort, und ich beschloss in dem Moment auch, keinen meiner Kollegen davon in Kenntnis zu setzen, zumindest so lange nicht, bis ich eine vernünftige Erklärung dafür hatte. Bestenfalls dachten sie, es sei mir entgangen und ich habe mich unprofessionell verhalten. Schlimmstenfalls fragten sie sich, ob es mir *wirklich* entgangen war oder ich mir das Ganze nur einbildete.

Es war absolut unmöglich, sagte ich mir, dass Holly gesehen oder gehört hatte, was in der Familienlounge geschah, während sie am anderen Ende der Notaufnahme schlief. Sie musste auf irgendeine andere Weise davon erfahren haben. Ich konnte mir allerdings keinen Reim darauf machen, welche andere Weise das gewesen sein konnte. Keine der Krankenschwestern auf der Intensivstation hatte Kenntnis von meinem Gespräch mit Susan in der Notaufnahme, und keiner der am Abend zuvor diensthabenden Mitarbeiter in der Notaufnahme wusste etwas über die Details, die Holly mir mitgeteilt hatte. Sosehr mich dieser Vorfall auch beunruhigte – mich, den Assistenzarzt, der noch grün hinter den Ohren war und das Gefühl haben wollte, genau zu wissen, was er tat –, ich konnte ihn nur wegstecken, mit dem ungewissen Plan, irgendwann in der Zukunft darauf zurückzukommen. Ich habe nicht einmal meiner Frau Jenny davon erzählt. Es war einfach zu schräg. Es wäre mir peinlich gewesen, jemandem zu erzählen, dass dies geschehen war und dass ich es ernst nahm. Und ich wusste auch: Wenn ich es jemandem erzählte, würde es sehr viel schwieriger werden, es zu ignorieren, und ich wäre gezwungen, mich irgendwie damit auseinanderzusetzen.

Ich glaubte, es müsse eine vernünftige physikalische Erklärung dafür geben, dass Holly diese Dinge wusste, und ich müsse diese Erklärung selbst finden. Und wenn nicht ... Nun, die einzige Alternative war, dass der Teil von Holly, der denkt und sieht und hört und sich irgendwie erinnert, ihren Körper verlassen und mir den Flur entlang in die Familienlounge gefolgt war und ohne Augen oder Ohren mein Gespräch mit Susan in sich aufgenommen hatte. Das ergab für mich überhaupt keinen Sinn. Ich konnte mir nicht einmal vorstellen, was es heißen würde, meinen Körper zu verlassen. Soweit ich es beurteilen konnte, *war* ich mein Körper. Aber ich konnte es mir zu diesem Zeitpunkt in meinem Leben nicht leisten, über diese Dinge nachzudenken. Ich war nicht in der Position, diesen Vorfall genauer zu untersuchen: Susan aufzuspüren und sie zu fragen, ob sie den Fleck auf meiner Krawatte bemerkt hatte, und wenn ja, ob sie ihn irgendjemandem gegenüber erwähnt hatte; die Krankenschwestern ausfindig zu machen, die in der Nacht davor in der Notaufnahme gearbeitet hatten; ganz zu schweigen davon, jemanden zu finden, der vielleicht gesehen hatte, wie ich in der Cafeteria meine Gabel fallen ließ, und der dann mit Holly gesprochen hatte, so unwahrscheinlich das auch gewesen wäre. Ich war auch nicht in der Verfassung, den Vorfall genauer zu untersuchen. Ich wollte ihn eigentlich nur vom Tisch haben.

Mittlerweile versuche ich seit einem halben Jahrhundert zu verstehen, wie Holly von diesem Spaghettisaucenfleck hatte wissen können. Nichts in meiner Vergangenheit oder meiner wissenschaftlichen Ausbildung bis zu diesem Punkt hatte mich auf einen solchen Frontalangriff auf mein Weltbild vorbereitet. Ich war von einem sachlichen, skeptischen Vater erzogen worden, für den das ganze Leben Chemie war. Und auf dem Weg zu meiner eigenen Karriere als Mainstream-Wissenschaftler nahm ich mir ein Beispiel an ihm. Als akademischer Psychiater habe ich mehr als hundert wissenschaftliche Artikel in von Experten begutachteten medizinischen Fachzeitschriften veröffentlicht. Ich hatte das Glück, an der Medizinischen Fakultät der University of Michigan den psychiatrischen Notdienst leiten zu können. Außerdem war ich Chefarzt der Psychiatrie an der University of Connecticut und hatte an der University of Virginia die Chester-F.-Carlson-Stiftungsprofessur für Psychiatrie und Neuro- und Verhaltenswissenschaften inne. Weil ich oft zur rechten Zeit am rechten Ort war, bekam ich Forschungsstipendien von Regierungsbehörden, Pharmaunternehmen und privaten, gemeinnützigen Forschungsstiftungen. Ich hatte das Privileg, in Stipendienprüfungsgremien und Programmplanungsworkshops der National Institutes of Health mitzuwirken, und habe bei einem Symposium über Bewusstsein vor den Vereinten Nationen gesprochen. Ich habe Auszeichnungen für meine medizinische Forschung bekommen und wurde zum Distinguished Life Fellow der American Psychiatric Association gekürt.

Alles in allem kann ich auf eine sehr zufriedenstellende Karriere als akademischer Psychiater zurückblicken – zum großen Teil dank der brillanten und hilfreichen Mentoren und Kollegen, die Anerkennung für meinen Erfolg verdient haben. In all den Jahren hatte ich die quälenden Fragen zu Geist und Gehirn, die Holly mit ihrem Wissen über diesen Fleck auf meiner Krawatte aufgeworfen hatte, aber stets im Hinterkopf. Als Skeptiker hielt mich mein persönliches Bedürfnis, Beweise zu finden, davon ab, meine Augen vor solchen Ereignissen zu verschließen – Ereignissen, die unmöglich schienen –, und führte mich auf die Reise ihrer wissenschaftlichen Erforschung.

Ich war gerade Leiter des psychiatrischen Notdienstes an der University of Virginia geworden, während Raymond Moody 1976 als Assistenzart dort anfing. Nachdem sich Raymonds Buch *Life After Life* (dt. *Leben nach dem Tod*), das erste Buch in englischer Sprache, in dem der Begriff *near-death experience* (NDE) – »Nahtoderfahrung« (NTE) – vorkam, als Überraschungsbestseller erwiesen hatte, wurde er in kurzer Zeit regelrecht überschwemmt mit Briefen von Lesern, die solche Erfahrungen gemacht hatten. Da er keine Zeit hatte, all diese Briefe zu beantworten, bat er mich, seinen Schulungsleiter in der Notaufnahme, um Hilfe. Und ich war fassungslos, als mir klar wurde, dass Hollys Erfahrung, die mich so schockiert hatte, überhaupt nicht einzigartig war. Raymond hatte andere Patienten befragt, die behaupteten, ihren Körper verlassen und beobachtet zu haben, was anderswo vor sich ging, während sie dem Tod sehr nah waren.

Diese Offenbarung erregte meine Aufmerksamkeit und brachte mich dazu, einen evidenzbasierten Ansatz für NTEs zu verfolgen. Hätte ich Raymond nicht kennengelernt und sein bahnbrechendes Buch nicht gelesen, wäre ich der Spur dieses Spaghettisaucenflecks vielleicht nie gefolgt. Aber mir wurde schnell klar, dass NTEs kein neues Phänomen sind. Ich entdeckte eine Vielzahl von Berichten über Nahtoderfahrungen in antiken griechischen und römischen Quellen, allen wichtigen religiösen Traditionen, Erzählungen indigener Bevölkerungsgruppen auf der ganzen Welt und der medizinischen Literatur des 19. und frühen 20. Jahrhunderts.

Zusammen mit Kollegen von anderen Universitäten, die ebenfalls über NTEs gestolpert waren, gründete ich die International Association for Near-Death-Studies (IANDS), eine Organisation zur Unterstützung und Förderung der Erforschung dieser Erfahrungen. Über ein Vierteljahrhundert lang war ich Forschungsdirektor bei IANDS und gab das *Journal of*

Near-Death Studies heraus, die einzige wissenschaftliche Zeitschrift, die sich mit der Erforschung von Nahtoderfahrungen beschäftigt. Im Laufe der Jahrzehnte habe ich mehr als tausend Nahtoderfahrene um mich geschart, die freundlicherweise bereit waren, einen Fragebogen nach dem anderen für mich auszufüllen, manche davon seit mehr als vierzig Jahren. Ich konnte die Ergebnisse dieser »Freiwilligen« mit den NTEs von Patienten vergleichen, die beispielsweise wegen Herzstillstand, Krampfanfällen und Suizidversuchen ins Krankenhaus eingeliefert worden waren. Im Laufe der Zeit entdeckte ich gemeinsame und universelle Themen in diesen Erfahrungen, die sich jeder kulturellen Interpretation entziehen, sowie Muster durchgängiger Nachwirkungen auf die Einstellung, die Überzeugungen, die Werte und die Persönlichkeit des Einzelnen. Und ich konnte zeigen, dass diese Erfahrungen nicht einfach als Traumzustände oder Halluzinationen abgetan werden können.

Was ich in diesen fünfundvierzig Jahren gefunden habe, ist eine »Akte« mit Nahtoderfahrungen aus aller Welt, von denen manche schon jahrhundertealt sind. Ich habe festgestellt, dass NTEs häufig vorkommen und niemanden bevorzugen. Sogar Neurowissenschaftler haben sie. Als der Neurochirurg Eben Alexander an einer seltenen Gehirninfektion erkrankte, die ihn in ein einwöchiges Koma stürzte, aus dem er mit lebhaften Erinnerungen an ein aufwändiges Nahtoderlebnis erwachte, kam er in meine Praxis, weil er diese scheinbare Unmöglichkeit verstehen wollte.

In nahezu einem halben Jahrhundert, in dem ich mich bemühte, Nahtoderfahrungen zu verstehen, stellte ich fest, dass ihre Auswirkungen die einzelnen Erfahrungen weit übertreffen. Je mehr ich über sie erfuhr, desto mehr schienen sie nach einer Erklärung zu schreien, die über unsere begrenzten alltäglichen Vorstellungen von Geist und Gehirn hinausgeht. Und diese neuen Ansichten über unseren Geist und unser Gehirn eröffnen uns die Möglichkeit zu untersuchen, ob unser Bewusstsein nach dem Tod unseres Körpers fortbestehen könnte. Und das wiederum stellt unsere Vorstellung, wer wir sind, welches unser Platz im Universum ist und wie wir unser Leben führen wollen, infrage.

Einige meiner Kollegen aus den Naturwissenschaften haben mich gewarnt, mein aufgeschlossener Ansatz zur Erforschung »unmöglicher« Erfahrungen wie NTEs könne die Schleusen für Aberglauben alle Art öffnen. Als Skeptiker sage ich: »Nur her damit!« Seien wir nicht voreingenommen nur aufgrund unserer Überzeugungen. Stellen wir diese herausfordernden Ideen auf den Prüfstand, und finden wir heraus, ob es sich tatsächlich um Aberglauben handelt – oder vielleicht um Fenster, die uns den Blick auf ein umfassenderes Bild der Welt ermöglichen. Die NTE-Forschung ist weit davon entfernt, uns von der Wissenschaft weg in den Aberglauben zu führen. Vielmehr zeigt sie, dass wir die Wirklichkeit wesentlich genauer beschreiben können, wenn wir wissenschaftliche Methoden zur Erforschung der nichtphysischen Aspekte unserer Welt einsetzen, als wenn wir uns auf die naturwissenschaftliche Erforschung physikalischer Materie und Energie beschränkten.

Wenn ich den wissenschaftlichen Erkenntnissen folge, die sich in den letzten Jahrzehnten angesammelt haben, und keiner Theorie oder keinem Glaubenssystem den Vorzug gebe, weiß ich, dass ich viele meiner Freunde enttäuschen werde, die die eine oder eine andere Ansicht bevorzugen. Ich weiß, dass einige meiner spirituellen Freunde Einwände dagegen haben, dass ich die Möglichkeit ernst nehme, NTEs könnten durch physische Veränderungen im Gehirn hervorgerufen werden. Und ich weiß, dass einige meiner materialistischen Freunde bestürzt sind, weil ich die Möglichkeit ernst nehme, der Geist sei in der Lage, unabhängig vom Gehirn zu funktionieren. Und ich weiß, dass es in beiden Lagern einige gibt, die sich vielleicht darüber beschweren, dass ich es mir leicht mache, indem ich nicht Partei ergreife.

Aber genau genommen verlangt die intellektuelle Redlichkeit, dass ich in dieser Debatte möglichst keine Partei ergreife. Ich denke, es gibt genug Beweise, um *sowohl* einen physiologischen Mechanismus für NTEs *als auch* die fortgesetzte Funktion des Geistes unabhängig vom Gehirn ernst zu nehmen. Die Annahme, dass NTEs auf einen nicht identifizierten physiologischen Prozess zurückzuführen sind, ist plausibel und im Einklang mit der philosophischen Ansicht, dass die reale Welt eine rein physische ist. Andererseits ist der Glaube, dass NTEs ein spirituelles Geschenk sind, ebenfalls plausibel und im Einklang mit der philosophischen Ansicht, dass unser Sein auch einen nichtphysischen Aspekt hat. Aber keine dieser Ideen, die zwar plausibel sind, ist eine wissenschaftliche Prämisse – denn es gibt keinen Beweis, der eine von beiden jemals widerlegen könnte. Sie sind vielmehr eine Sache des Glaubens.

Wie ich in diesem Buch zeigen möchte, gibt es keinen Grund, warum NTEs nicht *sowohl* spirituelle Geschenke sein *als auch* durch bestimmte physiologische Ereignisse ermöglicht werden können. Die wissenschaftlichen Erkenntnisse legen nahe, dass beide Ideen konfliktfrei wahr sein können – was es uns ermöglicht, die künstliche Kluft zwischen Wissenschaft und Spiritualität zu überbrücken. Meine Offenheit für beide Ansichten bedeutet jedoch nicht, dass ich keine Meinung zur Bedeutung von Nahtoderfahrungen hätte.

Jahrzehnte der Forschung haben mich überzeugt, dass Nahtoderlebnisse – unabhängig von ihrem Ursprung – sehr real und tiefgreifend sind und tatsächlich wichtige Quellen für

Einsicht und spirituelles Wachstum darstellen. Ich weiß, dass sie für die Erlebenden selbst von entscheidender Bedeutung sind, weil sie ihr Leben verändern. Ich glaube, dass sie auch für Wissenschaftler von Bedeutung sind, weil sie wichtige Schlüssel zu unserem Verständnis von Geist und Gehirn enthalten. Und ich denke, sie sind auch für uns alle wichtig, weil sie uns etwas über den Tod und das Sterben erzählen und vor allem über das Leben und unsere Lebensweise.

Im gesamten Text dieses Buches habe ich die methodischen und statistischen Details meiner Forschung ausgelassen, aber wer technische Details zu den von mir erwähnten Studien haben möchte, wird sie in der Literatur finden, die unter »Anmerkungen« am Ende dieses Buches zitiert ist. Alle meine von Experten geprüften Zeitschriftenartikel können von der Website der Fakultät für Wahrnehmungsstudien an der University of Virginia (www.uvadops.org) heruntergeladen werden.

Dieses Buch basiert zwar auf den fünfundvierzig Jahren meiner wissenschaftlichen Forschung zu NTEs, wurde aber nicht speziell für andere Wissenschaftler geschrieben. Und obwohl ich hoffe, dass Menschen, die selbst ein Nahtoderlebnis hatten, das Gefühl haben, dass ich ihren Erfahrungen gerecht geworden bin, habe ich dieses Buch nicht speziell für sie geschrieben. Ich habe dieses Buch vielmehr für all die übrigen von uns geschrieben, für diejenigen, die neugierig sind auf die unglaubliche Reichweite des menschlichen Geistes und auf die tiefgreifenderen Fragen zu Leben und Tod.

Es wurde schon viel über das Sterben und darüber, was danach kommen könnte, gesagt und geschrieben – und oft werden wissenschaftliche und religiöse Standpunkte gegeneinander ausgespielt. Ich versuche in diesem Buch, diese Diskussion voranzutreiben und den Dialog zu verändern. Ich hoffe, zeigen zu können, dass Wissenschaft und Spiritualität durchaus vereinbar sind und dass Sie die Wissenschaft nicht aufgeben müssen, um spirituell zu sein. Auf meinem Weg habe ich gelernt, dass eine wissenschaftliche Herangehensweise an die Welt, die dazu führt, dass unser Glaube und unsere Erkenntnis auf Beweisen basiert, uns nicht davon abhalten muss, die spirituellen und nichtphysischen Aspekte unseres Lebens zu schätzen. Andererseits muss uns die Wertschätzung des Geistigen und Nichtphysischen nicht davon abhalten, unsere Erfahrungen wissenschaftlich zu bewerten und unsere Überzeugungen und Erkenntnisse auf Beweise zu stützen.

Obwohl ich viel über das Sterben und das, was danach kommen könnte, gelernt habe, geht es hier nicht nur um den Tod. Dies ist auch ein Buch über das Leben und wie wir es leben, über den Wert des Mitgefühls und unsere gegenseitige Verbundenheit und darüber, was ein Leben sinnvoll und erfüllend macht.

Beim Schreiben dieses Buches ging es mir nicht darum, Sie von einem bestimmten Standpunkt zu überzeugen, sondern vielmehr darum, Sie zum Nachdenken zu bringen. Ich hoffe, zeigen zu können, dass eine wissenschaftliche Perspektive uns helfen kann zu verstehen, was uns Nahtoderfahrungen über das Leben und den Tod sagen und über das, was vielleicht nach dem Tod kommt. Indem ich den wissenschaftlichen Beweisen gefolgt bin, habe ich viel über Nahtoderfahrungen und ihre Bedeutung gelernt. Ich habe dieses Buch geschrieben, um meine Leidenschaft für diesen Weg mit Ihnen zu teilen. Mein Ziel ist es, Sie dazu zu motivieren, über die Fragen nachzudenken und die Antworten abzuwägen. Ich will Sie nicht dazu bringen, einer bestimmten Sichtweise zu glauben, sondern Ihre Ansichten über Leben und Tod neu zu bewerten. Ich bin kein Moses, der die Zehn Gebote übergibt. Ich bin ein Wissenschaftler, der mitteilt, was die Daten meiner Meinung nach nahelegen.

So verzweifelt ich meine gesamte Begegnung mit Holly auch aus meinem Gedächtnis löschen wollte, ich war zu diesem Zeitpunkt schon Wissenschaftler genug, um zu wissen, dass ich sie nicht einfach ignorieren konnte. Vorzugeben, dass etwas nicht passiert ist, nur weil wir es nicht erklären können, ist das genaue Gegenteil von Wissenschaftlichkeit. Meine Suche nach einer logischen Erklärung für das Rätsel um den Spaghettisaucenfleck hat bei mir dazu geführt, dass ich ein halbes Jahrhundert zu diesem Thema forschte. Diese Forschung hat nicht alle meine Fragen beantwortet, aber sie hat mich dazu gebracht, einige meiner Antworten infrage zu stellen. Und sie sollte mich bald auf ein Territorium führen, das ich mir im Traum nicht hätte vorstellen können.

– 1 –

Eine Wissenschaft des Rätselhaften

Ich hatte es noch nie mit jemandem zu tun gehabt, der nur ein halbes Gesicht besaß. Sechs Monate nach Abschluss meiner Facharztausbildung zum Psychiater wurde Henry in mein Krankenhaus eingeliefert. Wenn ich ihn in seinem Krankenhausbett liegen sah, fiel es mir anfangs schwer, nicht auf seine rechte Gesichtshälfte zu starren, wo ein Kiefer und eine Wange hätten sein sollen. Die plastischen Chirurgen hatten bemerkenswerte Arbeit geleistet, indem sie Körpergewebe aus seinem Bauch zusammensetzten, um die Wunden in seinem Gesicht zu schließen, aber trotzdem fiel es mir schwer, gelassen zu bleiben, wenn ich ihn anschaute. Er sprach langsam und undeutlich und bewegte dabei nur die linke Seite seines Mundes. Aber so unangenehm mir das alles auch war, er wirkte überhaupt nicht verlegen und machte auch nicht den Eindruck, dass er ungern mit mir sprach. Vielmehr wirkte er ganz ruhig und gelassen, als er mir erzählte, was passiert war, nachdem er sich selbst erschossen hatte.

Henry, damals um die vierzig, war das jüngste Kind einer armen Bauernfamilie gewesen. Seine älteren Geschwister waren alle von der Familienfarm weggezogen, nachdem sie geheiratet hatten, aber Henry zog nie von zu Hause weg, obwohl auch er heiratete. Als er dreiundzwanzig war, erlitt sein Vater einen Herzinfarkt, während er und Henry sich auf der Jagd befanden. Henry schaffte es, seinen Vater zurück auf die Farm zu tragen, aber nur um ihn dort in seinen Armen sterben zu sehen. Anschließend übernahm seine Mutter die Verantwortung für die Verwaltung der Farm. Ein paar Jahre später verließ Henrys Frau ihn und die Farm und nahm ihre Kinder mit, um bei ihren Eltern in der Stadt zu leben.

Zehn Monate bevor er sich erschoss, bekam Henrys Mutter eine Lungenentzündung. Er fuhr sie ins Krankenhaus, und sie wurde stationär aufgenommen. Sie bat ihn, bei ihr zu bleiben, aber er fuhr in dieser Nacht nach Hause, um sich um die Hühner zu kümmern. Als er am nächsten Morgen wiederkam, war sie nicht mehr bei Bewusstsein. Sie starb wenige Stunden später.

Henry war am Boden zerstört und begann stark zu trinken. Er wurde von Schuldgefühlen geplagt, weil er seine Mutter allein im Krankenhaus zurückgelassen hatte. Und nachts träumte er, dass sie noch am Leben war. Er brachte es nicht über sich, ihre persönlichen Dinge zu berühren, und ließ das Haus genau so, wie sie es verlassen hatte. Wenn er trank, wurde er noch verzweifelter und murmelte immer wieder vor sich hin: »Dies ist einfach nicht mehr mein Zuhause.« Nach mehreren Monaten der Depression und nachdem er einen ganzen Morgen lang getrunken hatte, ging er schließlich zu dem Friedhof, auf dem seine Eltern begraben waren, und nahm sein Jagdgewehr mit.

Nachdem er ein paar Stunden am Grab gesessen und sich Gespräche mit seinen Eltern vorgestellt hatte, beschloss er, es sei an der Zeit, sich ihnen anzuschließen. Er legte sich auf das Grab und platzierte seinen Kopf dort, wo er die Brust seiner Mutter vermutete. Dann klemmte er sich das

Kleinkaliber-Jagdgewehr zwischen die Beine, richtete den Lauf auf sein Kinn und drückte mit dem Daumen auf den Abzug. Die Kugel schoss durch die rechte Seite seines Gesichts und hinterließ eine Splitterspur in seiner Wange und Schläfe, aber glücklicherweise verfehlte die Kugel sein Gehirn.

Ich versuchte, meine Stimme ruhig zu halten und möglichst nicht auf seine vernähte Wange zu starren, als ich ihn interviewte. »Das klingt ziemlich schmerzhaft«, begann ich. »Ich kann mir nur vorstellen, was Ihnen durch den Kopf gegangen sein muss. Wie war das für Sie?«

Die linke Seite von Henrys Gesicht verzog sich zu einem halben Lächeln. »Kaum hatte ich den Abzug gedrückt«, sagte er, »verschwand alles um mich herum: die sanften Hügel, die Berge dahinter, alles verschwand.«

Er sah zu mir auf, und ich nickte und fragte: »Und was dann?«

»Ich fand mich auf einer üppigen Wiese mit Wildblumen wieder. Dort begrüßten mich meine Mama und mein Papa mit offenen Armen. Ich hörte, wie Mama zu Papa sagte: ›Hier kommt Henry.‹ Sie wirkte so glücklich, mich zu sehen. Aber dann sah sie mich direkt an, und ihr Gesichtsausdruck veränderte sich. Sie schüttelte den Kopf und sagte: ›O Henry, jetzt schau, was du getan hast!‹«

Henry machte eine Pause, schaute auf seine Hände und schluckte. Ich wartete einen Moment und sagte dann: »Das muss schwer für Sie gewesen sein. Wie hat sich das angefühlt?«

Er zuckte nur die Achseln und schüttelte den Kopf, dann holte er tief Luft. »Das war's«, sagte er. »Dann war ich wieder auf dem Friedhof, und sie waren weg. Ich spürte die warme Blutlache unter meinem Kopf und dachte, ich sollte besser Hilfe bekommen. Ich wollte mich zu meinem Transporter schleppen, aber bevor ich dort ankam, sah mich ein

Totengräber und kam zu mir gerannt. Er wickelte mir ein Stück Stoff um den Kopf und fuhr mich ins Krankenhaus.« Er zuckte erneut die Achseln. »Und hier bin ich.«

»Das ist eine große Erfahrung«, sagte ich. »Hatten Sie Ihre Eltern nach ihrem Tod schon einmal gesehen?«

Er schüttelte den Kopf. »Nein. Aber es fühlte sich gut an, sie dort zusammen zu sehen.«

»Es hört sich so an, als hätten Sie zumindest kurz nach dem Schuss einen kurzen Blackout gehabt. Denken Sie, die Begegnung mit Ihren Eltern könnte ein Traum gewesen sein?«

Henry schürzte die Lippen und schüttelte den Kopf. »Das war kein Traum«, sagte er. »Mama und Papa zu treffen war genau so real, wie Ihnen hier zu begegnen.«

An den Punkt musste ich innehalten und versuchen, mir einen Reim auf das zu machen, was er sagte. Henry leuchtete dies alles absolut ein. Er sah seine Eltern, weil sie ihn im Himmel willkommen hießen. Aber aus meiner wissenschaftlichen Weltsicht konnte so etwas nicht real sein. Ich ging die Möglichkeiten in meinem Kopf durch. War Henry psychotisch? War er so betrunken gewesen, dass er halluzinierte? Hatte er so lange auf dem Grab seiner Eltern gesessen, dass er im Alkoholentzug war und ins Delirium tremens geriet? War diese Vision seiner Eltern nur ein Teil seines Trauerprozesses?

Ich konnte keinen Beweis dafür liefern, dass Henry verrückt war. Zu diesem Zeitpunkt – ein paar Tage nach seiner Einlieferung ins Krankenhaus – sprach er ganz ruhig, und sein Verhalten hatte nichts Seltsames an sich. Seit er im Krankenhaus lag, waren bei ihm keine körperlichen Anzeichen für Alkoholentzug zu beobachten. Und zu meiner Überraschung schien er überhaupt nicht traurig zu sein.

»Als Sie den Abzug drückten, was haben Sie sich davon erhofft?«, fragte ich Henry.

»Ich wollte einfach nicht mehr leben«, sagte er, ohne zu zögern. »Es war mir egal, was passierte. Ich hatte einfach genug und konnte ohne Mama nicht weitermachen.«

»Und jetzt? Wie denken Sie jetzt darüber, dass Sie alles beenden wollten?«

»Jetzt denke ich überhaupt nicht mehr an all das«, sagte er. »Meine Mutter fehlt mir immer noch, aber jetzt bin ich froh, dass ich weiß, wo sie ist.«

In meiner kurzen Zeit als Psychiater in der Ausbildung hatte ich noch nie jemanden gesehen, der einen Suizidversuch überlebt hatte und anschließend so zuversichtlich war wie Henry. Er sagte, er schäme sich für diesen Versuch, sei aber dankbar für seine Vision. Und er wollte unbedingt mit anderen Patienten sprechen, um ihnen zu versichern, wie wertvoll und heilig das Leben ist. Was auch immer dazu geführt hatte, dass er seine Eltern sah, diese Vision half ihm eindeutig, mit seiner Trauer fertigzuwerden.

Dies war, noch einige Jahre bevor der Begriff *near-death experience* in die englische Sprache eingeführt wurde, und der einzige Bezugsrahmen, den ich hatte, um Henrys Erfahrung zu verstehen, war der einer Halluzination, einer imaginären Wiedervereinigung mit seinen verstorbenen Eltern. Ich betrachtete sein Erlebnis als einen psychologischen Abwehrmechanismus und nichts weiter.

Das Ganze geschah, nur ein paar Monate nachdem Holly mir erzählt hatte, dass sie den Fleck auf meiner Krawatte sehen konnte, und ich versuchte immer noch, diesen Vorfall zu verstehen. Aber Henrys Erfahrung fühlte sich für mich ganz anders an als die von Holly. Sie behauptete, Dinge gesehen und gehört zu haben, die weit weg von ihrem bewusstlosen Körper geschahen, aber immer noch in der normalen physischen Welt. Sie sprach nicht davon, Geister gesehen oder gehört zu haben. Henry hingegen behauptete, die Geister seiner verstorbenen Eltern gesehen und gehört zu haben. Doch der größte Unterschied war, dass ich Henrys Vision von einem objektiv-wissenschaftlichen Standpunkt aus betrachten konnte. Holly hingegen hatte mich persönlich in ihre Vision gezogen und aus dem Gleichgewicht gebracht, wann immer ich versuchte, darüber nachzudenken, und vergeblich nach Erklärungen suchte.

Ich konnte Henrys Vision als psychologischen Abwehrmechanismus bezeichnen. Aber wie hätte ich ihn davon überzeugen sollen, dass sein Erlebnis nicht real war? Ich wusste, wenn ich ihm sagte, dass er sich das Ganze nur einbilde, würde ich jede Beziehung, die mich als sein Arzt mit ihm verband, aufs Spiel setzen. Ich sah auch, wie hilfreich diese Vision für ihn war und wie wichtig es war, seine Suizidgedanken zu zerstreuen. Ich betrachtete seine Vision als eine Halluzination, die sein Unterbewusstsein hervorgerufen hatte, um mit dem Tod seiner Mutter fertigzuwerden. Ich war der Ansicht, dass ich Henry als sein Arzt am meisten helfen konnte, indem ich den Wert seiner Vision stärkte, statt anzuzweifeln, was ihm einen Grund zum Leben gab. Meine Botschaft an ihn war geradlinig: »Es hört sich an, als hätten Sie eine sehr kraftvolle Erfahrung gemacht, die Ihrem Leben einen neuen Sinn gab. Schauen wir uns an, was dies für Sie bedeutet und wohin Sie von hier aus gehen.«

Ich hatte die Absicht, zusammen mit Henry die symbolische Bedeutung seiner Vision als ein Weg zu erforschen, um sich psychologisch wieder mit seiner verstorbenen Mutter zu vereinen, aber für ihn war der Besuch bei seinen Eltern etwas Konkretes und kein Symbol für irgendetwas. Mir kam damals überhaupt nicht in den Sinn, dass er diesen Besuch einfach deshalb als real betrachtete, weil er real *war*. Nichts aus meiner Vorgeschichte oder meiner Ausbildung bis zu diesem Zeitpunkt legte nahe, dass Henry seine Eltern wirklich hatte sehen können. Ich war von einem Chemiker erzogen worden, dessen Wahrnehmung der Wirklichkeit vom Periodensystem der Elemente definiert wurde.

Mein Vater war tagsüber Chemiker und abends ... nun, da war er auch Chemiker. Im Keller eines jeden Hauses, in dem wir während meiner Kindheit wohnten, richtete er sich ein Chemielabor ein. An zweiter Stelle, gleich nach seiner Leidenschaft für die Wissenschaft, stand seine Freude, sie mit anderen zu teilen. Noch während ich in Huntington, New York, die Grundschule besuchte, brachte er mir bei, wie man einen Bunsenbrenner, eine Balkenwaage, eine Zentrifuge, einen Magnetmischer, einen Messzylinder sowie Erlenmeyer- und Rundkolben richtig bedient.

Viele der Experimente meines Vaters betrafen Teflon in der Anfangszeit, nachdem es zufällig von einem Wissenschaftler bei DuPont entdeckt worden war. Mein Vater arbeitete bei einem kleinen Chemieunternehmen, das Dinge aus Teflon herstellte, etwa Kabelisolierungen und Raketentreibstoffzellen. Der Hauptvorteil von Teflon gegenüber anderen Beschichtungen bestand darin, dass seine Oberfläche so glatt war, dass fast nichts daran haften blieb. Einige Kreationen meines Vaters waren durchaus nützlich. Er besprühte die Töpfe, Pfannen und Spatel meiner Mutter mit verschiedenen Formen von Teflon, Jahre bevor mit Teflon beschichtetes Kochgeschirr im Handel erhältlich wurde. Allerdings fanden wir von Zeit zu Zeit auch etwas davon in unserem Essen. Andere Erfindungen von ihm waren weniger erfolgreich. Er stattete unsere Schuhe mit Teflon-Einlagen aus, um zu verhindern, dass wir darin Blasen bekamen. Sie waren aber so glatt, dass mein Fuß bei jedem Schritt im Schuh abrutschte. Zu gehen wurde schwierig, und zu laufen war geradezu gefährlich. Ob seine Experimente erfolgreich waren oder nicht, war für meinen Vater weniger wichtig als die Aufregung bei ihrer Durchführung, die Ungewissheit, ob sie sich bezahlt machen würden oder nicht.

Ein Schauer der Vorfreude lief mir über den Rücken, als ich mich mit dem Gesicht nach oben auf den Opferstein legte. Sonnenlicht drang durch die hoch aufragenden Kiefern und fiel auf die Berglorbeer- und Rhododendronbüsche, Vögel zwitscherten in der Morgenluft. Auf der Oberfläche der großen Granitplatte befand sich eine etwa anderthalb Zentimeter tiefe Rille, die meinen Körper vollständig umgab, und direkt unter meinen Füßen eine kurze Rinne, die zwischen die kreisförmige Rille und die Kante der Platte geschlagen worden war. Die gesamte Platte, die mehr als eine Tonne gewogen haben muss, lag ein paar Zentimeter über dem Boden auf vier Steinblöcken.

Mein Vater, ein kleiner, breitschultriger Mann mit einem Glitzern in den Augen, umrundete mit einem Maßband in der Hand und einer Pfeife im Mund die Platte, machte sich Notizen und zeichnete Diagramme in sein Notizbuch. Etwa ein Dutzend steinerne Kammern, Wände und Abflüsse umgaben die Granitplatte und bildeten zusammen mit ihr und den aufrecht stehenden Steinen, die zu bestimmten Jahreszeiten in einer geraden Linie mit der Sonne zu stehen schienen, ein Mysterium. In der Tat hatte der Bauer, dem das Land in Salem, New Hampshire, Mitte des 20. Jahrhunderts gehörte, ihm den Namen »Mystery Hill« gegeben. Andere, die diese Stätte erforscht hatten, spekulierten, sie sei vielleicht von Wikingersiedlern um das Jahr 1000, also Hunderte von Jahren bevor Kolumbus nach Amerika kam, angelegt worden oder um 700 vor Christus von Kelten von den Britischen Inseln oder in Tausenden von Jahren von verschiedenen Abenaki- und Pennacook-Indianerstämmen.

Was immer ihr Ursprung auch gewesen sein mag, auf dieser kalten Platte zu liegen ließ mich erschaudern. Ich stellte mir vor, dass sich mein Blut in der Rille um meinen Körper sammelte, um über die Rinne unter meinen Füßen in einen Auffangbehälter geleitet zu werden. Es war gruselig, aber auch aufregend. Da war ich, ein zehnjähriger Junge, der seinem Vater half, ein wissenschaftliches Rätsel zu lösen. Ich konnte nicht sagen, ob mein Zittern eher eine Reaktion auf die Kälte der Steinplatte im frischen Neu-England-Herbst oder auf den Nervenkitzel der Entdeckung war. Für meinen Vater war es offensichtlich Letzteres, und ich hatte bereits etwas von seiner Begeisterung mitbekommen, als ich am *March of Science* teilnahm, um die Grenzen des Unbekannten zurückzudrängen. Schon mit zehn Jahren war ich von der Wissenschaft begeistert, von der Beantwortung von Fragen durch Sammeln und Analysieren von Daten statt durch rein intellektuelle Spekulationen oder dadurch, dass Gerüchte und Volksmärchen für bare Münze genommen werden.

Die Wahrheit über Mystery Hill ist bis heute unklar, wahrscheinlich weil mehrere Gruppen von Menschen die Ruinen im Laufe der Jahrhunderte verändert und Beweise für ihre Herkunft vernichtet oder verfälscht haben. Der »Opferstein« könnte einfach die untere Hälfte einer Apfelweinpresse aus dem 19. Jahrhundert sein, mit der Rinne am Rand, um den Saft der zerkleinerten Äpfeln zu sammeln, oder eine Steinpresse, um Lauge aus Holzasche für die Seifenherstellung zu gewinnen. Mein Vater und ich fanden nichts, was irgendwelche Behauptungen über Mystery Hill hätte stützen können, aber ich vergaß nie, wie spannend die systematische Suche nach der Wahrheit sein kann.

Mein Vater blieb immer Skeptiker und zweifelte ständig an seiner Interpretation der Dinge. Am liebsten erforschte er, was er nicht verstand oder was nicht seinen Erwartungen entsprach. Und er gab nicht nur seine Leidenschaft für die Wissenschaft an mich weiter, sondern auch sein Bewusstsein für die grundsätzlich vorläufige Natur aller akademischer Erkenntnis. Wissenschaft ist von Natur aus immer etwas Unfertiges, *work in progress*. Für wie fundiert wir unsere Weltanschauung auch halten, wir müssen bereit sein, sie zu überdenken, wenn neue Beweise Zweifel aufkommen lassen. Eine Frucht dieser aufgeschlossenen Haltung ist die Wertschätzung für Phänomene, die wir nicht erklären können. Wenn wir Dinge erforschen, die zu unseren Vorstellungen passen, können wir ihre Feinheiten besser verstehen. Die Erforschung von Dingen, die *nicht* zu unseren Vorstellungen passen, führt jedoch häufig zu einem echten Durchbruch in der Wissenschaft.

Obwohl mir mein Vater Mut machte, Zusammenhänge zu erforschen, die ich nicht erklären konnte, sprach er nie von der Psyche oder abstrakten Angelegenheiten wie Gedanken und Gefühlen – geschweige denn von noch abstrakteren Konzepten wie Gott, göttlichem Geist oder Seele. Ich war ziemlich erfüllt von meiner akademische Erziehung und meinen Plänen für eine wissenschaftliche Karriere und folgte dem Beispiel meines Vaters, indem ich empirische Beweise zu meinem Maßstab für die Wahrheitsfindung machte.

Im Grundstudium an der Cornell University studierte ich Experimentalpsychologie und wandte wissenschaftliche Methoden an, um zu untersuchen, wie sich Goldfische in einem Labyrinth zurechtfinden lernen, wie Ratten lernten, zu bestimmten Zeiten einen Knopf zu drücken, um Futter zu bekommen, und zu anderen nicht, und wie junge Rhesusaffen lernten, Nahrung unter einer Art von Objekt zu finden, aber nicht unter einer anderen. Doch so fasziniert ich auch war von der Intelligenz der Tiere, mein Wunsch, mit Menschen zu arbeiten, führte mich vom College auf die Medizinische Hochschule. Dort gab es viele Themen, die mir Freude bereiteten, von der Entbindung von Babys bis zu Hausbesuchen bei älteren Patienten. Aber je mehr ich über Geisteskrankheiten erfuhr, desto mehr wurde mir klar, wie wenig wir das Gehirn verstanden, und der Reiz der unbeantworteten Fragen zog mich schließlich in Richtung Psychiatrie.

Während meines dritten Studienjahres an der Medizinischen Hochschule besuchte ich meine Eltern und überraschte meinen Vater mit der Mitteilung, dass ich daran denke, Psychiater zu werden. Ich sagte ihm, ich sei fasziniert von den Auswirkungen unserer unbewussten Gedanken und Gefühle auf unser Verhalten. Mein Vater saß mit gekreuzten Beinen in seinem Sessel und zog langsam eine Maiskolbenpfeife und einen Tabaksbeutel aus der Jackentasche. Akribisch füllte er den Pfeifenkopf und drückte den Tabak hinunter, fügte dann noch etwas hinzu und drückte wieder. Dann zündete er ein Streichholz an, schwenkte es vorsichtig über dem Pfeifenkopf und zog am Mundstück. Schließlich schaute er auf und fragte zu meiner Überraschung: »Wie kommst du darauf, dass wir unbewusste Gedanken und Gefühle haben?«

Ich war schockiert über diese unverblümte Kampfansage. Aber mein Vater sagte nicht, dass das Unbewusste *nicht* existiert. Er bat nur um Beweise – wie es jeder skeptische Wissenschaftler tun sollte. Trotzdem hat mich seine Frage überrascht. Der Einfluss unseres Unbewussten – was wir denken und fühlen, ohne uns dessen bewusst zu sein – ist seit mindestens hundert Jahren das tägliche Brot der Psychiatrie.

Sigmund Freud hat die Psyche mit einem Eisberg verglichen. Gedanken und Gefühle, die uns bewusst sind, sind wie die Spitze dieses Eisbergs, die über dem Meeresspiegel sichtbar ist. Beispielsweise sind Sie sich bewusst, dass Sie Durst haben, und entscheiden sich bewusst dafür, etwas zu trinken. Aber neun Zehntel des Eisbergs – das, was unter der Meeresoberfläche liegt und nicht zu sehen ist – sind das Unbewusste, die Gedanken und Gefühle, die uns zwar nicht bewusst sind, unser Verhalten aber trotzdem beeinflussen. Beispielsweise würden die meisten Lehrer den attraktivsten Schülerinnen nicht wissentlich bessere Noten geben. Es gibt jedoch zahlreiche Belege dafür, dass sie attraktiveren Schülerinnen tatsächlich bessere Noten geben, ohne sich dessen überhaupt bewusst zu sein. Dass unsere unbewussten Gedanken und Gefühle unser Verhalten beeinflussen, war eine der vielen Vorstellungen, die ich im guten Glauben akzeptierte – im Glauben an meine Professoren und die Lehrbücher –, ohne sie je hinterfragt zu haben.

Ich war zwar überrascht, dass mein Vater die Rolle der unbewussten Gedanken und Gefühle infrage stellte, sah aber ein, dass er nicht ganz unrecht hatte. Ich sollte mir die Beweise für das Unbewusste genau anschauen, bevor ich sie akzeptierte. Dies warf jedoch die Frage auf, welche Beweise es für etwas gibt, was man weder sehen noch messen kann, wie Gedanken und Gefühle. Was das Verstehen des physischen Teils unserer Welt angeht, haben Wissenschaftler große Fortschritte gemacht, aber wir machen eben auch Erfahrungen mit nichtphysischen Phänomenen wie Gedanken und Gefühlen. Diese nichtphysischen Gegebenheiten sind genauso ein Teil unserer Welt wie physische Objekte, etwa Stühle und Felsen. Wissenschaftler können sie genauso beobachten und Daten über sie sammeln wie über Materiell-Gegenständliches.

Tatsächlich gibt es eine lange Tradition von Wissenschaftlern, die Phänomene untersuchen, die nicht direkt beobachtet werden können, von Emotionen bis zu subatomaren Partikeln. Wir können Emotionen wie Liebe, Wut oder Angst nicht direkt beobachten. Aber wir können sie *indirekt* erforschen, indem wir untersuchen, wie sie unsere Worte, unser Verhalten und unsere körperlichen Reaktionen beeinflussen. Wenn wir beispielsweise Wut verspüren – eine nichtphysische Emotion –, sprechen wir möglicherweise lauter und abrupter, vielleicht runzeln wir die Stirn, vielleicht steigt unser Blutdruck, und vielleicht hauen wir mit irgendetwas auf Tische und Theken. Und aus diesen beobachtbaren Auswirkungen können andere schließen, dass wir wütend sind.

Auch Physiker können einige subatomare Teilchen, die zu klein und zu kurzlebig sind, um sie einzufangen, nicht direkt beobachten. Doch der Physiker Donald Glaser erhielt 1960 den Physik-Nobelpreis dafür, dass er sie *indirekt* erforschte. Er zeigte, dass man, indem man winzige, kurzlebige Teilchen durch eine Blasenkammer – ein Gefäß, das mit einer Flüssigkeit wie flüssigem Wasserstoff gefüllt ist – schießt, die Spur der Blasen untersuchen kann, die diese Teilchen in der Flüssigkeit hinterlassen. Und aus diesen Spuren können wir viel über die Teilchen selbst lernen.

Es war genau diese wissenschaftliche Tradition der Suche nach Beweisen, die mir die Grenzen jener Weltanschauung aufzeigten, die mir beigebracht worden war. Es gab viele Zusammenhänge, die mit physikalischen Teilchen und Kräften nicht vollständig erklärt werden konnten, aber sie passierten trotzdem. Es schien nicht wissenschaftlich, manche Themen zu scheuen, nur weil sie schwer zu erklären waren. Die Phänomene, die nicht zu meiner Weltanschauung passten, wollte ich verstehen und nicht abschreiben. Indem man Gegebenheiten, die schwer zu messen sind, respektiert, statt sie als unwirklich abzutun, lehnt man die Wissenschaft nicht ab, sondern nimmt sie erst wirklich an.

Als Psychiater in der Ausbildung behandelte ich einige hospitalisierte Patienten, die glaubten, die Gedanken anderer

Menschen lesen zu können. Wie die meisten Psychiater nahm ich an, dass diese Vorstellungen auf Wunschdenken und der Verwechslung von Fantasie und Wirklichkeit beruhten. Aber hatten wir Beweise dafür? Woher wussten wir, dass die Überzeugung dieser Patienten, Gedanken lesen zu können, ein Symptom für ihre Geisteskrankheit war und eben nicht real? Natürlich konnte ich ihre Behauptungen als Wissenschaftler nicht einfach als real akzeptieren, ohne sie zu überprüfen. Aber ich konnte sie auch nicht kategorisch als Wahnvorstellungen abtun, ohne sie untersucht zu haben. Meiner Ansicht nach würde sowohl die Bestätigung ihrer Überzeugungen als auch deren Ablehnung ohne Beweise diesen Patienten einen schlechten Dienst erweisen und wissenschaftliche Prinzipien verletzen. Also entwarf ich zusammen mit meinen Mitstudenten ein kontrolliertes Experiment und führte es durch, um zu testen, ob diese Patienten wirklich Gedanken lesen *konnten*.

Ich machte mir ein wenig Sorgen über die Risiken einer solchen Studie. Als Wissenschaftler wollte ich in Erfahrung bringen, ob diese Patienten Beweise für ihre Behauptungen liefern konnten oder nicht. Aber ein Teil meiner Arbeit als Psychiater bestand darin, Wahnpatienten dazu zu bringen, ihre falschen Überzeugungen aufzugeben und realistischer zu denken. Wenn der Glaube meiner Patienten an das Gedankenlesen unrealistisch wäre, würde dann die Tatsache, dass ich sie ernst nehme, ihre falschen Vorstellungen nicht noch verstärken?

Ich fragte mich, ob der eventuelle Nutzen dieser Forschung durch die möglichen Risiken für die Patienten reduziert werden würde. Daher besprach ich meine beabsichtigte Studie mit dem medizinischen und pflegerischen Personal in der Psychiatrie. Ich gab zu, dass ich gewisse Hemmungen hatte, diese Art von Studie durchzuführen, und sprach auch über meine Befürchtung, die Wahnvorstellungen dieser Patienten vielleicht noch zu verfestigen, wenn ich ihre ungewöhnlichen Überzeugungen ernsthaft untersuchte. Zu meiner Überraschung fanden der Stationsleiter und seine Mitarbeiter die Studie faszinierend und waren der Ansicht, dass sie in der sicheren Umgebung des Krankenhauses in der Lage sein würden, mit einer Verschlechterung der Symptome umzugehen, falls sich bei den Patienten tatsächlich eine solche Entwicklung zeigen würde. Mit dem Segen des Personals machte ich weiter. Zwei meiner Ausbildungskollegen aus der Psychiatrie meldeten sich freiwillig als »Sender« für das Experiment, also als die Menschen, deren Gedanken die Patienten zu lesen versuchen würden.

Die Patienten saßen nacheinander allein in einem Liegestuhl in meinem Sprechzimmer und entspannten sich ein paar Minuten. Wenn sie sich bereit fühlten, sprachen sie in ein Aufnahmegerät und beschrieben alle Bilder oder Eindrücke, die ihnen in den Sinn kamen. Währenddessen konzentrierte sich der »Sender« in einem anderen Büro am Ende des Flurs auf ein zufällig ausgewähltes Bild in einer Zeitschrift, eine beruhigende, eine beängstigende, eine aggressive, eine lustige oder eine erotische Szene. Fünf Minuten später betrat ich mein Sprechzimmer und reichte dem jeweiligen Patienten einen Umschlag mit fünf Bildern aus Zeitschriften. Die Patienten bewerteten dann die fünf Bilder dahin gehend, wie genau jedes mit ihren Eindrücken übereinstimmte. Als sie fertig waren, erzählte ich ihnen, auf welches Bild sich der »Sender« konzentriert hatte, und wir sprachen ein paar Minuten über die Sitzung.

Die Studie verlief genau so, wie meine Kollegen und ich es erwartet hatten. Kein Patient lieferte irgendwelche Beweise dafür, dass er die Gedanken des Senders gelesen hatte. Es gab keinen Hinweis darauf, dass ihr Glaube, sie könnten Gedanken lesen, eine Basis in der Realität hatte. Aber die Studie ergab noch etwas anderes, womit ich nicht gerechnet hatte. Als sie zu Ende war, fragte ich jeden einzelnen Patienten, wie er oder sie sich dabei gefühlt hatte. Zu meiner Überraschung waren alle froh, teilgenommen zu haben, und – was noch wichtiger ist – sie alle hatten mehr Vertrauen in das Krankenhauspersonal, weil wir ihre Gedanken und Gefühle ernst genug genommen hatten, um sie zu erforschen. Ein Patient fügte noch hinzu, dass ihn seine Unfähigkeit, die Gedanken des Senders im Rahmen dieser Studie zu lesen, dazu veranlasse, an seinen anderen irrationalen Ideen zu zweifeln, und dass die Studie ihm geholfen habe, Fantasie von Realität zu trennen. Sein Therapeut erzählte mir unabhängig davon, dass sich der Zustand des Patienten im Verlauf dieses Experiments deutlich verbesserte. Keiner der Patienten berichtete über eine Verschlechterung seiner Krankheit infolge des Experiments.

Während ich dieses Experiment durchführte, kehrte die Aufregung zurück, die ich auf dem »Opferstein« in Mystery Hill empfunden hatte. Ich sammelte Daten, um eine Idee zu untersuchen, mit der sich die meisten meiner Kollegen überhaupt nicht befasst hätten. Eine Idee, die sich durch meine Forschung möglicherweise als falsch erweisen würde, die aber dennoch das Potenzial hatte, unser Denken über psychische Erkrankungen zu verändern. Die Tatsache, dass die Patienten keine Gedanken lesen konnten, bestätigte, was wir erwartet hatten, aber das war nicht, was mich begeisterte, sondern vielmehr die Tatsache, dass wir mit wissenschaftlichen Methoden eine provokante Idee untersuchten. Der Prozess war mir wichtiger als sein Ergebnis. Mein Bericht über dieses Experiment wurde später in einer medizinischen Fachzeitschrift veröffentlicht und gewann in jenem Jahr den nationalen William-C.-Menninger-Preis für den besten Forschungsbericht eines Assistenzarztes der Neurologie, Psychiatrie oder Neurochirurgie.

Erst ein paar Jahre später lernte ich Raymond Moody kennen und hörte zum ersten Mal etwas über Nahtoderfahrungen. Raymond startete seine Ausbildung als psychiatrischer Assistenzarzt an der University of Virginia in dem Jahr, in dem ich dort als Neuzugang an der psychiatrischen Fakultät zu unterrichten begann. Seine erste klinische Station war die Notaufnahme, wo ich alle Assistenzärzte beaufsichtigte. Ich wusste, dass Raymond vor seinem Medizinstudium Philosophie unterrichtet und bereits als Medizinstudent ein Buch geschrieben hatte, aber ich wusste nicht, worum es in diesem Buch ging. Eines Tages, als in der Notaufnahme gerade nicht viel los war, sprachen wir über seinen Hintergrund, und er erzählte mir von seinem Buch *Leben nach dem Tod*, in dem er den Begriff »Nahtoderfahrung« verwendete, um die ungewöhnlichen Erfahrungen zu bezeichnen, die einige Menschen gemacht hatten, als sie offenbar auf der Schwelle zum Tod standen. Während er sprach, dämmerte mir allmählich, dass das, was er in seinem Buch beschrieb, etwas mit dem zu tun hatte, was Jahre zuvor passiert war – sowohl mit Henry, der glaubte, seine verstorbenen Eltern getroffen zu haben, als auch mit Holly, die gesehen und gehört hatte, wie ich mit ihrer Mitbewohnerin sprach, als ihr Körper bewusstlos in einem anderen Raum lag. Sowohl Holly als auch Henry hatten zumindest einige der Merkmale beschrieben, die Raymond bei Nahtoderfahrungen ausgemacht hatte. Ich werde nie erfahren, ob bei ihnen noch mehr solche Kennzeichen aufgetreten sind, weil ich zu diesem Zeitpunkt noch nichts darüber wusste und demnach auch nicht nachfragen konnte. Aber es war eine Offenbarung zu erfahren, dass andere Ärzte von diesen Erfahrungen gehört und ihnen sogar einen Namen gegeben hatten! Es fühlte sich an, als öffnete sich eine Tür.

Ich war an die University of Virginia gekommen, weil mir deren Division of Perceptual Studies (Abteilung für Wahrnehmungsstudien) ein Begriff war, eine Forschungseinheit, die von Ian Stevenson, dem ehemaligen Chefarzt der Psychiatrie, gegründet worden war. Jahrzehntelang hatte Ian die gleichen ungeklärten Erfahrungen, die Raymond in seinem Buch beschreibt, gesammelt und untersucht. Natürlich hatte er sie nicht als Nahtoderfahrungen bezeichnet, denn dieser Begriff wurde von Raymond eingeführt. Er hatte sie vielmehr in verschiedene Kategorien wie »außerkörperliche Erfahrungen«, »Sterbebettvisionen« und »Erscheinungen« eingeordnet.

Ich machte Raymond und Ian miteinander bekannt, und wir drei diskutierten, wie wir diese Erfahrungen mit wissenschaftlichen Methoden erforschen konnten. Raymond bekam jede Woche eine riesige Menge Post, und als ich diese Briefe las, stellte ich fest, dass sie alle das gleiche Thema hatten. Fast alle Briefschreiber waren überwältigt von der Erkenntnis, nicht allein zu sein, und dankten Raymond dafür, ihnen gezeigt zu haben, dass sie nicht verrückt waren.

Nachdem Raymonds Buch von einem großen New Yorker Verlag neu aufgelegt worden war, erhielt es schnell viel Aufmerksamkeit. In den folgenden Jahren schrieben einige Ärzte, Krankenpfleger, Sozialarbeiter und Forscher an Raymond, weil sie an der Erforschung dieses Phänomens interessiert waren. Raymond lud sie alle zu einem Treffen an die University of Virginia ein, und später gründeten vier aus dieser Gruppe – der Psychologe Kenneth Ring, der Kardiologe Michael Sabom, der Soziologe John Audette und ich – die International Association for Near-Death Studies (IANDS) zur Förderung der Erforschung von Nahtoderfahrungen. Mit Menschen zu sprechen, die eine Nahtoderfahrung durchlebt hatten, die Auswirkungen dieser Ereignisse auf ihr Leben zu sehen und anderen Forschern zu begegnen, die NTEs ebenso faszinierend fanden wie ich, fesselte mich. Nahtoderfahrungen schienen einerseits die natürliche Schnittstelle unerklärlicher Erlebnisse zu sein, die nach Erklärung verlangten, und andererseits enge Berührungen mit dem Tod, also das, was bei meiner Arbeit in der Notaufnahme im Mittelpunkt stand. NTEs brachten die Medizin, die Psyche und die Begeisterung über wissenschaftliche Entdeckungen, die ich seit meiner Kindheit in mir trug, zusammen – eine Konvergenz von Faktoren, mit der die Weichen für den weiteren Verlauf meiner Karriere gestellt waren.

Diese Reise, auf der ich Nahtoderfahrungen auf den Grund gehen wollte, führte mich von Krankenhaus zu Krankenhaus, von Universität zu Universität und von Bundesstaat zu Bundesstaat. Im Laufe der Jahre habe ich Forschungen mit hospitalisierten Patienten durchgeführt, die dem Tod durch Herzstillstand, Krankheit, einen Unfall, einen Suizidversuch, im Gefecht und aufgrund von Komplikationen während einer Operation oder einer Geburt sehr nah gekommen waren. Bei fast der Hälfte dieser Patienten hatte der Herzschlag oder die Atmung ausgesetzt, sie hatten keinen Blutdruck mehr oder waren für tot erklärt worden. Zusammen mit verschiedenen Kollegen veröffentlichte ich im Laufe der Jahre mehr als hundert Artikel in medizinischen Fachzeitschriften, in denen wir unsere Forschungsergebnisse darlegten.

Abgesehen von meiner Untersuchung hospitalisierter Patienten erfasste ich auch eine Stichprobe von mehr als tausend Nahtoderfahrenen, die mich kontaktiert und mir von ihren NTEs berichtet hatten. Die von ihnen beschriebenen Erfahrungen waren die gleichen wie die der hospitalisierten Patienten. Ich sammelte diese Geschichten in der Hoffnung, Muster darin zu finden, wenn ich erst genug davon zusammenhaben würde. Und diese Muster führten mich schließlich zu einem besseren Verständnis dessen, was hinter diesen Erfahrungen steckt.

– 2 –

Außerhalb der Zeit

Die Flammen waren weit über sechzig Meter hoch, als Bill Hernlund, ein dreiundzwanzigjähriger Feuerwehrmann der US-Luftwaffe, seinen Lastwagen am Heck des brennenden Flugzeugs zum Halten brachte. Die erste Explosion warf ihn aus dem Gleichgewicht. Er fiel hin, blieb aber unverletzt und rappelte sich wieder auf, um das Feuer weiter zu bekämpfen. Doch dann zündete das Feuer eine zweite, viel stärkere Explosion. Ein Schub aus Flammen, Metall und Kabeln warf ihn nach hinten und drückte ihn an die Seite seines Lastwagens. Bei dieser zweiten Explosion spürte er Schmerzen im Kopf und in der Brust sowie den Geschmack von Blut im Mund und bekam keine Luft mehr. Er wurde ohnmächtig, bevor er auf dem Boden aufschlug.

Anschließend machte Bill eine detaillierte Nahtoderfahrung. Das war 1970, Jahre bevor Raymond Moodys Buch dieser Erfahrung einen Namen gab, und als Bill sich erholt hatte und mit seinem Arzt über das Erlebte sprechen wollte, wurde ihm psychiatrische Hilfe verordnet. Bill behielt seine Nahtoderfahrung für sich, bis er fast zwei Jahrzehnte später auf eine lokale Selbsthilfegruppe stieß, die der International Association for Near-Death Studies angeschlossen war. Dort erfuhr er von meinem Interesse an Nahtoderfahrungen und schrieb mir an die University of Connecticut, wo ich damals Chefarzt der Psychiatrie war.

Bill erzählte mir, was geschah, als das brennende Wrack eines Flugzeugs auf der Ellsworth Air Force Base in Rapid City, South Dakota, explodierte und ihn durch die Luft schleuderte. Er behauptete, während er nicht bei Bewusstsein war, Dinge gesehen und gehört zu haben, die einfach nicht möglich schienen. Aber ich hatte gelernt, Behauptungen nicht sofort zurückzuweisen, nur weil meine gegenwärtige Weltanschauung mir sagte, dass sie eigentlich unmöglich sein sollten. Außer seinem eigenen Bericht schickte Bill mir Zeitungsausschnitte aus dem *Rapid City Journal* vom 4. April 1970, Fotos des brennenden Flugzeugs sowie eine Kopie seiner Airman's Medal for Bravery (Fliegermedaille für Tapferkeit), die »sein mutiges Handeln und seine humanitäre Rücksichtnahme ... unter Nichtbeachtung seiner persönlichen Sicherheit« lobte.

So beschrieb Bill seine Erfahrung:

»Ich fühlte mich angehoben und sah zwei meiner Freunde, die einen der bewusstlosen Feuerwehrleute wegtrugen. Irgendwie wusste ich, wer die Helfer waren, obwohl sie aluminiumbeschichtete Anzüge mit Kapuze trugen, aber ich wusste nicht, wen sie da schleppten. Ich schrie: ›He, Dan, Jim, helft mir!‹ Aber sie konnten mich nicht hören. Da wurde mir klar, dass es mein Körper sein musste, den sie wegschleppten, weil ich der einzige Feuerwehrmann in dieser Position war und auch weil mein Schmerz ebenso verschwunden war wie mein Geschmacks- und Geruchssinn. Ich sah alles viel klarer und fühlte mich warm, sicher und friedvoll.

Es gab ein dröhnendes Geräusch wie eine Explosion, aber dumpfer und länger. Ich sah, wie Dan und Jim auf meinen Körper geworfen wurden. Um mich herrschte absolute Dunkelheit, aber ich war mir und meiner Umgebung voll bewusst.

Ich befand mich in einer Art Tunnel, der von innen wie der Trichter eines Tornados aussah. In der Ferne war ein Licht, und ich sah spiralförmige blaugrüne Lichtschnüre wie ein Polarlicht kommen und gehen.

Das Licht zog mich magisch an. Ich bewegte mich außergewöhnlich schnell durch den Tunnel, und es dauerte überhaupt keine Zeit anzukommen. Die Zeit schien dort, wo immer ›dort‹ auch war, anders zu sein oder gar nicht zu existieren. Das Licht ging von einem Wesen aus, das als Teil seiner Essenz ein sehr hell strahlendes Licht ausstrahlte. Es war wunderschön anzusehen und projizierte Gefühle wie bedingungslose Liebe und Frieden. Irgendwie nahm ich auch andere Wesen dort wahr, aber ich sah sie nicht, weil ich mich nicht von dem Lichtwesen ablenken ließ.

Es stellte mir mehrere Fragen gleichzeitig, mehr als Eindrücke, die auf mich projiziert wurden, denn als Sätze aus Worten. Es fragte: ›Wie denkst du über dein Leben?‹ Und: ›Wie hast du andere Menschen behandelt?‹ Während es diese Fragen stellte, tauchte jedes einzelne Ereignis meines Lebens von der frühesten Kindheit bis zu dem Flugzeugabsturz vor mir auf wie auf einer Filmleinwand. Es gab Details zu Menschen und Dingen, die ich schon längst vergessen hatte. Ich war nicht stolz auf manche meiner Beziehungen mit anderen Menschen, aber das Lichtwesen vergab mir alle meine Fehler sehr schnell. Es riet mir, ›meinen Frieden zu machen‹, und sagte, meine Arbeit auf dieser Welt sei noch nicht beendet und ich müsse zurückgehen – und schon war ich weg.

Ich war wieder in meinem Körper, kann mich aber nicht erinnern, dorthin gereist zu sein. Der Schmerz war zurück, ich nahm den Geruch von Düsentreibstoff wahr und hörte Sirenen und Explosionen. Die Ärzte und Sanitäter waren mit Dan, Jim und den B-52-Besatzungsmitgliedern beschäftigt und beachteten mich gar nicht. Später fand ich heraus, dass sie mich lange genug untersucht hatten, um festzustellen, dass ich tot sei. Jetzt schenkten sie denen ihre Aufmerksamkeit, denen sie helfen konnten.

Zwei Tage später sagte der Arzt, ich hätte Glück gehabt, dass ich nicht gestorben sei. Ich sagte nur, ich *sei* gestorben. Er schaute mich ganz seltsam an und plante eine psychologische Untersuchung für mich ein. Von da an verlor ich kein Wort mehr über diesen Vorfall.«

Bills Erfahrung war nur eine von vielen, mit denen ich in Berührung kam und die mein Wissen darüber, wie die Welt funktioniert, infrage stellten. Jeder einzelne dieser Berichte war jedoch für sich genommen wissenschaftlich schwer zu untersuchen. Als mein Interesse an Nahtoderfahrungen durch Mundpropaganda und Artikel sowohl in den akademischen als auch in den populären Medien immer bekannter wurde, erhielt ich zunehmend mehr Berichte für meine Sammlung. Ich machte mich daran, die besonders schwierigen Merkmale der Nahtoderfahrungen aus dieser wachsenden Sammlung von Berichten zu untersuchen, um Muster zu finden, die Aufschluss über ihre Art und Herkunft geben konnten.

Ein Merkmal von Nahtoderfahrungen, das ich besonders verwirrend fand, war die extreme Klarheit und Geschwindigkeit des Denkens – nicht gerade das, was ich von einer Erfahrung erwartet hätte, die häufig gemacht wird, wenn das Gehirn unter Sauerstoffmangel leidet. Ich war skeptisch, dass alle diese Nahtoderfahrenen wirklich so klar und schnell denken konnten, wie sie behaupteten, als ihr Gehirn unter Sauerstoffmangel litt, und beschloss, die gesamte Bandbreite der Denkprozesse zu untersuchen, die sie mir beschrieben. Ich stellte fest, dass viele von ihnen *sehr wohl* berichteten, ihre Gedanken seien viel schneller, klarer und logischer gewesen als gewöhnlich.

Wie sich zeigte, ist dies kein neues Phänomen. Im Jahr 1892 beispielsweise veröffentlichte der Schweizer Geologieprofessor Albert Heim die erste große Sammlung von Nahtoderfahrungen im *Jahrbuch des Schweizer Alpenclub*. Heim selbst hatte zwei Jahrzehnte davor, als er zweiundzwanzig war, beim Bergsteigen in den Alpen eine Nahtoderfahrung gemacht. Als er aus zwanzig Meter Höhe abstürzte, krachte sein Körper mehrmals gegen die Felswand. Er schrieb, er habe zuvor gesehen, wie Menschen abstürzten, und es sei eine schreckliche Erfahrung gewesen, sie fallen zu sehen. Aber als er selbst fiel, war es – wie er schockiert feststellte – eine schöne Erfahrung. Er berichtete, wie erstaunt er war, überhaupt keine Schmerzen zu haben. Heim war von dieser Erfahrung so beeindruckt, dass er mit anderen Bergsteigern sprach, die potenziell tödliche Unfälle überlebt hatten, und er fand schnell dreißig andere mit ähnlichen Geschichten. Heim beschrieb, wie seine Gedanken immer schneller wurden, während er fiel:

»Was ich in fünf bis zehn Sekunden gedacht und gefühlt habe, läßt sich in zehnmal mehr Minuten nicht erzählen. Alle Gedanken und Vorstellungen waren zusammenhängend und sehr klar, keineswegs traumhaft verwischt. Zunächst übersah ich die Möglichkeiten meines Schicksals und sagte mir: Der Felskopf, über den ich nächstens hinausgeworfen werde, fällt unten offenbar als steile Wand ab, denn er verdeckte den unten folgenden Boden für meinen Blick; es kommt nun ganz darauf an, ob unter der Felswand noch Schnee liegt. Wenn dies der Fall ist, so wird der Schnee von der Wand abgeschmolzen sein und eine Kante bilden. Falle ich auf die Schneekante, so kann ich mit dem Leben davonkommen, ist aber unten kein

Schnee mehr, so stürze ich ohne Zweifel in Felsschutt hinab, und dann ist bei dieser Sturzgeschwindigkeit der Tod ganz unvermeidlich. Bin ich unten nicht todt und nicht bewußtlos, so muß ich sofort nach dem kleinen Fläschchen Essigäther greifen ... und davon einige Tropfen auf die Zunge nehmen. Den Stock will ich nicht gehen lassen, vielleicht kann er mir noch nützen. Ich behielt ihn dann auch fest in der Hand. Ich dachte daran, die Brille wegzunehmen und fortzuwerfen, damit mir nicht etwa ihre Splitter die Augen verletzen, allein ich wurde derart geworfen und geschleudert, daß ich der Bewegung meiner Hände hierfür nicht mächtig werden konnte. Eine andere Gedanken- und Vorstellungsgruppe betraf die Folgen meines Sturzes für die Hinterbleibenden. Ich sagte mir, daß ich, unten angekommen, gleichgültig, ob ich schwer verletzt sei oder nicht, jedenfalls, wenn immer möglich, sofort aus Leibeskräften rufen müsse: ›es hat mir gar nichts gethan!‹, damit meine Begleiter, darunter mein Bruder und drei Freunde, aus dem Schrecken sich so weit aufraffen könnten, um überhaupt den ziemlich schwierigen Abstieg zu mir herab zu Stande zu bringen. Ich dachte daran, daß ich nun meine auf fünf Tage später angesetzte Antrittsvorlesung als Privatdozent jedenfalls nicht halten könne. Ich übersah, wie die Nachricht meines Todes bei den Meinigen eintraf, und tröstete sie in Gedanken ... Objectives Beobachten, Denken und subjectives Fühlen gingen gleichzeitig nebeneinander vor sich. Dann hörte ich mein dumpfes Aufschlagen, und mein Sturz war zu Ende.«

Mir fiel auf, dass Heim eine ganze Weile brauchte, um die lange und verwickelte Reihe von Gedanken wiederzugeben, die ihm in den wenigen Sekunden seines Absturzes durch den Kopf gegangen waren. Viele andere, die eine solche Erfahrung gemacht hatten, berichteten von dem gleichen schnellen Denken.

John Whitacre machte mit siebenundvierzig eine Nahtoderfahrung, als er sich von einer Operation wegen Bauchspeicheldrüsen- und Leberkrebs erholte. Er schilderte mir seine Denkprozesse während der NTE wie folgt:

»Mir wurde auch klar, dass ich einen Körper hatte, der meinem physischen Körper, den ich gerade verlassen hatte, sehr ähnlich war. Ich war mir eines erweiterten Bewusstseinszustands bewusst, in dem mein Geist äußerst aktiv war und wachsam für das, was ich erlebte. Ich war in diesem Zustand sehr aufmerksam, und meine Gedanken schienen fast doppelt so schnell zu sein wie gewöhnlich, obwohl sie sehr klar waren.«

Die Hälfte aller Nahtoderfahrenen, die ich befragte, sagten, ihr Denken sei während der NTE klarer gewesen als gewöhnlich, und fast genauso viele beschrieben es als schneller denn sonst. Gregg Nome war im Alter von vierundzwanzig Jahren fast ertrunken, nachdem er im Schlauchboot über einen Wasserfall gefahren und gekentert war. Er beschrieb, wie er mit dem Gesicht nach unten am Grund des Flusses im Sand feststeckte:

»Meine Gedanken bewegten sich zu diesem Zeitpunkt so schnell. So viele Dinge schienen gleichzeitig zu passieren und einander zu überlappen. Plötzlich gingen mir in extrem hoher Geschwindigkeit Bilder durch den Kopf. Ich war erstaunt, dass mein Verstand sie in der gleichen hohen Geschwindigkeit zu verstehen schien. Dann war ich noch mehr erstaunt darüber, wie ich an andere Dinge wie diese denken und gleichzeitig die Bilder verstehen konnte. Plötzlich ergab alles einen Sinn. Ich erinnere mich, dass ich dachte: ›Ahhh, das war's jetzt. Alles ist plötzlich so vollkommen klar und einfach.‹ Ich hatte unter diesem Gesichtspunkt einfach nie darüber nachgedacht.«

Ein Merkmal, das mit schnellem Denken in Verbindung gebracht wird, ist das Gefühl, dass die Zeit langsamer vergeht. Rob hatte im Alter von vierundvierzig Jahren ein Nahtoderlebnis, als die Leiter, auf der er stand, abrutschte und er nach hinten kippte. Er erzählte mir, wie sich sein Zeitgefühl verlangsamte, während seine Gedanken immer schneller wurden:

»Der tatsächliche Sturz wurde erheblich verlangsamt, fast wie wenn man einen Bewegungsablauf im Zeitlupenmodus mit einer Kamera aufnimmt – oder als visuelle Sequenz in Einzelbildern. Und diese Verlangsamung verlängerte meine Denkzeit dramatisch, was dazu führte, dass ich einschätzen konnte, wie ich die Leiter manövrieren musste, um nicht aus einer Höhe von zwei Stockwerken auf den Steinplatten zu landen. Der Sturz verlangsamte sich, und gleichzeitig wurde mein Denken sehr klar. Ich erinnere mich tatsächlich, dass ich in die Sträucher fallen wollte, die zwar meine Haut durchbohren, aber meinen Sturz abbremsen würden. Und genau das ist passiert. Ich rollte mich zusammen, um Kopfverletzungen zu vermeiden. Diese wunderbare Verlangsamung, die es mir ermöglichte, in Sekundenbruchteilen klar zu denken, war phänomenal.«

Robs Beschreibung der Verlangsamung, die ihm Zeit gab, die beste Überlebensmöglichkeit zu planen, erinnerte mich an Albert Heims Bericht von seinem Absturz in den Bergen. Heims Beschreibung seiner NTE könnte einen interessanten wissenschaftlichen Nebeneffekt gehabt haben. Der Psychologe Joe Green hat die Frage aufgeworfen, ob Heims Bericht über seinen Absturz eine Rolle für Einsteins Relativitätstheorie gespielt hat. In seinem Artikel von 1892 beschrieb Heim ein stark erweitertes Zeitgefühl. Mit anderen Worten, die Zeit schien sich für ihn zu verlangsamen, sodass er über seine Situation nachdenken konnte. Heim sprach mit seinen Schülern an der Eidgenössischen Polytechnischen Schule in Zürich, wo er Geologie unterrichtete, oft über seine Nahtoderfahrung. Einer dieser Schüler war ein Teenager namens Albert Einstein, der mindestens zwei Kurse bei Heim belegte, die er später in einem Brief an Heims Sohn als »magisch« beschrieb. Ein Jahrzehnt später veröffentlichte Einstein einen revolutionären Artikel, in dem er seine Relativitätstheorie beschrieb und die These aufstellte, dass *die Zeit langsamer wird, je schneller man reist*. Man kann unmöglich mit Sicherheit sagen, ob dies mehr als ein Zufall ist, aber ich fragte mich, ob Einstein Heims Bericht darüber, wie sich die Zeit verlangsamte, während er immer schneller nach unten fiel, im Hinterkopf hatte und ob dies schließlich seine Idee beeinflusste, dass die Zeit nicht konstant ist, sondern sich verändert, und zwar je nachdem, wie schnell man sich bewegt.

Eine extremere Version dieser Verlangsamung der Zeit ist die Erfahrung *völliger Zeitlosigkeit*, ein Merkmal, das in vielen Berichten über Nahtoderfahrungen auftaucht. Joe Geraci, ein sechsunddreißigjähriger Polizist, der nach einer Operation fast verblutet wäre, berichtete von dieser Empfindung in Zusammenhang mit seiner Nahtoderfahrung:

»Ich wusste, wie es ist, die Ewigkeit zu erfahren, in der es keine Zeit gibt. Es ist sehr schwer, das jemandem zu beschreiben. Wie beschreibt man einen Zustand der Zeitlosigkeit, in dem nichts von einem Punkt zum anderen voranschreitet, in dem *alles vorhanden* und in den man ganz versunken ist? Für mich spielte es keine Rolle, ob ich in drei oder fünf Minuten weg war. Das ist nur hier von Bedeutung.«

Für Joe verging die Zeit nicht nur langsamer, sondern schien ganz zu verschwinden. Viele Menschen, die eine Nahtoderfahrung gemacht haben, beschreiben ein Gefühl der Zeitlosigkeit.

Manche von ihnen sagen, die Zeit habe zwar noch existiert, aber die NTE scheine außerhalb des *Zeitflusses* gemacht worden zu sein. In ihrer NTE schien alles auf einmal zu geschehen, oder es hatte den Anschein, als bewegten sie sich in der Zeit nach vorn und zurück. Andere sagen, während des Nahtoderlebnisses sei ihnen klar geworden, dass die Zeit *nicht mehr existierte*, dass das ganze Konzept der Zeit bedeutungslos geworden sei.

Drei Viertel aller Menschen, die mir von ihren Nahtoderfahrungen erzählten, berichteten über eine Veränderung ihres Zeitgefühls, und mehr als die Hälfte gab an, ein Gefühl der Zeitlosigkeit gehabt zu haben. Mir fiel auf, dass dieses Verlangsamen oder Stillstehen der Zeit in Kombination mit der Beschleunigung von Denkprozessen häufiger bei Nahtoderfahrungen auftrat, die nicht vorhersehbar waren, etwa nach Autounfällen oder plötzlichen Herzinfarkten bei scheinbar gesunden Menschen. Weniger wahrscheinlich waren sie bei Nahtoderfahrungen, die eher zu erwarten waren, etwa bei Patienten in einer medizinischen Krise, die wussten, dass sie eine tödliche Krankheit hatten, oder bei Menschen, die versucht hatten, sich das Leben zu nehmen. Wenn diese Veränderungen im Denken und im Zeitgefühl auftreten, dann häufig zu Beginn einer Nahtoderfahrung und offenbar dadurch hervorgerufen, dass man sich der Todesgefahr bewusst wird. Diesen Zusammenhang zwischen der Verlangsamung der Zeit und der plötzlichen Todesgefahr hätte ich nur durch Untersuchung einer großen Stichprobe von Nahtoderfahrenen nachweisen können.

Dass ein Zusammenhang zwischen einer unerwarteten Todesgefahr und klarerem, schnellerem Denken besteht, leuchtete mir ein. Wenn Sie angesichts einer plötzlich drohenden Gefahr am Leben bleiben wollen, ist es hilfreich, die Zeitwahrnehmung verlangsamen und schneller und klarer denken zu können, um sich selbst zu retten, wie Albert Heim und Rob es bei ihrem Absturz getan haben. Es ist auch bekannt, dass Menschen, die wissen, dass sie bald sterben werden, ihr Leben oft angesichts seines Endes einer Prüfung unterziehen. Diese Menschen brauchen möglicherweise keine weitere Rückschau auf ihr Leben, wenn der Tod dann tatsächlich eintritt. Aus diesen Gründen ist es sinnvoll, dass die Veränderungen im Denken bei plötzlichen und unerwarteten Nahtoderfahrungen stärker sind. Aber obwohl ich Gründe fand, aus denen Menschen in Lebensgefahr schneller und klarer denken und ihre Zeitwahrnehmung verlangsamen *sollten*, war mir ein Rätsel, wie sie es in einer Situation tun *konnten*, in der ich erwartet hätte, dass sie Angst haben und hysterisch sind. Ich konnte verstehen, *warum* sich die Zeitwahrnehmung bei einer Nahtoderfahrung veränderte, doch das gab keine Antwort auf die Frage, *wie* das passiert.

Abgesehen davon, dass ihre *Gedanken* schneller und klarer gewesen seien als gewöhnlich, berichten viele Nahtoderfahrene auch, dass ihre *Sinneswahrnehmungen* wie Sehen und Hören lebendiger waren als gewöhnlich. Jayne Smith hatte im Alter von dreiundzwanzig Jahren während einer schlechten Reaktion auf eine Anästhesie bei der Geburt ihres Kindes eine NTE. Sie beschrieb mir ihre Sinneswahrnehmung während dieser Erfahrung:

»Ich fand mich auf einer Wiese wieder, klar im Kopf und mit intakter Identität, und mir war wieder bewusst, dass ich einen Körper hatte. Und dies war eine wunderschöne grüne Wiese mit wunderschönen Blumen in wunderschönen Farben, die von diesem herrlichen, strahlenden Licht beleuchtet wurden, einem Licht, wie man es noch nie gesehen hat, aber der Himmel war auch da und das Gras und Blumen in Farben, wie ich sie nie zuvor gesehen hatte. Und ich erinnere mich, dass ich sie angeschaut und gedacht habe: ›Manche dieser Farben habe ich noch nie gesehen!‹ Und dann, o Wunder, wurde mir klar, dass ich das innere Licht von allem sah, was hier wuchs, nichts als absolute Herrlichkeit in Farbe. Es war kein reflektiertes Licht, sondern ein sanftes, inneres Leuchten, das von jeder einzelnen Pflanze ausging. Über uns war der Himmel klar und blau, das Licht unendlich viel schöner als jedes Licht, das wir kennen.«

Jaynes außergewöhnliche Wahrnehmungen waren visueller Natur, aber manchmal sind auch andere Sinne beteiligt. Gregg Nome, der fast ertrank, als sein Schlauchboot über einem Wasserfall kenterte, beschrieb die bemerkenswerte Steigerung seiner Sinneswahrnehmungen so:

»Plötzlich konnte ich hören und sehen wie nie zuvor. Das Geräusch des Wasserfalls war so klar und deutlich, dass man es kaum beschreiben kann. Zwei Jahre davor hatte mein rechtes Ohr Schaden genommen, als jemand einen großen Feuerwerkskörper in eine Bar warf, in der eine Band auftrat. Ich war im Publikum, und er explodierte direkt neben meinem Kopf. Aber jetzt, während meiner Nahtoderfahrung, hörte ich vollkommen klar. Und mein Sehvermögen war noch besser. Es kam mir vor, als sei ich all die Jahre von meinen körperlichen Sinnen eingeschränkt gewesen. Was sehr weit von mir entfernt war, sah ich genauso klar wie alles, was ganz nah war, und zwar zur gleichen Zeit. Ich sah nichts verschwommen oder so.«

Gregg erlebte nicht nur sein Sehvermögen lebendiger als gewöhnlich, sondern auch sein geschädigtes Gehör als wiederhergestellt und alle seine körperlichen Sinne als geschärft. Zwei Drittel der Nahtoderfahrenen, mit denen ich es im Rahmen meiner Forschung zu tun hatte, berichteten von außerordentlich lebhaften Empfindungen während des Nahtoderlebnisses, etwa von außergewöhnlich klarer Sehkraft und der

Wahrnehmung einzigartiger Farben oder von außergewöhnlich klarem Hörvermögen und der Wahrnehmung einzigartiger Geräusche. In seltenen Fällen berichten Nahtoderfahrene auch von ungewöhnlichen Geruchs- oder Geschmacksempfindungen.

Ich wusste nicht, was ich mit diesen Erfahrungen anfangen sollte. Die außergewöhnlichen Denk- und Wahrnehmungsfähigkeiten während einer Nahtoderfahrung, also in einer Situation, in der das Gehirn beeinträchtigt ist, waren angesichts dessen, was wir über das Gehirn wissen, schwer zu verstehen. Aber genau dieses Paradoxe daran reizte mich, und ich wollte versuchen, diese Phänomene zu verstehen. Ich konnte sie nicht einfach vom Tisch wischen. Meine Hoffnung war, sie in einem größeren Kontext anzuschauen könne uns helfen, ihre Bedeutung zu erfassen. Und dieser größere Kontext offenbarte ein weiteres Merkmal von Nahtoderfahrungen, das eine ebenso große Herausforderung darstellte.

– 3 –

Die Lebensrückschau

Ein weiteres Merkmal vieler Nahtoderfahrungen, das ich als besonders wichtig empfand, war die »Lebensrückschau«, in der Szenen aus der Vergangenheit des Erlebenden wiederauftauchen. Gregg Nome, der im Alter von vierundzwanzig Jahren fast ertrank, als sein Schlauchboot nach dem Überqueren eines Wasserfalls gekentert war, berichtete von einem rasanten Rückblick auf sein Leben, in dem auch Ereignisse vorkamen, die er längst vergessen hatte:

»Mir wurde klar, dass ich ein passiver Beobachter war, und es war, als würde jemand anderes den Filmprojektor bedienen. Ich betrachtete mein Leben zum ersten Mal objektiv. Ich sah sowohl das Gute als auch das Schlechte. Ich begriff, dass diese Bilder so etwas wie das letzte Kapitel meines Lebens waren und dass ich, wenn sie aufhörten, endgültig das Bewusstsein verlieren würde.

Bei den ersten Bildern handelte es sich um Szenen aus meiner Kindheit in lebendigen Farben. Erstaunt sah ich mich als Baby, das in einem Hochstuhl saß, mit der Hand etwas Essbares aufhob und es auf den Boden warf. Und da war meine Mutter, fünfundzwanzig Jahre jünger, die zu mir sagte, dass gute Kinder ihr Essen nicht auf den Boden werfen. Als Nächstes sah ich mich an einem See in den Sommerferien, in denen ich drei oder vier Jahre alt war. Mein älterer Bruder und ich brauchten beide einen Schwimmring, mit dem wir uns auf dem Wasser treiben ließen, weil wir noch nicht schwimmen konnten. Aus irgendeinem Grund war ich nicht gut auf meinen Bruder zu sprechen; und um es ihm zu zeigen, warf ich seinen Schwimmring in den See. Nun war wiederum Mark stinksauer und fing an zu weinen. Mein Vater kam angerannt und erklärte mir, was ich getan habe, sei ›nicht nett‹, und nun müssten er und ich im Boot auf den See rudern, um den Schwimmring wiederzubekommen, und ich müsse meinen Bruder um Entschuldigung bitten. Ich war erstaunt, wie viele Szenen ich sah, die ich längst vergessen hatte.

Alle Szenen schienen mit Erfahrungen zu tun zu haben, aus denen ich im Zuge meiner Entwicklung etwas gelernt hatte. Ich sah auch Ereignisse, die auf die eine oder andere Weise traumatisch waren. Die Bilder folgten mit hoher Geschwindigkeit aufeinander, und ich wusste, dass die Zeit bald ablaufen würde, weil die Bilder der Gegenwart immer näher rückten. Dann kamen die Bilder zum Erliegen. Nur Dunkelheit blieb zurück, und es fühlte sich an wie das kurze Innehalten, bevor etwas Wesentliches passiert.«

Auf der Suche nach entsprechenden Forschungsergebnissen wurde mir klar, dass auch die Lebensrückschau kein neues Phänomen war. Im Jahr 1791, als der spätere britische Konteradmiral Sir Francis Beaufort erst siebzehn Jahre alt und noch Seekadett war, fiel er von einem Schiff in den Hafen von Portsmouth an der englischen Südküste. Leider hatte er noch nicht gelernt zu schwimmen. Als er vom intensiven Ringen nach Luft völlig erschöpft war, verlor er das Bewusstsein. Daraufhin verspürte er sofort eine innere Ruhe und bemerkte Veränderungen in seinem Denken. Er beschrieb es später so:

»Ab dem Moment, in dem jede körperliche Anstrengung zum Erliegen kam, was meiner Meinung nach die unmittelbare Folge des vollständigen Erstickens war, trat ein Gefühl der vollkommenen Ruhe an die Stelle der vorherigen turbulenten Empfindungen. Es könnte Apathie genannt werden, sicherlich nicht Resignation. Die Sinne waren zwar regelrecht abgetötet, nicht aber der Geist. Seine Aktivität schien in einem Maße belebt, das sich jeder Beschreibung entzieht, denn ein Gedanke nach dem anderen tauchte mit einer Geschwindigkeit auf, die nicht nur unbeschreiblich ist, sondern vermutlich auch unvorstellbar für jeden, der noch nie in einer ähnlichen Situation war.

Den Verlauf dieser Gedanken kann ich noch immer weitgehend nachvollziehen. Das Ereignis, das gerade stattgefunden hatte, und die Ungeschicklichkeit, die es ausgelöst hatte, bildeten die erste Reihe von Gedanken. Diese Gedanken bekamen dann eine größere Reichweite: unsere letzte Schiffsreise, eine frühere Reise und ein Schiffbruch; meine Schule und die Fortschritte, die ich dort gemacht hatte, und die Zeit, die ich vergeudet hatte, und sogar alle meine Betätigungen und Abenteuer als kleiner Junge. Während ich auf diese Weise rückwärts reiste, schien jedes vergangene Ereignis meines Lebens in rückläufiger Folge über meine Erinnerung hinaus aufzuscheinen, doch nicht in bloßen Umrissen wie hier wiedergegeben. Vielmehr vervollständigte sich das Bild mit jeder Minute und jedem zusätzlichen Merkmal. Kurz gesagt, meine gesamte Existenz schien mir in einer Art Panorama-Rückschau präsentiert zu werden, und jeder Akt dieses Dramas schien von einem Bewusstsein für Richtig oder Falsch oder von Überlegungen zu seiner Ursache oder seine Folgen begleitet zu sein. In der Tat drängten sich viele unbedeutende und längst vergessene Ereignisse in meiner Vorstellung und wirkten ganz vertraut.«

Beaufort beschrieb seine Gedanken, die sich nicht nur beschleunigten, sondern auch jedes einzelne Ereignis in seinem Leben umfassten und jede Handlung als richtig oder falsch beurteilten. Viele der Nahtoderfahrenen, die mir ihre Geschichten erzählten, beschrieben diese Art von Lebensrückblick.

Tom Sawyer, ein dreiunddreißigjähriger Oberaufseher der städtischen Autobahnabteilung, machte eine Nahtoderfahrung, als ein Fahrzeug, unter dem er arbeitete, auf seine Brust stürzte. Ich hatte ihn ursprünglich über einen Brief kennengelernt, den er mir 1981 schickte. Er schrieb, er habe Raymond Moodys Frau Louise versprochen, sich mit mir in Verbindung zu setzen, um als Freiwilliger an meinen Forschungen teilzunehmen. Ich sollte Tom und seine Frau Elaine in den nächsten fünfundzwanzig Jahren ziemlich gut kennenlernen, bis er schließlich seiner chronischen Lungenerkrankung erlag. Aber in diesem Vierteljahrhundert wohnte ich nie länger als eine kleine Tagesreise von seinem Haus entfernt, und er fand häufig Gründe, die Reise zu machen. Den Unfall, der seine Nahtoderfahrung verursacht hatte, beschrieb er mir in allen Einzelheiten:

»Ich schraubte an meinem Pick-up herum. Mein neunjähriger Sohn Todd war von der Schule nach Hause gekommen und wollte mir helfen. Ich achtete sehr darauf, dass alle Sicherheitsmaßnahmen eingehalten wurden, vor allem zum Schutz von Todd. Ich bockte das Auto sicher mit Kanthölzern und Wagenhebern auf. Dann legte ich mich rücklings auf eine Liegepritsche. Ich wollte eine Spurstange ersetzen und die Welle reparieren.

Ich rollte mich unter das Fahrzeug und erklärte Todd, welche Werkzeuge ich brauche, um mit meiner Arbeit beginnen zu können. Dann machte ich mich daran, die Welle zu bearbeiten, doch plötzlich geriet der Wagen in Bewegung! Als ich diese Bewegung bemerkte, wusste ich sofort, dass hier etwas schrecklich falsch lief. Ich hatte mehr als erforderlich getan, um das Auto abzusichern, bevor ich mich darunterrollte. Mehr als eine Woche nach dem Vorfall stellte sich heraus, dass die Auffahrt unter dem einen Wagenheber nachgegeben hatte. Unter dem Asphalt befand sich ein Hohlraum, der dafür verantwortlich war, dass der Boden unter dem Wagenheber nachgab und der Wagen zur Seite kippte. Durch diese Seitwärtsbewegung kippten auch die 15×15-Kanthölzer um, und als das Auto nach unten sackte, konnten es auch die Wagenheber im vorderen Bereich nicht mehr halten – und natürlich stürzte es auf mich.

Als der Pick-up auf meinen Körper fiel, schien er sich in extremer Zeitlupe zu bewegen. Ich versuchte noch zu schreien: ›Todd, hol Hilfe.‹ Aber der zweitausend Kilo schwere Wagen sackte auf meine Brust, bevor ich viel herausbekommen konnte. Er drückte mir die ganze Luft ab. Das Fahrgestell des Wagens landete mitten auf meiner Brust zwischen dem untersten Rippenbogen und dem Brustbein.

Als die Luft plötzlich aus mir herausgequetscht wurde, wo ich nur einen halben Atemzug in mir hatte, war es wahrscheinlich, dass ich meinen Atem nicht lange anhalten konnte. Ich schüttelte den Kopf und versuchte, den Zustand der Bewusstlosigkeit mit dem sehnlichen Wunsch abzuwehren, diesen dummen Unfall zu überleben und einfach weiterzumachen. Irgendwann ging mir der Sauerstoff aus, und ich driftete irgendwie ab. Mir wurde klar, dass ich gelähmt sein würde, und das Letzte, was schließlich passierte, war, dass sich meine Augenlider anfühlten, als würden sie sich schließen und ich das Augenlicht verlieren. Zu dieser Zeit schlug mein Herz noch, wurde aber mit den letzten Schlägen immer langsamer. Es war sehr sonderbar und faszinierend, die letzten drei Herzschläge zu erleben. Dann war da nur noch eine Art Leere.«

Tom beschrieb, wie er irgendwann während der nun folgenden NTE schmerzhafte Ereignisse von früher noch einmal durchlebte:

»Ich erfuhr eine totale Lebensrückschau. Dies kann am besten mithilfe eines Beispiels beschrieben werden. Als ich etwa acht Jahre alt war, beauftragte mich mein Vater, den Rasen zu mähen und das Unkraut im Hof zu jäten. Tante Gay, die Schwester meiner Mutter, wohnte in der Hütte im hinteren Garten. Es machte immer Spaß, mit ihr zusammen zu sein. Auf jeden Fall dachten alle Kinder, sie sei eine richtig coole Person. Sie hatte mir von ihren Plänen erzählt, ein paar Wildblumen an kleinen Rankgittern im Hinterhof wachsen zu lassen. ›Lass sie in Ruhe, Tommy‹, hatte sie gesagt.

Mein Vater trug mir jedoch auf, den Rasen zu mähen und das Unkraut zu jäten. Jetzt hätte ich meinem Vater erklären können, dass nach Tante Gays Willen in diesem speziellen Bereich Unkraut wuchs. Oder ich hätte Tante Gay erklären können, dass Vater mir gerade aufgetragen hatte, den Rasen zu mähen und diesen Bereich von Unkraut zu befreien. Oder ich hätte mit voller Absicht den ganzen Rasen mähen und das Unkraut vernichten können. Und genau das habe ich gemacht. Ich entschied mich bewusst, gemein und bösartig zu sein. Meine Tante Gay verlor nie ein Wort darüber; es wurde nie auch nur erwähnt. Ich dachte: ›Sieh mal einer an, ich bin damit durchgekommen.‹ Ende der Geschichte.

Wissen Sie, was? Ich habe nicht nur das ganze Ereignis in meiner Lebensrückschau noch einmal erlebt, sondern auch jeden Gedanken und jede innere Einstellung exakt noch einmal gedacht und empfunden; sogar die Außentemperatur, die ich mit acht Jahren unmöglich hätte messen können, und noch andere Dinge. Beispielsweise war mir damals nicht bewusst, wie viele Mücken es dort gab. In der Lebensrückschau hätte ich die Mücken zählen können. Alles war viel genauer, als es in der Realität des ursprünglichen Ereignisses überhaupt wahrgenommen werden konnte. Ich habe in dieser Lebensrückschau auch Dinge gesehen, die ich in der Realität niemals hätte sehen können. Ich sah, wie ich den Rasen mähte, und zwar von oben, aus einer Höhe von dreißig bis dreihundert Metern und mehr, als wäre ich eine Drohnenkamera. Ich habe alles gesehen. Meine Lebensrückschau war absolut, sie war positiv. Ich habe alles gesehen, von meinem ersten Atemzug bis zu dem Unfall.«

Ich hatte die Berichte anderer Nahtoderfahrenen gehört, in denen sie beschrieben, wie sie ihr Leben bis ins kleinste Detail noch einmal erlebten, und ich verstand dies als psychologische Reaktion auf den drohenden Tod. Doch dann beschrieb Tom ein weiteres Merkmal seiner Lebensrückschau, das für mich deutlich schwerer zu verstehen war. Tom erlebte sein ganzes Leben nicht nur aus *seiner eigenen*, sondern auch aus der Perspektive *anderer Menschen*. Er beschrieb diesen Aspekt grafisch:

»Nicht nur erlebte ich meine Einstellung als Achtjähriger und die Art von Begeisterung und Freude darüber, dass ich mit etwas davongekommen war, noch einmal, ich beobachtete dieses ganze Ereignis auch als dreiunddreißigjähriger Erwachsener mit der ganzen Weisheit und Philosophie, die mir zu dieser Zeit zur Verfügung stand. *Aber es war noch mehr als das.*

Ich erlebte es auch genau so, als wäre ich meine Tante Gay, als sie aus der Hintertür kam und sah, dass das Unkraut weg war. Die ganze Reihe von Gedanken, die in ihrem Kopf hin und her sprangen, war mir bewusst. ›O mein Gott, was ist passiert? Na ja, Tommy hat vielleicht vergessen, was ich gesagt habe. Aber er kann es gar nicht vergessen haben. – O nein, Schluss jetzt. Tommy hat so etwas noch nie gemacht. Es war mir so wichtig. Er hat es wissen müssen ... Er hat es nicht wissen können.‹

Bei ihr ging es ständig hin und her zwischen Nachdenken über verschiedene Möglichkeiten und Selbstgesprächen wie: ›Nun, es ist möglich. Nein, Tommy ist nicht so. Es spielt sowieso keine Rolle. Ich liebe ihn. Ich erwähne es einfach nicht. Wenn er es vergessen hat und ich ihn daran erinnere, könnte ich seine Gefühle verletzen, Gott bewahre. Soll ich ihn damit konfrontieren und einfach fragen?‹

Was ich sagen will: Ich war im Körper meiner Tante Gay. Ich war in ihren Augen. Ich war in ihren Gefühlen. Ich war in ihren unbeantworteten Fragen. Ich erfuhr ihre Enttäuschung, ihre Demütigung. Es war verheerend für mich. Das zu erleben hat meine Einstellung ziemlich verändert.

Darüber hinaus konnte ich die Szene absolut, positiv und bedingungslos beobachten, was aus spiritueller Sicht wahrscheinlich noch wichtiger ist. Mit anderen Worten: Ich beobachtete sie nicht mit dem schrecklichen emotionalen Unwohlsein, das meine Tante Gay erlebt hatte. Ich erlebte sie mit bedingungsloser Liebe, sah sie mit Gottes Augen oder den Augen von Jesus Christus, im Licht Christi oder des erleuchteten Buddha oder der spirituellen Instanz. Kein wertender Aspekt war da. Und gleichzeitig sah ich die totale Verwüstung, die ich im Leben meiner Tante angerichtet hatte. Und die Arroganz, die abfälligen Gedanken, die schlechten Gefühle und die Begeisterung angesichts dessen, was ich in diesem jugendlichen Alter in meinem eigenen Leben zustande brachte.«

Ein Viertel aller Teilnehmer an meinem Forschungsprojekt berichtete von einer Lebensrückschau. Einige Nahtoderfahrene erzählten mir, ihr ganzes Leben sei vor ihren Augen aufgeblitzt, von der Geburt bis zur Gegenwart oder in umgekehrter Reihenfolge. Andere sagten, sie seien in der Lage gewesen, sich nach Belieben verschiedene Szenen aus ihrem Leben anzuschauen. Die überwiegende Mehrheit beschrieb diese Lebensrückschau als lebendige gewöhnliche Erinnerungen. Einige Nahtoderfahrene erzählten mir, ihnen seien Bilder aus ihrer Vergangenheit gezeigt worden wie auf einer Filmleinwand oder den Seiten eines Buches. Und viele berichteten wie Tom, dass sie diese vergangenen Ereignisse *noch einmal so erlebten, als fänden sie gerade statt*, mit allen ursprünglichen Wahrnehmungen und Gefühlen.

Drei Viertel derer, die eine Lebensrückschau hatten, gaben an, dies habe ihre Vorstellung von dem verändert, was im Leben wirklich wichtig ist. Bei der Hälfte derjenigen, die eine Lebensrückschau hatten, war das Urteilsvermögen intakt, und sie beurteilten sich meistens selbst anhand ihrer richtigen oder falschen Handlungen. Und mehr als die Hälfte sah diese vergangenen Ereignisse nicht nur mit ihren eigenen Augen, sondern – wie Tom – auch aus der Sicht anderer und spürte sowohl die Gefühle der Mitmenschen als auch ihre eigenen.

Barbara Harris Whitfield machte im Alter von zweiunddreißig Jahren eine NTE, als sie nach einer Rückenoperation bewegungsunfähig war und an Atembeschwerden litt. Sie beschrieb einen Lebensrückblick, in dem sie Missbrauchsereignisse aus ihrer Kindheit aus Sicht anderer Beteiligter noch einmal erlebte:

»Als ich meinen Körper verließ, ging ich hinaus in die Dunkelheit. Ich schaute nach unten und nach rechts und sah mich in einer Blase – weinend in einem runden Babybett. Dann schaute ich nach oben und nach rechts und sah mein einjähriges Ich in einer anderen Blase, genauso bitterlich weinend und mit dem Gesicht nach unten in meinem Kinderbett. Ich beschloss, nicht mehr die zweiunddreißigjährige Barbara sein zu wollen. Ich wollte zu diesem Baby. Als ich mich von meinem zweiunddreißigjährigen Körper in dem runden Babybett entfernte, fühlte ich mich, als hätte ich mich gerade aus diesem

Leben befreit. Dabei wurde mir eine Energie bewusst, die sich um mich wickelte und durch mich hindurchging, die mich durchdrang und jedes Molekül meines Seins trug.

In jeder Szene meines Lebensrückblicks fühlte ich erneut, was ich zu verschiedenen Zeiten in meinem Dasein gefühlt hatte. Und ich fühlte alles, was andere als Folge meines Handelns empfanden. Manches davon fühlte sich gut an und manches schrecklich. All dies führte zu Wissen, und ich lernte – und wie ich lernte! Die Informationen flossen in einem unglaublichen Höllentempo, das mich wahrscheinlich verbrannt hätte, wenn mich die außergewöhnliche Energie nicht gehalten hätte. Die Informationen kamen herein, und dann schaltete die Liebe meine Urteile gegen mich aus. Ich bekam sämtliche Informationen über jede Szene – über meine Wahrnehmungen und Gefühle und die Wahrnehmungen und Gefühle aller anderen, die in der Szene waren. Es gab nichts Gutes und nichts Schlechtes. Es gab nur mich und meine Lieben aus diesem Leben, die versuchten, einfach zu sein oder zu überleben.

Ich wandte mich dem Baby zu, das ich links über mir in der Dunkelheit sah. Stellen Sie sich das Baby in einer Blase vor und diese Blase mitten in einer Wolke aus Tausenden und Abertausenden von Blasen. In jeder Blase war eine andere Szene in meinem Leben. Als ich mich auf das Baby zubewegte, war es, als wippe ich durch die Blasen. Gleichzeitig erlebte ich zweiunddreißig Jahre meines Lebens in einer linearen Abfolge noch einmal. Ich hörte mich sagen: ›Kein Wunder, kein Wunder.‹ Mittlerweile glaube ich, dass mein ›Kein Wunder‹ bedeutete: ›Kein Wunder, dass du so bist, wie du jetzt bist. Schau, was dir angetan wurde, als du ein kleines Mädchen warst.‹

Meine Mutter war drogenabhängig, gemein und missbräuchlich. Ich habe dieses ganze Kindheitstrauma in meiner Lebensrückschau gesehen, aber nicht in kleinen Stücken, wie ich es als Erwachsene in Erinnerung hatte. Ich sah und erlebte es so, wie ich es durchlebt hatte, als es das erste Mal geschah. Ich war nicht nur ich, ich war auch meine Mutter. Und mein Vater. Und mein Bruder. Wir waren alle eins. Jetzt spürte ich den Schmerz und die Vernachlässigung, die meine Mutter seit ihrer Kindheit erlebt hatte. Sie war nicht absichtlich gemein. Sie wusste einfach nicht, wie man liebevoll oder freundlich ist. Sie wusste nicht, wie man liebt. Sie hatte keine Ahnung, worum es im Leben wirklich geht. Sie trug die Wut aus ihrer eigenen Kindheit immer noch in sich. Sie war wütend, weil sie arm waren und weil ihr Vater fast jeden Tag große Epilepsieanfälle hatte, bis er starb, als sie elf Jahre alt war. Und dann war sie wütend, weil er sie verlassen hatte.

Alles kam zurück. Ich erlebte mit, wie wütend mein Bruder über den Missbrauch durch meine Mutter war, und dann drehte er sich um und ließ seine Wut an mir aus. Ich sah, wie wir alle in diesem Tanz verbunden waren, den meine Mutter anführte. Ich sah, wie ihr physischer Körper ihren emotionalen Schmerz zum Ausdruck brachte. Ich hörte mich sagen: ›Kein Wunder, kein Wunder.‹ Jetzt spürte ich, dass sie mich missbrauchte, weil sie sich selbst hasste.

Ich erkannte, dass ich mich aufgegeben hatte, um zu überleben. Ich vergaß, dass ich ein Kind war. Ich wurde zur Mutter für meine Mutter. Plötzlich wusste ich, dass meiner Mutter in ihrer Kindheit dasselbe passiert war. Sie hatte sich um ihren Vater gekümmert, wenn er seine Anfälle hatte, und sich als Kind aufgegeben, um auf ihn aufzupassen. Als Kinder waren wir beide, sie und ich, alles und jedes geworden, was andere brauchten. Im weiteren Verlauf meiner Lebensrückschau sah ich auch die Seele meiner Mutter. Ich sah, wie schmerzhaft ihr Leben war, wie verloren sie war. In meiner Lebensrückschau sah ich, dass sie ein guter Mensch war, aber in Hilflosigkeit gefangen. Ich sah ihre Schönheit, ihre Menschlichkeit und ihre Bedürfnisse, die in ihrer eigenen Kindheit vernachlässigt worden waren. Ich liebte und verstand sie. Wir mögen gefangen gewesen sein, aber wir waren immer noch Seelen, im Tanz des Lebens verbunden durch eine Energiequelle, die uns beide erschaffen hatte.

Im weiteren Verlauf meiner Lebensrückschau heiratete ich und bekam eigene Kinder. Ich erkannte, dass ich kurz davor war, den Zyklus von Missbrauch und Trauma zu wiederholen, den ich als Kind erlebt hatte. Ich wurde wie meine Mutter. Als mein Leben vor meinen Augen ablief, sah ich, wie streng ich mit mir selbst umgegangen war, denn das war das Verhalten, das mir als Kind vorgelebt und beigebracht worden war. Mir wurde klar, dass der einzige große Fehler, den ich in meinem zweiunddreißig Jahre langen Leben gemacht hatte, darin bestand, dass ich nie gelernt hatte, mich selbst zu lieben.«

Wie können wir den Sinn einer Lebensrückschau verstehen? Seit einem halben Jahrhundert ist die »Lebensrückblickstherapie« – ein angeleitetes, systematisches und gründliches Erinnern und Erzählen bedeutsamer Lebensereignisse – ein wichtiges Instrument für Berater, die mit Menschen am Ende ihres Lebens arbeiten. Sie kann diesen Leuten helfen, mit Verlust, Schuld, Konflikt oder Niederlage umzugehen und einen Sinn in ihrem Leben und ihren Leistungen zu sehen. Ein solcher Abschluss kann entscheidend dazu beitragen, dass Menschen dem Tod gelassener entgegensehen.

Und Menschen, die eine Nahtoderfahrung machen und dann ins Leben zurückkehren, kann die Lebensrückschau nicht nur helfen, mit Verlusten umzugehen und einen Sinn in ihrem Leben zu finden, sondern auch ihr Verhalten zu ändern auf der Basis dessen, was sie gelernt haben. Tom hat das erneute Erleben bestimmter Ereignisse nicht nur aus seiner, sondern auch aus der Sicht anderer geholfen, den Schmerz zu verstehen, den er bei anderen verursacht hat, und dieses Verhalten nicht zu wiederholen. Dass Barbara ihr Kindheitstrauma erneut erlebte, nicht nur aus eigener Erfahrung, sondern auch durch Einsicht in das Leben ihrer Mutter, half ihr einerseits zu verstehen, dass sie selbst missbraucht wurde, und damit umzugehen, und andererseits Veränderungen in ihrem eigenen Leben vorzunehmen um zu vermeiden, dass sich der Kreislauf des Missbrauchs bei ihren eigenen Kindern fortsetzt.

Zusätzlich zu den jüngsten Berichten über Lebensrückschauen müssen wir auch ähnliche Berichte aus vergangenen Jahrhunderten berücksichtigen. Wie Albert Heims Beschreibung seiner sich beschleunigenden Gedanken und der verlangsamten Zeit nach einem Absturz in den Bergen aus dem späten 19. Jahrhundert deuten diese historischen Erzählungen darauf hin, dass Berichte über Nahtoderfahrungen nicht nur Reflexionen unserer aktuellen Vorstellung davon sind, was passiert, wenn wir sterben. Sie stellen unsere Vorstellungen davon, wie Geist und Gehirn funktionieren, vielmehr schon seit Hunderten von Jahren infrage.

Zu wissen, dass dies universelle Erfahrungen sind, sagt uns noch nicht, was es mit ihnen auf sich hat. Sind sie auf gemeinsame psychologische Mechanismen zurückzuführen, die uns helfen, irgendwie abzuschließen, bevor wir sterben? Werden sie durch Fehlfunktionen des Gehirns verursacht, wenn wir dem Tod allmählich immer näher kommen? Oder sind sie etwas ganz anderes? Zu diesem Zeitpunkt standen mir die Mittel, die ich für eine gründlichere Untersuchung von Nahtoderfahrungen brauchte, nicht zur Verfügung. Also versuchte ich, diese Geschichten nicht nur zu sammeln, sondern eine systematischere Art zu entwickeln, um sie zu organisieren und zu analysieren.

– 4 –
Die ganze Geschichte verstehen

Es sprach sich herum, dass ich an Nahtoderfahrungen interessiert war, und immer mehr Menschen boten mir an, mir ihre Berichte zur Verfügung zu stellen. Ich wusste, dass es, je mehr dieser Berichte ich sammeln konnte, umso einfacher würde sein, die Bilder und Merkmale zu identifizieren, die immer wieder auftauchten. Und je mehr Informationen über die besonderen medizinischen Details der Begegnungen mit dem Tod ich sammeln konnte, desto einfacher wäre es vielleicht, die mit diesen Erfahrungen verbundene Biologie ausfindig zu machen. Aber mir wurde auch klar, dass die Nahtoderfahrungen, die diese Menschen mir anboten, vielleicht eine voreingenommene Stichprobe aller Nahtoderfahrungen waren, die da draußen gemacht wurden. Sie waren selbst gewählt – Berichte von Nahtoderfahrenen, die in der Lage und bereit waren, ihre Geschichten mitzuteilen. Waren sie anders als Nahtoderfahrungen, über die diejenigen, die sie erlebt hatten, nicht berichteten oder die sie einfach nicht in Worte fassen konnten?

Ich kam zu dem Schluss, dass ich zusätzlich zu den »Freiwilligen«, deren Berichte ich selbst ausgewählt hatte, auch eine große Anzahl von Menschen befragen musste, die dem Tod sehr nah gewesen waren, mit mir aber nicht über ihre Erfahrungen gesprochen hatten. In meiner Position an der

Universitätsklinik hatte ich Zugang zu solchen Menschen. Mit Genehmigung der Abteilung für Kardiologie führte ich eine Studie durch und befragte alle Personen, die wegen eines schwerwiegenden Herzproblems in unser Krankenhaus eingeliefert worden waren. In einem Zeitraum von zweieinhalb Jahren befragte ich fast sechzehnhundert Patienten, von denen hundertsechzehn einen Herzstillstand hatten. Ihr Herz war vollständig stehen geblieben, was auch in ihrer Patientenakte dokumentiert war.

Claude, ein zweiundsiebzigjähriger Farmer, war einer der Patienten, die einen Herzstillstand erlitten hatten. Am Tag nach seiner Aufnahme besuchte ich ihn in seinem Krankenzimmer, stellte mich vor und fragte ihn, ob er bereit sei, mit mir über das zu sprechen, was passiert war. Er schaute mich verwirrt an, als sei absolut offensichtlich, was passiert war. Aber er war bereit zu reden. Ich sagte, ich wisse, dass sein Herz stehen geblieben sei, und fragte ihn, was ich jeden Patienten frage: »Was war das Letzte, woran Sie sich erinnern, bevor Sie in Ohnmacht fielen?«

»Ich habe die Schweine gefüttert«, begann Claude langsam. »Dann wurde mir schwindelig, also ging ich zurück in die Scheune und setzte mich auf einen Heuballen.« Er machte eine Pause und fügte dann hinzu: »Und das ist das Letzte, was ich weiß.«

»Und was war das Nächste, woran Sie sich erinnern?«, fragte ich.

»Ich bin in diesem Bett aufgewacht, mit Kabeln auf meiner Brust und einem Schlauch im Arm, und ich weiß nicht, wie zum Teufel ich hierhergekommen bin.«

Ich versuchte, ganz sachlich zu klingen, als ich ihm eine dritte Frage stellte, die ich allen diesen Patienten stelle: »Und an was zwischen diesen beiden Ereignissen erinnern Sie sich?«

Claude zögerte, als wolle er mich einschätzen, und sagte dann genauso sachlich: »Ich dachte, ich würde meinem Schöpfer begegnen, aber mein Pa – er ist jetzt schon etwa fünfzehn Jahre tot – hat mich aufgehalten und gesagt, dass ich zurückmuss.«

Meine Stimme blieb ruhig und professionell, obwohl ich vor lauter Aufregung Herzrasen bekam, als ich diesen Bericht über eine Nahtoderfahrung aus einer unvoreingenommenen Quelle hörte. Ich beugte mich vor, nickte ermutigend und sagte: »Erzählen Sie mir, wie es war, Ihren Pa zu treffen.«

Claude sah mich geduldig an und sagte nach einer sehr kurzen Pause: »Das habe ich gerade getan.«

Ich nickte und überlegte, wie ich eine weitere Frage formulieren sollte. Aber Claude schloss die Augen und sagte: »Ich bin müde. Das ist alles, was ich zu sagen habe.«

Das reichte, um mir zu verstehen zu geben, dass es in diesem Krankenhaus wohl noch andere wie Claude gäbe, die eine Nahtoderfahrung gemacht hatten. Und in der Tat fand ich sechsundzwanzig andere Herzpatienten, die mir von ihren Nahtoderfahrungen berichteten. Es stellte sich heraus, dass zehn Prozent der Patienten, die einen Herzstillstand hatten, von Nahtoderfahrungen berichteten sowie ein Prozent der anderen Patienten, die einen Herzinfarkt hatten oder andere schwere Herzprobleme ohne kompletten Herzstillstand.

Jetzt stand ich vor dem Problem, wie ich diese Berichte über Nahtoderfahrungen bewerten sollte. Ich wusste nur, was die Betroffenen mir erzählt hatten, und wie sie von ihrer Erfahrung beeinflusst worden waren. Doch eines der ersten Dinge, die viele Nahtoderfahrene ansprechen, ist, dass es keine Worte gibt, um das zu beschreiben, was sie erlebt haben. Wenn ich sie dann bitte, mir etwas darüber zu erzählen, bitte ich sie also um etwas, was ihnen sehr schwer fällt. Viele von ihnen verwenden dann alle möglichen kulturellen oder religiösen Metaphern, um Phänomene zu beschreiben, für die sie keine vertrauten Bezeichnungen haben. Beispielsweise berichten viele Amerikaner, im Verlauf ihrer Nahtoderfahrung einen langen, dunklen Raum passiert zu haben, den sie als »Tunnel« bezeichnen. Nahtoderfahrene aus weniger hochentwickelten Ländern, in denen Tunnel eher selten sind, bezeichnen diesen Raum als »Brunnenschacht« oder »Höhle«. Dominic, ein Lkw-Fahrer, der ein Nahtoderlebnis hatte, als sein Sattelzug auf der Autobahn mit einem anderen Fahrzeug kollidierte, erzählte, er sei durch ein langes, dunkles »Auspuffrohr« gereist. Das war das Bild, das ihm als Erstes einfiel.

Viele Nahtoderfahrene sind frustriert von der Schwierigkeit, die Erfahrung in Worte zu fassen. Joe Geraci, der Polizist, der nach einer Operation fast verblutet wäre, beschrieb mir, wie frustriert er war, als er versuchte, seine Erfahrung in Worte zu fassen:

»Man kann es unmöglich beschreiben. Es kann wirklich nicht in Worte gefasst werden. Nichts ist schwieriger, als das jemandem zu beschreiben. Es gibt auf keinen Fall irgendwelche Stereotypen dafür. Ich glaube, was ich sagen will, ist, dass es in meinem Leben nichts Vergleichbares gibt, womit ich es auch nur annähernd erklären könnte. Es ist frustrierend, darüber sprechen zu wollen. Ich versuche, für Sie etwas in Worte zu fassen, was ich noch nicht einmal für mich selbst in Worte fassen kann. Es ist so einfach und so tief, und genau das ist das Problem.

Es ist frustrierend. Man kann es wirklich nicht so ausdrücken, wie es ist. Es greift immer zu kurz. Auch was ich jetzt sage, greift zu kurz. Was immer ich jemandem erzähle, geht durch das kleine Sieb der Erfahrungen des anderen und wird im eigenen Bezugsrahmen wahrgenommen. Ich wollte es meiner Frau erzählen, konnte aber buchstäblich nicht sprechen.

Es ist schwer, etwas so Schönes zu erleben, etwas, was dir so viel bedeutet, etwas, was dein Leben verändert hat, und gleichzeitig so verdammt allein damit zu sein.«

Auch Bill Urfer, ein sechsundvierzigjähriger Geschäftsmann, erzählte mir von seiner Schwierigkeit, die Nahtoderfahrung zu beschreiben, die er während einer Bauchoperation hatte:

»Was ich hier sage, ist durch die englische Sprache begrenzt, denn es gibt darin keine Worte, um diese Geschichte schön genug zu erzählen. Nichts in meinem Leben hätte mich auf das vorbereiten können, was ich sah. Ich weiß, wie sinnlos es ist, die Szene zu beschreiben, aber ich versuche es dennoch. Mir fielen keine Worte ein, die beschreiben konnten, was ich gesehen hatte. Ich musste es mit jemandem teilen, aber ich fand keine Worte dafür. Immer und immer wieder gingen mir Gedanken durch den Kopf und schienen manchmal bereit, ausgesprochen und für alle hörbar zu werden. Das Wörterbuch nach passenden Begriffen zu durchsuchen war zwecklos, denn die Wörter waren fad, ohne das Feuer der Farbe.

Versuchen Sie mal, einen Geruch mit Buntstiften zu zeichnen. Das brauchen Sie erst gar nicht zu versuchen, egal, wie viele Buntstifte Sie in Ihrer Schachtel haben. So beschreibt man Nahtoderfahrungen mit Worten. Wie viele Worte Sie auch verwenden, Sie können eine Nahtoderfahrung nicht wirklich beschreiben. Ich lag wach in der Dunkelheit und versuchte, Geräusche zu erzeugen, die es erklären sollten. Vielleicht konnte Musik bewirken, was der Sprache nicht gelang. Schließlich kann niemand die Schönheit bestimmter Geräusche beschreiben, Klänge, die uns zu Taten oder Tränen bewegen. Ja, vielleicht war Musik die einzige Form der Kommunikation, die jenes Gefühl des Friedens erklären konnte, das mich seitdem nie mehr verlassen hat.«

Und Steve Luiting, der eine NTE machte, als er mit acht Jahren fast ertrank, beschrieb mit folgenden Worten das Problem, seine Erfahrung in Worte zu fassen:

»Die Sprache, die nach dem Tod gesprochen wurde, war sehr viel komplexer und konnte Erfahrungen buchstäblich einkapseln. Als ich in meinen Körper zurückkehrte, verflachten sogar meine Erinnerungen, sie vereinfachten sich und wurden zu Symbolen für das, was wirklich geschehen war. Ich glaube, diese Reduzierung findet einfach deshalb statt, weil das menschliche Gehirn eine Welt, die so viel komplexer und möglicherweise auch so fremd ist, nicht verstehen kann. Wenn ich von Menschen lese, die Straßen aus Gold gesehen haben, finde ich das amüsant, denn das ist ein abgeflachtes Beispiel für eine komplexe visuelle Anspielung – nicht Gold, sondern vielmehr etwas Pulsierendes und Lebendiges, denke ich.«

Steves Unfähigkeit, seine Erfahrung auf angemessene Weise zu beschreiben, führte dazu, dass er die konkreten Beschreibungen anderer Nahtoderfahrenen nicht wörtlich, sondern metaphorisch nahm. Er sah Beschreibungen von Straßen aus Gold, Perlentoren und Engelsfiguren als die besten Analogien, die andere finden konnten, um zu vermitteln, was im Prinzip eine unbeschreibliche Erfahrung ist. Der Sufi-Mystiker Jalal ad-Din Rumi schrieb im 13. Jahrhundert: »Stille ist die Sprache Gottes. Alles andere ist nur eine schlechte Übersetzung.«

Das ist es, was uns offenbar viele Nahtoderfahrene über ihr Erlebnis erzählen wollen. Und die meisten von ihnen sind weniger geschickt mit Worten als Joe, Bill und Steve. Viele von ihnen sind nicht in der Lage – oder vielleicht nicht willens –, ihre Nahtoderfahrung zu beschreiben. Das bedeutete, ich brauchte irgendeine systematische Methode, über NTEs zu sprechen, damit ich sie wissenschaftlich erforschen und logisch erfassen konnte.

Kommunikation ist immer schwierig, weil Worte dafür oft unzureichend zu sein scheinen, und dies gilt insbesondere für das Kommunizieren intensiver emotionaler Erfahrungen. Aber nicht nur die Schwierigkeit, die viele Nahtoderfahrene bei der Suche nach Worten haben, hält sie davon ab, ihre Geschichten mitzuteilen. Manche von ihnen haben zu Recht Angst, für verrückt erklärt oder für Lügner gehalten zu werden. Beispielhaft für diese Angst steht Gina, eine Polizeibeamtin, die versucht hatte, sich umzubringen. Ich lernte sie kennen, als ich für eine Studie Patienten befragte, die nach einem Suizidversuch ins Krankenhaus eingeliefert worden waren. Ich hoffte, herausfinden zu können, welche Erfahrungen sie während ihrer Begegnung mit dem Tod vielleicht gemacht haben. Dann wollte ich sie monatlich kontaktieren, um ihre weiteren Gedanken über Suizid jeweils neu zu bewerten. Ich wollte wissen, ob eine Nahtoderfahrung die Einstellung des davon betroffenen Menschen zu seinem Leben veränderte.

Gina war vierundzwanzig und Polizeianwärterin. Sie war nur eins siebenundfünfzig groß mit zierlichem Körperbau und etwas widerspenstigen schwarzen Locken, hatte aber eine Zähigkeit und einen Biss, die Menschen wissen ließen, dass sie es ernst meinte. Sie hatte ihre Ausbildung an der Polizeiakademie genossen, aber als sie sich der Truppe anschloss, befand sie sich plötzlich in einer Machokultur, in der sie sich ständig lächerlich gemacht und belästigt fühlte. Polizistin zu sein war alles, was sie seit Jahren wollte, und als ihr Sergeant anfing, sie aggressiv anzugehen und anzufassen, war sie in einer für sie unmöglichen Situation. Sie fühlte sich gefangen und sah keinen Ausweg mehr. Sie nahm eine starke Überdosis Medikamente und fand sich danach in der Psychiatrie wieder.

Ich vermutete, dass ihre Überdosis zumindest teilweise ein bewusster oder unbewusster Hilferuf war. Wäre es nur ihr Ziel gewesen, sich selbst zu töten, wäre der Einsatz ihres Dienstrevolvers eine sicherere Methode gewesen und hätte ihrem sachlichen Charakter auch eher entsprochen.

Ich stellte Gina meine üblichen Fragen: Was war das Letzte, woran sie sich erinnerte, bevor sie das Bewusstsein verlor? Was war das Nächste, woran sie sich anschließend erinnerte? Woran erinnerte sie sich zwischen diesen beiden Ereignissen? Sie verneinte, irgendetwas erlebt zu haben, während sie bewusstlos war. Daher zog ich in Erwägung, sie in meine »Kontrollgruppe« aufzunehmen – diejenigen, die Opfer eines Suizidversuchs waren und *keine* Nahtoderfahrung gemacht hatten. Doch als ich sie einen Monat später kontaktierte, um mich zu erkundigen, wie es ihr ging, und ihre Gedanken zum Suizid neu zu bewerten, überraschte sie mich.

»Gina«, begann ich, »erinnern Sie sich, dass Sie mit mir gesprochen haben, als Sie nach Ihrer Überdosis wieder aufgewacht sind?«

»Ja«, sagte sie ein wenig zögerlich. »Sie haben mich gefragt, woran ich mich erinnere, und ich habe es Ihnen nicht gesagt.«

»Sie haben es mir nicht gesagt ...?« Ich zog eine Augenbraue hoch.

Sie hielt wieder inne und fuhr dann fort: »Während die Sanitäter mich ins Krankenhaus transportierten, verließ ich meinen Körper.«

Jetzt hielt wiederum ich inne und fragte mich, was ich darauf antworten sollte. Hatte sie das gerade erfunden, um mir einen Gefallen zu tun, weil sie dachte, ich sei enttäuscht über ihre Reaktion von vor einem Monat? Ich beschloss, in diesem Zweifelsfall zu ihren Gunsten zu entscheiden, zumindest vorerst. »Sie haben sich letzten Monat nicht daran *erinnert*, oder es war Ihnen damals unangenehm, mir davon zu erzählen?«

Sie nickte, immer noch mit Sorgenfalten auf der Stirn. »Nein, ich war nicht sicher, ob Sie das ernst nehmen würden, also habe ich damals nichts gesagt.«

»Nun, was können Sie mir jetzt darüber sagen?«

Sie setzte bereitwillig an, mir ihre Geschichte zu erzählen: »Ich hatte im Krankenwagen Stellung bezogen und schaute auf meinen Körper und den neben mir sitzenden Sanitäter. Er regulierte den Lauf der Flüssigkeit, die intravenös in meinen Arm getropft wurde. Ihm schien langweilig zu sein, und er machte sich keine großen Sorgen um mich. Aber ich machte mir ja auch keine. Während ich ihn beobachtete und sah, dass sich mein Körper überhaupt nicht bewegte, dachte ich: ›Nun, das ist interessant‹, und das war alles. Ich fühlte mich meinem Körper in keiner Weise mehr verhaftet als *seinem*.«

Ich wartete, ob sie weitersprechen würde, und fragte dann: »Was noch?«

Sie machte eine Pause und schüttelte den Kopf. »Das war's.«

Ich beendete das Interview, indem ich ihr Standardfragen zu ihren Suizidgedanken und ihrem Alltag stellte. Sie erzählte mir, dass sie ihren Sergeanten wegen seiner Belästigungen zur Rede gestellt hatte. Er habe so getan, als wisse er nicht, wovon sie sprach. Also hatte sie sich beim Polizeichef über ihn beschwert. Sie blieb in derselben Position, aber die Belästigungen hörten offenbar auf. Ich sagte ihr, dies sei meiner Meinung nach genau das Richtige gewesen – und dass es wohl eine gehörige Portion Mut erfordert haben muss. Ich fragte, ob sie noch irgendwelche Fragen habe. Sie hatte keine, und ich dankte ihr für das Gespräch.

Einen Monat später traf ich sie ein drittes Mal. »Gina, als wir uns das letzte Mal sprachen, erzählten Sie mir, dass Sie nach Ihrem Suizidversuch im Krankenwagen Ihren Körper verlassen hatten.«

»Ja«, sagte sie mit einem verlegenen Lächeln, »aber ich habe Ihnen nicht erzählt, dass ich meine Cousine gesehen habe.«

Meine Augenbraue ging wieder in die Höhe. »Ihre Cousine?«

»Ja«, fuhr sie fort, ohne mich anzuschauen. »Meine Cousine Maria war mit mir in diesem Krankenwagen. Sie ist vor vier Jahren bei einem Autounfall ums Leben gekommen. Wir waren gleichaltrig und haben alles zusammen gemacht. Sie sagte, für mich gäbe es immer noch eine Menge zu tun und dass ich andere Möglichkeiten hätte, als mein Leben zu beenden. Sie war ein bisschen sarkastisch, wie sie immer gewesen war, aber sie war auch traurig, dass ich diese Überdosis genommen hatte.«

Sie machte eine Pause und sprach dann weiter: »Sie sagte, sie schicke mich jetzt zurück, damit ich meinen Sergeanten zur Rede stellen und ihn nicht damit durchkommen lassen könne. Und sie sagte auch, wenn ich noch einmal versuchen würde, mich umzubringen, würde sie mir so was von in den Allerwertesten treten ...«

»Es war Ihnen nicht sicher genug, mir letzten Monat davon zu erzählen?«

Jetzt schaute sie mir in die Augen und lachte. »Herrgott noch mal, Sie sind ein Seelenklempner! Ich wollte nicht in der Klapse landen! Ich wollte nicht riskieren, dass Sie mich für verrückt halten!«

Ich nickte und lachte mit. »Aber es ist okay für Sie, mir jetzt davon zu erzählen?«

Sie wurde ernst, schaute mich aber immer noch an. »Nun, Sie haben mich nicht gezwungen zu erzählen, dass ich meinen Körper verlassen habe, also dachte ich, ich könnte Ihnen wohl auch das anvertrauen.«

Wir sprachen eine Weile über ihre Erinnerungen an ihre Cousine und darüber, wie es gewesen war, als diese sie zurückgeschickt hatte und sie schließlich an Schwung verlor.

Noch einmal beendete ich die Befragung mit den Standardfragen über Suizidgedanken und wie es ihr jetzt gehe. Sie seufzte tief und sagte, sie glaube nicht, dass der Polizeichef sie ernst genommen habe. Sie hatte mit ihrem Gewerkschaftsvertreter gesprochen, eine formelle Beschwerde eingereicht und einen Brief an den Bezirksstaatsanwalt geschrieben. Ich bestärkte sie nochmals in ihrem Entschluss, Maßnahmen zu ergreifen, gab ihr die Möglichkeit, mir Fragen zu stellen, und dankte ihr, dass sie erneut mit mir gesprochen hatte.

Als ich sie einen Monat später erneut kontaktieren wollte, erfuhr ich, dass sie ihren Job bei der Polizei gekündigt und ihrem Vorgesetzten mitgeteilt hatte, sie werde in ihre Heimatstadt zurückkehren. Ich habe versucht, sie aufzuspüren, um sie erneut zu befragen, aber ich konnte sie nicht finden.

Natürlich ist es möglich, dass sie mir, als wir nach ihrer Überdosis zum ersten Mal miteinander sprachen, nicht erzählte, wie sie ihren Körper verlassen und ihre Cousine getroffen hat, weil all das nicht wirklich passiert ist. Es ist möglich, dass sie sich jedes Mal etwas ausdachte, wenn wir uns trafen. Aber sie hatte keinen offensichtlichen Grund, irgendetwas zu erfinden. Ihre emotionalen Reaktionen schienen echt zu sein. Ob sie sich genau an ihre Erfahrung erinnerte, ist ein anderes Thema. Das konnte ich nicht verifizieren. Aber es klang glaubhaft, dass Gina keine Lust hatte, einem Psychiater von ihren Erfahrungen zu erzählen, besonders bei unserem ersten Treffen, als sie möglichst schnell aus dem Krankenhaus entlassen werden wollte. War noch mehr dran an ihrer Nahtoderfahrung, worüber sie immer noch nicht gern sprach? Ich werde es wohl nie erfahren.

In Interviews mit Menschen, die eine Nahtoderfahrung gemacht hatten, stellte ich fest, dass es eine ganze Reihe von Gründen gibt, aus denen diese Menschen ihre Erfahrung für sich behalten. Vergessen Sie nicht, dass es sich dabei oft um weltbewegende Erlebnisse handelt. Manche Menschen sind davon derart erschüttert, dass sie nicht bereit sind, darüber zu sprechen. Manche sind niedergeschlagen oder wütend, wenn sie feststellen, dass sie sich wieder in ihrem Körper befinden. Andere sind verwirrt, weil es Konflikte gibt zwischen dem, was sie erlebt haben, und dem, was ihre Religion ihnen über den Tod beigebracht hat. Manche befürchten, dass ihre Nahtoderfahrung ein Hinweis auf eine psychische Erkrankung ist oder dass andere Menschen dies als Beweis dafür ansehen. Und einige, die ihre Nahtoderfahrung während eines Überfalls, eines Suizidversuchs oder eines vermeidbaren Unfalls gemacht haben, möchten nicht über die Erfahrung sprechen, weil sie durch den Vorfall selbst zu stark traumatisiert sind, sich schämen oder sich selbst die Schuld geben.

Viele Nahtoderfahrene argwöhnen, dass andere Menschen, auch Forscher, nicht verstehen, was mit ihnen passierte. Manche glauben, die Erfahrung werde verunglimpft oder trivialisiert, wenn man mit anderen Menschen darüber spricht. Und einige denken, dass ihre Nahtoderfahrung zu persönlich ist, um sie mit jemandem zu teilen. Sie glauben, dass sie die Informationen während ihres Nahtoderlebnisses zu ihrem eigenen Nutzen erhalten haben und dass sie nicht dazu gedacht sind, von der Wissenschaftsgemeinde untersucht oder analysiert zu werden.

Es kann für Forscher – wie für Familie und Freunde – schwierig sein herauszufinden, ob ein Nahtoderfahrener ihnen die ganze Geschichte erzählt. Es gibt so viele Gründe, aus denen Patienten *nicht* bereit sind, über ihre Erfahrungen zu sprechen, dass ich immer dankbar bin, wenn sie sich dennoch dazu äußern. Nachdem sie eine Nahtoderfahrung gemacht haben, können die Betreffenden sehr verletzlich sein, und was sie anschließend tun, kann für ihr zukünftiges Wohlbefinden wichtig sein.

– 5 –

Woher wissen wir, was wirklich ist?

Im Jahr 1978, nicht lange nachdem ich Raymond Moody kennengelernt und angefangen hatte, zusammen mit Ian Stevenson Nahtoderfahrungen zu erforschen, wurde mir klar, dass ich eine sehr viel intensivere Ausbildung in medizinischen Forschungskompetenzen brauchte, als ich sie in einer klinisch orientierten Medizinischen Hochschule, wie es die der University of Virginia zu der Zeit war, bekommen konnte. Ich nahm eine Stelle an der entsprechenden Fakultät der University of Michigan an, einer großen medizinischen Forschungseinrichtung, wo es leitende Mentoren gab, die mir beibringen konnten, was ich wissen musste, um Nahtoderfahrungen mit wissenschaftlicher Exaktheit zu untersuchen. Ich hatte das große Glück, dass mich der mittlerweile verstorbene Gardner Quarton, Direktor des Mental Health Research Institute in Michigan, unter seine Fittiche nahm und mir beibrachte, wie man praktische Forschungsfragen entwickelt und solide Forschungsprotokolle entwirft.

Ein Großteil der frühen NTE-Forschung, meine eigene eingeschlossen, bestand auch aus wenig mehr als dem Sammeln von Erfahrungsberichten, einheitliche Standards dafür gab es unter den Forschern nicht. Einige meiner Kollegen an anderen Instituten sammelten jeweils die Informationen, die ihrer Ansicht nach für die Erfahrung entscheidend waren. Forscher, die an der Klarheit des Denkens während einer NTE interessiert waren, konzentrierten sich auf die Zeitverzerrung, die Lebensrückschau und so weiter; sie fragten jedoch nicht, wie es sich angefühlt hatte, den Körper zu verlassen oder verstorbene Angehörige zu treffen. Andere, die sich für die religiösen Implikationen interessierten, konzentrierten sich auf Visionen von Gott und ein Leben nach dem Tod, fragten aber nicht nach Veränderungen in der Stimmung oder im Denken. Als ich mir diese Berichte durchlas, fiel es mir schwer zu sagen, ob wir alle Beispiele für ein und dieselbe Art von Erfahrungen sammelten oder ob wir verschiedene Erfahrungen untersuchten, die Menschen machen könnten, wenn sie glauben, im Sterben zu liegen.

Einer meiner Kollegen definierte NTEs als »alles, was Menschen erleben, wenn sie dem Tod ganz nah sind«. Aber das schien mir zu breit angelegt. Es gibt viele Arten von Erfahrungen, die Menschen mit dem Tod gemacht haben, vom Blackout über Panik bis hin zum Zustand, sich »damit abzufinden«, die alle sehr unterschiedlich sind und überhaupt nicht dem entsprechen, was Moody mit dem Begriff »Nahtoderfahrung« meinte. Mir wurde klar, dass wir eine Möglichkeit brauchten, alle auf die gleiche Wellenlänge zu kommen, wenn wir über NTEs sprechen. Das war eine echte Herausforderung. Abgesehen davon, dass verschiedene Forscher jeweils persönliche Vorurteile hatten, handelte jeder von uns relativ isoliert, ohne zu wissen, wer sonst noch diese Phänomene untersuchte oder wie sie von anderen definiert wurden. Ich wollte eine logische Ordnung in die Untersuchung dieser Erfahrungen bringen.

Um dieses Problem anzugehen, entwickelte ich in den frühen Achtzigerjahren die NTE-Skala als Möglichkeit, das zu standardisieren, was wir unter dem Begriff »Nahtoderfahrung« verstehen. Als Erstes erstellte ich eine Liste der achtzig Merkmale, die in der Literatur zu Nahtoderfahrungen am häufigsten erwähnt werden. Dann schickte ich diese Liste an eine große Stichprobe von Nahtoderfahrenen. Nach wiederholten Bewertungen durch Betroffene und andere Forscher mithilfe statistischer Analysen konnte ich sie auf eine übersichtlichere Liste von sechzehn Indizien reduzieren. Zu diesen sechzehn Kriterien gehören mentale Veränderungen, etwa die Beschleunigung von Gedanken und die Überprüfung von Szenen aus der Vergangenheit. Dazu gehören auch Veränderungen in den Emotionen, etwa ein Gefühl des intensiven Friedens und der bedingungslosen Liebe, die oft von einem Lichtwesen ausgehen. Dazu gehören weiterhin außergewöhnliche Wahrnehmungen, etwa das Bewusstsein für Geschehnisse, die anderswo vor sich gehen, und das Gefühl, den physischen Körper zu verlassen. Und sie implizieren »jenseitige« Erfahrungen, etwa Begegnungen mit verstorbenen Angehörigen oder religiösen Figuren und das Erreichen einer Grenze oder eines »Punktes, an dem es kein Zurück mehr gibt«.

Nahtoderfahrene konnten jedem dieser sechzehn Merkmale null, einen oder zwei Punkte geben und eine Gesamtpunktzahl zwischen null und zweiunddreißig erreichen. Beispielsweise gab Bill Hernlund seiner NTE nach der Explosion eines Flugzeugs die Gesamtpunktzahl achtundzwanzig. Und Tom Sawyer gab der NTE, die er machte, als sein Pick-up seine Brust zerquetschte, eine Gesamtpunktzahl von einunddreißig. Diese Werte sind hilfreich, um die Ergebnisse verschiedener Forscher zu vergleichen, aber im Umgang mit individuellen Erfahrungen sind sie nicht sinnvoll. Ich stellte fest, dass viele Nahtoderfahrungen mit niedrigen Punktzahlen auf der Skala dennoch zu einer spirituellen Transformation führen, die das ganze Leben verändern. Die NTE-Skala ist also kein Maßstab dafür, wie stark jemand betroffen sein kann. Sie ist einfach ein Werkzeug, mit dem Forscher sicherstellen können, dass sie die gleiche Erfahrung untersuchen. Und in den vier Jahrzehnten seit ihrer Erstveröffentlichung hat sich die NTE-Skala bewährt. Sie wurde in mehr als zwanzig Sprachen übersetzt und in Hunderten von Studien auf der ganzen Welt eingesetzt.

Nachdem ich die Skala in einem strengen Verfahren erstellt hatte, stellte ich ein wenig überrascht fest, dass einige Phänomene, die in Nahtoderfahrungen üblich sind, wie das Durchqueren eines Tunnels, nicht enthalten waren. Menschen berichten sehr wohl, dass sie während einer Nahtoderfahrung durch einen Tunnel gehen, aber es gibt auch viele Berichte über andere Erfahrungen, in denen der Gang durch einen Tunnel vorkommt. Manche Forscher sind der Ansicht, dass sich der Geist das Gefühl, durch einen Tunnel zu gehen, vorstellt, um uns zu erklären, wie wir von einer Situation in eine andere gekommen sind, wenn uns nicht bewusst ist, wie wir diesen Übergang vollzogen haben. Dies wurde mit dem verglichen, was theoretische Physiker ein »Wurmloch« nennen, die Verbindung von einem Ort im Universum mit einem anderen. Ich bin mir nicht sicher, ob dies die beste Erklärung für den Tunnel ist, aber die Tatsache bleibt, dass Menschen Tunnel zusammen mit anderen NTE-Merkmalen ungefähr so oft erleben wie Tunnel *ohne* diese anderen Merkmale. Der Gang durch einen Tunnel ist also nichts, womit Forscher Nahtoderfahrungen von anderen Erfahrungen unterscheiden können, die Menschen im Angesicht des Todes machen.

Zwanzig Jahre nach Veröffentlichung dieser Skala und lange nachdem sie als Standardwerkzeug für NTE-Forscher weltweit anerkannt war, wurde ich von zwei skeptischen Gelehrten herausgefordert, die ich nicht kannte: Rense Lange, Statistiker an der Southern Illinois University School of Medizin, und Jim Houran, damals Psychologe an der University of Adelaide, Australien. Diese Wissenschaftler hatten bisher kein Interesse an NTEs, wandten jedoch einen komplizierten statistischen Test auf verschiedene Skalen an, die von anderen Forschern entwickelt worden waren. Und dabei hatten sie einige von ihnen als falsch entlarvt. Sie wollten die unbearbeiteten Antworten, die ich von ungefähr dreihundert Menschen gesammelt hatte, die dem Tod sehr nah gewesen waren, und mein Einverständnis, ihren ausgeklügelten statistischen Test an diesen Daten durchzuführen, um festzustellen, ob die NTE-Skala valide war.

Ich hatte gewisse Bedenken, mit ihnen zu arbeiten. Schließlich hatte ich jahrelang an dieser Skala gearbeitet, und sie war von Wissenschaftlern auf der ganzen Welt akzeptiert worden. Ich war mit dem statistischen Test, den sie durchführen wollten, nicht vertraut. Ich wusste nicht, ob es ein guter Test war und ob meine Skala ihm standhalten würde. Was, wenn meine Skala den Test nicht bestand? Würde das meine ganze Arbeit mit Nahtoderfahrungen in Zweifel ziehen? Würde es meine Glaubwürdigkeit und meine Karriere als Wissenschaftler zunichte machen?

Andererseits, wenn die NTE-Skala fehlerhaft war, wollte ich es unbedingt wissen! Wie hätte ich mich weigern können, meine Daten weiterzugeben und meine Skala überprüfen zu lassen? Wie konnte ich als echter Skeptiker den Ideen anderer gegenüber skeptisch sein, aber nicht gegenüber meinen eigenen? Ich hatte zu viele Akademiker kennengelernt, die sich zwar als »Skeptiker« bezeichneten, aber weigerten, Beweise zu prüfen, die möglicherweise ihre eigenen Überzeugungen infrage stellten. Konnte ich meinen Stolz – und meine Angst vor dem Scheitern – hinunterschlucken und meine Daten für einen unabhängigen Test zur Verfügung stellen? Das wäre intellektuelle Ehrlichkeit. Das würde ein wahrer Skeptiker tun. Das hätte mein Vater gewollt, wenn er noch am Leben gewesen wäre. Ich gab alle meine Daten zur NTE-Skala, die Antworten von Hunderten von Menschen, die Nahtoderfahrungen gemacht hatten, frei und wartete auf die Ergebnisse von Rense und Jim. In den folgenden Monaten hatte ich viele unruhige Nächte, in denen ich meine Entscheidung, meine Arbeit dieser Prüfung zu unterziehen, hinterfragte. Aber jeden Morgen wusste ich, dass ich das Richtige getan hatte.

Zu meiner großen Erleichterung bestätigte ihre Analyse die Validität der NTE-Skala. Es hatte sich gezeigt, dass die Skala eine einheitliche Erfahrung misst, die für Männer und Frauen sowie für Menschen jeden Alters in vielen Kulturen gleich ist. Die Werte auf der NTE-Skala blieben gleich, egal, wie viele Jahre seit der Erfahrung vergangen waren. Ich konnte erleichtert aufatmen. Meine NTE-Skala – und damit auch die NTE selbst – war von Skeptikern, die nicht einfach nur kein Interesse an Nahtoderfahrungen hatten, sondern sie sogar gern diskreditiert hätten, für glaubwürdig erklärt worden!

In meiner Zeit als Chef des psychiatrischen Notdienstes an der University of Michigan arbeitete ich an den Abenden und Wochenenden, die ich nicht mit meiner Familie verbrachte, weiterhin mit Ian Stevenson in Virginia zusammen – am Telefon und in Briefen. Dies war, lange bevor wir alle Computer hatten, geschweige denn E-Mail.

Im Jahr 1979 gab es einen Schlüsselmoment in unserer Arbeit. Ian und ich veröffentlichten einen kurzen Artikel über Nahtoderfahrungen im *Journal of the American Medical Association (JAMA)*. In diesem Artikel wiesen wir darauf hin, dass in den letzten Jahrzehnten zwar immer mehr Bücher und Artikel über Tod und Sterben veröffentlicht wurden, ihre Autoren die Frage, ob unser Bewusstsein nach dem Tod fortbestehen könnte oder nicht, jedoch konsequent ignorierten. Wir behaupteten *nicht*, dass Nahtoderfahrungen einen Beweis für das Fortbestehen des Bewusstseins nach dem Tod liefern, sondern nur, dass sie möglicherweise ein Licht auf unsere Vorstellungen vom Fortbestehen des Bewusstseins werfen. Wir stellten fest, dass die Erwartungen, die Nahtoderfahrene vor ihrer Begegnung mit dem Tod hatten, Einfluss darauf haben können, wie sie sich einen Reim auf die Nahtoderfahrung machen, von der sie berichten, aber auch, dass Nahtoderfahrungen häufig dem widersprechen, was diejenigen, die sie machen, über ein Leben nach dem Tod glauben. Darüber hinaus beschrieben wir Merkmale, die in verschiedenen Ländern und Gesellschaften einheitlich waren. Einige dieser Merkmale stehen im Widerspruch zu vielen kulturellen oder religiösen Überzeugungen. Schließlich stellten wir fest, dass Nahtoderfahrene fast durchgängig von ihrer Erfahrung überzeugt werden, dass ein Teil von ihnen nach dem Tod weiterlebt. Wir kamen zu dem Schluss, dass es viele Aspekte von Nahtoderfahrungen gibt, die bislang noch nicht erklärt wurden und weiter untersucht werden sollten.

Bis zu diesem Zeitpunkt wussten nur wenige meiner Kollegen etwas über meine Nahtodforschung. In meiner Arbeitszeit war ich hauptsächlich mit der Behandlung von Patienten und dem Unterrichten von Medizinstudenten beschäftigt. Nahtoderfahrungen sah ich immer noch mit gemischten Gefühlen. Auf der einen Seite hatten sie einen Beigeschmack von Religion und Folklore, Bereiche, die mir vor meinem wissenschaftlichen Hintergrund fremd waren. Mit physikalischen Teilchen und Kräften konnte ich Nahtoderfahrungen nicht erklären. Wie also konnten sie real sein?

Auf der anderen Seite gab es sie. Und viele Menschen erzählten nicht nur davon, sondern betrachteten sie auch als positive Erfahrungen, die ihr Leben verändert hatten. Der Artikel, den Ian und ich geschrieben hatten, holte mich aus der akademischen Ecke; und ich war ebenso überrascht wie erfreut, dass er veröffentlicht worden war. Ich war in der Tat hell begeistert, dass ich jetzt einen Artikel in der am zweithäufigsten gelesenen medizinischen Zeitschrift der Welt veröffentlicht hatte. Nun wussten meine Kollegen zwar Bescheid über mein ungewöhnliches Interesse, aber immerhin hatte es die Zustimmung einer vom medizinischen Establishment hoch angesehenen Zeitschrift bekommen.

Meine Euphorie war allerdings nicht von langer Dauer. Ein paar Monate nach der Veröffentlichung unseres Artikels bekam ich einen Brief von Ian. Außer seinen Zeilen an mich enthielt er die Kopie eines Briefes an den Chefredakteur von *JAMA*, der sich über die Veröffentlichung unseres Artikels beschwerte. Der Schreiber dieses Leserbriefes, Leiter der orthopädischen Chirurgie in einem New Yorker Krankenhaus, argumentierte, Nahtoderfahrungen seien eine Sache der Religion und nicht der Ärzte und sollten in einer medizinischen Fachzeitschrift nicht erwähnt werden. Der Chefredakteur von *JAMA*, der die Zeitschrift darauf ausgerichtet hatte, Informationen für praktizierende Ärzte bereitzustellen, hatte den Brief an Ian weitergeleitet und uns aufgefordert, eine Antwort zu schreiben, die zusammen mit dieser Beschwerde veröffentlicht werden sollte.

Dieser Brief schüchterte mich ein. Ich fühlte mich regelrecht überwältigt, als hätte man mich niedergeschlagen, weil ich es gewagt hatte zu glauben, ich könne mit den großen Jungs spielen. Ein Teil von mir wollte zurückschlagen, aber ein anderer Teil wollte sich für meine Kühnheit entschuldigen und sich davonschleichen. Ich hatte Angst, meine Karriere und mein Ruf würden Schaden nehmen, wenn dieser Brief eines Krankenhausstationsleiters an den Chefredakteur schließlich erscheinen würde. Glücklicherweise ließ sich Ian, selbst ehemaliger Stationsleiter, überhaupt nicht bange machen. Vielmehr übernahm er die Führung bei der Ausarbeitung unserer Entgegnung, in der wir darauf hinwiesen, wie wichtig es für Ärzte sei, über Nahtoderfahrungen Bescheid zu wissen und sie ernst zu nehmen.

Zum einen berichten Menschen, die wegen schwerer Krankheiten und ernster Verletzungen medizinisch versorgt werden, häufig über Nahtoderfahrungen. Damals wusste man nur sehr wenig über die physiologischen Veränderungen, die unter solchen Umständen auftreten und mit Nahtoderfahrungen in Verbindung gebracht werden können, und man konnte nur dann mehr darüber erfahren, wenn Ärzte mehr über Nahtoderfahrungen wussten und entsprechend daran interessiert waren. Zum anderen verändern Nahtoderfahrungen normalerweise die Überzeugungen derer, die sie durchleben, über den Tod und das Sterben, was tiefgreifende Auswirkungen auf ihre Lebensweise und ihre Einstellung zu einer medizinischen Behandlung haben kann. Wir argumentierten, dass Ärzte, die sich um ihre Patienten kümmern, diese Erfahrungen und ihre Auswirkungen doch sicher verstehen wollen.

Sechs Monate nach Veröffentlichung unseres ursprünglichen Artikels wurden der Beschwerdebrief und unsere Antwort darauf gemeinsam in *JAMA* veröffentlicht. Damit schien die Sache erledigt. Es gab keine weiteren Leserbriefe, und keiner meiner Kollegen in Michigan nahm den ursprünglichen Artikel oder den folgenden Meinungsaustausch jemals zur Kenntnis. Ich sah mich durch den ganzen Vorfall letztendlich bestärkt und veröffentlichte in den nächsten paar Jahren noch mehrere Artikel über meine Nahtodforschung in führenden Fachzeitschriften für Psychiatrie.

Ein paar Jahre später fühlte ich mich auch durchaus wohl damit, auf der Jahrestagung der American Psychiatric

Association ein Forum über Nahtoderfahrungen zu organisieren. Doch in der Nacht, bevor ich meinen Vortrag zum Thema halten sollte, hatte ich einen furchtbaren Traum. Ich spürte, wie mein Körper immer größer wurde. Anfangs war keine besondere Emotion mit dieser Empfindung verbunden, aber ich wuchs immer weiter und war bald größer als der Planet Erde. Während ich mich weiter durch das ganze Universum ausdehnte, fernen Sternen entgegen, wurde mir plötzlich klar, dass nicht die Atome, aus denen mein Körper bestand, größer geworden waren. Ich wurde vielmehr immer größer, weil der Abstand zwischen den einzelnen Atomen größer wurde. Ich geriet in Panik, als ich spürte, wie meine Atome immer weiter auseinanderdrifteten. Mein Bewusstsein huschte zwischen den Atomen hin und her, während der Raum zwischen ihnen immer größer wurde. Es fühlte sich an, als versuche ich verzweifelt, sie trotz der zunehmenden Entfernung zusammen und in Kontakt zu halten. Als ich aufwachte, zitterte ich am ganzen Körper und war schweißgebadet.

Um mich zu beruhigen, versuchte ich, diesen Traum zu verstehen. Ich wusste, dass es nur ein Traum war und ich das Bett nicht wirklich verlassen hatte, aber es war dennoch eine schreckliche Erfahrung gewesen. Ich zermarterte mir das Hirn, um zu verstehen, warum es so beängstigend war, und schließlich sah ich in dem Traum eine Warnung, mich nicht zu schnell zu weit hinauszuwagen. In meinen verzweifelten Versuchen, meinen Körper zusammenzuhalten, während er sich ausdehnte, spiegelte sich meine Angst, meine Integrität zu verlieren. Würde ich mich verrennen, wenn ich auf einer nationalen Fachkonferenz über Nahtoderfahrungen sprach? Ich konnte mich dann zusammenreißen und am nächsten Morgen meinen Vortrag halten. Aber es war ein viel bescheidenerer und skeptischerer Vortrag, als ich das vor diesem schrecklichen Albtraum geplant hatte.

Ich hatte meine Position als Psychiater in Michigan schon fünf Jahre inne, als mich der Leiter der Abteilung in sein Büro bat. Ich wusste, dass meine klinische Arbeit mit Patienten sehr angesehen war und dass meine Studenten meine Lehre positiv bewerteten. Ich rechnete also mit einer routinemäßigen Rückmeldung zu meiner Leistung. Aber mein Selbstvertrauen verwandelte sich in Besorgnis, nachdem ich Platz genommen hatte. Hinter seinem makellos aufgeräumten Teakholzschreibtisch saß der kahlköpfige Seniorprofessor und schaute mich über seine Halbbrille hinweg an. Ich kam mir vor, als sei ich wieder in meinem Elternhaus, um eine Lektion von meinem liebevollen, aber strengen Vater entgegenzunehmen.

Mit einem verhaltenen Lächeln sagte er, die Medizinische Hochschule sei mit meiner klinischen Arbeit und meinem Unterricht sehr zufrieden, aber wirklich wichtig für die Promotion und meine Laufbahn sei die Forschung. Er riet mir, keine Zeit mehr mit der Erforschung von Nahtoderfahrungen zu verschwenden, weil sie »nur Anekdoten« seien. Wenn ich meinen Job behalten wolle, sagte er, müsse ich kontrollierte Laborexperimente durchführen, bei denen die Probanden nach dem Zufallsprinzip entweder einer Versuchsgruppe oder einer Kontrollgruppe zugeordnet werden und nicht wissen, in welcher Gruppe sie sich befinden. Natürlich ist das bei Menschen mit Nahtoderfahrungen nicht möglich. Wir können sie nicht davon abhalten zu wissen, ob sie eine Nahtoderfahrung hatten oder nicht. Daher würde eine Erforschung von Nahtoderfahrungen nicht in Betracht gezogen, wenn mein Vertrag zur Verlängerung anstehe, und könne tatsächlich gegen mich sprechen.

Ich war am Boden zerstört. Die Angst aus meiner Kindheit, meinen fordernden Vater zu enttäuschen, war sofort wieder da. Hier war der Leiter meiner Abteilung, den ich als Mentor und

Verbündeten schätzte und zu dem ich aufschaute, und er sagte mir gerade, dass ich nicht seinen wissenschaftlichen Standards entspreche und dass die Erforschung von Nahtoderfahrungen Zeitverschwendung sei. Ich bemühte mich, ruhig zu bleiben, und sagte: »So sehe ich Nahtoderfahrungen nicht.«

»Natürlich nicht!«, bellte er. »Deshalb erzähle ich es Ihnen ja. Ich weiß alles über Nahtoderfahrungen. Mein Vater hatte eine, also weiß ich, wie mächtig sie sein können. Aber wir können sie nicht erklären oder erforschen. Wenn Sie Ihre Zeit mit diesem Zeug verschwenden, werden Sie nicht mehr lange hier sein.«

Dies war ein schwerer Schlag, und ich war mir nicht sicher, wie ich damit umgehen sollte. Obwohl sich der größte Teil meiner Forschung auf NTEs konzentriert hatte, sah ich mich nicht primär als NTE-Forscher – und auch sonst sah mich niemand so. Ich war in erster Linie ein klinischer Psychiater. Ich verbrachte die meiste Zeit damit, Patienten zu behandeln, und die meiste restliche Zeit unterrichtete ich Facharztanwärter, Praktikanten und Medizinstudenten in Psychiatrie. Nahtoderfahrungen erforschte ich hauptsächlich nachts und am Wochenende. Es war ein mehr oder weniger aufwändiges Hobby, da ich nicht dafür bezahlt wurde. War dieses »Hobby« es wert, dass ich meine Karriere als Psychiater an einer medizinischen Fakultät dafür riskierte?

Mein Fakultätsleiter versuchte mich dazu zu bringen, mein »fehlerhaftes« Vorgehen zu ändern, damit ich in seiner Abteilung bleiben konnte. Ich wusste, dass ich das tun *könnte*. Ich könnte das mit den Nahtoderfahrungen sein lassen, mich stattdessen auf die allgemeine psychiatrische Forschung zu Drogen und Gehirnchemie konzentrieren und wissenschaftliche Methoden auf die Mechanismen von Geisteskrankheiten anwenden. Aber ich wusste, dass Menschen wirklich Nahtoderfahrungen gemacht hatten und dass diese Erfahrungen unser Verständnis von Geist und Gehirn infrage stellten. Und ich konnte nicht vorgeben, dass es anders war.

Was immer Nahtoderfahrungen auch waren, sie veränderten das Leben der Menschen genauso sicher wie Psychopharmaka und Psychotherapie. Und mehr noch, sie schienen dies viel schneller, gründlicher und dauerhafter zu tun. Darüber hinaus veränderten Nahtoderfahrungen nicht nur das Leben derer, die sie gemacht haben, sondern oft auch das anderer, die mit ihnen in Kontakt gekommen sind – mich selbst eingeschlossen.

Nahtoderfahrungen waren etwas, was ich nicht verstand und was offenbar auch kein anderer einordnen konnte. Aber ich wurde nicht dafür bezahlt, sie zu erforschen, und würde es wahrscheinlich nie werden.

Alle Zeit, die ich mit diesem »Hobby« verbrachte, war Zeit, die ich meiner Familie vorenthielt, zu der mittlerweile auch zwei kleine Kinder gehörten. Die Familie war immer der wichtigste Teil meines Lebens gewesen, genau wie für meine Frau Jenny. Ich war zwar dankbar, dass Jenny meine Nahtodforschung unterstützte, sah dies aber immer mit gemischten Gefühlen. Ich führte auch ohne meine Forschung ein sehr erfülltes und bereicherndes Leben. Ich hatte meine Familie, und ich hatte meinen klinischen Job und meinen Lehrauftrag, die ich beide sehr gern ausübte. Wie passte die NTE-Forschung in dieses Bild? Es war gar keine Frage, dass in meinem Leben die Familie an erster, die Karriere an zweiter und die NTE-Forschung an dritter Stelle stand. Wie hätte ich rechtfertigen können, dass ich mir Zeit von meinen Abenden und Wochenenden mit der Familie nahm und meine Karriere aufs Spiel setzte? War die Erforschung von Nahtoderfahrungen so wichtig?

Die Konfrontation mit meinem Fakultätsleiter brachte alle diese Themen aufs Tapet. Jetzt musste ich mich ihnen stellen.

Wenn ich meinen Job behalten wollte, musste ich mein Interesse an Nahtoderfahrungen herunterfahren. Doch das fühlte sich einfach unredlich an. Die Tatsache, dass sie schwer zu erklären oder zu erforschen sind, war vor meinem wissenschaftlichen Hintergrund kein Anlass, sie aufzugeben. Es war vielmehr ein Grund, sich noch mehr zu bemühen, sie zu verstehen.

Doch was war mit dem Einwand meines Fakultätsleiters, Nahtoderfahrungen seien »nur Anekdoten«? Der Forscher Arvin Gibson merkte an: »Die Basisdaten für die Studie *müssen* aus den Geschichten derer stammen, die Nahtoderfahrungen (NTEs) gemacht haben. Diese Geschichten auszuschließen, um eine bereinigte statistische Version der Daten zu präsentieren, wäre an sich akademisch unehrlich. ... Ohne die Geschichten gäbe es keine zu analysierenden Daten.« Ich habe Tausende von NTE-Berichten in meinen Akten, die bemerkenswert einheitlich sind, und ich bin nur einer von vielen Wissenschaftlern, die diese Erfahrungen in den letzten fünfundvierzig Jahren untersucht haben. Wenn sich so viele Menschen unabhängig voneinander melden und von ähnlichen persönlichen Erfahrungen berichten, lohnt es sich, einen genaueren Blick darauf zu werfen. In der Tat gehen die meisten wissenschaftlichen Hypothesen, die im Laufe der Geschichte aufgestellt wurden, auf persönliche Anekdoten zurück.

Die meisten Forschungsarbeiten *beginnen* damit, dass Wissenschaftler Anekdoten sammeln, verifizieren und vergleichen, bis Muster in diesen Geschichten sichtbar werden. Aus diesen Mustern entstehen dann Hypothesen, die getestet und verfeinert werden können. Anekdotensammlungen sind in der medizinischen Forschung von immensem Wert, wenn sie sorgfältig untersucht werden. Sie waren beispielsweise entscheidend für die Entdeckung von Aids und Borreliose sowie für die Entdeckung unerwarteter Arzneimittelwirkungen. Wie der Politikwissenschaftler Raymond Wolfinger vor einem halben Jahrhundert sagte: »Der Plural von Anekdote ist Daten.«

Was würde passieren, wenn wir die Anekdoten ignorierten, weil sie nicht auf kontrollierten Laborexperimenten basieren? Wenn ich meinem Arzt sage, dass ich Schmerzen in der Brust habe und nur schlecht Luft bekomme, möchte ich von ihm nicht hören: »Das ist nur eine Anekdote. Lohnt sich nicht, sich das genauer anzuschauen.« Ich erwarte vielmehr, dass mein Arzt meine Symptome ernst nimmt, weil es sich dabei um Hinweise auf etwas Ernstes handeln könnte.

Was Forschung wissenschaftlich macht, ist ein sorgfältiges Vorgehen beim Sammeln und Auswerten von Informationen. Dies geschieht jedoch nicht immer in kontrollierten Laborexperimenten, bei denen die Probanden nach dem Zufallsprinzip einer Versuchsgruppe oder einer Kontrollgruppe zugeordnet werden. Tatsächlich können nur sehr wenige wissenschaftliche Forschungsgegenstände mit kontrollierten Experimenten untersucht werden. Es gibt viele Bereiche, die jeder als Naturwissenschaften akzeptiert, obwohl Laborexperimente darin schwierig oder gar unmöglich sind, etwa Astronomie, Evolutionsbiologie, Geologie und Paläontologie.

Das renommierte *British Medical Journal* veröffentlichte einen ironischen Artikel, in dem untersucht wurde, ob Fallschirme dazu beitragen, den Tod von Menschen zu verhindern, die aus Flugzeugen springen. Die Autoren hatten anekdotische Beweise ausgeschlossen und nur randomisierte Studien zur Überprüfung zugelassen. Natürlich konnten sie kein einziges Experiment finden, bei dem Personen nach dem Zufallsprinzip ausgewählt wurden, mit oder ohne Fallschirm aus einem Flugzeug zu springen. Sie kamen zu dem Schluss: »Die Ansicht, dass Fallschirme eine erfolgreiche Intervention sind, basiert größtenteils auf anekdotischen Beweisen.« Sie argumentierten weiter, dass

Wissenschaftler, die nur randomisierte Experimente in Betracht ziehen, eigentlich sagen müssten, dass es keine Beweise für die Nützlichkeit von Fallschirmen gibt! Die Autoren boten eine alternative Schlussfolgerung an: »In Ausnahmefällen könnte der gesunde Menschenverstand zum Einsatz kommen.«

Natürlich wäre es nicht sinnvoll, alle Anekdoten für bare Münze zu nehmen, ohne sie genauer zu untersuchen. Genauso wenig sinnvoll ist es, alle Anekdoten abzulehnen, ohne sie zu untersuchen. Ich möchte nicht, dass mein Arzt meine Brustschmerzen unbesehen als Beweis dafür akzeptiert, dass ich einen Herzinfarkt habe. Ich möchte aber auch nicht, dass er meine Symptome als bedeutungslose Einzelerscheinung abtut. Ich erwarte von meinem Arzt, dass er meine Brustschmerzen untersucht und sie im Lichte anderer Beweise bewertet. Gleiches gilt für alle Anekdoten. Sie alle zu akzeptieren ist ebenso unwissenschaftlich, wie sie alle ohne Bewertung abzulehnen.

Nachdem ich den Schlag, meinen Fakultätsleiter enttäuscht zu haben, überwunden hatte, fand ich, es sei *sehr wohl* wichtig, Nahtoderfahrungen zu verstehen. Aber das bedeutete, dass ich nicht in Michigan bleiben durfte, und ich wollte nicht bleiben, nur um mir in einem formellen Verfahren der Überprüfung meiner Leistungen eine Abfuhr zu holen. Ich behandelte immer noch gern Patienten, und auch die Lehre bereitete mir nach wie vor Freude. Nachdem ich alles mit meiner Frau Jenny besprochen hatte, kamen wir überein, dass ich mich für eine Stelle an einer anderen Universität bewerben würde, einer klinisch basierten Medizinischen Hochschule, die meinen Umgang mit den Patienten und meine Lehre genug wertschätzte, um mir auch die Beschäftigung mit Nahtoderfahrungen zu ermöglichen. Das würde bedeuten, meine Frau und meine Kinder zu entwurzeln, was viel verlangt war. Ich beschloss, mich im Nordosten in der Nähe unserer beiden verwitweten Mütter, unserer Geschwister und ihrer Kinder auf die Suche nach einer Medizinischen Hochschule zu machen. Wenn ich schon wegen meiner Arbeit mit meiner Frau und den Kindern so weit wegzog, sollte der Umzug wenigstens unsere familiären Bindungen stärken.

Unser Umzug nach Connecticut erwies sich als erfüllend – sowohl für meine Familie als auch für meine Forschung. Es fühlte sich wie eine Heimkehr an, wieder in der Nähe unserer Verwandten zu leben und an einer Universität zu arbeiten, die meinen Umgang mit Patienten ebenso schätzte wie meine Lehre und mir erlaubte, jede Forschung durchzuführen, die mich interessierte, solange sie gut gemacht wurde. Dort hatte ich das Glück, ein paar Leute als Forschungsmitarbeiter an meiner Seite zu wissen, die selbst Nahtoderfahrungen gemacht hatten, und viele, bei denen dies nicht der Fall war. Als Wissenschaftler lege ich großen Wert auf Intellekt und kritisches Denken, bin mir aber auch bewusst, dass mich diese Aktivposten zu einer einseitigen Sicht auf die Welt verleiten können. Dass ich meine Ideen von Menschen umsetzen lassen kann, die tatsächlich »Feldarbeit« geleistet und selbst Nahtoderfahrungen gemacht haben, hilft mir, »Fakten« aus verschiedenen Perspektiven zu sehen, und verhindert, dass ich abgelenkt werde oder in akademische Sackgassen gerate. Und meine Ideen von Leuten umsetzen zu lassen, die mit Nahtoderfahrungen weniger vertraut sind, erinnerte mich wiederholt daran, wie verblüffend diese Erfahrungen für diejenigen klingen können, die noch nie etwas davon gehört haben.

Obwohl die NTE-Skala mittlerweile so etabliert war, dass sie Forschern auf der ganzen Welt das Vertrauen gab, die gleiche Art von Erfahrung zu untersuchen, wusste ich an diesem Punkt meiner beruflichen Laufbahn, dass mir noch wichtige Elemente fehlten. Selbst als ich mit aller Sorgfalt wissenschaftliche Werkzeuge und Methoden entwickelte und sie für die systematische Forschung verwendete, konnte ich feststellen, dass Nahtoderfahrungen mehr Breite und Tiefe haben, als ich auf einer Kurzantwortskala erfassen konnte. Fragebögen können uns viel Wertvolles über Nahtoderfahrungen erzählen, aber auch ihnen entgeht so einiges. Die eigenen Worte der Nahtoderfahrenen beschreiben so viel, was weder in Fragebögen noch in kurzen Antworten erfasst werden kann. Nahtoderfahrene haben mir immer wieder gesagt, dass ich mir ihre Geschichten genauer anschauen müsse, um sie besser zu verstehen, so hilfreich die NTE-Skala auch war, um Nahtoderfahrungen für Forschungszwecke zu definieren.

– 6 –

Den Körper verlassen

Manche Aspekte von Nahtoderfahrungen, etwa die Lebensrückschau, sind für die meisten Menschen offenbar leicht nachvollziehbar. Viele von uns lassen Teile ihres Lebens von Zeit zu Zeit Revue passieren, insbesondere in Zeiten des Übergangs oder angesichts wichtiger biografischer Ereignisse. Andere NTE-Merkmale hingegen sind sehr viel schwerer zu verstehen. Wie der Wissenschaftshistoriker Thomas Kuhn betonte, kommt es häufig zu wissenschaftlichen Fortschritten, wenn eine neue Tatsache entdeckt wird, die nicht erklärt werden kann. Ich beschloss also, mich eingehender mit den Aspekten von Nahtoderfahrungen zu beschäftigen, die besonders schwer zu erklären waren. Und wie es der Zufall wollte, trat genau zu diesem Zeitpunkt Al Sullivan in mein Leben.

Der sechsundfünfzigjährige Lkw-Fahrer mit dem gut getrimmten weißen Bart erschien eines Abends in einer Selbsthilfegruppe, die ich an der University of Connecticut für Nahtoderfahrene und an Nahtoderfahrungen interessierte Personen gegründet hatte. Al stellte sich der Gruppe vor, saß dann aber die ganze Zeit schweigend da. Er wirkte sehr aufmerksam, lächelte gelegentlich oder nickte, wenn etwas gesagt wurde. Gegen Ende des Treffens fragte ich ihn, ob er als Neuling den anderen etwas mitteilen wolle. Mit einem Lächeln in den Augenwinkeln sagte er: »Vielleicht das nächste Mal.« Als sich die Gruppe auflöste, kam er auf mich zu und fragte, ob er einen Termin vereinbaren und mich am nächsten Tag in meiner Praxis besuchen könne.

Als Al in seiner Arbeitsuniform zu unserem Termin auftauchte, setzte er ohne Zögern zu seiner Geschichte an. »Meine Brustschmerzen haben eines Montagmorgens auf der Arbeit angefangen«, begann er, »und der Fahrdienstleiter rief den Rettungsdienst an. Sie haben mich sofort ins Krankenhaus gebracht, und während sie mein Herz untersuchten, um das Problem einschätzen zu können, war plötzlich eine der Hauptarterien meines Herzens vollständig blockiert.« Er machte eine Pause, aber das Lächeln blieb die ganze Zeit auf seinem Gesicht.

»Autsch«, sagte ich. »Was ist dann passiert?«

»Nun, ich erinnere mich nicht allzu genau daran, weil ich so benommen war. Der Chirurg sagte jedoch, dass mindestens eine meiner Koronararterien blockiert sei und sie sofort operieren müssten. Ich unterschrieb ein Stück Papier und bat sie, meine Frau anzurufen und ihr Bescheid zu sagen. Dann brachten sie mich in den Operationssaal und führten eine vierfache Bypass-Operation durch. Natürlich wusste ich das nicht. Als ich wieder zu mir kam, schaute ich von oben in den Operationssaal.«

»Das muss eine Überraschung gewesen sein«, sagte ich.

»Nun, das war nicht die eigentliche Überraschung«, fuhr Al fort. »Als ich nach unten schaute, sah ich zu meinem Erstaunen ganz links unten ausgerechnet – mich! Ich lag auf einem Tisch, mit hellblauen Laken zugedeckt und so aufgeschnitten, dass meine Brusthöhle freigelegt war. In dieser Höhle konnte ich mein Herz sehen. Ich sah auch meinen Chirurgen, der mir kurz vorher erklärt hatte, was er während der Operation tun würde. Er machte einen etwas ratlosen Eindruck. Ich dachte, er flattert mit den Armen, als wollte er fliegen.«

»Was meinen Sie?«, fragte ich. Al zeigte es mir, indem er die Handflächen auf die Brust legte und mit den Ellbogen wackelte. Das schien mir zu bizarr, um wirklich passiert zu sein. Ein Chirurg, der mitten in einer Operation mit den Armen flattert? In den ganzen Jahren im medizinischen Bereich hatte ich noch nie einen Chirurgen so etwas tun sehen und auch von keinem solchen Verhalten gehört. Es ist auch nicht gerade das, was Chirurgen in Fernsehserien tun. Es klang eher nach einem seltsamen Traum, ausgelöst durch die Vollnarkose, die Al bekommen hatte, als nach etwas, was er wirklich bei seinem Chirurgen gesehen haben könnte.

Ich legte den Kopf schief und hob eine Augenbraue. »Okay«, sagte ich langsam, »und dann?«

»Ich weiß«, fuhr Al fort, »ich fand es auch seltsam. Doch dann richtete ich meine Aufmerksamkeit nach rechts unten, immer noch am selben Ort. Und dann war ich wie eingehüllt in Wärme, Freude und Frieden und das Gefühl, geliebt zu werden, und eine Gestalt in einem braunen Umhang schwebte aus dem Licht auf mich zu. Ich wurde immer euphorischer und erkannte zu meiner großen Freude, dass es sich um meine Mutter handelte. Sie war schon vor Jahren gestorben, als sie siebenunddreißig und ich erst sieben Jahre alt war. Ich bin jetzt in meinen Fünfzigern; und der erste Gedanke, der mir in den Sinn kam, war, wie jung meine Mutter aussah. Plötzlich verwandelte sich der Ausdruck im Gesicht meiner Mutter in Besorgnis. In diesem Moment wich sie von meiner Seite und schwebte auf meinen Chirurgen zu. Sie legte die Hand des Chirurgen auf die linke Seite meines Herzens und kehrte dann zu mir zurück. Ich sah, wie der Chirurg eine schwingende Bewegung machte, als wollte seine unmittelbare Umgebung von einem fliegenden Insekt befreien.« Al machte eine Pause, und zum ersten Mal hatte er kein Lächeln mehr auf dem Gesicht.

»Und dann?«, fragte ich.

»Nun«, sprach er langsam, »es gibt noch mehr, aber ich bin nicht sicher, ob ich bereit bin, jetzt schon darüber zu sprechen.«

»Oh?«, sagte ich und versuchte, eine Möglichkeit zu finden, ihn zum Weiterreden zu bringen. Doch noch bevor mir etwas einfiel, legte er schon los.

»Ja«, fuhr er fort. »Mir wurde von einem anderen Wesen gesagt, dass ein kleiner Junge, der in meiner Nähe lebt, Krebs hat und dass ich es seinen Eltern sagen müsse.« Er machte wieder eine Pause und befeuchtete seine Lippen. »Aber ich glaube nicht, dass ich ihnen das antun kann. Ich meine, wie sollte ich ihnen erklären, woher ich das weiß?«

»Ich sehe ein, dass das ein Problem sein kann«, gab ich zu. »Aber warum denken Sie nicht eine Weile darüber nach? Vielleicht reden Sie mit jemandem darüber.«

»Es gibt niemanden, mit dem ich darüber sprechen kann. Meine Frau will nichts davon hören. Sie will überhaupt nichts über meine Erfahrung hören. Sie sagt, sie hat einen liebenswürdigen, fleißigen, lustigen Kerl geheiratet, keinen Propheten aus dem Alten Testament.«

»Vielleicht bringen Sie sie nächsten Monat einfach zur NTE-Selbsthilfegruppe mit«, schlug ich vor. »Dann kann sie sehen, dass Nahtoderfahrene ganz normale Menschen sind und dass Sie nicht der einzige sind.«

Al lachte und schüttelte den Kopf. »Nein«, sagte er, »sie würde niemals mitkommen. Sie will nicht einmal, dass *ich* wieder hingehe. Sie sagt, ich denke zu viel über meine Nahtoderfahrung nach und ich soll sie vergessen und in die Wirklichkeit zurückkehren.«

Mir war klar, dass Al eine tiefgreifende Erfahrung gemacht hatte, die sein Leben veränderte, aber ich konnte immer noch nicht für bare Münze nehmen, was er angeblich im Operationssaal gesehen hatte. Ich dachte, ich könne seine Vision vom »Flattern« des Chirurgen nach einem Gespräch mit dem Arzt oder jemandem im Operationsteam zu den Akten legen.

»Al, haben Sie Ihrem Chirurgen jemals erzählt, was während der Operation mit Ihnen passiert ist?«, fragte ich.

»Natürlich«, sagte er. »Nicht sofort, aber ein paar Tage später, als er zur täglichen Visite in mein Krankenzimmer kam. Ich habe ihn gefragt, warum er im Operationssaal mit den Armen geflattert habe, als wolle er fliegen.«

»Was hat er gesagt?«

»Nun, er war irgendwie verlegen. Er reagierte pikiert und fragte: ›Wer hat Ihnen das gesagt?‹ – ›Niemand hat es mir gesagt. Ich habe Sie von dort oben beobachtet‹, antwortete ich und wies mit dem Finger an die Decke.«

»Und was hat er *dazu* gesagt?«, fragte ich.

»Er verhielt sich sehr abwehrend«, sagte Al, »als denke er, ich wolle ihm die Schuld an etwas geben. Er meinte nur: ›Nun, ich muss *irgendetwas* richtig gemacht haben, denn Sie sind immer noch hier, oder?‹ Und dann verließ er den Raum.«

Bis zu diesem Punkt hatte ich mich mit Al identifiziert und seine Geschichte aus *seiner* Perspektive aufgenommen. Aber als ich von der Reaktion seines Chirurgen hörte, erinnerte ich mich an Holly, die mich mit dem Fleck auf meiner Krawatte konfrontiert hatte. Ich konnte mich leicht mit dem Unbehagen des Chirurgen identifizieren. Es war mehr als nur Verlegenheit. Es war das merkwürdige Gefühl, in etwas verwickelt zu sein, was nicht real sein konnte.

»Würde es Ihnen etwas ausmachen, wenn ich mit ihm darüber spräche?«, fragte ich.

»Tun Sie sich keinen Zwang an«, sagte Al.

»Sie müssen eine Einverständniserklärung unterschreiben, weil ich nicht in seinem Krankenhaus arbeite.«

»Sicher«, sagte er, »mach ich.«

Der gradlinige japanisch-amerikanische Herzchirurg mit einem exzellenten Ruf schien nicht gerade jemand zu sein, der dazu neigte, im Operationssaal Scherze zu machen. Er war bereit, sich mit mir zu treffen, und interessierte sich sehr für Als aktuellen Zustand. Zu meiner großen Überraschung bestätigte er, was Al gesagt hatte. Er erzählte mir, dass er während seiner chirurgischen Ausbildung in Japan eine besondere Angewohnheit entwickelt hatte, die er noch nie bei einem amerikanischen Chirurgen gesehen hatte. Nachdem er im OP-Kittel und mit sterilen Handschuhen in den Operationssaal gekommen war, wollte er nicht riskieren, irgendetwas im Raum zu berühren, was eine noch so kleine Verunreinigung auf seine Hände hätte übertragen können. Während er zuschaute, wie seine Assistenten mit der Operation begannen, legte er die Hände flach in Höhe der Brust auf seinen sterilen Kittel, um sicherzustellen, dass er nicht versehentlich etwas berührte. Dann überwachte er sein Team und setzte seine Ellbogen anstelle seiner Finger ein, um auf verschiedene Dinge hinzuweisen.

Vor diesem Gespräch hatte ich vermutet, dass Als Bild von dem Chirurgen, der mit den Ellbogen flattert, so etwas wie ein Traum gewesen war. Aber nachdem ich herausgefunden hatte, dass genau das wirklich passiert war, musste ich nach einer anderen Erklärung suchen. Ich fragte den Chirurgen, welchen Reim *er* sich auf Als Behauptung, das alles gesehen zu haben, gemacht habe. Er zuckte mit den Schultern. »Meine Familie und ich, wir sind Buddhisten«, sagte er. »Wir müssen nicht alles verstehen.«

Ich fragte mich allmählich, ob Al vielleicht gesehen hatte, wie sein Chirurg »mit den Armen flatterte«, bevor er vollständig narkotisiert war. Um den Zeitpunkt genau festzulegen, fragte ich Al, was er sonst noch beobachtet habe, als sein Chirurg seine Arme derart bewegte.

Er sagte, er habe gesehen, wie seine Brust mit Metallklammern offen gehalten wurde und zwei andere Chirurgen an seinem Bein arbeiteten. Das habe ihn verwirrt, wo er doch ein Problem mit dem Herzen hatte und er nicht erwartet hätte, dass jemand an seinem Bein »herummachen« würde. In der Tat strippten die Chirurgen zu dieser Zeit eine Vene für einen Koronararterien-Bypass aus seinem Bein. Dieses Detail machte deutlich, dass Al völlig bewusstlos war, als er sah, wie der Herzchirurg mit den Armen flatterte. Er konnte dieses bizarre Verhalten unmöglich mit seinen Augen gesehen haben, weil sein Gehirn vollständig betäubt und seine Augen zugeklebt waren – etwas, was oft gemacht wird, um zu verhindern, dass die Augen der Patienten austrocknen, wenn die Narkose länger dauert und sie nicht blinzeln können. Er hätte gar nichts sehen können. Und doch hatte er etwas gesehen.

So rätselhaft Als Erfahrung auch gewesen sein mag, einzigartig war sie nicht. Diese Art von genauem Sehen von einem außerkörperlichen Beobachtungspunkt kommt im Rahmen von Nahtoderfahrungen nicht sehr häufig vor, aber Als Schilderung war nicht die einzige, die mir zu Ohren kam. Jane hatte ein Nahtoderlebnis, als sie im Alter von dreiundzwanzig Jahren ihr erstes Kind zur Welt brachte. Sie beschrieb, wie sie ihren Körper verließ und sah, was anderswo vor sich ging:

»Weil ich so viel Blut verloren hatte, sank mein Blutdruck. Meine Blutgruppe war nicht verfügbar, und die Krankenschwestern gerieten in Panik. Als ich eine Krankenschwester sagen hörte: ›O mein Gott, wir verlieren sie‹, war ich außerhalb meines Körper, schaute von der Decke des Operationssaals nach unten und beobachtete, wie sie an einem Körper hantierten. Ich wusste, dass ich nicht tot war. Es dauerte aber eine Weile, bis ich erkannte, dass die Person, die ich da sah, *ich* war! Ich sah, wie mein Arzt eintraf und bestimmte Prozeduren durchgeführt wurden, hörte Gespräche und sah, wie mein Baby geboren wurde. Ich hörte auch besorgte Kommentare über das Baby. Es war ein kleines Krankenhaus, und ich fand mich auch über meiner Mutter im Wartezimmer. Sie rauchte. Meine Mutter raucht überhaupt nicht, aber viel später gab sie zu, eine oder zwei ›ausprobiert‹ zu haben, weil sie so nervös war! Ich kehrte in den Operationssaal zurück, und meinem Baby ging es besser. Mir nicht.«

Jane sagte, sie habe ihre verstorbene Großmutter und einen »Lotsen« getroffen, der ihr sagte, ihre Zeit sei noch nicht gekommen und sie müsse zurückkehren, obwohl sich ihr Körper im Schockzustand befand. Dann wachte sie mit Schläuchen in den Armen in ihrem Krankenhausbett auf. Sie versuchte, den Schwestern und Ärzten davon zu erzählen, aber ihr wurde gesagt, »dies sei nichts«, und ihr wurde klar, dass sie es nicht verstehen würden.

Colleen machte mit zweiundzwanzig Jahren eine ähnliche Nahtoderfahrung, als sie nach der Geburt ihres Kindes fast verblutete:

»Ich habe extrem gelitten, bis ich endlich das Bewusstsein verlor. Und jetzt, wo ich wieder zu Bewusstsein kam, war es nicht wie sonst! Ich war in der Tat nicht nur außerhalb meines Körpers, es dauerte auch eine Weile, bis mir klar wurde, dass dieser leichenblasse, blutverschmierte Körper, der da auf dem Operationstisch lag, tatsächlich meiner war! Ich kann nur sagen, dass sich mein ›Bewusstseinspunkt‹ irgendwo in der Nähe der Decke befand. Ich beobachtete die Schar von Krankenschwestern und Ärzten, die wie verrückt durch den Raum stürmten und alle sehr darauf bedacht waren, dieses arme junge Mädchen wieder zum Leben zu erwecken.

Es gab eine heftige Diskussion zwischen meinem Gynäkologen und dem Anästhesisten, der dazu gerufen worden war. Mein Gynäkologe sagte immer wieder, es sei sinnlos, irgendetwas zu versuchen, denn es sei offensichtlich, dass es viel zu spät war, dass ich tatsächlich tot sei. Und das war es für ihn. Dass ich noch lebe, verdanke ich definitiv dem Anästhesisten, der alles daransetzte, mich ins Leben zurückzuholen. Ich sehe ihn immer noch vor mir und höre ihn schreien: ›Sie ist doch noch ein Kind. Wir müssen was tun!‹ Dann forderte er die Krankenschwestern auf, mir ein paar Transfusionen zu geben, und zwang den Gynäkologen buchstäblich, sich dem Operationsteam anzuschließen. Ich erinnere mich, dass ich schockiert war über die Schimpfwörter, die beide Ärzte austauschten. Ich konnte gar nicht glauben, dass Ärzte so grobe Dinge aussprachen, und das auch noch in Anwesenheit von Krankenschwestern!

Als ich ein paar Tage später – auf normale Weise und in meinem Körper – das Bewusstsein wiedererlangte, lag ich auf der Intensivstation, an alle möglichen Geräte angeschlossen, und ein Arzt kam ins Zimmer. Ich erkannte ihn sofort und dankte ihm, dass er mein Leben gerettet hatte. Es war der Anästhesist. Er schien überrascht und fragte, warum ich der Ansicht sei, ich müsse mich bei ihm dafür bedanken, dass er mein Leben gerettet habe. Also erzählte ich ihm alles: dass ich im Operationssaal gewesen war und alles von außerhalb meines Körpers mitbekommen hatte. Ich erzählte auch, wie schockiert ich über die groben Worte gewesen sei, die er mit dem

Gynäkologen ausgetauscht hatte. Anfangs schaute er ziemlich ungläubig drein, aber er drängte mich, ihm auch alles andere zu erzählen, woran ich mich erinnerte. Als ich fertig war, sagte er, er sei nicht sonderlich erstaunt über meinen Bericht, weil er es schon vorher mit Patienten zu tun gehabt habe, die eine Nahtoderfahrung hinter sich hatten.«

Colleen fügte hinzu, es bedeute ihr sehr viel, dass der Anästhesist zugab, er habe auch andere Patienten von ihren Nahtoderlebnissen erzählen hören. Sie selbst hatte nie an der Realität ihrer Erfahrung gezweifelt. Sie war ihr realer vorgekommen als ihre alltäglichen Erfahrungen. Aber es war ihr wichtig, mit einem Arzt, der sie nicht als Halluzination oder Traum abtat, darüber sprechen zu können.

Ich hörte immer wieder solche Kommentare von Betroffenen. Wenn ihre Nahtoderfahrungen von Ärzten und Krankenschwestern ignoriert wurden, reagierten sie oft frustriert, wütend und depressiv und fühlten sich als Menschen abgewertet. Doch wenn diese sich ihre Geschichten anhörten – was immer sie selbst über Nahtoderfahrungen dachten – und ihre Bedeutung für die Betroffenen anerkannten, fühlten sich die Patienten respektiert und verstanden.

Mehr als achtzig Prozent der Nahtoderfahrenen, die an meiner Studie teilnahmen, hatten das Gefühl, sich außerhalb ihres physischen Körpers aufzuhalten. Allerdings beschreibt nur die Hälfte von ihnen, dass sie ihren eigenen Körper gesehen und die Ereignisse um sich herum von einer Warte über der Szene aus beobachteten, wie etwa Al, Jane und Colleen. Viele Betroffene sind überrascht, wenn sie nach unten schauen und ihren eigenen Körper aus der Ferne sehen, und manche erkennen ihn zunächst gar nicht. Andere identifizieren ihren Körper zwar, sind aber verwirrt, weil sie von ihm getrennt wurden. Wieder andere haben überhaupt keine Ahnung, dass sie gestorben sind, bis sie ganz überrascht auf ihren leblosen Körper stoßen. Die von mir befragten Personen beschreiben dieses Gefühl, den Körper zu verlassen und später wieder dorthin zurückzukehren, normalerweise als leicht, schmerzlos und unmittelbar.

Berichte darüber, dass Vorkommnisse im Rahmen einer Nahtoderfahrung aus einer außerkörperlichen Perspektive wahrgenommen werden, sind nicht neu. Sir Alexander Ogston, der schottische Militärchirurg, der für die Entdeckung der Staphylococcus-Bakterien berühmt ist, machte eine Nahtoderfahrung, als er 1900 im Alter von sechsundfünfzig Jahren während des Burenkrieges mit Typhus ins Krankenhaus eingeliefert wurde. Er beschrieb wiederholte außerkörperliche Wahrnehmungen im Rahmen seiner Nahtoderfahrung:

»Geist und Körper schienen dual und bis zu einem gewissen Grad getrennt zu sein. Ich war mir des Körpers als träge Masse in der Nähe einer Tür bewusst. Er gehörte mir, aber er war nicht *ich*. Ich war mir bewusst, dass mein geistiges Selbst regelmäßig den Körper verließ ... bis etwas das Bewusstsein hervorrief, dass die kühle Masse, die, wie mir dann einfiel, mein Körper war, bewegt wurde, weil sie neben der Tür lag. Ich wurde dann schnell wieder in meinen Körper gezogen, schloss mich ihm mit Abscheu an, und er wurde *ich* und wurde gefüttert, angesprochen und gepflegt. Als er wieder verlassen wurde, schien ich wegzuwandern wie zuvor ... und obwohl ich wusste, dass sich der Tod hier herumtrieb, dachte ich kein bisschen an Religion oder an Angst vor dem Ende und streifte gleichgültig und zufrieden unter dem trüben Himmel umher, bis wieder etwas den Körper dort störte, wo er lag, als ich erneut in ihn zurückgezogen wurde und ihn mit zunehmendem Widerwillen betrat ...

Auf meinen Wanderungen begleitete mich ein seltsames Bewusstsein, durch die Wände des Gebäudes sehen zu können, obwohl ich mir bewusst war, dass sie (die Wände) dort waren, und dass alles für meine Sinne transparent war. Beispielsweise nahm ich ganz deutlich wahr, wie ein armer RAMC-Chirurg, von dessen Existenz ich bisher nichts gewusst hatte und der sich in einem ganz anderen Teil des Krankenhauses befand, sehr krank wurde, laut schrie und starb. Ich sah, wie sie seine Leiche zudeckten und ihn heimlich, still und leise auf Füßen ohne Schuhe wegtrugen, denn wir sollten nicht mitbekommen, dass er gestorben war ... Später, als ich den Schwestern von diesen Vorfällen erzählte, teilten sie mir mit, dass alles genau so passiert war, wie ich es mir vorgestellt hatte.«

Ogstons Gefühl der Freiheit von seinem physischen Körper spiegelt sich in modernen Berichten wider, denen zufolge der Körper in einer schweren medizinischen Krise offenbar zurückgelassen wird. Die Neuroanatomin Jill Bolte Taylor hatte einen schweren Schlaganfall, der sie jahrelang ihrer Fähigkeit beraubte, zu gehen, zu sprechen, zu lesen, zu schreiben oder sich an etwas zu erinnern. Als sie sich endlich erholte, schrieb sie eine bildhafte Schilderung der Beobachtungen, die sie machte, als der Schlaganfall allmählich die Herrschaft über ihr Gehirn übernahm:

»Die Erinnerung an den Tag eins des Schlaganfalls hat sich bittersüß in mein Gedächtnis eingegraben. Da mein linkes Orientierungs- und Assoziationsareal nicht mehr normal funktionierte, spürte ich die Grenzen meines Körpers nicht mehr. Ich kam mir vor wie der Geist, der aus der Flasche erlöst worden ist. Das Fehlen physischer Begrenztheit vermittelte eine Freude, die man mit Worten nicht beschreiben kann. Mir war klar, dass ich diese Erfahrungen nie wieder in eine winzige Zellmatrix würde zurückdrängen können.«

Viele der außerkörperlichen Wahrnehmungen, die Nahtoderfahrene beschreiben, sind für uns nur schwer zu verifizieren. Könnten die Betreffenden sie sich vielleicht nur eingebildet haben, oder könnte es sich um Zufallstreffer in Bezug auf Ereignisse handeln, mit deren Eintreten gerechnet wurde? Auf den ersten Blick könnten viele Berichte in eine dieser beiden Kategorien fallen. Es gab jedoch zwei Studien, in denen die Genauigkeit dessen, was Patienten über ihre eigene Wiederbelebung nach einem Herzstillstand berichteten, untersucht wurde. Dabei wurden die Berichte von Patienten, die eine Nahtoderfahrung gemacht hatten, mit den Berichten derer verglichen, bei denen dies nicht der Fall war.

Der Kardiologe Michael Sabom stellte fest, dass Menschen mit einer Nahtoderfahrung ihre Wiederbelebung sehr präzise beschreiben konnten und dass diese Beschreibungen sehr genaue Angaben zu unerwarteten Ereignissen enthielten. Auf der anderen Seite lieferten Patienten, die zwar wiederbelebt wurden, aber von keiner Nahtoderfahrung berichteten, nach der Aufforderung, sich vorzustellen, wie ihre Wiederbelebung ausgesehen haben muss, eher vage Beschreibungen mit vielen Fehlern. Die Intensivpflegerin Penny Sartori reproduzierte Saboms Befunde in einer fünfjährigen Studie mit Intensivpatienten im Krankenhaus. Wiederum beschrieben Patienten, die angaben, nach einem Herzstillstand ihren Körper verlassen zu haben, ihre Wiederbelebung sehr präzise, aber jeder Überlebende eines Herzstillstands, der nicht davon berichtet hatte, den Körper verlassen zu haben, machte große Fehler bei der Beschreibung der verwendeten Geräte und Verfahren.

Wie häufig kommt es vor, dass Menschen, die eine Nahtoderfahrung gemacht haben, genau beschreiben können, was um sie herum passiert ist, während sie bewusstlos waren? Die Beratungsprofessorin Jan Holden überprüfte dreiundneunzig

Berichte über außerkörperliche Wahrnehmungen während einer Nahtoderfahrung. Sie stellte fest, dass zweiundneunzig Prozent absolut korrekt waren, sechs Prozent Fehler enthielten und nur ein Prozent absolut fehlerhaft waren. Die Tatsache, dass überhaupt eine Wahrnehmung außerhalb des Körpers absolut korrekt ist, sollte ausreichen, um uns ins Grübeln zu bringen. Wie William James, der Vater der amerikanischen Psychologie, vor mehr als einem Jahrhundert schrieb: »Wenn Sie das Gesetz, dass alle Krähen schwarz sind, auf den Kopf stellen wollen, müssen Sie gar nicht beweisen, dass keine Krähe schwarz ist. Es genügt zu beweisen, dass eine einzelne Krähe weiß ist.«

Die Genauigkeit der außerkörperlichen Wahrnehmung im Rahmen einer Nahtoderfahrung macht es schwierig, das Ganze als Halluzination abzutun. Andererseits handelt es sich immer noch um Einzelberichte, die nach dem Ereignis abgegeben wurden, selbst wenn die Berichte von unabhängigen Zeugen bestätigt werden, etwa von Als Chirurg, der zugab, mit den Armen geflattert zu haben. Wenn Menschen Dinge wirklich aus einer außerkörperlichen Position sehen können, während sie bewusstlos sind, sollte es dann nicht möglich sein, dies mit einem kontrollierten Experiment zu beweisen?

Seit 1990 wurden tatsächlich sechs später veröffentlichte Versuche gemacht, die Genauigkeit außerkörperlicher Wahrnehmungen im Rahmen einer Nahtoderfahrung zu testen. In diesen Experimenten platzierten die Forscher unerwartete visuelle »Zielobjekte« an Orten, wo sie von Menschen während einer Nahtoderfahrung potenziell wahrgenommen werden konnten. Die Forscher deponierten diese Zielobjekte meist in einer der oberen Ecken der Patientenzimmer in der Notaufnahme, auf der Koronarstation und auf der Intensivstation eines Krankenhauses – Räume, in denen die Wahrscheinlichkeit groß ist, dass es bei den Patienten zu einem Herzstillstand kommt. Die Patienten werden nicht über die Zielobjekte informiert, aber alle, die behaupten, ihren Körper verlassen zu haben, werden gefragt, ob sie etwas Ungewöhnliches oder Unerwartetes im Raum gesehen haben.

In diesen sechs Studien fanden sich insgesamt nur zwölf Patienten, die von Nahtoderfahrungen berichteten und das Gefühl hatten, ihren Körper verlassen zu haben. Keiner dieser zwölf Patienten sprach davon, das Zielobjekt gesehen zu haben, sodass die Forscher keine bewiesenen Antworten auf die Frage hatten, ob Patienten aus einer extrakorporalen Perspektive sehen können oder nicht, während sie eine NTE machen.

Ich bin mit Arztserien aus dem Fernsehen aufgewachsen, in denen fast jeder Patient mit Herzstillstand erfolgreich wiederbelebt wurde. Daher war ich, als ich an die Medizinische Hochschule kam, überrascht zu erfahren, dass das Überleben eines Herzstillstands selbst im Krankenhaus eher selten ist. Einem Update der American Heart Association aus dem Jahr 2018 zufolge betrug die Gesamtüberlebensrate bei Herzstillstand nur zehn Prozent außerhalb des Krankenhauses und fünfundzwanzig Prozent im Krankenhaus. Und die meisten dieser Wiederbelebungen halten nur einen kurzen Zeitraum an. Nur elf Prozent überleben lange genug, um aus dem Krankenhaus entlassen zu werden und nach Hause gehen zu können.

Vor diesem Hintergrund entwarf ich eine Studie mit Patienten, von denen ich *wusste*, dass sie den Herzstillstand überleben würden. Ich führte ein Experiment mit Patienten durch, deren Herz in einer sorgfältig überwachten und kontrollierten Situation gestoppt wurde. Es handelte sich dabei um Patienten, die wiederholt gefährliche Herzrhythmusstörungen gehabt hatten und deren Risiko, einen plötzlichen Herzstillstand zu erleiden, hoch war. Solche Patienten werden oft an die Herzchirurgie überwiesen, wo ihnen ein kleines Gerät in die Brust implantiert wird. Dieses Gerät heißt implantierbarer Kardioverter-Defibrillator oder ICD-Gerät und überwacht den Herzrhythmus des Patienten kontinuierlich. Wenn es feststellt, dass das Herz stehen geblieben ist, sorgt es automatisch wieder für einen normalen Rhythmus. Wenn die Herzchirurgen das Gerät in die Brust des Patienten implantieren, müssen sie testen, ob es funktioniert, bevor sie den Brustkorb wieder schließen. Sie tun dies, indem sie das Herz des Patienten mit einem Stromschlag absichtlich stoppen und dann abwarten, ob der ICD das Herz wieder startet. Da wir genau wissen, wann und wo das Herz zum Stillstand gebracht wird, wissen wir auch, wann und wo ein visuelles Zielobjekt platziert werden muss, wenn man sehen will, ob die Patienten ihren Körper verlassen.

Cathy Milne, Krankenschwester in einer Herzklinik, hatte zehn Jahre zuvor untersucht, wie häufig Personen, die diese Prozedur durchliefen, auch Nahtoderfahrungen gemacht hatten. Sie fand heraus, dass vierzehn Prozent von ihnen von Nahtoderfahrungen berichteten. Ich hatte also guten Grund zu der Annahme, dass wir genügend solcher Erfahrungen finden würden, um die Fähigkeit der Patienten zu testen, ein Zielobjekt zu sehen. Ich arbeitete mit Jan Holden zusammen, um Details der Studie und der Zielobjekte zu planen. Ich stellte einen Laptop hoch über dem Operationstisch auf einen Fluoroskopiemonitor. Der Computer war so programmiert, dass er zufällig eines von zweiundsiebzig animierten Bildern auswählte, beispielsweise einen lila Frosch, der über den Computerbildschirm sprang. Die Animation lief fünf Minuten, unterbrochen von einer blinkenden Zeitanzeige, und schaltete sich dann aus. Wenn Patienten ihren Körper nach einem Herzstillstand tatsächlich verließen, würden sie das Bild möglicherweise identifizieren können. Der Computer führte Buch darüber, welches

Zielobjekt für welchen Patienten vorgesehen war, aber keiner der Mitarbeiter im Raum kannte das Zielobjekt.

Nachdem der jeweilige Patient aus der Narkose aufgewacht war, stellte ich die übliche Frage, die ich in meiner Studie Patienten gestellt hatte, die nach einem Herzstillstand ins Krankenhaus eingeliefert worden waren: »Was war das Letzte, woran Sie sich erinnern, bevor Sie in Ohnmacht fielen?«

Die Hälfte dieser Patienten schaute mich jedoch verwirrt an und sagte: »Was meinen Sie? Ich bin nicht in Ohnmacht gefallen.«

Wie sich herausstellte, hatte ich die Wirkung des neuen Beruhigungsmittels Midazolam unterschätzt, das jedem Patienten vor dem Eingriff routinemäßig verabreicht wurde, um ihn schläfrig zu machen und seine Angst zu verringern. Midazolam wird eingesetzt, weil es Patienten normalerweise davon abhält, sich an die Prozedur zu erinnern. Dies ist hilfreich, wenn das Ziel darin besteht, die Erinnerung an den schmerzhaften Schlag, den das Herz abbekommen hat, verblassen zu lassen. Es ist jedoch nicht hilfreich, wenn das Ziel in der Erforschung von Erinnerungen besteht – Erinnerungen daran, wie sie ihren Körper verlassen haben, als ihr Herz zum Stillstand gebracht wurde. Das heißt, es macht die Prozedur für den Patienten leichter zu ertragen, erschwert jedoch die Erinnerung an irgendwelche Erfahrungen, die der Patient möglicherweise gemacht hat. In dieser Studie fand ich nach mehr als fünfzig induzierten Herzstillständen keinen einzigen Patienten, der sich an so etwas wie eine Nahtoderfahrung hätte erinnern können oder daran, dass er seinen Körper verlassen hätte.

Abgesehen von der Schwierigkeit, sich unter Midazolam zu erinnern, gab es bei meinem Experiment ein weiteres Problem, mit dem ich nicht gerechnet hatte. Als ich die Forschungsergebnisse auf einer Konferenz diskutierte, an der auch viele Menschen mit Nahtoderfahrungen teilnahmen, brachten diese ihr Erstaunen über das zum Ausdruck, was sie für meine Naivität bei der Durchführung dieser Studie hielten. Warum, argumentierten sie, sollten Patienten, deren Herz gerade stehen geblieben war und die wiederbelebt worden waren – Patienten, die noch ganz fassungslos waren über die unerwartete Trennung von ihrem Körper –, sich in einem Krankenhauszimmer umschauen, um ein verstecktes Bild zu entdecken, das für sie vollkommen irrelevant war und das irgendein Forscher als »Zielobjekt« festgelegt habe?

Ich hegte die große Hoffnung, dass diese Studien die Behauptungen der Betroffenen, sie hätten während ihrer Nahtoderfahrung genau sehen können, entweder bestätigen oder widerlegen würde. Dass diese Forschungsreihe keine endgültige Antwort geben konnte, war, gelinde ausgedrückt, eine Enttäuschung. Der Skeptiker in mir sagte mir immer wieder, dass wir eben nicht wissen können, ob wir uns etwas vormachen oder nicht, solange wir genaue außerkörperliche Wahrnehmungen während einer Nahtoderfahrung in einem kontrollierten Experiment nicht nachweisen können. War es möglich, dass Al Sullivan ein paar Krankenschwestern belauscht hatte, die sich über die eigentümliche Angewohnheit seines Chirurgen, mit den Armen zu flattern, unterhielten, und dann glaubte, dies selbst gesehen zu haben? Könnte Hollys Bericht über den Fleck auf meiner Krawatte lediglich ein Zufall oder ein Zufallstreffer gewesen sein? Immerhin war er »nur eine Anekdote« und nicht das Ergebnis eines kontrollierten Experiments. War ihr korrekter Bericht über meinen Tomatensaucenfleck weniger beeindruckend, weil der Fleck nicht absichtlich dort angebracht worden war? Zweifeln Sie daran, dass Fallschirme Leben retten, weil die Beweise eher aus Anekdoten als aus randomisierten Experimenten stammen?

Unter den etwa siebenhundert Nahtoderfahrenen, die an meiner Studie über das Sehen außerhalb des Körpers teilnahmen, gaben vier von zehn an, sie seien sich bestimmter Ereignisse bewusst gewesen, die außerhalb ihrer Sinneswahrnehmung stattfanden. Von diesen gab die Hälfte an, sie hätten später mit anderen Menschen über ihre Wahrnehmungen gesprochen und bestätigt bekommen, dass die Ereignisse, die sie »gesehen« oder »gehört« hatten, tatsächlich stattfanden. Aber die andere Hälfte sprach nie mit den an diesen Wahrnehmungen beteiligten Personen – normalerweise Ärzten und Krankenschwestern –, weil sie befürchteten, dass ihre Geschichte zu befremdlich klinge. Ich konnte gut verstehen, dass die Betroffenen mutmaßten, von anderen – insbesondere Ärzten – für »verrückt« gehalten zu werden, wenn sie über diese außergewöhnlichen Wahrnehmungen sprachen. Ich erinnerte mich an Bill Hernlund, den Feuerwehrmann, der in eine Flugzeugexplosion verwickelt war und seinem Arzt mitgeteilt hatte, er sei gestorben und zurückgekehrt, nur um anschließend zur psychologischen Untersuchung geschickt zu werden.

Die Geschichten, die diese Betroffenen über Dinge erzählten, die sie gesehen und gehört hatten, während sie bewusstlos waren, stellten meinen Kindheitsglauben in Zweifel, dass nichts existiert außer dem, was man sehen, hören oder fühlen kann. Natürlich stellte auch Hollys Bericht über den Fleck auf meiner Krawatte meinen Glauben infrage, aber dieser eine Vorfall allein überzeugte mich noch nicht. Obwohl ich ihn nicht leugnen konnte, fragte ich mich weiterhin, ob Holly die Informationen vielleicht auf eine »normale« Weise hätte erhalten können, die ich nicht zu identifizieren vermochte. Viele Wissenschaftler – mich selbst bis zu einem gewissen Punkt eingeschlossen – versuchen, solche unerklärlichen Vorfälle zu ignorieren und zu leugnen, dass sie jemals passiert sind, wenn sie allzu beunruhigend werden. Doch wie der Neurowissenschaftler und Anthropologe Charles Whitehead schrieb: »Anomalien werden so lange unter den Teppich gekehrt, bis es so viele sind, dass die Möbel umfallen.« Das schiere Volumen dieser ungeklärten Vorfälle, bei denen rationale Wissenschaftler von Erfahrenden überrascht wurden, die Sachen gesehen und gehört hatten, die sie eigentlich gar nicht hätten sehen oder hören können – wie mein Vorfall mit Holly, der von Al und seinem mit den Armen flatternden Chirurgen sowie die hundert anderen von Jan Holden dokumentierten –, brachte die Möbel in meiner Weltanschauung ins Wackeln.

Für die meisten Menschen – so auch für mich – überschreiten diese außergewöhnlicheren Merkmale von Nahtoderfahrungen die »Boggle-Schwelle«, den Punkt in einer ansonsten wahren Geschichte, an dem sie so seltsam wird, dass man anfängt, ihre Glaubwürdigkeit infrage zu stellen. In manchen Fällen konnten die beschriebenen Ereignisse verifiziert werden. Aber selbst in solchen, in denen es keine unabhängigen Zeugen gab, wirkten die von mir Befragten alle aufrichtig und von ihrer Nahtoderfahrung so tief betroffen, dass ich mir nicht vorstellen konnte, dass sie mir diesbezüglich Lügen auftischten. Ihre Nahtoderfahrungen mussten mit Respekt behandelt und ernst genommen werden. Es ist jedoch schwierig zu erklären, wie man von der Zimmerdecke auf den eigenen Körper schauen kann, der auf einem Operationstisch liegt, und ich wusste, dass ich einige Arbeitstheorien darüber entwickeln musste, was da wohl passierte. Eine Theorie, die oft von Leuten, die Nahtoderfahrungen abtun wollen, ins Spiel gebracht wird, ist, dass es sich um Fantasien handelt, die nicht wirklich außerhalb der Vorstellungskraft des Betroffenen liegen. Als Psychiater wusste ich, dass ich diese Frage offen angehen musste.

– 7 –

Oder den Verstand verloren?

Beim Sturz vom Dach seines Studentenwohnheims brach sich Peter beide Beine. Er war in der Studentenklinik behandelt worden, weil er Stimmen hörte. Ein paar Tage nach seinem Sturz befragte ich ihn an seinem Krankenhausbett auf der orthopädischen Station. Er bekam wieder Psychopharmaka, und den Aufzeichnungen der Krankenschwestern zufolge hörte er keine Stimmen mehr und war auch nicht mehr so verwirrt wie bei seiner Einlieferung ins Krankenhaus.

»Peter«, begann ich, nachdem ich mich vorgestellt hatte, »wenn ich das richtig verstehe, sind Sie vom Dach Ihres Wohnheims gesprungen. Können Sie mir mehr darüber erzählen?«

Er holte tief Luft und fing an. »Ich hatte meine Medikamente abgesetzt, weil sie mich die ganze Zeit müde machten. Es fiel mir immer schwerer, mich auf mein Studium zu konzentrieren. Nach ein paar Wochen hatte ich Halluzinationen.« Er machte eine Pause und schaute mich an.

»Halluzinationen?«, fragte ich.

»Ja, ich hörte, wie der Teufel sagte, ich gehöre jetzt ihm, weil ich so viel versaut habe.« Peter schaute hinunter auf seine eingegipsten Beine und zupfte am Bettlaken. »Er sagte, ich sei böse und müsse sterben, und er rief mich zu sich in die Hölle. Also bin ich die Treppe zum obersten Stockwerk meines Wohnheims hinaufgegangen und über die Leiter aufs Dach gestiegen. Ich setzte mich auf die Dachzinne und ließ meine Beine über die Brüstung baumeln, über der Seite. Es war früh am Morgen, und unten ging niemand vorbei. Ich zitterte vor Kälte, und der Satan schrie mich an: ›Mach es, jetzt! Mach es, jetzt!‹

Ich war verwirrt und entsetzt«, fuhr er fort. »Die Halluzinationen hörten nicht auf, und ich glaubte, was mir gesagt wurde. Ich dachte, ich hätte nicht verdient zu leben. Also lehnte ich mich nach vorn und stieß mich mit beiden Händen ab. Ich schloss die Augen, und mir wurde schlecht, als ich abstürzte.«

Peter schaute zu mir hoch. Nach einer kurzen Pause, in der er zu überlegen schien, wie viel er mir erzählen sollte, sprach er weiter: »Aber dann, während ich fiel, sprach Gott zu mir. Ich konnte ihn nicht sehen, aber ich hörte seine starke, klare Stimme. Er sagte: ›Peter, du bist eines meiner Kinder. Du gehörst *nicht* zu Satan. Du wirst mehr geliebt, als du dir überhaupt vorstellen kannst. Ich lasse dein Leben nicht so enden.‹«

Peter hielt inne und leckte sich die trockenen Lippen. Er beugte sich zum Tisch neben seinem Bett und trank einen Schluck Wasser mit einem Strohhalm. Seine Geschichte setzte er nicht fort.

»Und dann?«, fragte ich.

»Ich weiß nicht, ob ich ohnmächtig geworden bin, als ich auf dem Boden aufschlug. Es scheint, als hätte ich lange dort gelegen. In meinem Kopf geht alles durcheinander. Ich erinnere mich an viele Menschen um mich herum und daran, dass ich auf eine Trage gelegt und in einen Krankenwagen geschoben wurde. Ich hatte große Schmerzen und verstand nicht wirklich, was passierte. Aber ich war erleichtert, dass ich noch am Leben war.«

»Wie geht es Ihnen jetzt?«, fragte ich.

»Nun, ich will mich nicht umbringen, wenn Sie das meinen. Ich weiß, dass Gott einen Plan für mich hat.«

Ich nickte und versuchte, die nächste Frage zu formulieren. »Sie sagen, dass Sie eine Stimme hörten, die Sie als Satan identifizierten, aber Sie sprachen von einer Halluzination. Und dann hörten Sie eine andere Stimme, die Sie als Gott identifizierten. Beide Stimmen konnten Sie nur hören.«

»Ja«, sagte er und nickte mit dem Anflug eines Lächelns. »Ich weiß, was Sie denken. Warum war eins eine Halluzination und das andere echt?«

»Genau«, sagte ich. »Wenn ich Ihre Geschichte höre, kann ich diese beiden Stimmen nicht auseinanderhalten. Wie machen Sie das?«

Peter schüttelte bedächtig den Kopf. »Ich weiß nicht, wie ich es Ihnen erklären soll. Aber Gottes Stimme war stärker und klarer und realer für mich, als Ihre Stimme jetzt im Moment ist. Und Ihre Stimme jetzt ist stärker und klarer und realer für mich als die des Teufels. Ich weiß, dass ich vor meinem Suizidversuch dachte, Satans Stimme sei echt, aber jetzt, wo ich nicht mehr verrückt bin, weiß ich, dass sie nur eine Halluzination war. Aber nicht Gottes Stimme. Die war echt.« Er wischte mit der Hand durch die Luft. »Sie war realer als dies alles.«

Hatte die Tatsache, dass Peter im freien Fall die Stimme Gottes hörte, etwas mit seiner Krankheit zu tun, oder handelte es sich dabei um eine Nahtoderfahrung? Obwohl die erneute Einnahme seiner Medikamente ihn davon überzeugt hatte, dass Satans Stimme eine Halluzination gewesen war, erschütterte es nicht seinen Glauben, dass Gott wirklich zu ihm gesprochen habe.

Diese Unterscheidung war genau mein Dilemma. Die beiden Stimmen, die Peter hörte – die Stimme Gottes und die Satans –, waren ganz anders als er. Aber wie können wir anderen überhaupt wissen, welche Stimmen eingebildet und welche real sind? Ich hatte den Verdacht, dass die Erforschung der

Unterschiede der Schlüssel zum Verständnis von Nahtoderfahrungen war. Als Psychiater war ich in einer besseren Position als manch anderer NTE-Forscher, wenn es darum ging, Symptome von psychischen Erkrankungen bei Menschen mit Nahtoderfahrungen zu untersuchen. Außerdem hatte ich aufgrund meiner Tätigkeit an der Universitätsklinik Gelegenheit, eine Reihe von psychisch kranken Patienten zu behandeln, die auch Nahtoderfahrungen gemacht hatten. Das Problem bestand darin, beides auseinanderzuhalten: Hatte die Geisteskrankheit zur Nahtoderfahrung beigetragen? Hatte die Nahtoderfahrung zur psychischen Erkrankung beigetragen? Handelte es sich um zwei Phänomene, die überhaupt nichts miteinander zu tun hatten?

Um diese Fragen zu beantworten, wollte ich zunächst untersuchen, wie häufig psychische Erkrankungen bei Menschen auftreten, die auch eine Nahtoderfahrung durchlebt haben. Haben sie mehr oder weniger psychische Erkrankungen als Menschen ohne eine solche Erfahrung? Um diese Frage zu beantworten, verglich ich die Häufigkeit verschiedener psychischer Erkrankungen in zwei Gruppen von Menschen: diejenigen, die von einer Nahtoderfahrung berichtet hatten, und diejenigen, die dem Tod zwar nah gewesen waren, aber von *keiner* Nahtoderfahrung gesprochen hatten. Ich setzte den *Psychiatric Diagnostic Screening Questionnaire* ein, jenen Standardfragebogen, mit dem die sechzehn häufigsten psychischen Störungen überprüft werden, darunter Depressionen, Angstzustände, posttraumatischer Stress, Zwangsgedanken und zwanghaftes Verhalten, Essstörungen, Alkohol- und Drogenmissbrauch, körperliche Symptome, die durch emotionalen Stress verursacht werden, und Schwierigkeiten zu sagen, was real und was imaginär ist.

Ich fand heraus, dass jede dieser sechzehn Erkrankungen bei Menschen mit Nahtoderfahrung und bei solchen, die auf der Schwelle zum Tod standen, aber keine Nahtoderfahrung gemacht hatten, gleich häufig auftrat. Außerdem kamen diese Erkrankungen bei Nahtoderfahrenen genauso oft vor wie in der Gesamtbevölkerung, die dem Tod *nicht* nah gekommen war. Ich habe diesen Anteil auch mit dem Anteil der Gesamtbevölkerung verglichen, der psychische Erkrankungen hat, und keinen Unterschied festgestellt. Mit anderen Worten, die Beweise legen nahe, dass eine Nahtoderfahrung eine psychische Erkrankung nicht mehr oder weniger wahrscheinlich macht.

Ich beschäftigte mich auch eingehender mit zwei bestimmten Krankheiten, von denen ich dachte, dass sie etwas mit Nahtoderfahrungen zu tun haben könnten: dissoziative und posttraumatische Belastungsstörung. Dissoziative Belastungsstörung ist eine Krankheit, bei der sich Ihr Ich-Erleben von Ihren körperlichen Empfindungen löst. Ein normales und ziemlich häufiges Beispiel ist die »Autobahnhypnose«, in der Sie manchmal lange Strecken fahren, während Ihr Körper durchaus angemessen auf die örtlichen Gegebenheiten und auf andere Verkehrsteilnehme reagiert. Sie fahren jedoch erst dann wirklich bewusst, wenn Sie plötzlich »zu sich« kommen. Und vielleicht merken Sie dann, dass Sie Ihre Ausfahrt verpasst haben. Bei extremer Dissoziation haben Sie möglicherweise das Gefühl, nicht mehr in Ihrem physischen Körper zu sein. Eine dissoziative Belastungsstörung kann eine normale Reaktion auf ein Trauma sein, mit der Sie sich schützen, indem Sie sich abschotten vor dem Schmerz und der Angst vor dem, was mit Ihrem Körper passiert.

Ich gab einer Gruppe von Menschen aus der allgemeinen Bevölkerung, die dem Tod sehr nah gewesen waren, die *Dissociative Experience Scale*, einen Standardfragebogen zu dissoziativen Symptomen. Einige von ihnen hatten Nahtoderfahrungen gemacht, andere nicht. Erstere beschrieben tatsächlich mehr dissoziative Symptome, aber sehr viel weniger, als für die psychiatrische Diagnose einer dissoziativen Belastungsstörung erforderlich ist. Das Maß an Dissoziation, das sie aufwiesen, war typisch für eine allgemeine Reaktion auf ein Trauma, jedoch nicht für eine psychische Erkrankung. Mit anderen Worten: Diejenigen, die eine Nahtoderfahrung machten, verlagerten ihre Aufmerksamkeit in der Krise fort vom physischen Körper. Diese Aufmerksamkeitsverlagerung ist eine normale Reaktion auf ein unerträgliches Trauma und kein Hinweis auf eine psychische Erkrankung.

Ich fragte mich auch, ob Nahtoderfahrungen mit einer posttraumatischen Belastungsstörung in Verbindung gebracht werden konnten. Zwangsläufig scheint es für die meisten Menschen ziemlich beängstigend zu sein, dem Tod sehr nah zu kommen und sich mit dem Risiko zu sterben, den Schmerzen und dem Verlust der Kontrolle auseinanderzusetzen. Es leuchtete ein, dass die Begegnung mit dem Tod zu einer posttraumatischen Belastungsstörung führen konnte, egal, ob sie von einer Nahtoderfahrung begleitet wurde oder nicht. Zu den charakteristischen Symptomen einer posttraumatischen Belastungsstörung gehören lebhafte Träume oder Rückblenden der Krise sowie das Bemühen, Erinnerungen an das traumatische Ereignis zu vermeiden oder ganz auszublenden. Als mein Vater dreißig war, ereilte ihn eines Montagmorgens, als er zur Arbeit fuhr, ein Herzinfarkt. Nachdem er sich erholt hatte, blieb ihm die Angst, wieder Auto zu fahren. Er suchte einen Psychotherapeuten auf, um seine Angst vor einem weiteren Herzinfarkt während der Fahrt zu überwinden. Das war, lange bevor posttraumatische Belastungsstörung eine offizielle Diagnose war, aber so würde sein Problem heute heißen.

Dann gab ich einer Gruppe von Menschen aus der allgemeinen Bevölkerung, die dem Tod sehr nah gewesen waren, die *Impact of Event Scale*, einen Standardfragebogen, mit dem die durch traumatische Ereignisse verursachte Belastung bewertet wird. Anschließend verglich ich die Symptome einer posttraumatischen Belastungsstörung bei Personen mit Nahtoderfahrung und bei solchen ohne eine derartige Erfahrung. Wie schon bei der Dissoziation stellte ich fest, dass diejenigen, die eine Nahtoderfahrung durchlebt hatten, tatsächlich mehr posttraumatische Symptome beschrieben, aber sehr viel weniger, als für die psychiatrische Diagnose dieser Belastungsstörung erforderlich ist. Im Gegensatz zu Menschen mit posttraumatischer Belastungsstörung hatten Nahtoderfahrene zwar Träume und Rückblenden ihrer Begegnung mit dem Tod, machten aber nicht den Versuch, Erinnerungen daran zu vermeiden. Das passt zu dem, was Menschen, die eine Nahtoderfahrung gemacht haben, normalerweise darüber sagen, nämlich dass die Erfahrung zu etwas Zentralem in ihrem Leben wird und dass sie das Ereignis nicht als etwas Negatives betrachten, an das man sich möglichst nicht erinnern sollte. Dieses besondere Muster – Rückblenden des Ereignisses ohne Vermeidung von Erinnerungen – ist typisch für Menschen, die Schwierigkeiten haben, eine Erfahrung zu verstehen und in ihr Leben zu integrieren, aber es ist *nicht* typisch für eine psychische Störung.

Die aus einer Vielzahl von Studien gewonnenen Erkenntnisse deuten darauf hin, dass Nahtoderfahrene nicht mehr oder weniger psychisch krank sind als die allgemeine Bevölkerung. Und insbesondere leiden sie nicht mehr oder weniger unter dissoziativen und posttraumatischen Belastungsstörungen – Krankheiten, die man nach einem engen Kontakt mit dem Tod vielleicht erwarten würde.

Nachdem ich die Frage nach dem Prozentsatz an psychischen Erkrankungen bei Menschen mit Nahtoderfahrungen beantwortet hatte, wollte ich auch die andere Frage untersuchen:

Wie hoch ist der Anteil an Nahtoderfahrungen bei Menschen mit psychischen Erkrankungen? Haben Leute, die psychiatrische Hilfe in Anspruch nehmen, mehr oder weniger Nahtoderfahrungen als die allgemeine Bevölkerung?

Um diese Frage zu beantworten, setzte ich auf Patienten, die zur psychiatrischen Behandlung in die Ambulanz meines Krankenhauses kamen – solchen, denen es gut genug ging, dass sie nicht stationär aufgenommen werden mussten, die aber dennoch unter emotionaler Belastung litten. In dem einen Jahr, in dem ich diese Studie durchführte, befragte ich insgesamt mehr als achthundert Patienten. Im Rahmen ihrer routinemäßigen Erstbefragung in der Klinik gab ich ihnen einen Standardfragebogen zur psychischen Belastung: SCL-90-R, die revidierte Symptomcheckliste mit neunzig Punkten. Ich fragte sie darüber hinaus, ob sie dem Tod jemals sehr nah gewesen seien, und diejenigen, bei denen dies der Fall war, füllten auch meine NTE-Skala aus.

Ein Drittel der Patienten, die psychiatrische Hilfe suchten, gab an, dem Tod nah gewesen zu sein, und etwa zwanzig von ihnen hatten auch eine Nahtoderfahrung gemacht. Das sind etwa so viele wie Menschen in der allgemeinen Bevölkerung. Mit anderen Worten, die Beweise lassen vermuten, dass Menschen mit psychischen Störungen nicht mehr oder weniger NTEs haben als üblich.

In dieser ambulanten klinischen Studie hatten Patienten, die dem Tod begegnet waren, höhere SCL-90-R-Werte als die andern. Das heißt, diejenigen, die fast gestorben waren, hatten mehr Disstress. Das überraschte mich nicht, denn dem Tod nahe zu kommen ist ein traumatisches Ereignis, das oft psychische Probleme verursacht. Was mich jedoch erstaunte, war die Tatsache, dass darunter diejenigen, die eine Nahtoderfahrung gemacht hatten, weniger psychische Belastungen beschrieben als diejenigen, bei denen dies *nicht* der Fall war. Mit anderen Worten, es deutet alles darauf hin, dass Nahtoderfahrungen tatsächlich einen gewissen *Schutz vor* psychischer Belastung nach einem engen Kontakt mit dem Tod bieten.

Ich fand also keinen Zusammenhang zwischen seelischen Beschwerden und Nahtoderfahrungen. Nahtoderfahrene haben genauso viele psychische Erkrankungen wie andere. Und Menschen mit psychischen Erkrankungen machen genauso viele Nahtoderfahrungen wie andere Menschen. Die wirklich gute Nachricht ist, dass diese Erfahrungen dazu beitragen können, sich nach einer Begegnung mit dem Tod vor einer stärkeren psychischen Belastung zu schützen.

Aber was ist mit Menschen, die NTEs *und* psychische Erkrankungen haben – wie Peter? Können wir den Unterschied zwischen seiner Nahtoderfahrung und seiner Krankheit in dem erkennen, was er erlebte, als er vom Dach sprang? Diese Frage stellt sich nicht nur bei psychischen Erkrankungen, sondern auch bei einem Drogenrausch. Wenn Menschen nach einer Überdosis Drogen eine solche Erfahrung machen, wie trennen wir dann das im Rahmen einer NTE Wahrgenommene von drogeninduzierten Halluzinationen?

Mit achtzehn nahm Justin auf einer Collegeparty eine Überdosis LSD zu sich. Er kollabierte, fiel auf den Boden und atmete offenbar nicht mehr. Später beschrieb er sein Bewusstsein während seiner Erfahrung als »kristallklar« – im Gegensatz zu der schrecklichen Verwirrung auf seinem LSD-Trip –:

»Mein Vater war ein Jahr zuvor an Krebs gestorben. Ich ging aufs College, weil ich dachte, so müsse das sein. Aber irgendwie hatte ich keine Orientierung im Leben. Eines Abends lud mich ein Freund aus dem Wohnheim zu seinem Freund nach Hause ein, um LSD zu probieren. Ich bekam drei Tabletten und fragte mich, ob das vielleicht zu viel sei, aber dieser Typ schien zu wissen, was er tat. Nachdem ich dann etwa fünfundvierzig Minuten lang auch noch Haschisch geraucht hatte, begann ich wild zu halluzinieren. Ich hielt durch, versuchte dabeizubleiben, fühlte mich aber wie auf einer Achterbahn. Mein Geist war außer Kontrolle, so hilflos, und es fühlte sich an, als zerstöre er mich. Ich wurde immer hektischer und immer depressiver. Ich wollte da raus, aber ich konnte es nicht anhalten. Meine schlimmsten Albträume wurden wahr. Dann fiel ich irgendwann mit dem Gesicht voran auf den Boden. Mein Freund sagte später, ich hätte aufgehört zu atmen. Dunkelheit fegte über mich hinweg, und ich wusste, dass ich sterben würde und nichts dagegen tun konnte.

Als Nächstes löste sich mein Bewusstsein ganz von meinem Körper. Mein Bewusstsein, das ich nie verloren habe, blieb völlig intakt. Ich machte mir keine Gedanken darüber, dass mein Körper auf dem Boden lag. Ich litt definitiv nicht mehr. Der LSD-Trip war die Hölle gewesen, aber kaum dass ich meinen Körper verlassen hatte, war diese Hölle nicht mehr da. Ich hatte keine Schmerzen mehr und versank in der reinsten, selbstlosesten und schönsten Liebe, die ich jemals in meinem Leben empfunden hatte. Ich bemerkte absolut keine Beziehung zu dem Raum, in dem ich zusammengebrochen war. Ich war zu hundert Prozent an dieser Erfahrung beteiligt. Ich fühlte mich während dieser ganzen Erfahrung klar und ›auf Zack‹.

Eines muss ich hier klarstellen: Die Klarheit und Leichtigkeit der Wahrnehmung während dieser Erfahrung steht in krassem Gegensatz zu der durch die zu hohe Drogendosis ausgelösten Qual. Der Drogentrip war einfach schrecklich, absoluter Wahnsinn von der schlimmsten Sorte. Ich wollte nichts mehr, als mich davon zu lösen und zur Normalität zurückzukehren. Ich brauchte dringend medizinische Hilfe. Nachdem ich mit dem Gesicht voran auf den Boden gefallen war, wechselte ich auf die andere Seite und ließ meinen Körper zurück. An dem Punkt, an dem ich frei von der Qual des Drogentrips war, wurde plötzlich alles sehr klar. Die Nahtoderfahrung war kristallklar, wie wenn man morgens aufwacht und einen neuen Tag beginnt. Doch als ich später im Krankenhaus aufwachte, hatte ich wieder Halluzinationen und war richtig groggy – vom LSD und wahrscheinlich auch von der Behandlung im Krankenhaus.

Dies war in den letzten Jahren das Wildeste, womit ich klarkommen musste: ein ABA-Effekt. Dabei steht das erste A für die schlechte Drogenerfahrung, das B für die kristallklare Nahtoderfahrung und das zweite A dafür, aufzuwachen, immer noch Halluzinationen zu haben und sich des Unterschieds zwischen der Realität und dem Unwirklichen immer noch nicht bewusst zu sein. Die Nahtoderfahrung war eine substanzielle, reale, sehr lebendige Erfahrung, viel mehr als alles, was während des LSD-Trips davor oder danach passierte. Diese faszinierende persönliche Erfahrung hat in den fünfzehn Jahren, seit ich sie gemacht habe, nie an Intensität verloren.«

Justin unterschied präzise zwischen dem klaren Bewusstsein während seiner NTE und der schrecklichen Verwirrung auf seinem Drogentrip, genau wie Peter die Realität seiner NTE dem unwirklichen Charakter seiner schizophrenen Halluzinationen gegenüberstellte.

So war es auch bei Stephen, einem fünfundzwanzigjährigen Krankenpfleger, der eine Nahtoderfahrung machte, nachdem er versucht hatte, sein Leben mit einer tödlichen Überdosis Opiaten zu beenden. Ich besuchte Stephen in seinem Krankenzimmer, genau wie ich es bei Peter getan hatte.

»Stephen«, begann ich, nachdem ich mich vorgestellt hatte, »wenn ich das richtig verstehe, haben Sie gestern eine Überdosis genommen. Können Sie mir davon erzählen?«

Stephen schaltete den an der Wand montierten Fernseher stumm und schaute mich an. »Ich bin in großen Schwierigkeiten«, sagte er schließlich.

»Oh?«

Er seufzte, schaute zur Tür und fing an zu erzählen. »Ich habe Opiate aus den Patientenvorräten auf der Station genommen. Anfangs nur wenig, meistens Oxycodon. Ich habe es nur in den Schichten genommen, in denen jemand anders die Medikamente verteilte. Daher stimmte die Anzahl der Pillen in meinen Schichten ganz genau. Aber dann nahm ich immer mehr, und ich bin mir ziemlich sicher, dass die Oberschwester mir auf die Spur gekommen war.«

Er machte eine Pause, also forderte ich ihn auf weiterzusprechen. »Und dann ...?«

Stephen holte tief Luft und fuhr fort. »Ich war ohnehin ziemlich gestresst. Mein Vater war vor ein paar Monaten gestorben, und meine Freundin machte mir ziemlich deutlich, dass sie sich trennen wollte. Ich denke, deshalb habe ich angefangen, die Opiate zu nehmen. Sie haben mir geholfen, mich zu entspannen oder einfach alles auszublenden.«

»Aber sie haben Ihre Probleme nicht gelöst?«, fragte ich.

Er lachte. »Ich wusste, dass sie meine Probleme nicht lösen würden. Ich habe nur versucht, etwas Zeit zu gewinnen, bis ich mich stark genug fühlte, um mit allem umgehen zu können, was vor sich ging.«

Stephen nahm seine Brille ab, putzte sie mit einem Papiertaschentuch und setzte sie wieder auf. »Aber als die Oberschwester herausfand, dass ich wahrscheinlich für die wiederholten niedrigen Opiatmengen verantwortlich war, wusste ich, dass es mir nicht gelingen würde, aus dieser Sache herauszukommen. Ich habe darüber nachgedacht, einfach nur wegzurennen, aber ich wusste, dass ich mich früher oder später damit auseinandersetzen musste.«

»Also hat die Oberschwester Sie nie wirklich darauf angesprochen?«

»Nein, aber ich wusste, dass sie es herausgefunden hatte. Es war nur eine Frage der Zeit, bis ich verhaftet würde. Da habe ich beschlossen, lieber alles zu beenden.« Er schaute nach unten und schüttelte den Kopf. »Ich habe genügend Pillen gestohlen und meine Schicht vorzeitig beendet, bevor jemand die Medikamente nachzählen konnte.«

»Klingt, als hätten Sie sich in die Ecke gedrängt gefühlt«, versuchte ich eine Brücke zu bauen.

»Kann man so sagen«, bestätigte er. »Ich ging gleich nach Hause, spülte alle Pillen mit einer Flasche Bier runter, legte mich ins Bett und dachte: Das war's.«

»Und was haben Sie sich als Nächstes erhofft?«, fragte ich.

»Nichts«, sagte er prompt, als habe ihn die Frage überrascht. »Ich dachte, ich würde einfach abdriften und das wäre das Ende. Früher oder später würde jemand kommen, nach mir suchen und mich finden. Aber es wäre zu spät.«

»Und was, haben Sie gedacht, würde dann mit Ihnen passieren?«, wollte ich wissen.

Stephen schaute mich an, erst verwirrt, dann amüsiert. »Was, Sie meinen so was, wie dass ich beurteilt und in die Hölle geschickt werde? An so was habe nie geglaubt. Wenn du stirbst, bist du tot.« Er schüttelte den Kopf, sagte aber nichts mehr.

»Aber Sie sind nicht gestorben«, sagte ich. »Was ist passiert?«

»Ich glaube, ich bin eingepennt, aber dann bin ich aufgewacht und hatte unglaublich starke Krämpfe. Mir war wirklich übel, als würde ich mich gleich übergeben. Und es fiel mir schwer zu atmen. Es kam mir vor, als hätte ich nicht die Kraft, tief durchzuatmen. Ich hatte Angst, *nicht* zu sterben. Ich hatte Angst, nur einen Schlaganfall oder so davonzutragen. Und die Magenkrämpfe waren wirklich schlimm. Ich dachte, vielleicht sollte ich doch lieber Hilfe holen, bevor es mir noch schlechter ging als jetzt schon. Das Telefon hing an der Wand in der Küche, vielleicht zehn Meter von meinem Bett entfernt. Ich versuchte aufzustehen, aber mir war so schwindelig, dass ich kaum aufrecht stehen konnte. Ich hangelte mich am Bett entlang, um ins Gleichgewicht zu kommen. Dann machte ich ein paar Schritte in Richtung Küche. Ich war wirklich groggy, und es fiel mir schwer, aufrecht zu stehen, geschweige denn zu gehen.«

Er hielt inne, und nach einer Weile ermutigte ich ihn fortzufahren. »Und dann?«

Er starrte mich an und setzte seinen Bericht nach einer längeren Pause fort: »Ich hatte auch Halluzinationen. Als ich dort stand und mich mit einer Hand an der Wand festhielt, weil ich schwankte, sah ich diese ganzen Zwerge in meiner Wohnung. Sie wuselten um meine Beine herum, was mir das Gehen erschwerte.«

»Zwerge …?« Ich war mir nicht sicher, ob ich ihn richtig verstanden hatte.

»Ja«, sagte er, »kleine Leute, etwa so groß.« Er streckte die Hand mit der Fläche nach unten aus, etwa auf der Höhe seines Bettrahmens. »Ich weiß, dass es verrückt klingt. Und es *war* auch verrückt. Ich habe solche Dinge gesehen. Aber damals kamen sie mir sehr real vor.« Stephen schluckte und sprach dann weiter. »Es war sehr verwirrend. Aber dann spürte ich plötzlich, wie ich meinen Körper verließ.«

»Sie haben Ihren Körper verlassen?«, fragte ich, wieder nicht sicher, ob ich ihn richtig verstanden hatte.

»Ja. Nun, ich bin mir nicht sicher, ob ich tatsächlich spürte, wie ich meinen Körper verließ, aber da war ich, vielleicht drei Meter über meinem Körper, und schaute auf ihn hinunter.«

Er starrte mich weiter an, und ich forderte ihn erneut zum Weitersprechen auf. »Und was hat Ihr Körper getan?«

Stephen schüttelte den Kopf. »Er stand einfach da mit der Hand an der Wand, schaute auf all diese Zwerge hinunter und versuchte herauszufinden, was sie dort machten.«

Ich wusste nicht, was ich sagen sollte. Also öffnete ich einfach die Hände mit den Handflächen nach oben und zog eine Augenbraue hoch.

»Ich meine, *ich* konnte sie nicht wirklich sehen«, fuhr er fort. »Dort oben in der Nähe der Decke beobachtete ich, wie mein Körper schwankte und zwischen meinen Beinen nach unten schaute. Ich wusste, dass sich mein *Körper* die Zwerge um mich herum anschaute, weil ich mich erinnerte, sie in meinem Körper gesehen zu haben. Aber von dort, wo *ich* war ...« Er schüttelte den Kopf und schluckte. »Aus meiner Perspektive, aus der ich auf meinen Körper hinunterschaute, konnte ich sie nicht sehen. Ich wusste, dass mein Körper verwirrt war und halluzinierte, aber mein Geist war kristallklar. *Ich* hatte keine Halluzinationen, aber mein *Körper* schon. Ich dachte so klar wie immer, aber mein Körper machte einen total benommenen Eindruck.«

Er hielt wieder inne, und nach einer Weile sagte ich: »Das ist ja eine Geschichte. Welchen Reim machen Sie sich darauf?«

Er kicherte und schüttelte den Kopf. »Es macht mich fertig! Im einen Moment war ich in meinem Körper und sah Zwerge. Im nächsten war ich oben an der Decke. Ich habe keine Ahnung, was passiert ist.«

Nach weiterem langem Schweigen fragte ich: »Und dann?«

Stephen seufzte. »Ich glaube, ich bin wieder ohnmächtig geworden. Ich wachte auf und lag auf dem Boden, immer noch ziemlich benebelt, aber die Zwerge waren weg. Ich kroch in die Küche, schaffte es zum Telefon und rief den Rettungsdienst an.«

Welchen Reim konnte ich mir auf Stephens Behauptung machen, er habe keine Halluzinationen gehabt, sein Gehirn aber schon? Sie schien Ähnlichkeit mit Justins Unterscheidung zwischen der schrecklichen Verwirrung auf seinem LSD-Trip und der friedlichen Klarheit seiner Nahtoderfahrung zu haben – und mit Peters Unterscheidung zwischen der halluzinierten Stimme Satans und dem, wovon er sich sicher war, dass es die wahre Stimme Gottes war, als er vom Dach fiel.

Zwar könnten einige ungewöhnliche Erfahrungen, die mit Visionen und unkonventionellen Überzeugungen einhergehen, auf psychische Erkrankungen zurückzuführen sein, aber könnten andere ungewöhnliche Erfahrungen, die mit Visionen und unkonventionellen Überzeugungen einhergehen, nicht durchaus authentische Erfahrungen sein – wie Peter, Justin und Stephen behaupteten? Und wenn, wie können wir sie voneinander unterscheiden?

Was ist der Unterschied zwischen psychischen Erkrankungen und Nahtoderfahrungen? Ich musste nach einer Antwort auf die Frage suchen, was *nach* der Erfahrung selbst passiert, und die Rolle der Erfahrung im Leben der betreffenden Person berücksichtigen. Der Psychiater Mitch Liester und ich verglichen zwei Gruppen von Menschen, die angaben, wiederholt Stimmen zu hören. Wir verglichen Menschen mit Schizophrenie und die geringe Anzahl von Menschen mit einer Nahtoderfahrung, die danach weiterhin Stimmen hörten. Wir stellten beiden Gruppen eine Reihe von Standardfragen dazu, wie hilfreich oder schädlich die Stimmen waren.

Wir fanden bemerkenswerte Unterschiede zwischen den beiden Gruppen. Die meisten Menschen mit Nahtoderfahrung fanden die Stimmen beruhigend oder tröstlich. Sie gaben ihnen ein besseres Gefühl für sich selbst und wirkten sich positiv auf ihre Beziehungen zu anderen aus. Auf der anderen Seite stellten die meisten Schizophrenen fest, dass die Stimmen quälend oder bedrohlich waren, dass sie ihnen ein schlechteres Gefühl gaben und sich negativ auf ihre Beziehungen auswirkten. Die meisten Menschen, die Nahtoderfahrungen gemacht hatten, wollten die Stimmen weiter hören, während dies bei fast keinem Schizophrenen der Fall war.

Stimmen zu hören, die niemand sonst vernehmen kann, war eine sehr positive Erfahrung für Menschen mit einer Nahtoderfahrung, aber eine sehr negative Erfahrung für die Schizophrenen. Dass Peter die Stimme Gottes hörte, während er vom Dach fiel, klingt vielleicht nach einer seiner schizophrenen Halluzinationen, aber es half ihm, einen Sinn im Leben zu finden – ein klarer und wichtiger Unterschied, wie ich herausfand.

Einige Klinikärzte haben über den Unterschied geschrieben zwischen ungewöhnlichen Erfahrungen, die Symptome einer psychischen Erkrankung sind, und solchen wie Nahtoderfahrungen, die spirituell transformierend sind. Ein Unterschied besteht darin, dass Nahtoderfahrungen durch lebensbedrohliche oder anderweitig extreme Ereignisse ausgelöst werden. Außerdem sind sie normalerweise nur von kurzer Dauer und treten nur einmal auf. Hinzu kommt, dass sie häufig bei Menschen vorkommen, die ein normales, produktives Leben führen. Psychische Erkrankungen hingegen können ohne offensichtlichen Auslöser auftreten, dauern in der Regel lange an oder treten immer wieder auf, und zwar häufig bei Menschen mit erheblichen psychischen Schwierigkeiten oder marginalem Sozialverhalten.

Ein weiterer Unterschied besteht darin, dass Nahtoderfahrungen und Episoden psychischer Erkrankungen sehr unterschiedlich in Erinnerung bleiben. Nahtoderfahrungen sind noch Jahre nach dem Ereignis lebhaft in Erinnerung und werden oft als »realer als real« erinnert. Die Erinnerung verblasst nicht mit der Zeit, sondern behält ihre Lebendigkeit und Detailfülle. Andererseits erkennen Menschen mit psychischen Erkrankungen nach Ende einer akuten Episode normalerweise, dass ihre Visionen nicht real waren. Und die Erinnerungen an eine solche Episode verlieren mit der Zeit deutlich an Intensität. Sie werden immer weniger lebendig und detailliert, bis sie wie die meisten Träume ganz in Vergessenheit geraten.

Darüber hinaus überprüfen Menschen, die eine NTE gemacht haben, diese immer wieder auf der Suche nach Einsicht in ihre Bedeutung. Sie machen oft andere Betroffene ausfindig und tauschen Erkenntnisse mit ihnen aus. Wenn ihre Erfahrung sie überhaupt beunruhigt, dann normalerweise nur so lange, bis sie herausgefunden haben, wie sie das Erlebte selbst und die daraus resultierenden Lektionen in ihr Leben einbinden können. Psychisch Erkrankte hingegen vermeiden normalerweise alles, was sie an ihre ungewöhnlichen Gedanken und Wahrnehmungen erinnert, und machen nicht den Versuch, sie zu verstehen. Und über Erfahrungen, die sie als dauerhaft störend empfinden, möchten sie in der Regel gar nicht sprechen.

Schließlich führen NTEs in der Regel dazu, dass diejenigen, die sie gemacht haben, mehr Sinn und Bedeutung in ihrem Leben sehen, dass sie mehr Freude an alltäglichen Dingen haben, weniger Angst vor dem Tod und ein stärkeres Gefühl der Verbundenheit mit allen anderen. Infolgedessen gehen Menschen mit NTEs oft weniger in ihren persönlichen Bedürfnissen und Sorgen auf und verhalten sich anderen gegenüber altruistischer und mitfühlender. Sie erleben nach ihrer Erfahrung oft viel Positives und haben in der Regel keine Probleme im täglichen Leben. Menschen mit psychischen Erkrankungen hingegen sehen vielleicht keinen Sinn mehr in ihrem Leben, verlieren die Freude an ihren täglichen Aktivitäten, werden immer ängstlicher und isolieren sich von anderen, vertiefen sich mehr in ihre eigenen Bedürfnisse und Sorgen und beschäftigen sich immer weniger mit anderen. Psychische Erkrankungen ziehen häufig Negatives nach sich, etwa Schwierigkeiten bei der Beibehaltung eines Arbeitsplatzes und der Aufrechterhaltung von Beziehungen sowie rechtliche Auseinandersetzungen und ein Ringen mit schädlichen Impulsen.

Natürlich handelt es sich bei diesen Unterscheidungen zwischen NTEs und psychischen Erkrankungen um Verallgemeinerungen, und es gibt immer Ausnahmen von der Regel. Sicherlich lernen manche Menschen aus ihren psychischen Erkrankungen und wachsen daran. Und möglicherweise fällt es manchen Menschen jahrelang schwer, ihre Nahtoderfahrung zu verstehen und sie in ihr Leben zu integrieren. Aber das sind die Ausnahmen.

Die Beweise deuten also darauf hin, dass Nahtoderfahrungen nichts mit psychischen Erkrankungen zu tun haben. Ich war erleichtert, dass dieses Thema zu den Akten gelegt werden konnte. Im Laufe der Jahre hörte ich von sehr vielen Menschen wie Bill Hernlund, dass sie zum Psychiater überwiesen worden waren, weil sie einem Arzt von ihrer Nahtoderfahrung erzählt hatten, für den sie ein Hinweis auf eine psychische Erkrankung war. Ich habe diese Informationen sowohl auf Fachkonferenzen weitergegeben als auch bei der klinischen Supervision von Medizinstudenten, Assistenzärzten und Seelsorgern in den Krankenhäusern, in denen ich arbeitete. Und ich habe gesehen, wie diese Informationen die Praxis der Gesundheitspflege allmählich beeinflussten. In den letzten Jahren wurden neue Ansätze für Patienten gefördert, weil man im Gesundheitswesen zunehmend sensibler wurde für die Häufigkeit und die Normalität von Nahtoderfahrungen.

Doch wenn Nahtoderfahrungen weder Halluzinationen sind noch andere Phänomene, die etwas mit psychischen Erkrankungen zu tun haben, bedeutet das dann, dass sie echte Erfahrungen sind? Ich brauchte stärkere Beweise, um diese Frage zu beantworten.

– 8 –

Sind Nahtoderlebnisse real?

Die Beweise scheinen nahezulegen, dass sich Nahtoderfahrungen stark von Halluzinationen unterscheiden. Dies bedeutet jedoch nicht unbedingt, dass es sich bei Berichten über NTEs um genaue Beschreibungen von Ereignissen handelt. In den letzten vier Jahrzehnten habe ich mich immer wieder gefragt, ob Berichte über diese Erfahrungen Erinnerungen an etwas sind, was wirklich geschah, oder ob sie die Hoffnungen und Erwartungen sterbender Menschen widerspiegeln. Einige meiner medizinischen Kollegen tun NTEs als reine Fantasie ab und halten daher jede Forschung dazu für unwissenschaftlich. Das Thema, das untersucht wird, ist aber nicht das, was eine Untersuchung wissenschaftlich macht. Es kommt vielmehr darauf an, ob sie auf genauen Beobachtungen, Beweisen und fundierten Argumenten basiert.

Der Neurowissenschaftler Mark Leary schrieb: »Wissenschaft wird nicht durch die Themen definiert, die sie untersucht, sondern durch ihren Ansatz bei der Untersuchung dieser Themen … Die Tatsache, dass manche Menschen nicht glauben, ein Phänomen sei real, macht die Erforschung ebendieses Phänomens nicht zur pseudowissenschaftlichen Disziplin. Wissenschaft kann eingesetzt werden, um eine Vielzahl von Fragen zu beantworten, sogar Fragen zu Phänomenen, die sich letztendlich als nicht existent herausstellen. Tatsächlich besteht eine wichtige Funktion der Wissenschaft darin, empirisch zu demonstrieren, welche Effekte real sind und welche nicht ... Es hat also keinen Sinn, von vornherein zu behaupten, die Untersuchung eines bestimmten Themas sei nicht wissenschaftlich, weil die getestete Hypothese falsch ist!«

Es gibt in der Geschichte viele Beispiele dafür, dass etwas als nicht real und daher einer wissenschaftlichen Erforschung unwürdig abgelehnt wurde, das sich später als durchaus real erwiesen hat. Bis ins 19. Jahrhundert hielten die meisten Wissenschaftler Berichte über Meteoriten für Fabeln, die keiner genaueren Untersuchung wert seien, obwohl es schon in der Antike Berichte über Steine gab, die vom Himmel fielen. Und ebenfalls bis ins 19. Jahrhundert mokierten sich Wissenschaftler und Ärzte über die Idee der Krankheitserreger, obwohl schon die alten Griechen darüber sinnierten, dass sich Krankheiten ausbreiten, weil sie von Patienten übertragen werden, die sich mit für das bloße Auge unsichtbaren »Seuchensamen« infiziert hatten. Noch in den Achtzigerjahren des letzten Jahrhunderts hielten die meisten Mediziner die Suche nach Bakterien als potenzielle Verursacher von Magengeschwüren und Magenschleimhautentzündungen für Zeitverschwendung. Heute ist diese Idee weithin akzeptiert und brachte Barry Marshall und Robin Warren 2005 sogar den Nobelpreis für Medizin ein.

Manche meiner Kollegen argumentieren, dass Nahtoderlebnisse nicht real sein können, weil sie unseren gegenwärtigen Überzeugungen über die Funktionsweise des Gehirns widersprechen. Aber die Wissenschaft ist von Natur aus immer in Arbeit. Jede Generation von Wissenschaftlern blickt auf die Modelle früherer Generationen zurück und amüsiert sich über ihre Naivität. Was also lässt uns annehmen, dass irgendeine unserer aktuellen wissenschaftlichen Ansichten darüber, wie das Gehirn funktioniert, dem prüfenden Blick künftiger Generationen standhält?

Dadurch, dass wir unsere Modelle verfeinern, wenn neue Phänomene entdeckt werden, macht die Wissenschaft Fortschritte. Vor einem Jahrhundert machten technologische Fortschritte es den Physikern möglich, neue Phänomene mit sehr kleinen Teilchen und sehr hohen Geschwindigkeiten zu erforschen. Die Formeln, die Physiker jahrhundertelang verwendet hatten – Formeln, die sehr gut funktionieren, wenn es darum geht, physikalische Bewegungen in unserer Alltagswelt zu beschreiben –, waren bei diesen neuen Phänomenen nicht so genau. Um ihre wissenschaftliche Integrität zu wahren, konnten die Physiker diese neuen Phänomene, die sich nicht an Newtons klassische Bewegungsgesetze hielten, nicht ignorieren. Das bedeutete nun aber nicht, dass sie die alten Formeln als nutzlos verwerfen mussten. Sie mussten lediglich anerkennen, dass Newtons Gesetze nur *unter bestimmten Bedingungen* nützlich waren. Sie mussten die alten Formeln verfeinern, indem sie mathematische Berechnungen aus der Relativitätstheorie und der Quantenmechanik mit der klassischen Physik kombinierten, um mit einem vollständigeren Modell der Realität aufwarten zu können.

Auf die gleiche Weise haben die Fortschritte, die im vergangenen Jahrhundert in der Medizintechnik gemacht wurden, es den Neurowissenschaftlern ermöglicht, etwas über NTEs und andere Phänomene herauszufinden, bei denen das Bewusstsein fortbesteht, obwohl das Gehirn stark beeinträchtigt ist. Das Modell, das Medizinwissenschaftler seit Jahrhunderten verwenden – ein Modell, mit dem man den nichtphysischen Geist sehr gut als Produkt des physischen Gehirns beschreiben kann –, funktioniert im Alltag, kann diese Nahtoderfahrungen jedoch nicht erklären. Um ihre wissenschaftliche

Integrität zu wahren, können Neurowissenschaftler Nahtoderfahrungen, die scheinbar nicht in ihr altes Modell von Geist und Gehirn passen, nicht einfach ignorieren. Das heißt aber nicht, dass sie ihr altes Modell vom Geist, der vom Gehirn hervorgebracht wird, verwerfen müssen. Sie müssen lediglich anerkennen, dass das alte Geist-Gehirn-Modell nur *unter bestimmten Bedingungen* nützlich ist. Sie müssen ihr altes Modell verfeinern, indem sie Fakten wie Nahtoderfahrungen berücksichtigen, bei denen das Bewusstsein fortbesteht, nachdem das Gehirn abgeschaltet hat, um mit einer vollständigeren Beschreibung der Realität aufwarten zu können.

Wissenschaftler haben nie endgültige Antworten. Was wir haben, sind Beobachtungen, aus denen wir Geschichten weben, die Beweise erklären. Wenn wir diese Geschichten erzählen, müssen sie logisch schlüssig sein und mit allen empirischen Beobachtungen übereinstimmen. Das Ergebnis dieses fortwährenden Geschichtenerzählens ist, dass die Forschung immer auf ein Ziel zusteuert, das sie niemals erreichen kann: eine vollständige Beschreibung der Realität. Der Neurowissenschaftler Thomas Schofield sagte dazu: »In der Wissenschaft geht es überhaupt nicht darum, die Wahrheit zu entschlüsseln, sondern darum, bessere Möglichkeiten zu finden, falsch zu liegen ... Eine Theorie kann niemals perfekt sein. Sie ist bestenfalls besser als die Theorie, die ihr vorausgegangen ist.«

Der Astrophysiker Neil deGrasse Tyson unterscheidet zwischen persönlicher Wahrheit, die Sie als Individuum überzeugend finden, aber anderen nicht unbedingt beweisen können, und objektiver Wahrheit. »Objektive Wahrheit«, sagt Tyson, »ist die Art von Wahrheit, die die Wissenschaft entdeckt. Und es ist die Art von Wahrheit, die wahr ist, ob Sie daran glauben oder nicht. Sie existiert jenseits Ihrer Kultur, Ihrer Religion, Ihrer politischen Zugehörigkeit.«

Wenn ich mir Nahtoderfahrungen genauer anschaue, scheint es mir, dass die Forschungsergebnisse dazu Tysons Kriterien für die Art von objektiver Wahrheit, die die Wissenschaft entdeckt, durchaus erfüllen. Menschen aus verschiedenen Kulturen und Religionen haben Nahtoderfahrungen, *ob sie daran glauben oder nicht*. Einige der Nahtoderfahrenen, die ich in diesem Buch zitiert habe, beschreiben Dinge, die ihren kulturellen und religiösen Überzeugungen widersprechen. Einige waren Atheisten, die nicht an eine höhere Macht oder an irgendetwas nach dem Tod glaubten, ihre Erfahrung, bei Bewusstsein zu sein, als ihr Körper für tot erklärt wurde, aber dennoch nicht leugnen können. Für mich ist klar, dass die Erforschung von Nahtoderfahrungen eine exakte, empirische Beobachtungswissenschaft sein kann.

Natürlich müssen wir im Umgang mit Beobachtungen auch die bewussten oder unbewussten Vorurteile der Personen berücksichtigen, die Berichte über Nahtoderfahrungen sammeln. Wie bei jeder Forschung müssen wir unsere eigenen vorgefassten Meinungen ständig im Auge behalten und uns fragen, wie viel Einfluss sie auf unsere Interpretation der Daten haben. Ich höre manchmal, wie Forscher, die eine bestimmte Interpretation der Fakten bevorzugen, behaupten, die Wissenschaft sei auf ihrer Seite. Aber ich hatte ja von meinem Vater gelernt, dass sich die Wissenschaft auf keine Seite stellt. Sie bedient sich unparteiischer Methoden zur Auswertung aller verfügbaren Daten. Die Frage ist nicht, ob die Wissenschaft auf Ihrer Seite ist, sondern ob Sie auf der Seite der Wissenschaft stehen.

Wie also können wir wissenschaftlich überprüfen, ob NTEs real sind oder nicht? Auf den ersten Blick mag es lächerlich erscheinen, sich zu fragen, ob das, was jemand erlebt hat, »wirklich« passiert ist. Der Philosoph Abraham Kaplan erzählt die

Geschichte von einem Mann, der in ein fernes Land geht und nach seiner Rückkehr behauptet, er habe ein seltsames und wundersames Tier gesehen: ein Kamel. Dieses Tier kann, so sagt er, tagelang ohne Wasser durch die heißeste Wüste gehen! Die Gelehrten in seiner Heimatstadt sind erstaunt und verwirrt. Sie sagen: »Wir wissen nicht, ob ein solches Tier möglicherweise existiert oder nicht, aber wir werden zusammenkommen, um zu entscheiden, ob es ein solches Tier angesichts dessen, was wir über Biologie wissen, wirklich geben könnte oder nicht.« Der Weitgereiste antwortet: »Wirklich geben *könnte*? Aber ich sage euch, ich habe es gesehen!«

Der Psychologe Bob Van de Castle drückte es so aus: »Wenn Sie von einem Lastwagen angefahren wurden, *wissen* Sie, dass Sie von einem Lastwagen angefahren wurden, und noch so viel Skepsis anderer wird Sie jemals davon überzeugen können, dass es den Lastwagen nur in Ihrer Vorstellung gab.« Ich wurde noch nie von einem Lastwagen angefahren, aber vor fast einem halben Jahrhundert wurde ich hart davon getroffen, dass Holly darauf beharrte, den Fleck auf meiner Krawatte gesehen zu haben, während sie bewusstlos in einem anderen Raum lag. Ich wusste nicht, wie ich mir einen Reim darauf machen sollte, aber ich konnte nicht so tun, als sei dies nie passiert, und ich konnte es nicht als Fehlwahrnehmung oder Produkt meiner Vorstellungskraft abtun. Was ist mit den ganzen unglaublichen Geschichten über Nahtoderfahrungen, die *ich* zwar nicht selbst durchlebte, von denen mir aber andere Leute berichteten? Wie konnte ich feststellen, ob sie *wirklich* passiert waren?

Wie ich in Zusammenhang mit außerkörperlichen Wahrnehmungen bereits festgestellt habe, ist es schwierig, sie zu überprüfen. Sie erinnern sich vielleicht, dass Jan Holden dreiundneunzig Berichte über außerkörperliche Wahrnehmungen während einer Nahtoderfahrung überprüfte und feststellte, dass zweiundneunzig Prozent von externen Quellen als absolut korrekt verifiziert wurden, während sechs Prozent Fehler enthielten und nur ein Prozent völlig falsch war. Offensichtlich gibt es Behauptungen von Nahtoderfahrenen, die möglicherweise nicht genau beschreiben, was wirklich passiert ist. Aber die Tatsache, dass einige Geschichten über solche Erfahrungen vielleicht fehlerhaft oder sogar erfunden sind, schmälert nicht den Wert aller Berichte über Nahtoderfahrungen. Jalal ad-Din Rumi, der Sufi-Mystiker des 13. Jahrhunderts, schrieb, dass es kein gefälschtes Gold gäbe, wenn es nicht auch echtes Gold gäbe. Es gäbe also auch keine gefälschten Nahtoderfahrungen, wenn es nicht auch echte gäbe. Fragt sich nur, wie man beide voneinander unterscheidet. Ich weiß nicht, wie ich die Echtheit von Geschichten über jenseitige Bereiche überprüfen soll. Aber Berichte über Dinge, die in unserer physischen Welt gesehen wurden, *kann* ich sehr wohl verifizieren.

Eine Möglichkeit der Überprüfung besteht darin zu fragen, wie zuverlässig die Erinnerungen derjenigen sind, die eine bestimmte Erfahrung gemacht haben. Es gibt mehrere Faktoren, die mich vermuten ließen, dass Erinnerungen an Nahtoderfahrungen möglicherweise *nicht* zuverlässig sind. Erstens treten viele von ihnen nach einem Herzstillstand auf, was häufig zu einer Amnesie in Bezug auf die Ereignisse rund um das Aufhören der kardialen Aktivität führt. Zweitens werden Nahtoderfahrungen manchmal von Menschen erlebt, die psychedelische Drogen genommen haben, welche das Gedächtnis beeinträchtigen können. Drittens finden sie normalerweise in traumatischen Situationen statt, von denen bekannt ist, dass sie die Genauigkeit von Erinnerungen beeinflussen. Viertens gehen sie normalerweise mit starken positiven Emotionen einher, die das Gedächtnis ebenfalls kompromittieren können. Und schließlich berichten die Betroffenen manchmal erst lange nach dem Ereignis von dem Geschehen, was die Detailgenauigkeit und Lebendigkeit von Erinnerungen häufig mindert. Alle diese Faktoren werfen Fragen zur Zuverlässigkeit der Gedächtnisinhalte auf.

Manche Forscher spekulierten, dass Geschichten über Nahtoderlebnisse im Laufe der Zeit ausgestaltet und die Erinnerungen daran mit den Jahren immer mehr verklärt werden. Weil ich mittlerweile seit vier Jahrzehnten dazu forsche, konnte ich dieses Thema angehen. Ab 2002 spürte ich Personen auf, die ich Anfang der Achtzigerjahre zu ihren Erlebnissen befragt hatte, und bat sie, mir ihr jeweiliges Nahtoderlebnis erneut zu schildern. Dabei stellte ich fest, dass die Berichte im Laufe der Zeit *nicht* verklärter geworden waren. Es gab in der Tat *keine* Unterschiede zwischen dem, was mir die Betroffenen in den Achtzigern erzählt hatten, und dem, was sie mir Jahrzehnte später berichteten. Dies deutet darauf hin, dass die Erinnerungen dieser Personen an ihre Nahtoderfahrungen zuverlässig sind. Es deutet des Weiteren darauf hin, dass Nahtoderfahrungen, die vor Jahren gemacht wurden, mit genau derselben Berechtigung untersucht werden können wie erst kürzlich durchlebte.

Eine weitere wichtige Frage, die sich in Zusammenhang mit Berichten über Nahtoderfahrungen stellt, ist, ob sie von Überzeugungen beeinflusst werden. Wir wissen, dass kulturelle Konditionierungen und Erwartungen Einfluss darauf haben, wie Menschen ihre Wahrnehmungen interpretieren. Sie erinnern sich vielleicht, dass der Lkw-Fahrer Dominic seinen Tunnel als »Auspuffrohr« bezeichnete. Erleben Menschen, wenn sie dem Tod nah sind, genau das, was sie erwarten oder wovon sie hoffen, dass es passieren wird? Auch diese Idee konnte ich überprüfen. Ian Stevenson, mein Mentor an der University of

Virginia, hatte, schon Jahre bevor Raymond Moody den Begriff einführte, das gesammelt, was wir heute Nahtoderfahrungen nennen. Er hatte die Berichte darüber in Kategorien wie »außerkörperliche Erfahrungen«, »Sterbebettvisionen« und »Geistererscheinungen« eingeordnet, jeweils basierend auf ihren herausragenden Merkmalen.

Ich wählte zwei Dutzend von Ians vollständigst beschriebenen Fällen aus den Sechziger- und frühen Siebzigerjahren aus und bewertete in jedem Fall das Vorhandensein der fünfzehn von Raymond genannten gemeinsamen Merkmale. Dann wählte ich in Zusammenarbeit mit Geena Athappilly, einer Medizinstudentin, zwei Dutzend Berichte über Nahtoderfahrungen aus, die ich kürzlich selbst gesammelt hatte, und ordnete sie nach bestimmten Kriterien – Alter, ethnische Gruppe, Geschlecht, Religion, Grund für die Begegnung mit dem Tod und wie nah sie dem Tod aus medizinischer Sicht gekommen waren – jeweils einem von Ians Fällen zu. Mit einer einzigen Ausnahme tauchten alle von Raymond beschriebenen Merkmale einer Nahtoderfahrung – das Verlassen des Körpers, ein Gefühl von Frieden, die Begegnung mit anderen, ein »Lichtwesen«, Musik und eine Lebensrückschau – genauso oft in den Berichten auf, die gesammelt wurden, *bevor* Raymond 1975 das Buch schrieb, in dem, wie auch in den jüngsten Berichten, dargelegt wird, was bei Nahtoderlebnissen passiert. Die einzige Ausnahme war das Gefühl, sich durch einen Tunnel zu bewegen, von dem in den jüngsten Berichten häufiger die Rede war. Aber wie Sie sich vielleicht erinnern, habe ich den Tunnel aus meiner NTE-Skala herausgelassen, weil andere Forscher darauf hingewiesen hatten, dass er etwas ist, was wir nachträglich erfinden, um uns selbst zu erklären, wie wir von einer Situation zur nächsten gelangt sind – etwas, was wir uns anders nicht plausibel erklären können.

Geena und ich bewerteten auch, wie in wie vielen Berichten aus Ians Sammlung und in wie vielen der jüngst von mir gesammelten von Nachwirkungen einer Nahtoderfahrung die Rede war, die Raymond beschrieben hatte: Veränderung der Wertvorstellungen, weniger Angst vor dem Tod, Glaube an ein Weiterleben nach dem Tod und Schwierigkeiten, anderen von dem Erlebten zu erzählen. Auch diese Nachwirkungen tauchten in Berichten, die gesammelt wurden, *bevor* Raymond 1975 sein Buch schrieb, genauso oft auf wie in jüngsten Berichten über Nahtoderlebnisse. Diese Berichte haben sich also im Laufe der Jahrzehnte nicht geändert und scheinen keineswegs nur vertraute Modelle oder Narrative dessen widerzuspiegeln, was beim Tod passiert.

Aber handelt es sich bei diesen übereinstimmenden Berichten um Erinnerungen an Ereignisse, die wirklich passiert sind, oder um Erinnerungen an Ereignisse, die nur in der Vorstellung existieren? Tatsächlich sind sich die meisten Menschen, die eine Nahtoderfahrung gemacht haben, deren Echtheit ziemlich sicher und beschreiben sie als »realer als real« oder »realer als alles, was ich jemals erlebt habe«. Eine Umfrage, die der Radioonkologe Jeffrey Long unter mehr als sechshundert Patienten machte, ergab, dass sechsundneunzig Prozent ihre Nahtoderfahrung als »definitiv real« bewerteten, und kein einziger beschrieb sie als »definitiv unwirklich«. Die Teilnehmer an meiner Forschung bestätigten diesen Glauben an die absolute Realität ihrer Erfahrungen. Einundsiebzig Prozent aller Nahtoderfahrenen, die ich untersucht habe, sagten, ihre Erinnerung daran sei klarer und lebendiger gewesen als die an andere Ereignisse, während drei Prozent sie als weniger klar und lebendig beschrieben.

Jayne Smith, die mit dreiundzwanzig Jahren in Reaktion auf eine Anästhesie während der Geburt ihres Kindes ein

Nahtoderlebnis hatte, sagte: »Ich hätte nie gedacht, dass es ein Traum gewesen sein könnte. Ich wusste, dass es wahr und real ist, realer als alles andere, was ich jemals erlebt habe.« LeaAnn Carroll entwickelte mit einunddreißig ein massives Blutgerinnsel in der Lunge, das ihr Herz zum Stillstand brachte. Sie sagte über ihre Nahtoderfahrung: »Meine Todeserfahrung ist für mich wirklicher als das Leben.« Nancy Evans Bush, die mit siebenundzwanzig während einer Komplikation bei der Anwendung von Lachgas ein Nahtoderlebnis hatte, sagte: »Ja, es war realer als real – absolute Realität.« Susan Litton, die mit neunundzwanzig eine Nahtoderfahrung machte, erzählte mir: »Es gab keinerlei Zweifel. Alles wirkte ›realer‹ als alles, was normalerweise in der physischen Welt, wie wir sie kennen, erlebt wird.« Chris Matt, der ein Nahtoderlebnis hatte, als er sich mit einundzwanzig in seinem Auto überschlug, sagte: »Ich habe keinen Zweifel daran, dass es echt war. Es war *weitaus realer* als alles, was wir hier erleben.« Yolaine Stout, die mit einunddreißig einen Suizidversuch machte, sagte: »Das war realer als alles andere auf der Welt. Im Vergleich dazu war das Leben in meinem Körper ein Traum.«

Es gibt Möglichkeiten zu unterscheiden, ob es sich bei Erinnerungen um reale Ereignisse oder um Fantasien handelt. Lauren Moore, Ärztin für Psychiatrie im Praktikum, und ich setzen das Memory Characteristics Questionnaire (MCQ) ein, einen gängigen Fragebogen, der entworfen wurde, um Erinnerungen an reale Ereignisse von Erinnerungen an Fantasien oder Träume zu unterschieden. Der MCQ betrachtet Aspekte von Erinnerungen, die sich zuverlässig in Erinnerungen an reale oder an imaginäre Ereignisse unterscheiden lassen, etwa die Klarheit und Detailgenauigkeit der Erinnerung, ihre sensorischen Aspekte, die Erinnerung an den Kontext des Ereignisses, die Gedankengänge beim Abrufen der Erinnerung und die

Intensität der damit verbundenen Gefühle. Ich bat Menschen, die dem Tod sehr nah gekommen waren, ihre Erinnerungen an drei verschiedene Ereignisse zu bewerten. Das erste war ihre Begegnung mit dem Tod. Das zweite war ein weiteres reales Ereignis, das ungefähr zur gleichen Zeit stattfand. Und das dritte war ein imaginäres Ereignis, ebenfalls aus dieser Zeit.

Lauren und ich fanden heraus, dass für Menschen mit Nahtoderfahrung ihre Erinnerungen daran wie Erinnerungen an reale Ereignisse waren, nicht jedoch wie Erinnerungen an imaginäre Ereignisse. In der Tat erinnerte man sich der Nahtoderlebnisse als *realer* als realer Ereignisse, genauso wie man sich realer Ereignisse als realer erinnert als imaginärer Ereignisse. Ihre Erinnerungen an die Nahtoderfahrung enthielten mehr Details, waren klarer, hatten mehr Kontext und mehr intensive Gefühle als die Erinnerung an Ereignisse im »richtigen Leben«. Und genau das hatten mir die Betroffenen seit Jahrzehnten erzählt: dass ihre Nahtoderfahrungen für sie realer waren als alltägliche Erfahrungen. Auf der anderen Seite hatten Menschen, die dem Tod sehr nah gekommen waren, aber *keine* Nahtoderfahrung gemacht hatten, das Ereignis nicht als realer als andere reale Ereignisse in Erinnerung. Zwei weitere Forschungsteams, eines in Belgien und eines in Italien, kamen zu den gleichen Ergebnissen. Darüber hinaus hat das italienische Team auch die Gehirnwellen gemessen, während sich die Betroffenen an ihre Nahtoderfahrung erinnerten. Es stellte sich heraus, dass die Gehirnwellen der Nahtoderfahrenen eher denen ähnelten, die mit dem Erinnern realer Ereignisse in Verbindung gebracht werden, als dem Erinnern imaginärer Ereignisse.

Es scheint also, dass die wissenschaftliche Erforschung von Erinnerungen an Nahtoderfahrungen bestätigt, dass sie im Laufe der Zeit gleich bleiben, dass sie nicht abhängig sind von bekannten Modellen, was beim Tod angeblich passiert, und dass sie wie Erinnerungen an Ereignisse aussehen, die wirklich passiert sind. Aber wenn Nahtoderfahrungen echte Erfahrungen sind und keine Halluzinationen oder Fantasien, wie erklären wir sie dann? Diese Frage führte mich als Nächstes auf die Suche nach dem, was bei einer Begegnung mit dem Tod im Gehirn passiert.

– 9 –

Die Biologie des Sterbens

Welche Erklärung haben Wissenschaftler für Nahtoderlebnisse? Ich selbst hatte viel über das Gehirn und seine Funktionsweise gelernt und fragte mich, ob es *bestimmte Bereiche in unserem Denkorgan* gibt, die für Nahtoderlebnisse zuständig sind. Mehrere Forscher haben versucht, Regionen zu lokalisieren, die ein Nahtoderlebnis verursachen können, wenn sie mit einer elektrischen Sonde stimuliert werden. Dabei steuerten sie am häufigsten die Schläfen- oder Temporallappen seitlich am Kopf unter den Schläfen an. Manche von ihnen waren der Ansicht, dass Nahtoderlebnisse mit dem rechten Temporallappen in Verbindung stehen, während andere für den linken argumentierten.

Viele Wissenschaftler führten die Pionierarbeit des Neurochirurgen Wilder Penfield als Beweis dafür an, dass abnormale elektrische Aktivität im Temporallappen zu außerkörperlichen Erfahrungen führen kann. In den Fünfzigerjahren arbeitete Penfield am Montreal Neurological Institute der McGill University mit Patienten zusammen, deren Krampfanfälle (plötzliche elektrische Entladungen im Gehirn) auf Medikamente nicht ansprachen. Für viele dieser Patienten war die einzige verfügbare Behandlung eine Operation, nämlich die Entfernung des Teils des Gehirns, der den Anfall verursachte. Um genau die Stelle im Gehirn zu finden, von der die Anfälle ausgingen, öffnete Penfield die Schädel seiner Patienten und stimulierte verschiedene Teile ihres Gehirns mit einem milden elektrischen Strom. Überraschenderweise tut dies überhaupt nicht weh, weil das Gehirn keine Schmerzrezeptoren hat. Daher konnte Penfield das Gehirn seiner Patienten erforschen, während diese hellwach waren und ihm rückmelden konnten, was sie gerade erlebten.

Mit dieser Technik fand Penfield nicht nur heraus, woher die Anfälle stammten, sondern auch, was in jedem Teil des Gehirns vor sich ging, wenn er stimuliert wurde. Er war der Erste, der das Gehirn darstellte und deutlich machte, in welchen Bereichen Bewegungen der Finger, Lippen und so weiter gesteuert werden. Er identifizierte auch eigenständige Bereiche des Gehirns, die, wenn sie stimuliert werden, verschiedene Empfindungen hervorrufen, wie Hitze- oder Kälteempfindungen, die Wahrnehmung eines bestimmten Geruchs oder von Klängen, etwa eines bestimmtes Liedes, oder das Sehen von Szenen aus der Vergangenheit, als schauten sich die Patienten einen Film an.

Es wird allgemein angenommen, dass Penfield außerkörperliche Erfahrungen und andere einer Nahtoderfahrung ähnliche Phänomene auslöste, indem er verschiedene Punkte in den Temporallappen seiner wachbewussten Patienten elektrisch stimulierte. Tatsächlich berichteten aber nur zwei der insgesamt 1132 so behandelten Patienten von etwas, das *vage* einer außerkörperlichen Erfahrung ähnlich war. Als Penfield einen Bereich im rechten Temporallappen eines dreiunddreißigjährigen Mannes berührte, der gerade unter örtlicher Betäubung operiert wurde, sagte der Mann plötzlich: »Dieser bittersüße Geschmack auf meiner Zunge.« Der Patient war verwirrt und machte Kost- und Schluckbewegungen. Dann schaltete Penfield den Strom *aus*, und der Mann sagte: »O Gott! Ich verlasse meinen Körper.« Er wirkte verängstigt und machte Hilfe suchende Gesten. Dann stimulierte Penfield einen tiefer im Temporallappen liegenden Bereich, und der Mann sagte, er drehe sich um die eigene Achse und es komme ihm vor, als stehe er auf.

Im zweiten Fall berührte Penfield den Schläfenlappen einer Frau mit seinem elektrischen Stab, und sie sagte: »Ich habe ein seltsames Gefühl, als wäre ich nicht hier.« Als er die elektrische Stimulation fortsetzte, fügte sie hinzu: »Als ob ich halb hier und halb dort wäre.« Dann berührte er einen anderen Bereich des Temporallappens, und sie sagte: »Ich fühle mich seltsam«, und fügte hinzu, sie habe das Gefühl abzuheben. Als Penfield die Stimulation fortsetzte, fragte sie: »Bin ich hier?« Dann berührte er einen dritten Bereich im Temporallappen, und sie sagte: »Es kommt mir vor, als ob ich wieder weggehe.« Sie hatte das Gefühl von etwas Unwirklichem, alles andere als den Eindruck, den Nahtoderfahrene beschrieben, nämlich dass die Nahtoderlebnisse »realer als real« sind. Sie kam sich vor, als sei sie woanders und doch immer noch in ihrer Umgebung. Keiner dieser Patienten, die das Gefühl hatten, ihren Körper zu verlassen, berichtete später, den eigenen Körper von oben gesehen zu haben, wie es bei Nahtoderfahrungen häufig der Fall ist.

Trotz dieser suggestiven, aber kaum überzeugenden Penfield-Anekdoten haben spätere Untersuchungen von Krampfanfällen gezeigt, dass Patienten mit einer Vielzahl von Anfällen, die verschiedene Teile des Gehirns betreffen, von dem Gefühl berichten können, ihren Körper verlassen zu haben. Alles in allem schien es kaum Anzeichen dafür zu geben, dass der Temporallappen etwas mit dem extrakorporalen Gefühl zu tun hat.

Andere Neurowissenschaftler waren der Ansicht, dass Nahtod- und ähnliche Erfahrungen mit verschiedenen Teilen des

Gehirns in Verbindung stehen, etwa dem Frontallappen, dem Parientallappen, dem Thalamus, dem Hypothalamus, der Amygdala und dem Hippocampus. Der Neurowissenschaftler Mario Beauregard und seine Kollegen an der Universität von Montreal maßen die Gehirnaktivität bei Menschen, die eine Nahtoderfahrung hatten. Sie scannten das Gehirn dieser Probanden, während diese in Meditation versuchten, ihr Nahtoderlebnis noch einmal aufleben zu lassen. Beauregard stellte fest, dass es keinen Teil des Gehirns gab, der mit den Erinnerungen an ein solches Erlebnis in Verbindung gebracht werden konnte. Vielmehr wurden verschiedene Teile des Gehirns aktiv, als man sich des Nahtoderlebnisses erinnerte.

Diese widersprüchlichen Erkenntnisse über Nahtoderfahrungen, die mit verschiedenen Teilen des Gehirns in Verbindung gebracht werden – oder mit mehreren Bereichen, die zusammenwirken –, ließen uns ohne eine endgültige Antwort zurück. Weil andere Forscher behauptet hatten, dass Menschen mit Krampfanfällen manchmal das Gefühl hätten, ihren Körper zu verlassen, beschloss ich, die außerkörperlichen Phänomene in dieser bestimmten Bevölkerungsgruppe genauer zu untersuchen. Ich hegte die Hoffnung herauszufinden, ob elektrische Entladungen in bestimmten Teilen des Gehirns häufiger mit nahtodähnlichen Empfindungen verbunden sind als in anderen. Ich wandte mich an Nathan Fountain, den Neurologen, der die Epilepsiestation in meinem Krankenhaus leitete, weil ich ihn um Erlaubnis bitten wollte, seine Klinikpatienten über ihre Erfahrungen während ihrer Anfälle zu befragen. Er saß in seinem Büro an einem Schreibtisch, der voller Akten und anderer Papiere war, und ich erklärte ihm, was ich vorhatte. Obwohl er aufmerksam zuhörte und absolut herzlich war, hatte ich das Gefühl, dass mein Vorschlag keine Begeisterung in ihm auslöste.

»Ich glaube nicht, dass Sie finden, wonach Sie suchen«, sagte er kopfschüttelnd. »Krampfanfälle stören die normale Funktion des Gehirns, sodass das Bewusstsein der Patienten beeinträchtigt wird und sie nicht in der Lage sind, Ihnen etwas zu erzählen. Wenn sie einen generalisierten Krampfanfall haben, sind sie die ganze Zeit bewusstlos und können keinerlei ›Erfahrung‹ machen. In der Tat wissen viele von ihnen noch nicht einmal, dass sie einen Anfall hatten.« Er lächelte, zuckte mit den Schultern und fügte hinzu: »Und wenn eine Person mit Temporallappenepilepsie einen Anfall hat, wäre sie, selbst falls sie dabei irgendeine Art von Erfahrung machte, nicht in der Lage, Ihnen davon zu erzählen. Weil ihr Hippocampus krampft und nicht mehr normal funktioniert, kann sie keine Erinnerung generieren.«

»Ich habe Berichte von Menschen gelesen, die das Gefühl haben, ihren Körper zu verlassen, wenn der Temporallappen stimuliert wird«, argumentierte ich. »Zwei von Wilder Penfields Patienten berichteten über so etwas, als er ihre Temporallappen mit elektrischem Strom stimulierte.«

»Aber Penfields Patienten waren wach«, protestierte Nathan, »und er setzte eine sehr geringe Stromspannung ein. Ein Anfall ist etwas ganz anderes. Die meisten Menschen sind während ihrer Anfälle bewusstlos und haben keine Erinnerung daran, wenn sie vorbei sind. Sie können Ihnen nichts erzählen.«

»Vielleicht haben Sie recht«, räumte ich ein, »aber wären Sie bereit, mich mit einigen Ihrer Patienten sprechen zu lassen und ihnen Fragen zu stellen?«

Er zögerte und fragte dann: »Wie soll ich ihnen erklären, warum ich möchte, dass sie mit einem Psychiater sprechen?«

»Sagen Sie einfach, dass Ihnen klar ist, wie stressig unkontrollierte Anfälle sein können, und dass einer Ihrer Kollegen eine Studie dazu durchführt, was Menschen während eines Anfalls fühlen und wie sie damit umgehen.«

Ich konnte sehen, wie er intensiv über die Idee nachdachte. »Einige von ihnen freuen sich möglicherweise über die Gelegenheit, mit jemandem darüber sprechen zu können, wie es ist, Anfälle zu haben.«

Ich hatte den Eindruck, dass sein Widerstand schwächer wurde, also sprach ich weiter. »Warum befragen wir nicht zwei oder drei Patienten gemeinsam, damit Sie selbst hören können, was sie sagen und wie sie sich fühlen, wenn sie mit mir sprechen?«

»Okay«, sagte er. »Wenn Sie nächsten Montagnachmittag auf die Station kommen, setze ich mich dazu, wenn Sie einige Patienten befragen. Ich werde weniger Patienten einplanen, damit wir mehr Zeit mit jedem einzelnen verbringen und ausführlich über ihre Anfälle sprechen können. Dann werden wir sehen, wie es sich entwickelt.«

Die Ersten, die wir interviewten, hatten überhaupt keine Erinnerung an ihre Anfälle – genau wie Nathan es erwartet hatte. Sie fielen einfach in Ohnmacht und wachten kurze Zeit später wieder auf, verwirrt oder erschöpft. Die dritte Patientin, Marie, eine junge Sekretärin, litt unter schlecht kontrollierbaren Anfällen, seit sie in ihrer Zeit im College eine Meningitis gehabt hatte. Sie zögerte überhaupt nicht, mit mir zu sprechen. Ich fragte sie nach dem Letzten, woran sie sich normalerweise erinnert, bevor ein Anfall beginnt.

»Hm«, begann sie, »normalerweise nehme ich diesen starken Geruch wahr, ein bisschen wie nach schmutzigen Sportsocken. Es dauert nur ein paar Sekunden, aber ich weiß, es bedeutet, dass ich gleich einen Anfall haben werde.«

»Und woran erinnern Sie sich normalerweise als Nächstes, wenn der Anfall vorbei ist?«, fragte ich.

»Danach bin ich eine Weile ganz groggy«, sagte sie. »Normalerweise liege ich einfach da, auf dem Boden oder wo auch immer und versuche, mich zu erinnern, wo ich bin und was ich getan habe. Ich weiß nicht, wie lange das dauert, aber ich wache normalerweise ziemlich langsam auf und bin dann noch ziemlich lange müde.«

»Und zwischen diesen beiden Malen«, fragte ich, »woran erinnern Sie sich in der Zeit nach dem Geruch von Sportsocken und bevor Sie aufwachen und groggy sind?«

»Sie meinen während des Anfalls selbst?«, fragte sie.

Ich nickte. »Mm-hmm.«

Sie schüttelte den Kopf. »Normalerweise bin ich bewusstlos. Alles ist leer.« Sie schaute erst mich unsicher an, dann Nathan und dann wieder mich. »Aber da war dieses eine Mal, als ich dachte, ich erinnere mich an etwas.«

»Dieses eine Mal?«, wiederholte ich und nickte, um sie zu ermuntern weiterzuerzählen.

»Ja«, fuhr sie zögernd fort. »Es kam mir vor, als würde ich meinen Körper zitternd auf dem Boden liegen sehen.« Sie schaute den Neurologen an und fuhr dann fort. »Natürlich weiß ich, dass das nicht sein kann, aber als der Anfall vorbei war, hatte ich diese Erinnerung: wie ich auf meinen Körper herabschaute und meine Arme und Beine zuckten.« Sie hielt inne, als wäre es ihr peinlich weiterzusprechen.

»Und das ist nur einmal passiert?«, fragte ich.

Sie nickte. »Ja, es war vor Jahren, bevor ich verheiratet war. Ich war allein in meiner Wohnung und las eine Zeitschrift, als es passierte. Es war verwirrend, aber ich dachte, ich müsse mir das wohl eingebildet haben.«

Ich schaute zu Nathan hinüber. Er lächelte. Das war typisch für ihn, auf ein unerwartetes Ereignis eher amüsiert als schockiert zu reagieren.

»Und welche Wirkung hatte diese Erfahrung auf Sie?«, fragte ich Marie.

Sie zuckte mit den Schultern. »Nicht wirklich eine. Ich habe sie nie vergessen, aber sie hat mich in keiner Weise beeinflusst.« Sie machte eine Pause, sah zuerst Nathan und dann mich an und fügte schließlich hinzu: »Mich hat noch nie jemand gefragt, wie es für mich ist, wenn ich einen Anfall habe. Ich bin froh, dass ich jetzt darüber sprechen kann.«

»Gibt es noch etwas, woran Sie sich erinnern, oder etwas, was Sie uns erzählen oder fragen möchten?«

»Nein, das war's«, sagte sie. »Es war einfach so merkwürdig, dass ich es nie vergessen habe.«

Nachdem ich ihr für ihre Bereitschaft, mit uns zu sprechen, gedankt und das Interview beendet hatte, wandte ich mich an Nathan.

»Okay«, sagte er, »wir brauchen niemand anderen mehr zu befragen. Machen wir die Studie.« Wie die meisten Ärzte überzeugte ihn das, was er sah und hörte, mehr als das, was man ihn gelehrt hatte, dass er sehen und hören *sollte*.

Meine Forschungskollegin Lori Derr und ich befragten dann hundert Patienten auf der Epilepsiestation zu ihren Erfahrungen während ihrer Anfälle. Wir fragten sie zunächst, woran sie sich kurz vor und kurz nach dem Anfall und dann während des Anfalls selbst erinnern konnten. Nachdem sie geantwortet hatten, entweder mit ihren Erinnerungen an den Anfall oder auch ohne, fragten wir alle Elemente auf der NTE-Skala ab, weil die Möglichkeit bestand, dass manche von ihnen einige NTE-Merkmale erlebt, aber nicht als erwähnenswert erachtet hatten. Wir fragten beispielsweise: »Hatten Sie während Ihrer Anfälle jemals das Gefühl, dass sich Ihr Zeitgefühl veränderte?« Viele von ihnen hatten während ihrer Anfälle überhaupt keine Erinnerungen an irgendwelche Erfahrungen. Aber etwas mehr als die Hälfte der Patienten erinnerte sich an eine flüchtige

Wahrnehmung, etwa einen seltsamen Geruch oder ein merkwürdiges Geräusch. Doch wie Nathan eilig betonte, konnten dies auch Erinnerungen an etwas gewesen sein, was die Betreffenden kurz *vor* Einsetzen des Anfalls wahrgenommen hatten.

Von den hundert Patienten gaben sieben an, ihr Zeitgefühl verloren zu haben. Einer berichtete von einem Gefühl des Friedens und einer von einem hellen Licht. Und sieben von hundert Patienten gaben an, eine Erfahrung gemacht zu haben, die zumindest vage an das Verlassen des Körpers während eines Anfalls erinnerte. Fast alle von ihnen berichteten von lediglich einer solchen Erfahrung in Jahrzehnten mit Anfällen und konnten sich nicht genau erinnern, wann sie aufgetreten war (»Vor ungefähr fünfzehn oder zwanzig Jahren, glaube ich …«), was es unmöglich machte, bestimmte medizinische Details zu identifizieren, die möglicherweise mit der Erfahrung in Verbindung gebracht werden konnten. Außerdem sagten uns fast alle, ihnen sei klar gewesen, dass diese Erfahrungen nicht real waren.

Beispielsweise fügte Maryann, eine dreißigjährige Frau, die von »zwei oder drei außerkörperlichen Erfahrungen« während eines Anfalls berichtete, hinzu: »Ich weiß, dass das nicht real sein kann. Es ist zu weit hergeholt. Ich habe meinen Körper oder sonst etwas nicht wirklich gesehen. Vielleicht habe ich es mir eingebildet.« Und Mark, ein zweiundvierzigjähriger Mann, sagte: »Ich erinnere mich an keine Details. Es ist wie ein Traum. Natürlich denke ich nicht, dass so etwas wirklich passieren kann.« Diese Patienten beschrieben in der Regel nur sehr vage, wie sie das Bewusstsein für ihren Körper verloren. Bis auf eine Ausnahme gaben sie nicht an, ihren Körper von außen gesehen zu haben.

Anders als diese Epilepsie-Patienten beharren Personen, die von Nahtoderfahrungen berichten, fast immer darauf, dass diese real sind. Die Möglichkeit, dass ihre Erinnerungen das Ergebnis ihrer Vorstellungskraft oder eines Traums sein könnten, bestreiten sie vehement. Sie schauen oft auf ihren bewusstlosen Körper herab und erinnern sich bis ins Detail an die ganze Erfahrung.

Nur eine von unseren hundert Patienten und Patientinnen gab an, ihren Körper während der Anfälle häufig verlassen zu haben. Aber obwohl sie schilderte, wie sie ihren Körper ganz klar von einer Position darüber sehen konnte, unterschied sich ihr Bericht über diese Erfahrungen sehr von dem, was die meisten Menschen in Zusammenhang mit Nahtoderfahrungen beschreiben. Kirsten war achtundzwanzig und Doktorandin der Psychologie. Sie hatte von Geburt an Anfälle infolge einer angeborenen Gehirnfehlbildung in der Nähe des Scheitels. Die Abnormalität lag auf der Mittellinie zwischen dem rechten und dem linken Scheitellappen und verursachte schon ihr ganzes Leben lang mehrere Anfälle im Monat. Während ihrer Anfälle schien sie für kurze Zeit – normalerweise weniger als eine Minute – bewusstlos zu sein. Von außen betrachtet, bekam sie dann einen leeren Blick und starrte nur, ohne auf das zu reagieren, was um sie herum geschah. Wenn sie zufällig gerade zu Fuß unterwegs war, ging sie weiter in einer geraden Linie, als wüsste sie nicht, wohin. Kirsten selbst machte jedoch den Eindruck, als wisse sie ganz genau, was während ihrer Anfälle geschah. Ich bat sie zu beschreiben, wie sie für sie waren.

»Wenn ich lese«, begann sie, »werden die Buchstaben auf der Seite zu Zeichen, die keinen Sinn ergeben. Und wenn ich mit einem Freund spreche, klingt das, was aus dem Mund meines Freundes kommt, nicht mehr nach Worten. Ich kann mir Dinge vorstellen, die ich sagen möchte, aber ich kann keine entsprechenden Töne hervorbringen, nur Kauderwelsch.« Sie zuckte die Schultern und schüttelte den Kopf.

»Und was dann?«, fragte ich.

»Dann bin ich ein paar Meter über meinem Körper und schaue nach unten.«

Das überraschte mich. Ich hatte bereits Dutzende von Patienten mit Anfällen interviewt und noch keinen einzigen klaren Bericht über das Verlassen des Körpers gehört. Aber Kirsten beschrieb es als einen routinemäßigen Teil bei jedem Anfall, den sie hatte. »Erzählen Sie mir davon«, sagte ich. »Wie ist das für Sie?«

»Es ist erschreckend!«, sagte sie.

»Erschreckend?«, wiederholte ich. Wieder war ich überrascht, weil die meisten ein Gefühl der Erleichterung oder Freiheit beschreiben, wenn sie ihren Körper verlassen, während sie eine Nahtoderfahrung machen. Aber wie ich später erfuhr, war Kirstens Reaktion nicht ungewöhnlich. Andere Forscher haben berichtet, dass Patienten, die das Gefühl hatten, ihren Körper während eines Anfalls zu verlassen, häufig von einem intensiven Entsetzen oder großer Angst berichten.

»Ja«, fuhr sie fort, »ich habe Angst, dass etwas mit meinem Körper passiert, wenn ich nicht in ihm bin.«

»Was zum Beispiel?«, fragte ich.

»Ich weiß es nicht.« Sie schüttelte den Kopf. »Ich habe einfach nur Angst, dass etwas passiert, wenn ich nicht da bin, um ihn zu schützen.«

»Ist denn jemals etwas passiert?«, fragte ich. »Sind Sie jemals verletzt worden, während Sie nicht in Ihrem Körper waren?«

»Nicht wirklich verletzt«, sagte sie langsam. »Vor ein paar Wochen habe ich einen Einkaufswagen durch einen Supermarkt geschoben, als ich einen Anfall hatte. Während ich außerhalb meines Körpers war, fuhr der Wagen in ein Regal und warf einen Turm aus Dosen um.«

»Was ist dann passiert?«

»Nun, das hat mich wieder in meinen Körper gerissen, und ich habe die Dosen aufgehoben und neu gestapelt. Die Leute starrten mich an, und schließlich kam jemand herüber, um mir zu helfen.«

»Was genau hat Sie in Ihren Körper zurückgerissen? War es der Aufprall des Wagens auf das Regal oder das Geräusch der nach unten krachenden Dosen?«

»Sobald ich spürte, dass der Wagen auf das Regal prallte, riss es mich zurück in meinen Körper. Das passiert normalerweise.«

»Das bringt Sie normalerweise von einem Anfall zurück in Ihren Körper?«, fragte ich.

Kirsten nickte. »Was immer meinen Körper berührt oder erschüttert, kann mich zurückbringen. Wenn ich mit einer Freundin spreche und plötzlich mitten im Satz aufhöre zu sprechen, sagt sie normalerweise meinen Namen und berührt mich am Arm, um mich zurückzuholen.« Sie lächelte und fügte hinzu: »Natürlich hat keiner meiner Liebsten je bemerkt, dass ich einen Anfall hatte.«

Als sie beschrieb, wie sie durch Berühren in ihren Körper zurückgezogen wird, klingelte es bei mir. Ich erinnerte mich an die Nahtoderfahrung von Sir Alexander Ogston, dem schottischen Chirurgen, der mit Typhus ins Krankenhaus eingeliefert worden war und den es ebenfalls wiederholt in seinen Körper zurückzog, als dieser erschüttert wurde: »Ich war mir bewusst, dass mein geistiges Selbst regelmäßig den Körper verließ ... bis etwas das Bewusstsein hervorrief, dass die kühle Masse, die, wie mir dann einfiel, mein Körper war, bewegt wurde, weil sie neben der Tür lag. Ich wurde dann schnell wieder in meinen Körper gezogen, schloss mich ihm mit Abscheu an, und er wurde *ich* ... Als er wieder verlassen wurde, schien ich wegzuwandern wie zuvor ... bis wieder etwas den Körper dort störte, wo er lag, als ich erneut in ihn zurückgezogen wurde und ihn mit zunehmendem Widerwillen betrat.«

»Und was passiert, wenn niemand oder nichts Ihren Körper berührt, wenn Sie da draußen sind?«, fragte ich Kirsten.

»Oh, ich bin nie lange da draußen. Ich kann selbst nichts tun, um wieder in meinen Körper zurückzukehren, aber nach ein paar Sekunden, manchmal auch nach etwa einer Minute oder so klingt der Anfall ab, und ich bin wieder drin.« Sie hielt kurz inne und fügte dann hinzu: »Und dann geht es mir gut. Es ist, als wäre nichts passiert.«

»Haben Sie jemals etwas anderes erlebt, wenn Sie außerhalb Ihres Körpers waren?«, fragte ich.

»Was zum Beispiel?« Sie runzelte die Stirn.

»Sehen oder hören Sie zum Beispiel etwas?«

Sie schüttelte den Kopf. »Nein, ich versuche, mich ganz auf meinen Körper zu konzentrieren, falls ihm etwas passiert.« Sie schmunzelte. »Falls er beispielsweise einen Turm aus Dosen rammt.«

»Und was *fühlen* Sie noch, wenn Sie nicht mehr in Ihrem Körper sind? Sie sagten, es kann erschreckend sein, aber haben Sie manchmal auch angenehme Empfindungen oder das Gefühl, woanders hinzugehen?«

»Angenehme Gefühle? Machen Sie Witze?« Ihre Augen weiteten sich. »Es ist unheimlich. Ich mag es überhaupt nicht. Ich mochte es noch nie. Ich kann es jedes Mal kaum erwarten, wieder in meinem Körper zu sein und mich normal zu verhalten.«

Kirstens beschützende Haltung gegenüber ihrem Körper war eine ganz andere als die der meisten Nahtoderfahrenen, die sich, während sie eine solche Erfahrung machen, normalerweise nicht um ihren physischen Körper zu sorgen scheinen. Ich erinnerte mich, wie Jill Bolte Taylor die Gefühle beschrieb, die sie während ihres Schlaganfalls außerhalb ihres

Körpers hatte: »Ich kam mir vor wie der Geist, der aus der Flasche erlöst worden ist. Das Fehlen physischer Begrenztheit vermittelte eine Freude, die man mit Worten nicht beschreiben kann.«

Ich wandte meine Aufmerksamkeit wieder Kirsten zu, nickte und fragte dann behutsam: »Kirsten, Sie sind Doktorandin der Psychologie. Sie wissen viel über Menschen und unser Gehirn. Wie erklären Sie sich, was passiert, wenn Sie Ihren Körper verlassen? Welchen Reim machen Sie sich darauf?« Ich fragte einerseits, weil ich wissen wollte, wie sie es sich erklärte, hoffte andererseits aber auch, dass sie mir vielleicht helfen würde, es zu verstehen.

Sie zuckte nur die Achseln und schüttelte den Kopf. »Es ist einfach das, was passiert, wenn ich einen Anfall habe. Ich habe nie versucht herauszufinden, *wie* es passiert. Ich möchte nur, dass es *aufhört*.«

Ich hakte noch einmal nach: »Und was verlässt Ihren Körper während der Anfälle?«

»Ich!« Sie zuckte erneut die Achseln, wollte offensichtlich nicht darüber nachdenken und verlor die Geduld mit mir.

Ich machte noch einen Versuch: »Glauben Sie, dass Sie Ihren Körper wirklich verlassen, oder ist das nur ein Trick Ihres Gehirns, wenn es einen Anfall hat? Ich meine, wenn Sie jetzt einen Anfall hätten und sich über uns erhöben, könnten Sie dann die kahle Stelle auf meinem Hinterkopf sehen?«

Sie lachte. »Natürlich!«, sagte sie. »Sind wir jetzt fertig? Ich möchte nicht zu spät zu meinem Seminar kommen.«

Ich war beeindruckt von Kirstens offensichtlichem Desinteresse an ihren außerkörperlichen Erfahrungen. Das Gefühl, den Körper zurückzulassen, warf bei mir alle möglichen Fragen auf, aber sie schien es kein bisschen zu beunruhigen. Doch Kirstens Kindheit war auch ganz anders gewesen als meine.

Ich bin stark mit meinem Körper identifiziert aufgewachsen. Wenn mein Körper den Adrenalinschub bei einem Wettrennen spürte, wenn er sich nach einem langen Tag müde und zwischen den Mahlzeiten hungrig fühlte oder wenn er die prickelnde Wärme eines heißen Bades spürte, hatte ich den Eindruck: Ich *bin* mein Körper. Kirsten hingegen hatte seit ihrer Kindheit wiederholt erlebt, wie es sich anfühlt, den eigenen Körper zurückzulassen. Für sie war das offenbar lediglich ein natürlicher Zustand. Extrakorporale Zustände waren für sie kein Mysterium, sondern einfach ein normaler Teil ihrer Lebenserfahrung. Und das war eine ganz andere Einstellung als das, was ich von Nahtoderfahrenen gehört hatte, die in der Regel erschrocken waren, wenn sie sich zum ersten Mal außerhalb ihres Körpers wiederfanden.

In Übereinstimmung mit Beauregards Befunden zur Gehirnaktivität bei Personen, die sich an ihr Nahtoderlebnis erinnern, stellten wir fest, dass sich Berichte von einem Anfall, die sich auch nur vage nach Nahtod- oder außerkörperlichen Erfahrungen anhörten, weder mit einem bestimmten Hirnlappen noch mit der rechten oder linken Seite in Verbindung bringen ließen. Kirsten, die einzige Patientin in unserer Studie, die sich an etwas erinnerte, was sich eindeutig nach einer außerkörperlichen Erfahrung anhörte, hatte einen Defekt in der Mittellinie ihres Gehirns. Und obwohl sie behauptete, ihren Körper wirklich verlassen und Objekte von einem anderen Ort aus genau gesehen zu haben, berichtete sie von keinen anderen Merkmalen einer Nahtoderfahrung und von nichts, was sich angenehm oder erhebend anhörte oder anfühlte.

Auch wenn einige Wissenschaftler grundsätzlich davon überzeugt sind, dass ungewöhnliche elektrische Aktivitäten im Temporallappen, beispielsweise hervorgerufen durch epileptische Anfälle oder elektrische Stimulationen, Nahtod- oder außerkörperliche Erfahrungen verursachen können, konnten wir dies nicht bestätigen. Andere Forscher berichteten, dass die elektrische Stimulation des Temporallappens bei einem Patienten ein Gefühl der Verdrehung oder sogar des Verlassens seines Körpers hervorrufen kann. Es gibt jedoch viele wichtige Unterschiede zwischen diesen evozierten Empfindungen und den außerkörperlichen Erfahrungen, die in Verbindung mit einem Nahtoderlebnis auftreten. Der vielleicht wichtigste ist, dass Patienten, deren Gehirn stimuliert wird, die entsprechenden Empfindungen als unrealistisch und traumähnlich beschreiben, nicht als etwas, was wirklich geschieht. Es ist ein bisschen so wie das Betrachten eines Kriegsfilms im Gegensatz zum tatsächlichen Kampf in einer Schlacht.

Nachdem ich mich von dem Gedanken verabschiedet hatte, dass Nahtoderfahrungen mit einem bestimmten Teil des Gehirns in Verbindung stehen, dachte ich als Nächstes über die Möglichkeit nach, dass sie etwas mit der elektrischen Aktivität des *gesamten* Gehirns zu tun haben könnten. Ist es möglich, dass in unmittelbarer Nähe zum Zeitpunkt des Todes noch genügend elektrische Aktivität im Gehirn vorhanden ist, um eine lebendige und detaillierte Erfahrung hervorzubringen? In der medizinischen Literatur wurde diese Idee nicht unterstützt. Jahrzehntelange klinische Erfahrungen und Forschungen haben gezeigt, dass die Gehirnaktivität sechs bis sieben Sekunden nach einem Herzstillstand abnimmt. Und nach zehn bis zwanzig Sekunden wird das Elektroenzephalogramm (EEG) flach und zeigt keine Aktivität in der Großhirnrinde – dem Teil des Gehirns, der für Gedanken, Wahrnehmungen, Gedächtnis und Sprache verantwortlich ist – mehr an. Nach Einstellung aller lebenserhaltenden Maßnahmen belegen die EEGs der betreffenden Patienten, dass die elektrische Aktivität im Gehirn tatsächlich zum Erliegen kommt, *bevor* das Herz stillsteht und der Blutdruck zusammenbricht. Und nachdem das Herz zu schlagen aufgehört hat, gibt es *keine* genau definierte EEG-Aktivität mehr. Das schien meine Frage zu beantworten, ob Nahtoderfahrungen etwas mit der elektrischen Aktivität im Gehirn zu tun haben könnten.

Ich fragte mich auch, ob es sich bei Nahtoderfahrungen um ausgefeilte Fantasien oder Träume handeln konnte, die wir in einer Krise erschaffen, um uns von dem Schmerz oder Schrecken der engen Begegnung mit dem Tod abzulenken. Der Neurologe Kevin Nelson fasste diese Idee in physiologische Begriffe, indem er behauptete, dass die Art von Gehirnaktivität, die mit Träumen verbunden ist und allgemein als Aktivität im REM-Schlaf (Schlafphase mit schnellen Augenbewegungen *[rapid eye movements]*) bezeichnet wird, in einer Nahtodkrise in unsere wachbewussten Gedanken eindringen und traumähnliche Gedanken und Bilder hervorbringen kann. Er führte eine Studie durch, die seiner Ansicht nach eine hohe Rate an REM-Schlaf-Intrusionssymptomen bei Nahtoderfahrenen zeigte. Es stellte sich jedoch heraus, dass die in dieser Studie festgestellte Rate nicht höher war als die der gleichen REM-Schlaf-Intrusionssymptome in einer Zufallsstichprobe aus der allgemeinen Bevölkerung ohne Nahtoderfahrung. Ein weiteres Problem mit dieser Erklärung ist, dass viele Nahtoderlebnisse bei Menschen unter Vollnarkose auftreten, wodurch die REM-Schlaf-Gehirnaktivität unterdrückt wird. Darüber hinaus zeigen Messungen der REM-Schlaf-Gehirnaktivität bei Menschen mit Nahtoderfahrung, dass sie tatsächlich *niedriger* ist als bei anderen. Schließlich stellte ein italienisches Forscherteam fest, dass Menschen, die sich an ihre Nahtoderfahrung erinnern, keine Gehirnwellenmuster hatten, die typisch für das Abrufen von Fantasien oder Träumen sind, sondern vielmehr solche, die bei Erinnerungen an reale Ereignisse auftreten. Nahtoderfahrungen waren also offenbar definitiv nicht wie irgendein Traum.

Und was ist mit chemischen Veränderungen im Gehirn? Könnten sie etwas mit Nahtoderlebnissen zu tun haben?

Was die Gehirnchemie betrifft, so fragte ich mich, ob ein verringerter Sauerstoffgehalt im Gehirn ein Faktor für die Entstehung von Nahtoderfahrungen sein kann. Menschen berichten von ähnlichen Erfahrungen, unabhängig davon, wie nah sie dem Tod gekommen sind. Daher war es sinnvoll, auf die körperlichen Vorgänge zu achten, die mit allen Nahtodsituationen einhergehen. Und wie nah wir dem Tod auch kommen, einer der letzten Vorgänge ist, dass unser Herzschlag und unsere Atmung aufhören und die Sauerstoffzufuhr zum Gehirn unterbrochen wird. Die medizinische Literatur ist sich jedoch einig, dass Sauerstoffmangel eine sehr unangenehme Erfahrung ist, insbesondere für Menschen, die von einer verzerrten Wahrnehmung und von Halluzinationen berichten. Die Angst, die Unruhe und die Kampfbereitschaft, die für Menschen mit verringertem Sauerstoffgehalt typisch sind, unterscheiden sich stark von Nahtoderfahrungen, bei denen es sich normalerweise um friedliche, positive Erfahrungen handelt. Den für mich schlüssigsten Beweis erbrachte jedoch die Forschung, die den Sauerstoffgehalt von Menschen in einer medizinischen Krise tatsächlich gemessen hat. Diese Forschung zeigte übereinstimmend, dass Nahtoderfahrungen entweder mit *erhöhten* Sauerstoffwerten einhergehen oder mit Werten, die denen von Menschen entsprechen, die keine solche Erfahrung machten. Keine Studie hat jemals *verringerte* Sauerstoffwerte während einer Nahtoderfahrung zeigen können.

Mein nächster Gedanke war, dass Nahtoderfahrungen etwas mit den Medikamenten zu tun haben könnten, die in medizinischen Krisen verabreicht werden. Sicher, die meisten Patienten bekommen verschiedene Medikamente. Doch wieder fand sich in der einschlägigen Literatur nichts, was diese Idee unterstützt hätte. Untersuchungen ergaben vielmehr, dass Patienten, denen Medikamente verabreicht werden, *weniger* von Nahtoderfahrungen berichten als solche, die nicht medikamentiert werden. Ich fand dieses Modell unter anderem deswegen faszinierend, weil Nahtoderfahrungen Ähnlichkeit mit einigen ungewöhnlichen Erlebnissen haben, die in Verbindung mit dem Konsum psychedelischer Drogen vorkommen. Forscher fanden einige Beschreibungen von Nahtoderfahrungen, die mit denen von halluzinogenen Trips übereinstimmen, von denen die meisten durch das Anästhetikum Ketamin und DMT (Dimethyltryptamin) ausgelöst wurden, eine Chemikalie, die in der Natur vorkommt und Euphorie und Visionen hervorrufen kann.

Ich war Teil eines internationalen Forschungsteams, das den Sprachgebrauch und die Sprachstruktur in sechshundertfünfundzwanzig Nahtoderfahrungsberichten analysierte und mit fast fünfzehntausend Berichten über ungewöhnliche Erfahrungen von Menschen verglich, die hundertfünfundsechzig verschiedene Medikamente nahmen. Wir fanden heraus, dass Zustände unter Ketamin die größte Ähnlichkeit mit Nahtoderfahrungen hatten. Wir waren allerdings sorgfältig genug, um festzustellen, dass andere häufige Wirkungen von Ketamin bei Nahtoderlebnissen *nicht* in Erscheinung traten, was darauf hindeutet, dass diese Erlebnisse nicht einfach Auswirkungen des Medikaments sind. In ähnlicher Weise kam Karl Jansen, der Neurowissenschaftler, der sich am vehementesten für das Ketaminmodell eingesetzt hat, nach zwölfjähriger

Forschungsarbeit dazu, Ketamin nur als »eine weitere Tür« zu Nahtoderfahrungen anzusehen und nicht als etwas, was sie unmittelbar hervorbringt.

Wenn Nahtoderlebnisse nichts mit Medikamenten zu tun haben, die Menschen verabreicht werden, könnte man sie dann vielleicht mit körpereigenen Chemikalien in Verbindung bringen, die von uns in Krisen *produziert* werden? Wir wissen, dass unser Gehirn eine Reihe von Chemikalien freisetzt, die dem Körper bei der Stressbewältigung helfen. Die Chemikalien, von denen ich dachte, sie seien am wahrscheinlichsten mit Nahtoderlebnissen in Verbindung zu bringen, waren *Endorphine*, die »Wohlfühlhormone«, die bei Marathonläufern das »Runner's High« oder den Laufrausch erzeugen und bekanntermaßen Schmerzen und Stress reduzieren. Andere Wissenschaftler haben darauf hingewiesen, dass Nahtoderfahrungen vielleicht mit Serotonin, Adrenalin, Adiuretin und Glutamat in Verbindung gebracht werden können. Das sind alles Chemikalien, die Signale zwischen einzelnen Nervenzellen übertragen. Obwohl es theoretische Gründe für die Annahme gibt, dass Gehirnchemikalien an Nahtoderlebnissen beteiligt sein könnten, wurde diese Möglichkeit bislang noch nicht erforscht. Und ich erwarte nicht, dass solche Untersuchungen in naher Zukunft durchgeführt werden. Die Ausschüttung dieser Chemikalien im Gehirn findet in der Regel nur sehr kurz und lokal begrenzt statt. Um ihnen auf die Spur zu kommen, müsste man sich genau zur richtigen Zeit genau die richtige Stelle im Gehirn anschauen. Und wie ich herausfand, wissen wir noch nicht einmal, wo im Gehirn wir schauen müssen.

Keines dieser gehirnbasierten Modelle, die auf den ersten Blick gute Erklärungen für Nahtoderfahrungen zu liefern scheinen, erwies sich als angemessen. Das Erforschen dieser plausiblen Erklärungsversuche erinnerte mich an das alte indische Gleichnis von den Blinden und dem Elefanten, das mindestens auf das etwa zweieinhalbtausend Jahre alte buddhistische *Udāna* zurückgeht. In dieser Geschichte versuchen ein paar blinde Männer, die noch nie einem Elefanten begegnet sind, seine Essenz zu erfassen, indem sie ihn berühren. Einer greift nach dem Rüssel und sagt, ein Elefant sei wie ein Wasserschlauch. Ein anderer bekommt einen Stoßzahn zu fassen und sagt, ein Elefant sei wie ein Speer. Ein dritter erwischt ein Bein und sagt, ein Elefant sei wie eine Säule. Noch ein anderer berührt ein Ohr und sagt, ein Elefant sei wie ein Fächer. Jeder hat, basierend auf seiner begrenzten subjektiven Wahrnehmung, eine vernünftige Analogie für das, was ein Elefant ist. Aber keiner von ihnen versteht das ganze Tier.

In gewisser Weise sind auch unsere unzureichenden Modelle zur Erklärung von Nahtoderfahrungen vernünftige Analogien, die auf der begrenzten und subjektiven Wahrnehmung des einen oder anderen ihrer Merkmale beruhen. Beispielsweise sind die glückseligen Emotionen ein bisschen wie die guten Gefühle, die durch Endorphine hervorgerufen werden. Was während einer solchen Erfahrung visuell wahrgenommen wird, ähnelt in gewisser Weise den Halluzinationen, die durch Ketamin evoziert werden. Und die Lebensrückschau während einer Nahtoderfahrung könnte möglicherweise mit den fragmentarischen Erinnerungen verglichen werden, die durch Stimulation des Temporallappens ausgelöst werden. Obwohl jedes dieser Modelle eine grobe Analogie für ein limitiertes Merkmal einer Nahtoderfahrung liefert, ist keines von ihnen eine angemessene Beschreibung der gesamten Erfahrung.

Dennoch wusste ich als Arzt, dass ich das Mysterium der Nahtoderlebnisse nicht würde verstehen können, wenn es mir nicht gelänge, mehr über das zu erfahren, was in den Gehirnen der Menschen vor sich ging, während sie ihr Nahtoderlebnis hatten. Das erwies sich als echte Herausforderung. Die meisten diese Erfahrungen werden fernab von jeder medizinischen Versorgung gemacht – irgendwo, wo es keine medizinische Überwachung gibt, geschweige denn die Möglichkeit, das Gehirn zu scannen. Selbst solche, die unter strenger ärztlicher Aufsicht gemacht werden, treten für gewöhnlich in kritischen Situationen auf, in denen das Krankenhauspersonal nur daran denkt, das Herz des Patienten wiederzubeleben, und nicht, sein Gehirn zu scannen. Aber hin und wieder schaffen wir es, während einer Nahtoderfahrung einen seltenen Einblick in das Gehirn zu erhaschen.

– 10 –

Das Gehirn zum Zeitpunkt des Todes

Der vierundfünfzigjährige Neurochirurg wachte plötzlich um vier Uhr dreißig morgens mit starken Kopf- und Rückenschmerzen auf. Innerhalb von vier Stunden war er bewusstlos, und seine Familie konnte ihn nicht wecken. Als er anfing zu krampfen, rief seine Frau den Rettungsdienst an, und er wurde in die Notaufnahme des örtlichen Krankenhauses gebracht. Seine neurologische Untersuchung, zu der ein Gehirnscan gehörte, ergab eine ausgedehnte Schädigung seiner Großhirnrinde – des Teils unseres Gehirns, der für das Denken und Wahrnehmen, das Bilden von Erinnerungen und das Verstehen von Sprache zuständig ist. Sie ergab auch eine Schädigung seines Hirnstamms – jenes Teils des Gehirns, der das Atmen, das Schlucken, die Herzfrequenz, den Blutdruck und den Schlaf-wach-Rhythmus reguliert. Die Ärzte in der Notaufnahme waren der Ansicht, er sei dem Tod bedenklich nahe und seine Überlebenschancen seien eher gering. Die nächsten Tage verbrachte er im tiefen Koma. Er bekam Antibiotika, Medikamente, um weitere Anfälle zu verhindern, und war an ein Beatmungsgerät angeschlossen. An seinem dritten Tag im Krankenhaus zeigte ein erneuter Hirnscan, dass ein großer Bereich in seinem Schädel voller Eiter war. Er reagierte überhaupt nicht, wenn Leute mit ihm sprachen, ihn zwickten oder mit Nadeln stachen.

Es stellte sich heraus, dass er eine seltene und akute bakterielle Infektion des Gehirns hatte, die mit einer Sterblichkeitsrate von neunzig Prozent in Verbindung gebracht wird. Aber am sechsten Tag im Koma öffnete er zur Überraschung aller die Augen. Er war wach, aber verwirrt. Er hatte Schwierigkeiten, seine Arme und Beine unter Kontrolle zu halten. Er wusste nicht, wo er war, und erkannte seine Familie nicht. Er hatte keine Erinnerung an sein Leben vor dem Koma und konnte keine Worte bilden. Aber er erwachte mit sehr lebendigen Erinnerungen an eine detaillierte Erfahrung in einer sehr anderen Umgebung.

Zur Überraschung seiner Ärzte kehrten seine Erinnerungen ebenso zurück wie seine Fähigkeit zu sprechen. Und wenige Tage später konnte er beschreiben, was er von seiner Erfahrung im Koma in Erinnerung hatte. Er berichtete, dass er von einem sich langsam drehenden, reinweißen Licht, das mit einer Melodie verbunden war, in eine prächtige, ultrareale Umgebung voller Licht und Farben jenseits des normalen Spektrums gehoben wurde, in der er ein Bewusstsein zu haben schien, aber keinen Körper. Er beschrieb Blumen, Wasserfälle, vor Freude tanzende Wesen, Engelsgesang, durchscheinende goldene Kugeln, die über den Himmel schwebten, und eine junge Frau, die ihn zu führen schien, obwohl sie nicht in Worten zu ihm sprach. Dann stieg er aus diesem Reich in einen »höheren« Bereich auf, dessen unendliche tiefschwarze Dunkelheit von der heilenden Kraft einer allliebenden Gottheit überflutet war, für die »*Gott* ein zu klägliches Wort zu sein schien«.

Er berichtete auch, bestimmte Personen gesehen zu haben, die keine Familienmitglieder waren. Sie standen rund um sein Krankenhausbett und beteten, was bei einem Patienten auf der

Intensivstation normalerweise verboten ist. Seine Familie und das Krankenhauspersonal bestätigten, dass die von ihm erwähnten Personen tatsächlich anwesend gewesen waren, und zwar an einem Tag, an dem seine Werte auf einer Standardkomaskala auf eine schwere Beeinträchtigung des Gehirns hinwiesen. Er gab seiner Familie auch eine detaillierte physische Beschreibung der Frau, die ihn durch jene »ultrareale« Umgebung begleitet hatte. Vier Monate später traf sich der Patient, der direkt nach der Geburt adoptiert worden war, mit seiner Geburtsfamilie, und sie zeigten ihm ein Foto seiner Schwester, die er nie kennengelernt hatte und die zehn Jahre zuvor gestorben war. Fassungslos erkannte er sie als diejenige, die ihn durch sein Nahtoderlebnis begleitet hatte.

Einige von Ihnen erkennen diese Geschichte vielleicht wieder. Es handelt sich um die Nahtoderfahrung des Neurochirurgen Eben Alexander, der zu einem der bekanntesten Nahtoderfahrenen wurde. Er folgte dem Rat seines Sohnes und las nichts über Nahtoderfahrungen, um die Erinnerung an seine eigene nicht zu beeinflussen, bis er alles aufgeschrieben hatte, woran er sich erinnern konnte. Dieser Prozess dauerte zwei Jahre.

Am zweiten Jahrestag seiner Nahtoderfahrung fuhr Eben in Begleitung dieses Sohnes, der damals an der University of Virginia Neurowissenschaften studierte, nach Charlottesville. Nachdem er einen beeindruckenden Bericht von zwanzigtausend Worten über seine Erfahrung geschrieben hatte, wollte er nun erforschen, was es damit auf sich hatte. Alles, was er als akademischer Neurochirurg wusste, sagte ihm, dass er im Koma eigentlich überhaupt keine Erfahrung hätte machen und sich demnach auch an keine hätte erinnern können, ganz zu schweigen von einer lebendigen und »ultrarealen«. Und doch hatte er genau dies getan.

Als er zu mir kam, war Eben ob dieses Rätsels nicht so verzweifelt, wie ich es erwartet hätte, sondern fühlte sich vielmehr angestachelt, es verstehen zu wollen. Er war die anderthalb Stunden hierhergefahren, um mit mir ein Gespräch darüber zu führen, wie man in die Nahtodforschung einsteigen könne. Ich fragte seinen Sohn, welchen Reim er sich mit Studienschwerpunkt Neurowissenschaften auf die Erfahrung seines Vaters gemacht habe. Der junge Mann schüttelte nur den Kopf. Nach einer kurzen Pause sagte er: »Ich weiß es nicht, aber das ist nicht der Vater, mit dem ich aufgewachsen bin.«

Einige bekannte Autoren haben behauptet, Eben sei nie wirklich in Lebensgefahr gewesen und sein offensichtliches Koma sei aufgrund der Medikamente, die er bekommen hatte, nur eine Sedierung gewesen. Doch weil ich gelernt hatte, stets skeptisch zu sein, war ich ebenso wenig bereit, Ebens eigenen Bericht über seinen Zustand noch die abwertenden Spekulationen seiner Kritiker einfach zu akzeptieren. Daher forderte ich vom Krankenhaus seine vollständige Patientenakte an. Zusätzlich zu meiner eigenen Überprüfung dieser Unterlagen ließ ich die mehr als sechshundert Seiten von zwei weiteren Ärzten, Surbhi Khanna und Lauren Moore, unabhängig voneinander überprüfen. Nach Abschluss unserer unabhängig voneinander getroffenen Bewertungen hatten wir drei ein Treffen geplant, bei dem wir versuchen wollten, etwaige Differenzen in unseren Schlussfolgerungen zu klären. Doch als wir zusammenkamen und unsere Notizen verglichen, stellten wir fest, dass es keine Differenzen gab, weil die Krankenakte sehr klar war und keine Zweifel ließ.

Ebens CT-Scans zeigten, dass seine Schädelhöhle voller Eiter war, und Notizen seiner Ärzte dokumentierten, dass sie damit gerechnet hatten, er würde nie wieder aufwachen und, falls doch, nie wieder in der Lage sein, zu sprechen oder allein zu handeln. Wir kamen alle drei unabhängig voneinander zu dem Schluss, dass er dem Tod sehr nah und sein Gehirn so beeinträchtigt gewesen war, wie es nur sein konnte, und dass er in diesem Zustand Dinge wahrgenommen hatte, die eine komatöse Person eigentlich nicht hätte wahrnehmen können. Die Daten zeigten, dass sein Koma nichts mit den Medikamenten zu tun hatte, die ihm verabreicht wurden. In der Krankenakte war vermerkt, dass er bei seiner Einlieferung ins Krankenhaus schnell ins Koma gefallen war – bevor er Medikamente bekam. Und sechs Tage später erwachte er aus dem Koma, bevor die Medikamente abgesetzt wurden.

Nach dem, was wir derzeit über die Funktionsweise des Gehirns wissen, hätte Eben im tiefen Koma überhaupt keine Erfahrung machen dürfen – geschweige denn die lebendigste und unvergesslichste seines ganzen Lebens. Und doch hat er sie gemacht. Und er ist noch nicht einmal die einzige Person, die in einer ähnlichen medizinischen Krise eine lebendige und zutiefst unvergessliche Erfahrung gemacht hat.

Was fangen wir also an mit diesen Erfahrungen, die dem zu widersprechen scheinen, was wir über die Funktion des Gehirns wissen? An diesem Punkt müssen wir einen Schritt zurückgehen und über den Unterschied zwischen *Geist* und *Gehirn* sprechen. Im Moment lesen Sie diese Seite und denken über das Gelesene nach – und vielleicht spüren Sie auch ein Jucken an Ihrer Fußsohle. Diese Gedanken und Empfindungen sind Beispiele dafür, was wir unter Bewusstsein verstehen: sich selbst und der Welt um sich herum bewusst zu sein. Das eigene Bewusstsein ist für uns Menschen sowohl das komplexeste Rätsel als auch die selbstverständlichste Tatsache. Nichts ist unbestreitbarer als die Tatsache, dass Sie sich bewusst sind, was sie tun und was um Sie herum geschieht.

Ihr Geist ist die Summe Ihrer bewussten Gedanken, Gefühle, Wünsche, Erinnerungen, Hoffnungen und so weiter. Ihr Gehirn hingegen ist die Masse der rosig-grauen Materie in Ihrem Schädel, die aus Nervenzellen oder Neuronen und Stützgewebe oder Gliazellen besteht. Wir wissen zwar, dass unser Geist und unser Gehirn miteinander verbunden sind, aber nach Tausenden von Jahren der persönlichen Beobachtung und Hunderten von Jahren der Forschung wissen wir immer noch nicht, was genau es mit dieser Verbindung auf sich hat.

Im Laufe der Jahrhunderte wurden zahlreiche Modelle für die Beziehung zwischen Geist und Gehirn vorgeschlagen. Die gängigsten gehen, einfach ausgedrückt, davon aus, dass der Geist ein Produkt des Gehirns ist oder dass Geist und Gehirn zwei Dinge sind. Keines dieser Modelle kann die Geist-Körper-Beziehung vollständig erklären. Wenn das Gehirn den Geist hervorbringt, haben wir keine Ahnung, wie dies vonstattengehen könnte. Wenn der Geist aber nicht vom Gehirn hervorgebracht wird, woher kommt er dann? Und wie erklären wir die enge Verbindung zwischen Geist und Gehirn? Philosophen und Wissenschaftler diskutieren dieses Thema seit Jahrhunderten. Der Grund, warum wir uns nach wie vor über die Geist-Gehirn-Frage streiten, ist, dass wir immer noch keine Antwort haben, die zu funktionieren scheint – zumindest keine, die immer funktioniert.

Die meisten von uns gehen davon aus, dass das Wirken des Geistes über das physische Gehirn erklärt werden kann. Das heißt: »Der Geist ist das, was das Gehirn tut.« Mit anderen Worten: Unser Bewusstsein, unsere Wahrnehmung, unser Denken, unser Gedächtnis, unsere Emotionen und Absichten werden von elektrischen und chemischen Veränderungen im Gehirn hervorgebracht. Für diese Sichtweise gibt es viele Belege.

Zunächst einmal ist da der alltägliche Zusammenhang zwischen Gehirnaktivität und geistigem Erleben. Wenn Sie sich beispielsweise betrinken oder einen Schlag auf den Kopf bekommen, denken Sie nicht so klar wie gewöhnlich. Und sicherlich können Gehirnleiden wie Schlaganfälle, Krampfanfälle und Gehirnerschütterungen unsere Denkfähigkeit sowie unser Empfindungs- und Erinnerungsvermögen beeinträchtigen. Es gibt auch wissenschaftliche Experimente, die zeigen, dass spezielle mentale Funktionen mit der Aktivität in bestimmten Teilen des Gehirns in Verbindung stehen. Sehen beispielsweise korrespondiert mit der Aktivität im Hinterhauptslappen, dem Teil des Gehirns, der Informationen von den Augen empfängt. Wir wissen auch, dass durch Resektion bestimmter Gehirnteile das mentale Erleben beeinträchtigt wird. Wenn Ihr Hinterhauptslappen operativ entfernt werden würde, könnten Sie nicht sehen, selbst wenn Ihre Augen noch normal funktionierten. Wir haben weiterhin herausgefunden, dass die Stimulation bestimmter Teile Ihres Gehirns mit elektrischem Strom dazu führen kann, dass Sie bestimmte mentale Erfahrungen machen. Eine elektrische Stimulation Ihres Hinterhauptslappens mag also zu einer visuellen Erfahrung führen. Wenn man alle diese Beweise zusammenfasst, scheint es vernünftig zu glauben, dass der Geist oder das Bewusstsein vom Gehirn hervorgebracht wird.

Die Verbindung zwischen Gehirn und Geist kann aber nicht nur so verstanden werden. Wir müssen aufpassen, dass wir nicht verwechseln, was einfach eine Assoziation zwischen Ursache und Wirkung sein könnte. Die Farbe der Socke an meinem linken Fuß entspricht normalerweise der Farbe der Socke an meinem rechten Fuß. Wenn Sie die Farbe der einen kennen, können Sie die Farbe der anderen normalerweise erraten. Die Farbe meiner linken Socke *bewirkt* aber nicht, dass meine rechte Socke eine bestimmte Farbe hat. Wenn ich zufällig eine blaue Socke am linken und eine braune am rechten Fuß trage, kann die eine Socke die Farbe der anderen nicht an ihre eigene angleichen.

In ähnlicher Weise bedeuten Assoziationen zwischen Gehirnaktivität und geistiger Funktion nicht unbedingt, dass die elektrische Aktivität im Gehirn den Gedanken oder das Gefühl verursacht hat. Vielleicht hat ja der Gedanke die elektrische Aktivität im Gehirn verursacht. Wenn Sie beispielsweise die Worte auf dieser Seite lesen, senden Nervenzellen in Ihren Augen elektrische Signale an das Sehzentrum im Hinterhauptslappen Ihres Gehirns und an das Sprachzentrum Ihres Temporallappens. Dies bedeutet jedoch nicht unbedingt, dass Sie die Worte auf dieser Seite aufgrund der elektrischen Aktivität in Ihren Nervenzellen lesen. Vielleicht verursacht ja das Lesen dieser Worte die elektrische Aktivität in Ihren Nervenzellen.

Wilder Penfield untersuchte in Jahrzehnten der Grundlagenforschung die Funktionen der verschiedenen Gehirnteile, indem er sie mit elektrischen Strömen stimulierte. Doch wenn Penfield den Teil des Gehirns stimulierte, der die Arme und Beine seiner Patienten bewegte, dachten diese nicht, dass *sie* ihre Gliedmaßen bewegten. Stattdessen berichteten sie, sie hätten das Gefühl gehabt, dass *Penfield* ihre Gliedmaßen in die Bewegung zwang – gegen ihren Willen. Penfield fasste dies am Ende seiner Karriere so zusammen: »Wenn ich einen wachbewussten Patienten durch Stimulation des Motorkortex einer Gehirnhälfte dazu gebracht hatte, seine Hand zu bewegen, habe ich ihn oft dazu befragt. Ausnahmslos bekam ich zur Antwort: ›Nicht ich habe das gemacht, sondern Sie.‹ Wenn ich ihn dazu gebracht hatte, einen Ton hervorzubringen, sagte er: ›Nicht ich habe diesen Ton gemacht. Sie haben ihn aus mir herausgeholt ...‹ Es gibt keine Stelle in der Großhirnrinde, an der eine elektrische Stimulation einen Patienten dazu bringt, etwas zu glauben oder zu entscheiden.«

Penfields Patienten konnten den Unterschied zwischen ihrem denkenden Geist, der wollte, dass sich ihre Gliedmaßen bewegen, und ihrem Gehirn, das ihre Gliedmaßen bewegte, weil Penfield es mit elektrischem Strom stimulierte, klar erkennen. Sie waren überzeugt, dass es sich bei ihrem Gehirn und ihrem Geist um zwei verschiedene Dinge handelt.

Zu sagen: »Der Geist, das ist, was das Gehirn tut«, ist nicht ganz dasselbe, wie zu sagen: »Die Verdauung, das ist, was der Magen tut.« Wir wissen, wie der Magen zur Verdauung beiträgt, von der Muskulatur, die aufgenommene Nahrungsmittel aufwirbelt und zerdrückt, bis hin zur Magensäure und anderen Chemikalien, die den Nahrungsbrei in vom Körper verwertbare Nährstoffe zerlegen.

Wenn es um das Gehirn geht, wissen wir viel weniger. Wir können beispielsweise sagen, dass die Koordination unserer Körperbewegungen zu den Aufgaben des Gehirns gehört. Wir wissen, wie das Gehirn dies anstellt, nämlich indem es elektrische Impulse durch die motorischen Nervenzellen und über das Rückenmark zu den Muskeln sendet, wo diese Impulse die Muskelzellen dazu anregen, sich zusammenzuziehen und unsere Arme und Beine zu bewegen. Doch davon, wie das physische Gehirn Gedanken, Gefühle, Erinnerungen und ein bewusstes Gewahrsein der Welt um uns herum erzeugt, haben wir keine Ahnung. Naturwissenschaftler und Philosophen sind sich einig über das, was die Philosophieprofessorin Alva Noë sagte: Nach Jahrzehnten konzertierter Bemühungen von Neurowissenschaftlern, Psychologen und Philosophen sei nur eine Aussage dazu, wie das Gehirn uns zu bewussten Wesen macht, unangefochten geblieben – wir hätten keine Ahnung.

Der Physiker Nick Herbert sagte, das größte Rätsel der Wissenschaft sei das Wesen des Bewusstseins. Es sei ja nicht so, dass wir schlechte oder unzureichende Theorien zum menschlichen Bewusstsein hätten. Wir hätten einfach gar keine solchen Theorien. So ziemlich alles, was wir über das Bewusstsein wüssten, sei, dass es eher etwas mit dem Kopf als mit dem Fuß zu tun habe.

Wir verstehen nicht, wie es zu geistiger Aktivität – Gedanken, Gefühlen und Erinnerungen – kommen kann, während das Gehirn beeinträchtigt oder vollständig stillgelegt ist, wie etwa bei Al Sullivan, der sah, wie sein Chirurg mit den Armen flatterte, und bei Bill Hernlund, der beobachtete, wie seine Kollegen seinen Körper wegschleppten. Es fehlen uns aber auch grundsätzliche Erklärungen für die alltäglichen Gedanken, Gefühle und Erinnerungen, die hochkommen, wenn unser Gehirn ganz gut funktioniert. Das dunkle Geheimnis der Neurowissenschaften ist, dass wir keine Ahnung haben, wie ein physikalischer Vorgang wie das Fließen von elektrischem Strom oder eine chemische Veränderung in einer Nervenzelle Bewusstsein erzeugen kann.

Zu sagen, dass »der Geist das ist, was das Gehirn tut«, ist, wie zu sagen, dass Musik machen das sei, was ein Musikinstrument tue. Musikinstrumente bringen musikalische Klänge hervor, aber nicht von selbst. Es braucht etwas außerhalb des Instruments – einen Musiker. Er entscheidet, welcher Klang erzeugt werden soll, und bringt das Instrument dazu, diesen Klang zu generieren. Instrumente machen keine Musik und produzieren keine Klänge, sagt Alva Noë. Sie ermöglichen es Menschen, Musik zu machen oder Geräusche zu erzeugen ... Die Idee, dass Bewusstsein auf die gleiche Weise ein Phänomen des Gehirns ist wie die Verdauung ein Phänomen des Magens, sei genauso fantastisch wie die Idee selbstspielender Instrumente.

Eine andere Interpretation ist, dass der Geist zwar nicht vom Gehirn *produziert* wird, aber normalerweise mit dem Gehirn *zusammenarbeitet*. William James, der Vater der amerikanischen Psychologie, schrieb vor mehr als hundert Jahren, dass der Geist, der eine Funktion des Gehirns ist, auf zwei sehr unterschiedliche Arten interpretiert werden kann. Einerseits so, dass das Gehirn Gedanken produziert, wie ein Teekessel Dampf erzeugt oder ein Wasserfall Strom. Dann kann das Gehirn, wenn es stirbt, keine Gedanken mehr produzieren, und alles Denken hört auf. Andererseits, schrieb James, kann der Geist auch in der Weise eine Funktion des Gehirns sein, wie die Tasten einer Orgel Musik hervorbringen, indem sie die verschiedenen Pfeifen öffnen, um die Luft auf unterschiedliche Weise entweichen zu lassen. Die Orgel erzeugt weder Luft noch Musik. Sie beseitigt nur das Hindernis, das die Luft zurückhält.

Die Verbindung zwischen Geist und Gehirn ist eine Tatsache. Aber die Interpretation, dass das Gehirn den Geist *erzeugt*, ist keine wissenschaftliche Tatsache. Es ist nur eine Theorie, die aufgestellt wurde, um die Verbindung zu erklären. Und für den Alltag ist dies ein praktikables Modell. Es ist pragmatisch, so zu tun, als erzeuge unser Gehirn unseren Geist. Es gibt jedoch weitere wissenschaftliche Erkenntnisse, die darauf hindeuten, dass an der Geschichte mehr dran ist. Es hat sich herausgestellt, dass die Verbindung zwischen Geist und Gehirn unter außergewöhnlichen Umständen wie Nahtoderlebnissen abreißt.

Wenn das Herz stillsteht, hört auch die Atmung auf; und das Blut, das Sauerstoff und Nährstoffe transportiert, fließt nicht mehr ins Gehirn. Innerhalb von zehn bis zwanzig Sekunden ist im Gehirn keine elektrische Aktivität mehr nachweisbar. Dann gilt der Mensch als klinisch tot. Wer so etwas überlebt, hat in der Zeit, in der das Herz stillsteht, in der Regel keine klaren Gedanken und Wahrnehmungen. Und wenn er oder sie wiederbelebt wird, hat er/sie anschließend keinerlei Erinnerung an die Zeit, in der er/sie bewusstlos war. Und dennoch erinnern sich zehn bis zwanzig Prozent dieser Menschen an lebendige und detaillierte Nahtoderlebnisse, die sie während des Herzstillstands hatten, und einige von ihnen beschreiben ganz genau, was sich in dieser Zeit ereignete.

Würde der Geist tatsächlich von elektrischen und chemischen Veränderungen unserer grauen Zellen hervorgebracht, müssten Nahtoderlebnisse, während deren das Gehirn der Betroffenen nicht funktioniert, unmöglich sein. Wie könnte man eine solche Erfahrung machen, wenn der Geist vollständig vom Gehirn abhängig wäre? Wie könnte man lebendige und sogar gesteigerte Gefühle, Gedanken und Erinnerungen bilden, während das Herz stillsteht und die Gehirnaktivität weitgehend zum Erliegen gekommen ist? Nahtoderlebnisse während eines Herzstillstands und einer tiefen Anästhesie, also in einer Zeit, in der das Gehirn nicht in der Lage ist, Erfahrungen zu verarbeiten und Erinnerungen zu bilden, veranlassten mich, nach einer Alternative zu der Idee zu suchen, dass »der Geist das ist, was das Gehirn tut«. Wieder fiel meine ganze Weltanschauung in sich zusammen. Wenn das Gehirn nicht die Quelle all unserer Gedanken und Gefühle ist, wie erklären wir uns dann, was während eines Nahtoderlebnisses geschieht?

– 11 –

Der Geist ist nicht das Gehirn

Nahtoderfahrungen werfen schwierige Fragen zu unserer Auffassung von Geist und Gehirn auf – eine Auffassung, die ohnehin nicht wirklich überzeugt. Doch wenn wir genau zuhören, was Nahtoderfahrene über ihre Gedanken während der NTE sagen, bekommen wir vielleicht Hinweise darauf, wie Gehirn und Geist interagieren.

Steve Luiting machte eine Nahtoderfahrung, als er mit acht Jahren fast ertrank. Er war an einem schönen, sonnigen Tag zum Baden an einen örtlichen See gegangen. Er lag am Strand und bekam, ohne es zu merken, einen sehr starken Sonnenbrand. Dann beschloss er, zu einem mitten im See verankerten Floß zu schwimmen. Sein Freund sprang vom Floß aus »Kanonenkugeln«. Er zog die Beine an, rollte sich zur Kugel zusammen und erzeugte beim Springen einen riesigen Platsch. Steve wollte das auch versuchen, zum ersten Mal. Ihm war nicht klar, dass seine sonnenverbrannte Haut in der Zwischenzeit empfindlicher geworden war. Er tauchte, rollte sich zu einem Ball zusammen, geriet dann aber in Panik. Er streckte sich wieder und kam mit seinem stark sonnenverbrannten Rücken voran an die Wasseroberfläche. Der Schock und der brennende Schmerz verschlugen ihm den Atem, und er sank unter Wasser, unfähig, sich zu bewegen. Er beschrieb mir, wie es sich anfühlte, als sich sein Geist über die Grenzen seines achtjährigen Gehirns hinweg ausdehnte:

»Während ich immer weiter nach unten sank, versuchte ich, mich zu bewegen, konnte es aber nicht. Da bekam ich Panik. Als das Wasser immer kälter wurde und ich fast am Grund angekommen war, ließen die Schmerzen nach. Ich atmete kleine Mengen Wasser ein und dachte, es sei vielleicht möglich, auf diese Weise Luft aus dem Wasser zu bekommen. Dann, als ein Teil von mir merkte, dass ich gleich sterben würde, beschimpfte ich mich immer wieder selbst und forderte mich auf, etwas zu tun – irgendetwas.

Dann fand diese subtile Veränderung statt. Ich schien die Sichtweise zu ändern, als würde ich in einem Raum die Position wechseln. Eine Sekunde war ich die verängstigte Person; und dann war ich der andere ruhige Mensch, der den verängstigten ›beobachtete‹. Ich war beides und doch nicht. Das ›echte‹ Ich war das ruhige, aber ich hatte mich bis jetzt immer mit dem anderen identifiziert.

Mein Geist erweiterte sich auf die geistige Kapazität eines Erwachsenen und dann darüber hinaus. Ich glaube, ohne die Einschränkung durch ein Kinderhirn konnte sich meine wahre Natur zum Ausdruck bringen. Es ließ mich annehmen, dass *unsere Auffassung vom Gehirn tatsächlich rückständig ist. Das Gehirn filtert alles heraus und hilft unserem Denken nicht, sondern behindert es, verlangsamt es, fokussiert es.* Vielleicht erinnern wir uns nicht an frühere Leben – oder auch an zukünftige Ereignisse, weil es so gut filtern und fokussieren kann.«

Steve sprach davon, dass sein Gehirn seine Gedanken »herausfiltert« und »fokussiert« und dass sich sein Geist ohne die Einschränkung seines Gehirns »ausdehnt«. Und mit dieser Interpretation von Geist und Gehirn bei Nahtoderlebnissen war er nicht allein. Michele Brown-Ramirez machte eine

Nahtoderfahrung, als sie im Alter von siebzehn Jahren mit dem Kopf auf ein Sprungbrett aufschlug. Sie hatte sich immer gern das Wasserspringerteam ihrer Highschool angeschaut und die Anmut der Springer in der Luft bewundert. Irgendwann schloss sie sich dem Team an und entwickelte ein besonderes Talent für den »Inward Dive« – vom Pool abgewandt stehen, Zehen am Rand des Bretts, dann hochspringen, Klappmesser machen und wieder ausgestreckt in den Pool tauchen. Einmal, als sie noch in der Jugendmannschaft war, schlug sie sich beim Absprung den Hinterkopf am Brett. Als sie auf dem Wasser auftraf, hörte sie alle am Beckenrand entsetzt aufschreien. Sie weiß nicht, wie lange sie unter Wasser war, aber es fühlte sich sehr lang an. Schließlich hörte sie, wie der Trainer jemanden fragte: »Glaubst du, ich sollte da rein und sie rausholen?« Wie Steve beschrieb sie mir das Gefühl, frei von den Einschränkungen ihres Gehirns zu sein:

»Zu diesem Zeitpunkt war mein Denken außerordentlich anders, und ich erinnere mich, dass ich nicht hätte atmen können, selbst wenn ich es gewollt hätte. Ich sah überall Sterne und spürte allmählich, dass die Zeit gleichzeitig schneller und langsamer wird, bis sie sich zeitlos anfühlte. Ich spürte einen seltsamen Sog von meinem Körper weg und merkte, dass ich starb.

Der Sog war sehr stark, und ich fühlte mich von Wesen umgeben, Menschen, die mich und einander kannten, vor allem aber meine beiden Großmütter. In dieser zeitlosen Zeit fühlte ich mich frei und friedvoll. Es war so ein wunderbares Gefühl. Es fühlte sich an, als könne ich ›fliegen‹ – auf ein gewaltiges Licht zu, das Gott war, und in eine Zukunft, in der ich geliebt wurde und die Dinge so viel Sinn ergaben. Es war ein Reich der Liebe, des Friedens, der Ruhe und Akzeptanz, in dem es keinen Raum gab und doch alles Raum war. Es war so schön und unterstützend und ganz anders als hier in dieser Welt.

Nachdem mein Kopf auf dem Sprungbrett aufgeschlagen und ich im Wasser gelandet war, war mein Denken überall. Es war wie ein Flipperautomat auf Tilt, und dennoch gab es einen Teil von mir, der sich frei von den üblichen Denkbeschränkungen fühlte. *Ich fühlte mich frei von meinem Gehirn!* Und das ›Denken‹, das da war, war sehr frei, einfach und klar. Es war bemerkenswert, durch ein Gehirn zu streifen, das überaktiv oder zufällig aktiv oder ganz abgeschaltet oder was auch immer war, und dennoch freie Gedanken zu haben und plötzlich diesen Sog zu spüren, als ob ich nicht länger auf diese Welt und ihre Grenzen beschränkt sei.«

Diese beiden Nahtoderfahrungen und viele ähnliche weisen darauf hin, dass Ihr *Geist* – der Teil von Ihnen, der Bewusstsein erlebt – nicht dasselbe ist wie Ihr *Gehirn* – die Masse der rosiggrauen Substanz in Ihrem Schädel. Diese Nahtoderfahrenen behaupten, ihr Geist sei während der Nahtoderfahrung frei von den üblichen Bewusstseinsgrenzen gewesen, also von den Grenzen, die vorhanden sind, wenn ihr Gehirn normal funktioniert.

Anita Moorjani, die ein Nahtoderlebnis hatte, als ihr Körper an Lymphdrüsenkrebs erkrankt war, erklärte mit folgender Analogie, wie das Gehirn unser Gewahrsein der Welt um uns herum einschränkt:

»Stellen Sie sich beispielsweise eine riesige dunkle Lagerhalle vor. Dort leben Sie, und Sie haben nur eine Taschenlampe, um etwas zu sehen. Von all dem, was in dem gigantischen Raum gelagert wird, kennen Sie nur, was Sie im Licht der kleinen Taschenlampe gesehen haben. Wenn Sie etwas suchen, finden Sie es vielleicht, vielleicht aber auch nicht, was jedoch nicht heißt, dass es nicht da ist. Es ist da, aber Sie haben Ihr Licht nicht darauf gerichtet. Und selbst wenn Sie es darauf richten, lässt sich der Gegenstand nur schwer erkennen. Möglicherweise bekommen Sie eine relativ deutliche Vorstellung von ihm, aber oft bleibt ihnen vieles unklar. Sie können nur das sehen, worauf Ihr Licht gerichtet ist, und nur das identifizieren, was Sie schon kennen.

So ähnlich verhält es sich mit dem physischen Leben. Wir sind uns nur dessen bewusst, worauf sich unsere Sinne zu einem gegebenen Zeitpunkt konzentrieren, und können nur das verstehen, was uns schon vertraut ist.

Stellen Sie sich als Nächstes vor, dass eines Tages jemand einen Lichtschalter anknipst. Zum ersten Mal können Sie in einer abrupten Explosion von strahlendem Licht, Tönen und Farben die ganze Lagerhalle sehen, und sie ist mit nichts vergleichbar, was Sie sich je vorgestellt hatten ... Sie sehen Farben, die Sie gar nicht kennen, die Sie noch nie zuvor erblickt haben ...

Die Unermesslichkeit, Komplexität, Tiefe und Weite all dessen, was sich um Sie herum abspielt, überwältigt Sie schier. Sie können nicht bis ans Ende des Raums sehen, und Sie wissen, dass da weitaus mehr ist, als Sie aus diesem Strudel, der Ihre Sinne und Emotionen in seinen Bann zieht, in sich aufnehmen können. Aber Sie haben das starke Gefühl, dass Sie Teil ... eines riesigen, sich entfaltenden Tableaus sind, das Ihr Seh- und Hörvermögen übersteigt.

Sie begreifen, dass das, was Sie bisher für Ihre Realität hielten, in Wirklichkeit nicht mehr als ein Fünkchen jenes unermesslichen Wunders ist, das Sie umgibt. Sie können erkennen, wie all die unterschiedlichen Teile miteinander zusammenhängen, wie alle zusammenspielen, wie alle ineinanderpassen. Sie bemerken eine Unmenge an Dingen in dieser Lagerhalle, die Sie noch nie zuvor gesehen, von deren Existenz in dieser Pracht an Farben, Tönen und Beschaffenheiten Sie noch nicht einmal geträumt haben. Doch diese Dinge sind da, gemeinsam mit all dem, was Sie bereits kennen. Und auch die Gegenstände, deren Sie schon gewahr waren, zeigen sich nun in einem völlig neuen Kontext, sodass auch sie ganz neu und seltsam überwirklich zu sein scheinen.

Auch wenn das Licht wieder ausgehen sollte, kann Ihnen nichts mehr dieses Verständnis und diese Klarheit nehmen, dieses Wunder oder diese Schönheit oder die fabelhafte Lebendigkeit. Nichts kann mehr Ihr Wissen von allem, was in dieser Lagerhalle existiert, auslöschen. Sie haben nun ein weitaus größeres Bewusstsein von dem, was sich dort befindet, oder wie Sie Zugang dazu gewinnen und was überhaupt möglich ist, als zuvor, als Sie nur über die kleine Taschenlampe verfügten. Und Ihnen bleibt das Gefühl von Ehrfurcht und Staunen über all das, was Sie in diesen blendend hellen Augenblicken luzider Wahrnehmung erfahren haben. Das Leben hat eine andere Bedeutung angenommen, und aus diesem Bewusstsein und Gewahrsein heraus entstehen jene neuen Erfahrungen, die Sie machen, wenn Sie weitergehen.«

Die Vorstellung, dass unser Geist von unserem Gehirn unabhängig ist, scheint sich angesichts unserer alltäglichen Erfahrung zu verflüchtigen. Ist es nicht so, dass das Gehirn denkt? Ist der denkende Geist nicht einfach das, »was das Gehirn tut«? Und doch veranlassten mich die Berichte über die Nahtoderfahrungen von Menschen wie Steve, Michele und Anita, ernsthaft darüber nachzudenken, dass unsere alltägliche Erfahrung nicht die ganze Geschichte ist und unser Geist manchmal unabhängig von unserem Gehirn handeln kann. Angesichts so herausfordernder Beweise, wie es diese Berichte waren, musste ich untersuchen, ob ein alternatives Modell der Gehirn-Geist-Beziehung möglich war.

Und genau das machen immer mehr Wissenschaftler. Im Jahr 2008 nahm ich an einem Symposium der Vereinten Nationen über alternative Modelle für Geist und Gehirn teil. Seitdem hat eine Umfrage unter zweihundertfünfzig schottischen

Universitätsstudenten aus acht verschiedenen Studiengängen (sechsundachtzig davon verschiedene Naturwissenschaften) ergeben, dass zwei Drittel glaubten, Geist und Gehirn seien zwei unterschiedliche Dinge. Eine ähnliche Umfrage unter fast zweitausend belgischen medizinischen Fachkräften ergab, dass die meisten von ihnen glaubten, Geist und Gehirn seien verschiedenerlei. Und einer neueren Umfrage unter mehr als sechshundert brasilianischen Psychiatern zufolge glaubte die Mehrheit, der Geist sei vom Gehirn unabhängig. Immer mehr Wissenschaftler auf der ganzen Welt finden, dass das alte Modell – der Geist sei vollkommen vom Gehirn abhängig – unangemessen ist.

Die Vorstellung, dass das Gehirn den Geist produziert, ist eine einigermaßen gute Leitlinie für das tägliche Leben. Wenn unser Gehirn durch einen harten Schlag, eine Virusinfektion oder starken Alkoholkonsum Schaden nimmt, denken wir auch nicht. Aber dieses Geist-Gehirn-Modell versagt unter extremen Bedingungen, insbesondere wenn das Gehirn aufhört zu arbeiten, der Geist aber weitermacht. Basil Eldadah, leitender Amtsarzt am National Institute on Aging, schrieb im Jahr 2019, dass »dominante Paradigmen unabsichtlich Hindernisse schaffen, die Innovationen behindern ... Vorherrschende Theorien können Durchschnittswerte tendenziell zwar am besten erklären, versagen aber möglicherweise bei den Extremen. Und wenn eine Theorie die Extreme nicht angemessen erklären kann, dann sind entweder die Extreme konstruiert, oder die Theorie sollte genauer unter die Lupe genommen werden.«

Es kann hilfreich sein, wenn wir uns unsere Modelle als Werkzeuge für den Umgang mit der Welt vorstellen. Wir brauchen verschiedene Arbeitsgeräte für verschiedene Aufgaben. Ein Hammer ist ein ausgezeichnetes Werkzeug, um einen Nagel in ein Stück Holz zu schlagen, aber nicht, um eine

Schraubenmutter anzuziehen. Ebenso ist die Vorstellung, dass unser Gehirn unsere Gedanken und Gefühle erzeugt, ein nützliches Tool für den Alltag, aber nicht, wenn es darum geht, Nahtoderlebnisse zu erklären, bei denen Gedanken und Sinne lebendiger werden als je zuvor, obwohl das Gehirn nicht mit Sauerstoff und Nährstoffen versorgt wird.

Aber was wäre eine bessere Ansicht über die Beziehung zwischen der chemischen und elektrischen Aktivität in Ihrem Gehirn und den Gedanken und Gefühlen in Ihrem Geist? Eine Antwort ist, dass das Gehirn ein Mittel ist, mit dem der Geist effizienter auf den physischen Körper einwirken und unsere Gedanken auf die materielle Welt konzentrieren kann. Der französische Philosoph Henri Bergson hat es so formuliert: »Das Gehirn hält das Bewusstsein aufrecht, das auf die Welt gerichtet ist, in der wir leben. Es ist das Organ der Aufmerksamkeit für das Leben.« Das heißt, Ihr Gehirn kann Gedanken von Ihrem Geist empfangen. Es kann die auswählen, dir für Ihr Überleben wichtig sind, und sie in die elektrischen und chemischen Signale umwandeln, die Ihr Körper versteht.

Ihr Geist macht sich viele Gedanken, die nichts mit dem Überleben in der physischen Welt zu tun haben. Denken Sie an all die ungewöhnlichen Dinge, die Menschen in ihren Berichten über Nahtoderfahrungen beschreiben, von Begegnungen mit Lotsen und verstorbenen Angehörigen bis hin zum Aufsuchen jenseitiger Orte. Gedanken und Gefühle wie diese helfen uns nicht, im Alltag zu überleben, und können unsere Fähigkeit, Informationen über die Welt schnell zu verarbeiten, sogar beeinträchtigen. Das Gehirn arbeitet also wie eine Art Filter, indem es Informationen ausblendet, die der Körper nicht zum Überleben braucht, und aus den im Geist gespeicherten Gedanken und Erinnerungen nur die Informationen auswählt, die der Körper benötigt.

Es arbeitet ganz ähnlich wie ein Radioempfangsgerät, das aus der Vielzahl an Sendern nur den auswählt, den wir hören möchten, und alle anderen ausfiltert. Wenn wir versuchten, Hunderte von Radiosendern gleichzeitig zu hören, wären unsere Ohren überfordert und könnten keinen von ihnen klar identifizieren. Aber wenn das Gehirn beeinträchtigt ist, etwa nach einem Schlag auf den Kopf oder in Narkose oder im Rausch, geht seine Fähigkeit verloren, Gedanken und Gefühle zu filtern. Es ist dann so, als sei der Programmwahlknopf des Radios zwischen zwei Sendern stehen geblieben und Sie hörten nur noch sich überlappende und fragmentarische Geräusche.

Dies erklärt, warum einige Nahtoderfahrene sagen, nachdem sie in ihren physischen Körper zurückgekehrt waren, seien ihre Gedanken wieder an ihr Gehirn gebunden gewesen und sie hätten die Dinge nicht mehr so verstehen können, wie es frei von den Zwängen des menschlichen Gehirns möglich gewesen war. Lynn hatte ein Nahtoderlebnis, als sie im Alter von einundzwanzig Jahren mit dem Fahrrad unterwegs war und von einer betrunkenen Fahrerin frontal angefahren wurde. Sie erzählte mir, sobald sie wieder in ihrem Körper aufgewacht sei, habe sie Zusammenhänge, die während ihrer Nahtoderfahrung offensichtlich waren, nicht mehr verstehen können:

»Ich bin von einem Meeting nach Hause gefahren und hatte eine Frontalkollision mit einem Mädchen, das eine rote Ampel übersehen hatte. Hinter mir fuhr zufällig eine Krankenschwester, die mich bei dem Meeting gesehen hatte und mich an meinem Helm erkannte. Sie war kurz nach meinem Sturz hinter mir hergekommen und rettete mir das Leben. Später kam noch ein Rettungskommando und half, aber sie begann mit meiner Wiederbelebung, bevor die Sanitäter anrückten. Ich kann mich an nichts von meinem Unfall erinnern oder was unmittelbar davor und danach geschehen ist. Deshalb finde ich es seltsam, dass ich mich daran erinnere, was ich unternahm, um an diesen Ort zu gelangen.

Das Erste, woran ich mich erinnere, ist, dass alles schwarz war. Ich erinnere mich, dass ich dieses Licht sah. Und gegen Ende hatte ich zwar immer noch ziemlich weit zu gehen, gelangte aber schneller dorthin, als ich durch das Schwarz gegangen war. Ich denke mal, dort endete die Zeit, weil ich wirklich zum Licht wollte und nicht schnell genug dorthin gelangen konnte und die Entfernung Zeit war. Das Schwarz war riesig und das Licht – ich bin nicht sicher, ob sie jemals geendet haben. Ich erinnere mich, dass ich wusste, niemand auf der Erde würde dies verstehen können.

Es war nicht beängstigend, sich durch das Schwarz zu bewegen. Ich beobachtete nur. Dann war da dieses Licht am Ende. Es war nicht nur ein Licht, nicht nur so etwas wie eine transparente Farbe – es war intensive Liebe. Wenn du da drin bist, umgibt es dich nicht nur wie Wasser, wenn du in einen Pool springst. Es war, wie wenn die Sonne durch ein Stück Glas scheint. Es ging vollständig durch jedes bisschen des Körpers und alles andere. Es war warm und beruhigend. Es war wie Wärme, tröstlich, eine friedliche Stille und Liebe, die alles umgibt und auch im Innern ist.

Es gab keine Mauern oder Grenzen und nichts Festes, nur Licht und Wesen. Das Licht war auch wie ein Magnet. Du kannst einfach nicht davon getrennt sein; du willst mehr als alles mit ihm sein. Alle liebten sich mehr, als man hier begreifen kann, nur weil sie waren, was sie waren, nicht, weil sie irgendwer waren. Wir sind eingeschränkt, sie nicht. Ich weiß nicht, wie ich erklären soll, wie wir uns unterhalten haben. Wir haben nicht so geredet wie hier. Wir haben uns einfach verstanden. Es gab überhaupt keine Zeit, nicht von einer Sekunde zur nächsten. Ich weiß nicht genau, wie ich es erklären soll. Es ist, als sei man ganz in der Gegenwart, ohne Erinnerung an die Vergangenheit, und die Zukunft gibt es nicht. Ich hatte keinen Körper, nur Sehvermögen. Danach bin ich einfach sehr schnell rückwärts durch das Schwarz geflogen. Schließlich erinnere ich mich, dass es mir vorkam, als hörte ich Klänge, hätte aber kein Gehirn.

Als Nächstes erinnere ich, dass ich einfach dalag. Ich konnte dieses Piepen vom Herzmonitor hören und dass meine Schwester mir ins Ohr schrie: ›Lynn, ich bin's, Caroline, deine Schwester! Du hattest einen Unfall!‹ Ich konnte nicht antworten und mich auch nicht bewegen. Etwa anderthalb Wochen nach meinem Unfall wusste ich immer noch nicht, wer irgendjemand war, und konnte meine Augen nicht öffnen. Und später, als ich meine Augen wieder öffnen konnte, wusste ich immer noch nicht, wer irgendjemand war oder wer ich war.

Ich erinnere mich, dass mein Gehirn etwa einen Monat später allmählich wieder ein bisschen funktionierte. Ich erinnere mich, dass ich die Augen öffnete, und alles, woran ich denken konnte, war: ›Sch...! Ich habe nur ein menschliches Gehirn.‹ Das sagte ich auch und beschwerte mich darüber, wieder ›eine Person‹ zu sein. Und ich weiß, dass meine Mutter und meine Schwester mich für verrückt hielten.

Ich erinnere mich auch, dass ich, als ich zurückkam, wusste: *Solange ich auf der Erde bin, werde ich das nie verstehen, weil ich nur ein menschliches Gehirn habe.* Hier können wir wirklich nur über eine Sache gleichzeitig nachdenken, und dort weißt du – wirklich – alles. Man kann das nicht mit irdischen Dingen vergleichen. Darüber zu sprechen oder zu versuchen, es zu zeichnen, setzt es ganz und gar herab. Das ist so, als würde man versuchen, mit einem Baby über die DNA oder eine bestimmte Art von Medizintechnik im Weltraum zu diskutieren. Ein Baby kann nur auf seinem Niveau etwas über die Dinge wissen, genau wie wir alle. Wir sind alle wie Babys; und anders, als viele Leute denken, wissen wir gar nichts. Ich werde nie fühlen können, was ich dort gefühlt habe, solange ich hier bin, weil ich mich hier wieder in diesem menschlichen Körper befinde. Es geht weit darüber hinaus, ist überlegener und größer als alles, was ein menschliches Gehirn verstehen kann, und auch viel wunderbarer. Aber ich denke, es ist wie eine Party: Man kann nicht teilnehmen, solange man nicht eingeladen ist. Ich fühlte mich wie eine Ameise in einer Ameisenfarm.«

Die Vorstellung, dass das Gehirn unsere Gedanken eher verarbeitet oder filtert, als sie hervorzubringen, ist nicht neu. Sie wurde im Laufe der Jahrhunderte mithilfe verschiedener Metaphern beschrieben. Der griechische Arzt Hippokrates schrieb vor mehr als zweitausend Jahren über dieses Modell: »Das Gehirn ist das mächtigste Organ des menschlichen Körpers, denn wenn es gesund ist, ist es für uns ein Interpret der Phänomene ... das gibt ihm Intelligenz .... Für das Bewusstsein ist das Gehirn der Bote ... Daher behaupte ich, dass das Gehirn der Interpret des Bewusstseins ist.«

Der englische Philosoph Aldous Huxley beschrieb dieses Modell mit einer Metapher aus der Technologie des vergangenen Jahrhunderts:

»Es ist die Aufgabe des Gehirns und des Nervensystems, uns davor zu schützen, von dieser Menge größtenteils unnützen und belanglosen Wissens überwältigt und verwirrt zu werden, und sie erfüllen diese Aufgabe, indem sie den größten Teil der Informationen, die wir in jedem Augenblick aufnehmen oder an die wir uns erinnern würden, ausschließen und nur die sehr kleine und sorgfältig getroffene Auswahl übrig lassen, die wahrscheinlich von praktischem Nutzen ist ... Um ein biologisches Überleben zu ermöglichen, muss das größtmögliche Bewusstsein durch den Reduktionsfilter des Gehirns und des Nervensystems hindurchfließen. Was am anderen Ende herauskommt, ist ein spärliches Rinnsal von Bewusstsein, das es uns ermöglicht, auf ebendiesem unserem Planeten am Leben zu bleiben.«

Wenn ich Sie anriefe, würden Sie meine Stimme hören, die aus Ihrem Handy kommt, aber Sie kämen nicht auf die Idee, dass Ihr Telefon meine Stimme ganz von allein *hervorbrächte*. Wenn Ihr Handy beschädigt oder die Batterie leer ist, können Sie meine Stimme nicht mehr hören. Ich spreche vielleicht immer noch, aber Sie hören meine Stimme nicht mehr über Ihr Handy. Ihr Gehirn funktioniert möglicherweise wie ein Mobiltelefon. Es empfängt die Gedanken und Gefühle und wandelt sie in elektrische und chemische Signale um, die der Körper verstehen und nutzen kann.

Die Vorstellung, dass das Gehirn ein Filter ist, der eingehende Informationen auf das beschränkt, was für unser physisches Überleben wichtig ist, überrascht nicht wirklich. Alle unsere Sinne filtern unwichtigen Input aus. Unsere Augen übertragen das Licht nicht nur, sondern filtern auch die ultravioletten und infraroten Anteile aus, sodass wir nur den kleinen Teil des Lichts in dem für uns sichtbaren Bereich wahrnehmen. Erinnern Sie sich an Jayne Smiths Kommentar zu dem, was sie im Verlauf ihrer Nahtoderfahrung in Reaktion auf eine Anästhesie wahrgenommen hatte: »Blumen in Farben, wie ich sie nie zuvor gesehen hatte. Und ich erinnere mich, dass ich sie angeschaut und gedacht habe: ›Manche dieser Farben habe ich noch nie gesehen!‹« Ebenso empfangen unsere Ohren nicht nur Schallschwingungen, sondern filtern die meisten Frequenzen heraus, die vielleicht für Hunde und Katzen wichtig sind, aber nicht für uns. Das stimmt mit dem überein, was wir über unsere Neurobiologie wissen, nämlich dass das Gehirn, wenn unsere Gedanken und Gefühle von außerhalb des Körpers kommen, diejenigen herausfiltert, die für unser physisches Überleben nicht wesentlich sind, genau wie andere Teile unseres Nervensystems von außen kommende Informationen blockieren, die nicht wesentlich sind.

Der Hinweis, dass der Geist unabhängig vom physischen Gehirn operieren könnte, scheint nicht wirklich eingängig, liegt aber nicht außerhalb der Reichweite der Wissenschaft. Derzeit machen Neurowissenschaftler mögliche biologische Mechanismen ausfindig, durch die das Gehirn als Filter fungieren könnte. Dabei konzentrieren sie sich auf den präfrontalen Kortex, der die selektive Aufmerksamkeit steuert, und auf die elektrische Aktivität, die über verschiedene Teile des Gehirns hinweg synchronisiert wird.

Ich fragte mich, ob es Beweise für das Filtermodell des Gehirns gab, die über das hinausgingen, was ich bei meiner Erforschung von Nahtoderfahrungen gefunden hatte. Und ich entdeckte, dass es ziemlich viele gibt. Eine ähnlich ungeklärte Erfahrung ist die sogenannte »terminale Geistesklarheit«. Jemand, der seit Jahren eine irreversible Gehirnkrankheit wie Alzheimer hat und weder mit seiner Familie sprechen noch die Familienmitglieder erkennen kann, wird plötzlich wieder geistig klar. Menschen mit terminaler Geistesklarheit können ohne erkennbaren neurologischen Grund die Fähigkeit wiedererlangen, ihre Familie zu erkennen, bedeutungsvolle Gespräche zu führen und angemessene Emotionen auszudrücken.

Diese erstaunliche und unerklärliche Genesung stellt sich in der Regel in den letzten Stunden vor dem Tod einer Person ein, was darauf hinweist, dass das sich verschlechternde Gehirn nicht mehr in der Lage ist, den Geist zu filtern, der kurz frei ist, sich zum Ausdruck zu bringen, bevor der Mensch stirbt. Terminale Geistesklarheit ist extrem selten, aber die Tatsache, dass sie überhaupt vorkommt, ist Neurowissenschaftlern ein Rätsel. Vor ein paar Jahren nahm ich an einem Workshop im

National Institute on Aging teil, um einschätzen zu können, was wir über terminale Geistesklarheit wissen, und Bereiche zu identifizieren, die reif sind für weitere Untersuchungen. Dieser Workshop führte dazu, dass das Institut zwei Finanzierungsprogramme ankündigte, um die Forschung zu diesem plötzlichen, bisher ungeklärten klaren Denken bei fortgeschrittener Alzheimer-Erkrankung zu fördern.

Darüber hinaus zeigten kürzlich durchgeführte Neuroimaging-Studien an Menschen unter dem Einfluss psychedelischer Drogen, dass die mit diesen Medikamenten verbundenen detaillierten mystischen Erfahrungen mit einer *verminderten* Gehirnaktivität einhergehen. Dies ist das genaue Gegenteil dessen, was wir erwartet hatten. Traditionelle neurowissenschaftliche Erklärungen psychedelischer Drogentrips gingen davon aus, dass psychedelische Substanzen wie LSD und Psilocybin die Gehirnaktivität erhöhen und Halluzinationen auslösen. Es stellt sich jedoch heraus, dass sie die Gehirnaktivität, besonders die im präfrontalen Kortex, sowie die Art der synchronisierten elektrischen Aktivität im Gehirn, die für das komplexe Denken typisch ist, stark verringern. Diese Reduktion der Gehirnaktivität könnte die Fähigkeit des Gehirns, den Geist zu filtern, herabsetzen und den Zugang zu mystischen Erfahrungen ermöglichen. Das steht im Einklang mit spirituellen Traditionen auf der ganzen Welt, die Luftanhalten, Hunger und ausgedehnte sensorische Deprivation einsetzen, um mystische Erfahrungen zu evozieren.

Diese Studien legen nahe, dass tiefgreifende Erfahrungen möglicherweise mit einer verminderten Gehirnaktivität und einer eingeschränkten Vernetzung verschiedener Hirnregionen einhergehen. Nahtoderfahrungen können das ultimative Beispiel für ausgefeilte Erfahrungen sein, die nicht nur mit einer reduzierten, sondern sogar mit einer praktisch nicht vorhandenen Gehirnaktivität in Verbindung stehen. Alle diese Beweise stimmen mit der Vorstellung überein, dass das Gehirn ein Filter unserer Gedanken und Gefühle ist und dass sich das Spektrum unserer Gedanken und Gefühle erweitert, wenn die Filteraktivität des Gehirns abnimmt. Der Arzt Larry Dossey sagte, wir seien nicht *wegen* des Gehirns bewusst, sondern *trotz des Gehirns*.

Wenn unser Geist tatsächlich von unserem Gehirn unabhängig ist, kann uns das dann helfen, die rätselhafteren Merkmale von Nahtoderfahrungen zu verstehen? Könnte es uns helfen zu verstehen, wie Al Sullivan sehen konnte, dass sein Chirurg mit den Armen flatterte, wie Bill Hernlund sah, wie seine Kollegen seinen Körper wegschleppten, und wie Tom Sawyer sein gesamtes Leben bis ins kleinste Detail in der Rückschau sehen konnte?

Und wenn unser Geist auch dann wirken kann, falls unser Gehirn offline ist, was diese Beweise nahelegen, könnte es dann auch möglich sein, dass unser Geist weiterwirkt, nachdem unser Gehirn dauerhaft stillsteht – nachdem wir gestorben sind? Diese Frage schien nichts mit dem traditionellen Forschungsgebiet der Naturwissenschaften zu tun zu haben, und dennoch waren Naturwissenschaftler auf der ganzen Welt in den letzten Jahrzehnten zunehmend bereit, die Grenzen dieses traditionellen Forschungsgebiets zu erweitern. Die Frage, ob unser Geist den Tod überleben könnte, stellte auch meine persönliche Ansicht über die Funktionsweise der Welt infrage. Mein Hintergrund und meine Ausbildung hatten mich nicht darauf vorbereitet, diese Möglichkeit ernsthaft in Erwägung zu ziehen. Aber wie ich herausfand, ist es durchaus möglich, die Frage, ob unser Bewusstsein über den Tod hinaus fortbestehen könnte, mit wissenschaftlichen Prinzipien und Methoden anzugehen.

– 12 –

Bleibt das Bewusstsein bestehen?

Nahtoderfahrene sind fast ausnahmslos der festen Überzeugung, dass ein Teil von ihnen nach dem Tod weiterlebe. Was immer sie denken, was passieren würde, nachdem ihr Körper gestorben ist, sie glauben nicht, dass der körperliche Tod ihr Ende bedeute. Und obwohl die Vorstellungen darüber, was *genau* nach dem Tod geschehen könnte, von Person zu Person unterschiedlich sind, gibt es in ihren Beschreibungen einer Existenz nach dem physischen Ableben einige wiederkehrende Muster. Beispielsweise sagten drei Viertel der Nahtoderfahrenen, die an meinen Forschungsprojekten teilgenommen haben, das Leben nach dem Tod sei *ein glückseliger Zustand des Friedens und der Ruhe*, ohne Schmerzen oder Leiden. Sie beschrieben das Leben nach dem Tod auch als *außerhalb der Zeit* und sagten, die irdische Zeit, wie wir sie kennen, habe in jenem Reich nicht mehr für sie existiert. Zwei Drittel der Nahtoderfahrenen waren der Ansicht, dass wir in einer identifizierbaren Form mit unseren eigenen Gedanken, Gefühlen und Persönlichkeitsmerkmalen weiterexistieren und nach dem Tod weiterhin lernen und spirituell wachsen.

Mehr als die Hälfte derer, die ein Nahtoderlebnis hatten, gab an, dass wir nach dem Tod unser Leben noch einmal Revue passieren lassen, uns selbst beurteilen und uns in irgendeiner

Form den Konsequenzen dessen stellen müssen, was wir im Leben getan haben. Sie sagten auch, was uns im Jenseits passiert, sei zumindest teilweise davon abhängig, wie wir vor dem Tod gelebt haben, und dass wir auch die Früchte der guten Taten ernten, die wir in diesem Leben vollbracht haben.

Fast die Hälfte aller Nahtoderfahrenen war der Ansicht, es sei uns vom Jenseits aus möglich, noch lebende Angehörige zu beobachten und möglicherweise mit ihnen zu kommunizieren und zu interagieren. Diese Menschen meinten auch, im Jenseits hätten wir immer noch so etwas wie physische Empfindungen – vergleichbar mit dem Sehen und dem Hören – und nach wie vor Gefühle.

Zwei Drittel sagten, dass wir im Jenseits geliebten Menschen begegnen, die schon länger tot sind, und dass sie tatsächlich die Anwesenheit eines verstorbenen geliebten Menschen gesehen oder gespürt hätten. Solche Erfahrungen überzeugen die Nahtoderfahrenen selbst, aber liefern sie auch genügend Beweise, um die Übrigen von uns davon zu überzeugen, dass der Tod nicht das Ende ist? Können diese Berichte über die Begegnung mit verstorbenen Angehörigen überprüft werden, oder sind sie nur Wunschdenken, Reflexionen unserer Erwartungen und Hoffnungen auf das, was passieren mag, wenn wir uns dem Tod nähern? Es ist natürlich möglich, dass zumindest einige dieser Berichte den Vorstellungen der Erlebenden entstammen und ihrer Hoffnung, im Jenseits wieder mit ihren Lieben vereint zu sein. Es gibt aber auch andere Nahtoderlebnisse, die nicht mit solchen Erwartungen erklärt werden können. Manchmal begegnen Menschen während einer Nahtoderfahrung kürzlich verstorbenen Personen, *von deren Tod sie noch gar nichts gewusst hatten.*

Jack Bybee erkrankte mit sechsundzwanzig Jahren in seiner Heimat Südafrika an einer schweren Lungenentzündung und wurde ins Krankenhaus eingeliefert. Er beschrieb mir eine Begegnung mit seiner Krankenschwester während seiner Nahtoderfahrung:

»Ich war sehr krank und lag drei bis vier Wochen in einem Sauerstoffzelt mit Status epilepticus, dann mit doppelter Lungenentzündung und so weiter und so fort. Ich verkehrte freundschaftlich (ich ›flirtete‹ sogar, wenn ich konnte) mit einer Krankenschwester aus der ländlichen Gegend des Westkap. Sie hatte mir erzählt, an diesem Wochenende sei ihr einundzwanzigster Geburtstag und dass ihre Eltern von dort kommen wollten, um mit ihr zu feiern. Sie schüttelte meine Kissen auf wie immer. Ich nahm ihre Hand und wünschte ihr alles Gute zum Geburtstag. Dann ging sie wieder.

In meinem Nahtoderlebnis bin ich Schwester Anita auf der anderen Seite begegnet. ›Was machen Sie hier, Anita?‹, fragte ich. – ›Nun, Jack, ich bin gekommen, um Ihr Kissen aufzuschütteln und zu schauen, ob es Ihnen gut geht. Aber Jack, Sie müssen wieder zurück, gehen Sie zurück. Sagen Sie meinen Eltern, es tut mir leid, dass ich den roten MGB kaputt gemacht habe. Sagen Sie ihnen, dass ich sie liebe.‹

Dann war Anita verschwunden – durch ein sehr grünes Tal gegangen und durch einen Zaun, vor dem sie mir sagte: ›Auf der anderen Seite ist ein Garten. Aber du kannst ihn nicht sehen. Denn du musst zurück, und ich gehe durch das Tor.‹

Als es mir wieder besser ging, erzählte ich einer Krankenschwester, was Anita gesagt hatte. Das Mädchen brach in Tränen aus und rannte aus dem Krankenzimmer. Später erfuhr ich, dass Anita und diese Krankenschwester gute Freundinnen gewesen waren. Anita war an ihrem Geburtstag von ihren Eltern, die sie sehr liebten, mit einem roten MGB-Sportwagen überrascht worden. Anita war gleich in das Auto gesprungen und voller Begeisterung den De Waal Drive, die Stadtautobahn an den Hängen des Tafelbergs, hinuntergerast und in der ›Suicide Corner‹ an einem Telefonmast aus Beton gelandet.

Aber ich war ›tot‹, als das alles passierte. Wie konnte ich über diese Fakten Bescheid wissen? Eben habe ich beschrieben, wie. Anita hat es mir in meinem Nahtoderlebnis erzählt.«

Als Jack mir diese Geschichte vor etwa fünfzehn Jahren erzählte und betonte, wie erstaunt er gewesen sei, der Krankenschwester zu begegnen, von der er glaubte, sie sei noch am Leben, war mir sofort klar, dass sein Bericht etwas Wichtiges enthielt, das mir vorher noch nie aufgefallen war. Ich hatte in der Tat viele Berichte von Nahtoderfahrenen gehört, die verstorbenen Angehörigen begegnet waren, angefangen mit Henry vor mehr als dreißig Jahren, der mir erzählte, er habe seine Eltern gesehen, nachdem er auf sich selbst geschossen hatte. Natürlich wusste Henry, dass seine Eltern tot waren, und sehnte sich außerdem danach, sie wiederzusehen, weswegen ich als junger Psychiater vermutete, dass er sie halluziniert hatte. Aber Jack konnte gar nicht wissen, dass seine Krankenschwester tot war, und er hatte auch keine Sehnsucht, sie an ihrem freien Wochenende mit ihren Eltern zu sehen. Dies war eine offensichtliche Begegnung mit einer verstorbenen Person, die nicht als Wunschdenken abgetan werden konnte. Und Jack war nicht der einzige Mensch mit einer Nahtoderfahrung, der mir eine solche Geschichte erzählte.

Später im selben Jahr berichtete mir die einhundertjährige Rose von einem vergleichbaren Nahtoderlebnis, das sie gehabt hatte, als sie im Ersten Weltkrieg mit einer Lungenentzündung im Krankenhaus lag:

»Während des Krieges lag ich sehr krank im Hospital. Eines Morgens kam die Krankenschwester herein und stellte fest, dass ich überhaupt kein Lebenszeichen mehr von mir gab. Sie rief die Ärzte und die Oberschwester, denen ich ebenfalls tot erschien, und das blieb so, sagten sie mir später, mindestens zwanzig Minuten lang.

Ich befand mich mittlerweile auf einem wunderschönen, grünen, hügeligen Stück Land. Hier und da standen schöne große Bäume, und von ihren Blättern schien ein sanftes Strahlen auszugehen. Dann sah ich, wie ein junger Offizier mit ein paar Soldaten auf mich zukam. Der junge Offizier war mein Lieblingscousin Alban. Ich wusste weder, dass er ›tot‹ war, noch hatte ich ihn jemals in Uniform gesehen. Doch was ich da erblickte, wurde durch ein Foto von ihm bestätigt, das ich ein paar Jahre später sah.

Wir sprachen ein paar Minuten fröhlich miteinander, und anschließend marschierte er mit den paar Männern davon. Dann erklärte mir eine Wesenheit neben mir, dass es all diesen Soldaten erlaubt sei, die anderen, die auf den Schlachtfeldern den Tod gefunden hatten, zu begrüßen und ihnen zu helfen.

Meine nächste lebhafte Erinnerung ist, dass ich aus etwa Zimmerdeckenhöhe auf ein Bett hinunterschaute, in dem ein sehr abgemagerter Körper lag. Ärzte und Krankenschwestern in weißen Kitteln standen darum herum. Wenige Augenblicke später schaute ich zu ihnen auf und war zutiefst enttäuscht. Ich hatte etwas so Schönes und zutiefst Befriedigendes erlebt und war hierher zurückgekommen.«

Ein paar Jahre später erzählte mir Barbara Langer von einer ähnlichen Nahtoderfahrung, die sie nach einem Autounfall im Alter von dreiundzwanzig Jahren gemacht hatte:

»Ich habe mich bei David und Christine, einem jungen Paar, das ich kurz davor kennengelernt hatte, von einer Hepatitis erholt. Christine und ich waren schnell enge Freundinnen geworden, und sie kümmerte sich um mich. Ich wohnte schon ein paar Wochen in ihrem Gästezimmer, als der Unfall passierte.

An einem sonnigen Dienstagnachmittag wollten Christine und ich ihren kranken weißen Kater zum Tierarzt bringen. Sie fuhr Davids VW-Bus in die Stadt, und wir unterhielten uns über ein bevorstehendes Konzert. Ich hielt Kater Nasty auf meinem Schoß fest. Plötzlich befreite sich Nasty. Er sprang auf Christines Arm und wollte sich in ihren Nacken hangeln. Sie versuchte, ihn von sich zu stoßen, und ich griff hinüber und versuchte, ihn von ihr wegzuziehen. Das ist das Letzte, was ich von unserer geplanten Reise zum Tierarzt in Erinnerung habe. Später erfuhr ich, dass wir auf einen Schulbus aufgefahren und beide durch die Windschutzscheibe geflogen waren. Ich war fast eine Woche lang bewusstlos.

Ich hatte das Gefühl, mit enormer Geschwindigkeit durch ein riesiges dunkles Universum zu rasen. Ich fühlte mich klein, gelassen und losgelöst, aber durchaus interessiert an meiner Reise, während ich mir gleichzeitig der Geschwindigkeit bewusst war, mit der ich mich fortbewegte. Dies schien lange so weiterzugehen.

Ich fand mich glücklich und allein auf einer sehr grünen Wiese wieder in einem Tal, das von sanften grünen Hügeln umgeben war. Blumen waren dort und ein Bach. Ich erinnere mich, dass die Farben schön und intensiv waren, und die Atmosphäre war ätherisch. Der alles durchdringende Frieden und die Liebe, die ich spürte, waren auf herrliche Weise erhebend.

Dann fand ich mich an einem anderen erhabenen und flüchtigen Ort auf einem Weg wieder. Christine war neben mir. Sie trug die gleichen Jeans, die sie an jenem Tag getragen hatte, und wir glitten nebeneinander den Weg entlang. Sie wirkte gelassen und war atemberaubend schön. Ich habe keine Ahnung, wie ich ausgesehen habe, aber ich wusste, dass wir beide von Liebe umgeben und erfüllt waren.

Wir gingen auf einem schmalen, unbefestigten Fußweg. Bald zweigte der Weg in zwei verschiedene Richtungen ab. Wir wussten beide, dass dies der Ort war, an dem wir uns trennen mussten. Wir waren ganz gelassen und kommunizierten ohne Worte. Christine bat mich telepathisch, David zu sagen, dass sie ihn immer lieben würde. Dann nahm sie den Weg nach rechts. Ich nahm den Weg, der nach links ging. Es war unklar, wohin uns diese Wege führen würden. Keine von uns hat eine bewusste Entscheidung getroffen, aber es war klar, welchen Weg jeder von uns gehen musste. Wir trennten uns mit der gemeinsamen Vorstellung, dass wir wieder zusammen sein würden, aber später. Jetzt mussten wir jedoch den schwierigen Teil der Reise, die vor uns lag, ohne die Gesellschaft der anderen bewältigen.

Mein Weg führte mich sofort zurück in meinen physischen Körper. Im Krankenhaus kam ich wieder zu Bewusstsein. In meiner Hand steckten immer noch Glassplitter von der Windschutzscheibe des Autos. In dem Spiegel, der für mich hochgehalten wurde, erkannte ich mein Gesicht nicht, und eine Freundin sagte, ich hätte gerade ein ›Midface-Lifting‹ bekommen. Aufgrund der dreifachen Gehirnerschütterung sah ich Doppelbilder, aber meine Kontaktlinsen waren noch drin, und meine Hepatitis war verschwunden.

Freunde und Familienmitglieder kamen zu Besuch. Ein Freund zeigte mir einen Zeitungsartikel über den Unfall, und so erfuhr ich von Christines Tod. Christine war laut diesem Bericht am Unfallort verstorben, und ich war in ein nahe gelegenes Krankenhaus gebracht worden. Man hatte aber nicht damit gerechnet, dass ich überleben würde.

Als ich die verschiedenen Teile meiner Erfahrung zusammensetzte, wurde mir klar, dass ich gestorben und zurückgekehrt war und meine Freundin nicht, dass sie aber an einem viel besseren Ort war. Ich wünschte, dort bei ihr geblieben zu sein, weil es damals nichts in meinem Leben gab, was mir ein Gefühl der Zugehörigkeit zur physischen Welt gegeben hätte.«

Als Jack, Rose und Barbara mir ihre Nahtoderlebnisse beschrieben, erkannte ich, dass dies wichtige Erfahrungen waren, die untersucht werden mussten. Die Begegnung mit Verstorbenen ist im Rahmen von Nahtoderlebnissen keineswegs ungewöhnlich. Von den Nahtoderfahrenen, die an meinen Forschungsreihen teilgenommen haben, berichtet fast die Hälfte, einem Dahingeschiedenen aus seinem unmittelbaren Umfeld begegnet zu sein. Ich kann nicht mehr automatisch zu dem Schluss kommen, dass solche Berichte etwas mit Halluzinationen zu tun haben. Die meisten von ihnen sind nach meinem Dafürhalten aber auch kein wissenschaftlicher Beweis für irgendetwas, denn ich kann den Einfluss der Hoffnungen und Erwartungen des Betreffenden, seine Lieben wiederzusehen, nicht einfach ausschließen. Was jedoch die Begegnung mit Menschen anbelangt, von denen nicht bekannt war, dass sie tot sind, wie im Fall von Jack, Rose und Barbara, war mir klar, dass sie nicht mit der Erwartung eines Wiedersehens erklärt werden konnten. Ich suchte dennoch weiter nach anderen möglichen Erklärungen.

Könnten diese Visionen nachträglich erfunden worden sein? Das heißt, könnten diejenigen, die eine Nahtoderfahrung machen, einem Wesen begegnen und, nachdem sie erfahren haben, dass ein geliebter Mensch gerade gestorben ist, das Wesen, dem sie begegnet sind, rückwirkend als diesen gerade verstorbenen geliebten Menschen identifizieren? Das kann zwar vorkommen, aber in Fällen wie dem von Jack erzählte der Betreffende anderen Menschen von der Vision und nannte die verstorbene Person, bevor er von ihrem Tod erfuhr.

Konnte es sich bei diesen Visionen um »Zufallstreffer« handeln? War es möglich, dass sich die Erlebenden vorstellten, im Rahmen ihrer Nahtoderfahrung einer lebenden Person zu begegnen, bei der es wahrscheinlich war, dass sie starb? Wenn das die Erklärung war, gab es dann auch Nahtoderfahrungen, in denen »falsch geraten« wurde und Personen als verstorben identifiziert wurden, die in Wirklichkeit noch lebten? Es stellt sich heraus, dass es tatsächlich wenige Nahtoderfahrungen gibt, in denen die Betreffenden Menschen begegnen, die noch auf Erden wandeln. Unsere Sammlung, die mittlerweile mehr als tausend Berichte über Nahtoderfahrungen umfasst, enthält sieben Prozent, in denen der Erlebende jemanden gesehen hat, der noch lebte. In jedem dieser seltenen Fälle beschrieb derjenige diese Person als noch lebendig, und in den meisten Fällen bat diese lebende Person den Betreffenden zurückzukommen. In *keiner* Nahtoderfahrung aus unserer Sammlung glaubte der Erlebende fälschlicherweise, eine noch lebende Person sei gestorben.

NTEs, bei denen der Erlebende überraschend einem geliebten Menschen begegnet, von dem er nicht wusste, dass er tot ist, kommen nicht häufig vor, aber es gibt sie. Und Fälle dieser Art sind keineswegs neu. Sie wurden im Laufe der Jahrhunderte immer wieder aufgezeichnet.

Der römische Historiker und Naturforscher Plinius der Ältere schrieb im ersten nachchristlichen Jahrhundert über einen von »den beiden Brüdern Corfidius aus dem Ritterstande«, der für tot erklärt worden war. Sein Testament wurde eröffnet und sein jüngerer Bruder als Testamentsvollstrecker und Erbe benannt. Der jüngere Bruder beauftragte daraufhin einen Bestatter, die Beerdigung zu arrangieren. Corfidius jedoch verblüffte damit, dass er »durch Händeklatschen die Dienerschaft zusammenrief«. Dann verkündete er, er komme gerade aus dem Haus seines jüngeren Bruders. Der habe ihm gesagt, dass die Bestattungsvorkehrungen, die er für Corfidius getroffen habe, jetzt für ihn getroffen werden sollten. Er sagte, sein Bruder habe ihm auch gezeigt, wo er heimlich etwas Gold in seinem Hof vergraben hatte. Da platzte der Diener seines jüngeren Bruders mit der Nachricht herein, sein Meister sei gerade unerwartet verstorben. Das vergrabene Gold wurde tatsächlich dort gefunden, wo sein Bruder es Corfidius gesagt hatte.

Im 19. Jahrhundert wurden mehrere detaillierte und gut dokumentierte Fälle dieser Art veröffentlicht. Die Physikerin Eleanor Sidgwick schrieb über eine Engländerin, die eine Gesangslehrerin für ihre Nichten suchte, die bei ihr zu Besuch waren. Sie engagierte Julia, die Tochter eines örtlichen Händlers, die zur professionellen Sängerin ausgebildet worden war. Nachdem die Nichten wieder abgereist waren, erzählte Julia ihrem Vater, sie habe nie eine glücklichere Woche verbracht. Kurz darauf heiratete Julia und zog weg. Ein paar Jahre später lag die Frau, die Julia engagiert hatte, im Sterben und regelte gerade ein paar geschäftliche Angelegenheiten. Da hielt sie plötzlich inne und fragte: »Hört ihr diese Stimmen singen?« Niemand sonst im Raum hörte etwas, und sie kam zu dem Schluss, dass es wohl Engel waren, die sie im Himmel willkommen heißen wollten, und fügte hinzu: »Aber es ist seltsam, da ist eine Stimme unter ihnen, von der ich sicher bin, dass ich sie kenne, und ich kann mich nicht erinnern, wessen Stimme es ist.« Plötzlich hob sie den Finger und sagte: »Na, da ist sie doch, in der Ecke. Es ist Julia.« Niemand sonst sah die Vision, und die Frau starb am nächsten Tag, am 13. Februar 1874. Am 14. Februar wurde Julias Tod in der Londoner *Times* bekanntgegeben. Als ihr Vater später interviewt wurde, berichtete er: »An dem Tag, an dem sie starb, fing sie am Morgen an zu singen und sang und sang, bis sie starb.«

Dr. K. M. Dale berichtete über den Fall des neunjährigen Eddie, dessen Eltern mit dem Krankenhauspersonal fast sechsunddreißig Stunden ängstlich an seinem Bett Wache gehalten hatten, bis sein Fieber sank. Sobald er um drei Uhr morgens die Augen öffnete, erzählte Eddie seinen Eltern eindringlich, er sei im Himmel gewesen, wo er seinen verstorbenen Opa, seine Tante Rosa und seinen Onkel Lorenzo gesehen habe. Seinem Vater war es peinlich, dass der Arzt Eddies Geschichte mithörte und sie als Fieberdelirium abtat. Dann fügte Eddie noch hinzu, er habe auch seine neunzehnjährige Schwester Teresa gesehen und sie habe ihm gesagt, er müsse zurück. Sein Vater reagierte verärgert und bat Dr. Dale, Eddie ruhigzustellen. Er hatte erst vor zwei Tagen mit Teresa gesprochen, die in einem anderen Bundesstaat, sechshundert Meilen weit weg, das College besuchte. Als die Eltern später an diesem Morgen im College anriefen, erfuhren sie, dass Teresa kurz nach Mitternacht bei einem Autounfall ums Leben gekommen war und dass das College versucht hatte, sie zu Hause zu erreichen.

Sind diese Visionen nichts anderes als Fantasien, oder können wir im Rahmen eines Nahtoderlebnisses wirklich verstorbenen Angehörigen begegnen? Ich hatte keinen religiösen Glauben an ein Leben nach dem Tod, auf den ich hätte zurückgreifen können, und ich fand diese Visionen von Verstorbenen, von denen nicht bekannt war, dass sie gestorben waren, daher sehr schwierig – wenn nicht unmöglich – zu erklären. Nahtoderfahrene berichten, dass diese Verstorbenen ihnen nicht nur erschienen sind, sondern mit ihnen *interagiert* und ihnen Informationen gegeben haben. Wer oder was gab ihnen diese Informationen? Ihre eigene Interpretation war in jedem Fall, dass es der Verstorbene war, der immer noch irgendwie bei Bewusstsein war und interagieren konnte. Aber das würde erfordern, dass das Bewusstsein – die Fähigkeit, zu denken und zu fühlen – nach dem Tod des physischen Körpers weiterbesteht. Es fiel mir schwer zu verstehen, wie das sein konnte. Wenn unser Bewusstsein nicht endet, wenn unser Körper stirbt, wohin geht es dann?

– 13 –

Himmel oder Hölle?

Fragen wie »Wohin geht das Bewusstsein, wenn der Körper stirbt?« scheinen die Grenzen der wissenschaftlichen Forschung über ihre Belastbarkeit hinaus zu erweitern. Wenn wir uns anschauen, was die Nahtoderfahrenen uns darüber erzählen, wohin sie gehen, wenn sie ihren Körper verlassen, beschreiben viele von ihnen sehr ausführlich, in welchem Zustand sie sich befinden. Die Nahtoderfahrungen führen die meisten von ihnen in eine Welt der Glückseligkeit.

Von den Nahtoderfahrenen, die an meiner Forschung teilnahmen, berichteten fast neunzig Prozent über Friedensgefühle. Fast drei Viertel berichteten von Gefühlen der Freude oder Glückseligkeit. Zwei Drittel beschrieben ein himmlisches Gefühl der kosmischen Einheit oder das Empfinden, »eins mit allem« zu sein. Und drei Viertel berichteten von einer Begegnung mit »einem liebevollen Lichtwesen«. Als ich anfing, Betroffene zu befragen, stellte ich wie gesagt überrascht fest, dass sie im Großen und Ganzen keine Angst haben und auch nicht in Panik geraten, wenn sie auf der Schwelle zum Tod stehen. In der Tat ist normalerweise genau das Gegenteil der Fall. Die meisten Menschen, die über Nahtoderfahrungen berichten, beschreiben überwiegend positive Gefühle, die von unglaublicher Gelassenheit bis zu Freude und Ekstase reichen.

Ist es das, was Menschen im Laufe der Jahrhunderte meinten, wenn sie vom »Himmel« sprachen? Die Betroffenen berichten, dass ihre Nahtoderfahrungen oft in einem Bereich auftreten, der sich von unserer alltäglichen physischen Welt so stark unterscheidet, dass sie das Gefühl haben, unsere Worte reichten nicht aus, um ihn angemessen zu beschreiben. Und weil sie es schwierig, wenn nicht gar unmöglich finden, diesen anderen Bereich und diese anderen Wesen genau anschaulich zu machen, greifen sie oft auf irgendwelche kulturellen oder persönlichen Metaphern zurück, die ihnen gerade zur Verfügung stehen, um Phänomene zu beschreiben, für die es kein geläufiges Etikett zu geben scheint – und einer der gängigsten Topoi ist »der Himmel«.

Judy Friel, die in einer presbyterianischen Familie aufgewachsen war, »wo wir zur Kirche gingen«, hatte mit vierundzwanzig während einer medizinischen Krise das Gefühl, sich über ihr Krankenhausbett zu erheben. Sie beschrieb mir, wohin sie sich begab:

»Ich schwebte in den Himmel. Ich wusste, dass es der Himmel war, weil die Bibel sagt, dass der Himmel so ist, und weil es in der Kirche gelehrt wird. Ich mochte den Himmel. Ich und alle anderen waren in Frieden, glücklich und spürten keinen Schmerz. Ich begegnete einem Engel, der mich hereinbat und sagte, ich solle sehen, wie der Himmel ist. Ich sah Leute bei der Arbeit. Sie sangen und lachten. Jung und Alt waren zusammen. Die Musik war wunderschön und harmonisch, auch von denen, die nicht singen konnten. Ich erkannte einige Leute. Ich sah Menschen, wie ich sie auf der Erde gesehen hatte, im gleichen Alter und mit der gleichen Kleidung. Und doch waren sie alle gleich und trugen die reinsten weißen Gewänder, die ich je gesehen hatte, weißer als weiß. Ich sah Straßen mit einer Villa neben der anderen. Alles glitzerte in feinem Gold.

Ich stand in einer langen Schlange. Nach kurzer Zeit wurde mir klar, dass ich in einer Schlange stand, die zum Thron Gottes führte. Ich würde gebeten werden, über mein Leben zu berichten. Der Thron war in ein strahlend weißes Licht getaucht.«

Auch Dottie Bush beschrieb, dass sie einen Ort aufgesucht habe, den sie als Himmel identifizierte, als sie mit fünfundzwanzig während der Geburt unter starken Blutungen litt. Sie war in einem Schockzustand. Das Letzte, woran sie sich erinnerte, war der Anästhesist, der dem Arzt zurief, er solle sich beeilen, weil ihr Blutdruck sank.

Dann befand sie sich an einem wunderschönen Ort. Sie wisse, es sei der Himmel gewesen – so friedlich, so schön und mit so schöner Musik und Blumen.

Dann habe plötzlich jemand mit ihr gesprochen. Sie habe sein Gesicht nicht gesehen, aber gespürt, dass es Jesus war. Er sagte, er lasse sie aus einem bestimmten Grund auf der Erde. Und dann habe er ihr *alles* erzählt. Auch warum er am Kreuz gestorben war. Sie wisse aber nur noch, dass es *ein wenig anders* gewesen sei, als in der Kirche gepredigt würde.

Als Jesus mit ihr sprach, habe sie sich gefragt, warum er sie auserwählt habe, ihr all das zu offenbaren? Dann dachte sie, er habe es vielleicht getan, weil sie jetzt, da sie diese überzeugende Erfahrung gemacht habe, anderen würde nützlich sein können, indem sie ihnen helfe zu verstehen. Nachdem er aufgehört habe, mit ihr zu sprechen, spürte sie, wie sie von diesem schönen Ort weg zu diesem schmutzigen und hässlichen schwebte. Der Gegensatz zwischen Himmel und Erde sei sehr groß gewesen. Sie wollte nicht zurückkehren, obwohl Jesus gesagt habe, dass sie zurückmüsse.

Dann spürte sie sich wieder in ihrem Körper auf dem Operationstisch. Ihr Arzt deutete an, dass wegen Atemstillstand und Sauerstoffmangel Wiederbelebungsmaßnahmen erforderlich gewesen waren.

Judy und Dottie identifizierten den »anderen Ort«, an dem sie waren, beide als Himmel. Die meisten Nahtoderfahrenen können jedoch nicht klar sagen, wohin sie gegangen sind, sondern beschreiben die andere Welt, in der sie waren, einfach, ohne ihr ein Etikett aufzukleben. Drei Viertel derer, die an meinen Forschungen teilgenommen haben, sprachen vom Betreten eines unbekannten Reiches oder einer fremden Dimension. Obwohl die meisten sagten, dass dieser andere Ort nicht mit Worten beschrieben werden kann, verwendeten sie eine Vielzahl von Metaphern, darunter religiöse Begriffe wie »Himmel« oder »Hölle« oder Begriffe aus der Natur wie »Tal«, »Wiese« oder auch »Weltraum«. Aber selbst auf mehrfache Nachfrage bestand fast die Hälfte darauf, dass sie *keine* bekannte Bezeichnung finden konnten, die dazu passte. Cynthia Ploski, die protestantisch erzogen worden war, sich aber später als spirituell, jedoch ohne religiöse Zugehörigkeit betrachtete, hatte mit zweiundsiebzig einen Herzinfarkt. Sie beschrieb ein Reich der Glückseligkeit mit Begriffen aus der Natur:

»Was den Moment betrifft, in dem mein Herz stehen blieb, war ich mir dessen nicht bewusst. Ich stand plötzlich, ohne mich irgendwie tot zu fühlen, am Rande dieses wunderschönen Waldes. Es waren keine Menschen da, nur weiches, goldenes Licht, frühlingsgrüne Blätter und über mir eine sanfte Brise, in der die Blätter raschelten. Es war wie eine Vision, aber sehr real und lebendig, *unverkennbar real*. Ich hatte das Gefühl, dort zu stehen, weiß aber nicht, welche Form mein Körper hatte, nur dass ich nicht schwebte oder irgendwie zerbrechlich war. Ich fühlte mich ganz solide und normal. Und ich war zu kognitiven Gedanken fähig, weil mir klar wurde, wo ich war, nämlich auf der ›anderen Seite‹, und ich wusste, dass ich nicht dort bleiben wollte.

Vor mir führte eine Art Lichtung oder Pfad tiefer in den Wald, und am Ende war noch mehr Licht. Es wirkte so einladend, aber ich dachte, wenn ich da nicht mehr rauskäme, könnte ich nicht ins Leben auf dieser Seite zurückkehren. Also dachte ich: ›Ich gehe besser hier weg!‹ Und kaum hatte ich das gedacht, war ich wieder in der Notaufnahme.«

Auch Harriet, die mit vierundsiebzig während eines Herzinfarkts ein Nahtoderlebnis hatte, beschrieb eine glückselige Erfahrung:

»Ich schien in einem mehr oder weniger begrenzten Raum zu schweben, aber es gab keine Wände, wie wir sie kennen. Ich bewegte mich in eine wogende, weiche, dunkelviolette, samtige Substanz hinein und aus ihr heraus. Es war wunderschön, sinnlich, üppig, als würde man in eine große Masse aus weichem Satin und Daunen fallen. Ich war vollständig von dieser Substanz umgeben und schwebte langsam und geruhsam auf und ab.

Jedes Mal, wenn ich in Bodennähe war, sah ich am Ende dieses Raumes, eher rechts, eine große Helligkeit. Diese Helligkeit war warm, weich und so einladend. Ich schwebte ein paarmal darauf zu, aber auch wenn ich näher kam, machte ich nie einen Versuch, sie zu erreichen. Ich schien weder Körper noch Geist zu haben. Ich war offenbar keine Person und noch nicht einmal eine Sache. Ich war friedlich, glücklich und zufrieden. Ich schien mich um nichts mehr zu kümmern. Es ist ein Gefühl, das man nicht in Worte fassen kann: kein Geist, kein Körper, keine Grenzen, nur Zufriedenheit, so etwas wie eine Amöbe, die versehentlich in den Ozean geraten ist.«

Anders als Judy und Barbara klebten Cynthia und Harriet der Welt, in die sie gingen, kein Etikett auf, sondern beschrieben sie einfach als »einen schönen Wald« und »eine wogende, weiche, dunkelviolette, samtige Substanz«.

Aber nicht alle Nahtoderfahrungen werden als glückselig oder angenehm beschrieben. Als ich Ende der Siebzigerjahre anfing, Nahtoderfahrungen zu untersuchen, war in den Berichten darüber von überwältigend friedlichen, wenn nicht sogar glückseligen Erfahrungen die Rede. In den letzten Jahren stellte ich jedoch fest, dass die *meisten* Menschen zwar von angenehmen Gefühlen während ihrer Nahtoderfahrung berichten, *einige* aber auch nicht. In den frühen Neunzigerjahren hatten Nancy Evans Bush und ich genügend Berichte über belastende Nahtoderfahrungen gesammelt, um den ersten Report darüber in einer medizinischen Fachzeitschrift veröffentlichen zu können.

Aus unserer aktuellen Stichprobe von Nahtoderfahrenen sagten sechsundachtzig Prozent, ihre Erfahrung sei hauptsächlich angenehm gewesen. Acht Prozent sagten, sie sei unangenehm gewesen, und für sechs Prozent war sie weder positiv noch negativ. Obwohl nur eine kleine Minderheit der Betroffenen von erschreckenden oder belastenden Erfahrungen berichtet, ist es möglich, dass es viel mehr Menschen gibt, die unangenehme Nahtoderfahrungen gemacht haben, aber nicht bereit sind, darüber zu sprechen. Aus diesem Grund bin ich mir nicht sicher, dass erschreckende Nahtoderfahrungen so selten sind, wie sie zu sein scheinen.

In den Hunderten von Berichten über Nahtoderfahrungen, die ich sammelte, und in den Untersuchungen anderer Forscher fand ich nichts Offensichtliches, was erklären würde, warum manche Menschen glückselige Nahtoderlebnisse haben und andere erschreckende. Es stimmt beispielsweise nicht, dass solche, die ein »heiliges« Leben führen, immer angenehme und »schlechte« Menschen immer schreckliche

Erfahrungen machen. Im Laufe der Geschichte beschrieben große Mystiker wie im 16. Jahrhundert Teresa von Ávila und Johannes vom Kreuz sowie im 20. Jahrhundert Mutter Teresa von Kalkutta ihre »dunkle Nacht der Seele« als notwendige erste Stufe auf dem Weg zur Vereinigung mit dem Göttlichen.

Auf der anderen Seite vernahm ich Berichte über glückselige Nahtoderlebnisse von Kriminellen, darunter Mördern, die lebenslange Haftstrafen verbüßten. Die wenigen Belege, die wir derzeit für erschreckende oder belastende Nahtoderlebnisse haben, deuten darauf hin, dass sie unter den gleichen Bedingungen auftreten können wie glückselige. Wir wissen schlicht nicht, warum manche Menschen belastende Nahtoderlebnisse haben, während sie bei anderen glückselig sind. Mir ist aufgefallen, dass die Zurückhaltung, sich erschreckenden Nahtoderfahrungen zu stellen, zu einem lang anhaltenden emotionalen Trauma führen kann und dass belastende Nahtoderlebnisse oft als Botschaft interpretiert werden, das eigene Leben zu ändern.

Manche Nahtoderfahrene beschreiben das Reich, in das sie gelangt sind, in einer Weise, die an die traditionellen Beschreibungen der Hölle erinnert. Brenda hatte mit sechsundzwanzig nach einem Suizidversuch durch eine Überdosis Schlaftabletten ein solches Nahtoderlebnis:

»Der Arzt im Krankenhaus beugte sich über mich und sagte, dass ich sterbe. Die Muskeln in meinem Körper zogen sich zusammen und waren völlig außer Kontrolle. Ich konnte nicht mehr sprechen, aber ich wusste, was los war. Obwohl mein Körper immer langsamer wurde, gingen die Dinge um mich herum und ging das, was mit mir passierte, ziemlich schnell vonstatten.

Dann spürte ich, wie mein Körper nach unten rutschte – nicht senkrecht nach unten, sondern in einem Winkel wie auf einer Rutsche. Es war kalt, dunkel und nass. Als ich unten ankam, sah es dort aus wie der Eingang zu einer Höhle, an dem Spinnennetze hingen. Das Innere der Höhle war grau und braun.

Ich hörte Schreie, Wehklagen, Jammern und Zähneknirschen. Ich sah diese Wesen, die Menschen ähnelten, mit so etwas wie einem Kopf und einem Körper, aber sie waren hässlich und grotesk. Ich erinnere mich an Farben wie Rot, Grün und Violett, kann mich aber nicht wirklich erinnern, ob dies die Farben dieser Wesen waren. Sie waren erschreckend und klangen, als würden sie gequält, wie in Agonie. Niemand sprach mit mir.

Ich ging nicht ins Innere der Höhle, sondern blieb vor dem Eingang stehen. Ich erinnere mich, dass ich zu mir selbst sagte: ›Ich möchte nicht hier bleiben.‹ Ich versuchte mich zu erheben, als wollte ich mich – meinen Geist – aus dieser Grube herausziehen. Das ist das Letzte, woran ich mich erinnere.«

Brenda erholte sich von dieser Überdosis und begab sich in Behandlung wegen der Depression, die dazu führte, dass sie versucht hatte, sich das Leben zu nehmen. Außerdem ging sie zu den Treffen der Anonymen Alkoholiker. Trotz des höllischen Charakters ihrer Nahtoderfahrung gab ihr ihre neue Überzeugung, dass der Tod nicht das Ende ist, Hoffnung und motivierte sie, ihr Leben zu ändern. Sie wurde schließlich Beraterin für Menschen, die mit Depressionen und Drogenmissbrauch zu kämpfen hatten.

Kat Dunkle beschrieb die höllische Erfahrung, die sie mit sechsundzwanzig machte, als sie nach einem Autounfall schwere innere Blutungen davontrug:

»Bei dem Unfall hatte ich einen schweren Schlag auf den Rücken bekommen, und die Membran, die meine Bauchorgane umgibt, etwa die Leber, war wie ein Ballon explodiert, was schwere innere Blutungen verursacht hatte. Der beträchtliche

Blutverlust machte die heldenhafte Anstrengung des Chirurgen fast zunichte. Auf meinem Bildschirm war eine Nulllinie zu sehen, und ich war allen medizinischen Berichten zufolge klinisch tot. Der Anästhesist hatte das Gerät ausgeschaltet, stand auf und wollte gehen, aber der junge Chirurg gab nicht auf und brachte mich ins Leben zurück. Während sich all das in dem kalten, sterilen Operationssaal abspielte, befand ich mich auf einer Reise, die mein Leben für immer verändern sollte.

Ich lag klinisch tot auf dem Operationstisch. Ich spürte, wie ich zum letzten Mal einatmete, und wurde dann durch einen Tunnel geschleudert. Danach fiel der Boden des Tunnels heraus, und ich sank in völlige Dunkelheit mit einem schrecklich brennenden Schmerz, der meinen ganzen Körper verschlang. Ich hörte andere schreien und wusste, dass ich in der Hölle war. Ich wusste, dass es kein Entrinnen gab und dass ich fallen und brennen und für immer in die absolute Dunkelheit schreien würde. Ich rief nach Gott, mir zu helfen, aber ich wusste, dass er mich nicht hörte und dass niemand wusste, dass ich dort war. Dann hörte es einfach auf.

Ich stürzte augenblicklich nach unten und fiel in die Dunkelheit, in einen schrecklichen, endlosen, schwarzen Raum. Stellen Sie sich vor, Sie stehen in einem Aufzug – und plötzlich fällt der Boden heraus, und für Sie geht es nach unten, dieses schreckliche Gefühl des Fallens. Ich hatte Angst vor der Dunkelheit, die mich umgab, war mir aber des schrecklichen Schmerzes, der meinen ganzen Körper durchzuckte und ihn verbrannte, sehr bewusst, dieses quälenden und unbeschreiblichen Schmerzes, der niemals verschwinden würde. Da waren auch die gequälten Schreie anderer, aber ich konnte nichts sehen, nur Finsternis. Ein Feuer war nicht da, nur dieser schreckliche brennende Schmerz in jedem Teil von mir, und ich wusste, dass dies die Hölle war.

Ich spürte Hoffnungslosigkeit – zu wissen, dass dies für die Ewigkeit war! Es gab kein Entkommen von diesem Albtraum. Ich würde nicht aufwachen. Ich würde nicht auf dem Boden aufschlagen und sterben. Ich würde von niemandem gerettet werden. Ich würde für immer und ewig an diesem grausamen Ort fallen und brennen und mit all diesen anderen verlorenen Seelen in der Dunkelheit schreien, absolut hilflos, während wir noch tiefer in die Grube der Hölle fielen. Nicht einmal Gott kam an diesen Ort, und die Folter würde immer und ewig andauern. Ich kann den Schrecken nicht beschreiben, der mich erfüllte, als mir klar wurde, dass ich mich tatsächlich selbst in die Hölle geschickt habe, und zwar durch meine Entscheidung, nicht zu glauben. Ich hatte diese Wahl getroffen. Ich hatte beschlossen, nicht an Gott zu glauben.

Ich fühlte mich getrennt, als hätte ich nie existiert. Es gibt keinen einsameren Ort als den, an dem man von Gott getrennt ist. Ich sah keine Flammen, nur völlige Dunkelheit – und spürte das Brennen. Ich hörte viele Leute schreien, aber ich sah niemanden. Es war ein dunkler, trostloser, schrecklicher Ort ohne Hoffnung auf Entkommen. Ich spürte die Hoffnungslosigkeit des Verlorenseins in dieser Qual, der Trennung von Gott bis in alle Ewigkeit.«

Aber Kats Erfahrung endete nicht dort. Wie viele beängstigende Nahtoderlebnisse nahm auch ihres schließlich eine andere Wendung und wurde friedlich. Kat rief, obwohl sie in den letzten sechsundzwanzig Jahren Atheistin gewesen war, Gott um Hilfe:

»Während ich fiel und an diesem schrecklichen Ort brannte, rief ich nach Gott und bat ihn, mir zu vergeben. Ich bat ihn, mich von diesem Ort zu erlösen. Da hörte die Qual auf. Sie hat einfach aufgehört! Das laute, durchdringende, heulende Geräusch, das in meine Ohren drang, und das schreckliche

Gefühl, aus der Mitte meines Körpers heraus zu brennen und aufgerissen zu werden, hörte auf, und ich wusste ohne Zweifel: ›Es gibt einen Gott.‹ Ich war erfüllt von dem vollkommenen Frieden Gottes, einem Frieden, der niemals beschrieben werden kann, einem Frieden, der jedes Verständnis übersteigt. Da war keine Angst mehr, kein Schmerz, keine Beklemmung und keine irgendwie geartete Emotion. Alles wurde überwältigt von der Verehrung Gottes und dem Gefühl, ihn wirklich zu kennen. So wurde ich von einer vollkommen Ungläubigen zu einem Menschen, der keinen Zweifel mehr hat.«

Brenda und Kat identifizierten ihren »anderen Ort« eindeutig als Hölle, genauso wie Judy und Dottie den ihren als Himmel ausmachten. Doch die meisten Überlebenden erschreckender wie glückseliger Nahtoderlebnisse geben den Orten, an die sie gegangen sind, keine Namen, sondern beschreiben die andere Welt, in der sie sich befunden haben, einfach ohne sie begrifflich zu definieren. Doris beschrieb ein beängstigendes Nahtoderlebnis, das sie hatte, als sie siebenundzwanzig war und ihr Muttermund sowie ihre Gebärmutter während der Geburt ihres Kindes rissen:

»Plötzlich wurde mir bewusst, dass etwas wirklich Außergewöhnliches geschah. Es war, als sei ich aus meinem Körper aufgestiegen und hätte mich von ihm wegbewegt; und jetzt beobachtete ich aus einer Ecke des Raumes, irgendwo an der Decke, meinen Arzt und die Krankenschwester, wie sie sich an meinem Körper zu schaffen machten. Ich war dermaßen erschrocken darüber, dass ich so über mir schweben konnte, und ich wollte die Kontrolle über meine Situation zurückgewinnen, aber ich konnte nichts tun, außer hilflos zuzuschauen.

Dann war ich nicht mehr in dem Raum, sondern reiste zunächst langsam durch einen Tunnel und nahm im Laufe der

Zeit an Fahrt auf. Als ich in den Tunnel eintrat, hörte ich das Geräusch eines Motors, wie er zum Antreiben schwerer Maschinen verwendet wird. Dann, als ich mich langsam vorwärts bewegte, hörte ich Stimmen zu beiden Seiten meines Kopfes, die Stimmen von Menschen, die ich kannte, weil sie mir vage vertraut waren. Etwa zur gleichen Zeit bekam ich Angst und konzentrierte mich daher nicht darauf, einzelne Stimmen erkennen zu wollen.

Ich bekam immer mehr Angst, während ich mich mit immer höherer Geschwindigkeit bewegte, und mir wurde klar, dass ich auf einen Lichtpunkt am Ende des Tunnels zusteuerte. Mir kam der Gedanke, dass dies wahrscheinlich so war, als würde man sterben. In dem Moment und an diesem Punkt entschied ich, dass ich nicht weiterwollte, und versuchte, zurückzurudern, anzuhalten und mich umzudrehen, aber ohne Erfolg. Ich hatte nichts unter Kontrolle, und der Lichtpunkt wurde immer größer.

Meine Einstellung zu dieser Zeit war ganz anders als die jener Menschen, über die das Buch *Leben nach dem Tod* geschrieben wurde. Ich war ziemlich verängstigt. Ich wollte nicht dort sein, und mir war sehr klar, dass ich, bei Gott, nicht dort bleiben wollte.«

Ähnlich wie Kats höllischer Erfahrung endete auch die von Doris nicht an dieser Stelle, sondern wurde friedvoll:

»Da waren Wesen um mich herum, und sie bestätigten meine Anwesenheit. Die Wesen amüsierten sich irgendwie über mich. Ein ›Gefühl‹ der Heiterkeit und des Lachens beherrschte die Gruppe, der ich begegnete. Eine Person (wenn es denn Personen waren) schien federführend zu sein. Sie fing an, mit mir zu kommunizieren, wie es ein strenger, aber liebevoller Vater tun würde, und bestand darauf, dass ich ihr genau zuhörte. Allmählich glätteten sich meine zerzausten Federn, und ich fühlte mich ruhig und friedvoll. Man verhalf mir zu der Einsicht, dass es an diesem Ort nichts gab, wovor man sich fürchten musste. Als mein inneres Geplapper ganz zum Stillstand gekommen war, konnten sie mich davon überzeugen, dass es vollkommen in Ordnung war, eine Weile hier zu sein, dass es nur für kurze Zeit war und dass ich in den Kreißsaal zurückkehren konnte, wenn die Zeit dafür gekommen war. Ich war also allmählich einverstanden mit dieser seltsamen Erfahrung, und wir begannen mit einer Art ›Frage-Antwort-Runde‹.

Ich stellte die Fragen, und statt eine Antwort in Worten zu geben, ›zeigten‹ sie mir die Antwort. In den zweiundzwanzig Jahren seit dieser Erfahrung sind mir nur zwei Dinge in Erinnerung geblieben. Eines ist das sichere Wissen, dass Sterben zwar unangenehm sein kann, der Tod selbst aber überhaupt nichts ist, wovor man sich fürchten muss.«

Anders als Brenda und Kat versuchte Doris nicht, den »Ort«, an dem sie gewesen war, mit einem Label zu versehen. Auch Stewart hatte ein quälendes Nahtoderlebnis, als er eines Abends im Schnee die Kontrolle über sein Auto verlor, von der Straße abkam, einen Damm hinunterrutschte und im Bach landete. Er verlor das Bewusstsein, als er mit dem Kopf gegen die Windschutzscheibe knallte. Er erzählte, dass er seinen Körper verließ und beobachtete, wie das eisige Wasser allmählich sein Auto füllte:

»Ich sah den Krankenwagen kommen, und ich sah die Leute, die versuchten, mir zu helfen, mich aus dem Auto zu ziehen und in den Krankenwagen zu hieven. Zu dieser Zeit war ich nicht mehr in meinem Körper. Ich hatte ihn verlassen. Ich war wahrscheinlich dreißig Meter über dem Unfallort und spürte die Wärme und das Mitgefühl der Menschen, die versuchten, mir zu helfen. Und ich spürte auch den Ursprung dieser ganzen Freundlichkeit oder von was auch immer, und er war sehr, sehr mächtig, und ich hatte Angst davor und wollte ihn nicht akzeptieren. Ich sagte nur: ›Nein.‹ Ich war sehr unsicher und fühlte mich nicht wohl. Deshalb lehnte ich ihn ab.

In diesem Moment verließ ich den Planeten. Ich konnte mich spüren, und ich konnte sehen, wie ich wegflog, hoch in die Luft, dann über das Sonnensystem, über die Galaxie und über alles Physische hinaus. Und dann vergingen Stunden ohne jede Empfindung, da war kein Schmerz, keine Wärme, keine Kälte, kein Licht, kein Geschmack, kein Geruch, überhaupt keine Empfindung, gar keine. Und ich wusste, dass ich die Erde verließ und alles andere, die ganze physische Welt. An diesem Punkt wurde es unerträglich, schrecklich – wenn die Zeit vergeht und du kein Gefühl hast, keine Empfindung, kein Lichtempfinden. Ich geriet in Panik, fing an zu kämpfen und zu beten und alles zu tun, was mir einfiel, um zurückkehren, und ich kommunizierte mit einer verstorbenen Schwester von mir und flehte um Hilfe. Und in diesem Moment kehrte ich in meinen Körper zurück, der jetzt im Krankenwagen lag.«

Wieder sagte die Mehrheit der Nahtoderfahrenen, dass dieses unirdische Reich nicht mit Worten beschrieben werden könne, und selbst nach mehrmaliger Aufforderung, zumindest zu versuchen, es zu charakterisieren, fand die Hälfte immer noch keine Worte, die es erfassen konnten. Die meisten Teilnehmer an unserer Stichprobe konzentrierten sich auf bestimmte *Ereignisse* der Nahtoderfahrung wie das Eintreten ins Licht und die Interaktion mit anderen Wesen sowie auf die eigenen Gefühle und Gedanken. Viele achteten entweder nicht besonders auf die physische Erscheinung der »anderen Welt« – oder sagten, die »andere Welt« habe nichts an sich, was als physische Erscheinung beschrieben werden könnte.

Am Tag nach ihrem fünfunddreißigsten Geburtstag erlitt Roisin Fitzpatrick ohne jede Vorwarnung eine Gehirnblutung, die sie auf der Intensivstation in eine lebensbedrohliche Situation brachte. Sie beschrieb mir die Nahtoderfahrung auf der Intensivstation:

»Ich wurde reine Energie und erkannte, dass ich immer noch existierte, obwohl ich kein Individuum in einem physischen Körper mehr war. Vielmehr war ich mit einem größeren, von Licht durchfluteten Bewusstsein verschmolzen.

Es gab keinen Anfang und kein Ende, keinen Beginn und keinen Schlusspunkt, kein Leben und keinen Tod, kein ›Da draußen‹ und kein ›Hier drin‹. Es machte absolut keinen Unterschied, ob ich in meinem Körper war. Es war auch überhaupt nicht relevant, weil ich eins geworden war mit diesem unglaublich mächtigen, stark aufgeladenen Energiefeld.

Ich war von einer gedämpften Stille umgeben und wurde in ondulierende Wellen schimmernden und kristallinen Lichts gehüllt. Gleichzeitig erstreckte sich ein Gefühl der Liebe und Glückseligkeit bis ins Unendliche. Von diesem Ort aus war alles möglich, weil nur Liebe, Freude, Frieden und kreatives Potenzial wirklich waren. Mein Verständnis von ›Wirklichkeit‹ wurde auf den Kopf gestellt, als ich erfuhr, dass wir auf unserer tiefsten Bewusstseinsebene Energiewesen aus reiner Liebe und Licht sind, die vorübergehend in einem physischen Körper leben.«

Auch Margot Gray beschrieb mir das Glücksgefühl, das sie empfunden hatte, als sie im Alter von einundfünfzig Jahren auf einer Reise durch Indien von einer unbekannten Erkrankung mit hohem Fieber gebeutelt wurde:

»Ein Hochgefühl ging einher mit dem Gefühl, dem ›Ursprung‹ des Lebens und der Liebe sehr nah zu sein, die eins zu sein schienen. Ich fühlte mich in eine derartige Glückseligkeit eingehüllt, dass es keine Worte gibt, um das Gefühl zu beschreiben. Was dem, in menschlichen Begriffen ausgedrückt, am nächsten kommt, ist der Rausch der Verliebtheit, das Gefühl, das man empfindet, wenn einem das erstgeborene Baby zum ersten Mal in die Arme gelegt wird, das geistig Erhebende, das sich manchmal einstellt, wenn man in einem klassischen Konzert ist, die Ruhe und Erhabenheit von Bergen, Wäldern und Seen oder anderen Schönheiten der Natur, die einen zu Freudentränen rühren können. Bringen Sie all das zusammen, und vergrößern Sie es tausendfach. So bekommen Sie einen Einblick in den ›Seinszustand‹, in dem man sich befindet, wenn die Beschränkung auf das eigene ›wahre Erbe‹ teilweise aufgehoben wird.«

Sowohl Roisin als auch Margot beschrieben Gefühle und Ereignisse als Teil ihrer Nahtoderfahrung, aber keine von beiden beschrieb etwas, was man hätte als »Ort« bezeichnen können. Da die Hälfte der im Rahmen meiner Forschung Befragten keine »topografischen Angaben« zu ihrer Erfahrung machen konnte und es wenig Übereinstimmung in den Beschreibungen eines »Ortes« durch die andere Hälfte gab, kann keines dieser Bilder als »typisch« für ein Nahtoderlebnis bezeichnet werden.

Wohin also geht der Geist nach dem Tod? Begeben wir uns in den Himmel, in die Hölle oder wohin? Die Wissenschaft kann uns sagen, was Nahtoderfahrene berichten über das, was nach dem Tod passiert, und sie kann Aussagen über die Übereinstimmung von Darstellungen verschiedener Personen aus diversen Kulturen machen. Aber die Wissenschaft kann uns bislang normalerweise noch nichts über die Genauigkeit und Richtigkeit dieser Berichte sagen.

Ich sage »normalerweise«, weil wir in manchen Fällen *sehr wohl* überprüfen können, was die Nahtoderfahrenen über das Leben nach dem Tod sagen – dann nämlich, wenn das, was sie behaupten, etwas mit Dingen zu tun hat, die wir in *diesem* Leben beobachten können. Die Berichte mancher Nahtoderfahrenen könnten genaue Beschreibungen von Vorkommnissen sein, die wirklich passiert sind, während andere Zusammenhänge oder Phänomene beschreiben, die sich die Betreffenden vielleicht nur vorgestellt haben. Es gibt aber auch Berichte, die irgendwo dazwischen liegen und Fehlinterpretationen von Fakten sein könnten.

Jeff verunglückte mit seinem Motorrad während eines Rennens und wurde unter dem Motorrad begraben. Während er so eingeklemmt am Boden lag, tropfte Benzin in seinen Helm, und er atmete die giftigen Dämpfe ein, bevor er herausgezogen werden konnte. Er wurde mit gebrochenen Knochen und Schürfwunden in die Notaufnahme gebracht und war ziemlich berauscht von den Dämpfen, was ihn verängstigte, verwirrte und aggressiv machte.

Als ich ihn am nächsten Tag befragte, war er wieder ruhig, aber immer noch ein wenig angeschlagen. Er erzählte mir, dass er nach dem Unfall das Bewusstsein verloren und dann an einem übel riechenden Ort aufgewacht sei, wo er den Eindruck hatte, von Wesen mit Augen, aber ohne andere Gesichtszüge gefoltert zu werden. Einige hielten ihn fest und schnallten ihn an einen Tisch fest. Andere stachen Nadeln in seinen Körper. War das eine höllische Nahtoderfahrung? Seine Erinnerungen waren etwas verschwommen, ohne die kristallklare Klarheit typischer Erinnerungen an ein Nahtoderlebnis. Und obwohl er sich seine vagen Erinnerungen nur damit erklären konnte, dass er sich vorstellte, er sei entweder von Dämonen oder von Außerirdischen gequält worden, behauptete er, nicht zu *wissen*, was passiert war, wie es aber ja die meisten Nahtoderfahrenen tun. War es stattdessen eine toxische Halluzination, hervorgerufen durch die Benzindämpfe?

Nach einem Gespräch mit dem Personal in der Notaufnahme, das ihn am Tag zuvor behandelt hatte, wurde mir klar, dass es weder eine Nahtoderfahrung noch eine Halluzination gewesen war. Es war vielmehr Jeffs verwirrte Wahrnehmung dessen, was wirklich passiert war. Die Benzindämpfe hatten ihn in der Notaufnahme so aggressiv gemacht, dass ihn das Personal nicht untersuchen und ihm auch kein Blut abnehmen oder zur Behandlung eine Infusion geben konnte. Alle im medizinischen Team hatten OP-Masken getragen. Die Gesichter waren also bis auf die Augen bedeckt gewesen. Und man hatte ihm zur Beruhigung ein übel riechendes Gas zum Einatmen gegeben. Sobald er aufgehört hatte, sich zu wehren, waren seine Hand- und Fußgelenke festgeschnallt worden, damit sie eine Infusion legen und Blut abnehmen konnten. Jeff hatte kein Nahtoderlebnis, und er halluzinierte auch nicht. Er sah, hörte und fühlte, was das Team wirklich mit ihm machte, aber in seinem verwirrten Zustand konnte er es nicht einordnen.

Als Jeffs Gedanken einen Tag später endlich wieder klar wurden, konnte ich ihm erklären, was ich erfahren hatte, und ihm helfen, seine schreckliche Vision zu verstehen. Er war erleichtert, dass er weder in der Hölle gewesen noch verrückt geworden war, sondern nur vorübergehend verwirrt durch die giftigen Dämpfe, die er eingeatmet hatte. Und ich war zufrieden, dass ich seine Geschichte ernst genug genommen hatte, um sie weiterzuverfolgen, und ihm damit geholfen hatte, mit seiner beängstigenden Erfahrung klarzukommen.

Wir können also Berichte über ein Nahtodumfeld nicht immer für bare Münze nehmen, aber wir müssen die Berichte ernst nehmen, die trotz sehr unterschiedlicher kultureller Überzeugungen und persönlicher Erwartungen übereinstimmen. Menschen, die von Nahtoderlebnissen berichten, müssen angehört werden. Sie brauchen Raum und Zeit, um ihr mentales und körperliches Trauma zu verarbeiten.

Gehen wir »irgendwo anders« hin? Es kann bereits irreführend sein, diese Frage zu stellen, weil »irgendwo anders« einen »Ort« impliziert. Die Beweise legen nur nahe, dass einige von uns nach ihrem Tod immer noch bei Bewusstsein sind – zumindest eine Weile.

Und weil dieses »Woanders« meist nicht wie unsere übliche physische Umgebung aussieht, sprechen diejenigen, die es erleben, oft von einer anderen »Welt«, beispielsweise einem »Himmelreich« oder einer »geistigen Welt«. Dieses Etikett bezeichnet jedoch nicht unbedingt einen anderen physischen Ort. Wir sprechen manchmal ja auch über die »Welt des Sports«, die »Welt der Unterhaltung« oder die »Welt der Politik«. Auch damit meinen wir nicht verschiedene Lokalitäten im geografischen Sinne, sondern einfach verschiedene Aspekte unseres Daseins, auf die wir normalerweise nicht immer unser Hauptaugenmerk richten. Ist es möglich, dass das, was Nahtoderfahrene als die »geistige Welt« bezeichnen, kein anderer physischer Ort ist, sondern eher ein Aspekt unserer vertrauten Welt, den wir normalerweise nicht wahrnehmen?

– 14 –

Und was ist mit Gott?

Mehr als zwei Drittel der von mir befragten Betroffenen gaben an, dass sie im Rahmen ihres Nahtoderlebnisses mindestens einer anderen Person begegnet sind. Zwei Drittel von ihnen sagten, einen *Verstorbenen* getroffen zu haben – eine Erfahrung, die zumindest das Potenzial für ein paar überprüfbare Informationen liefert. Aber fast neunzig Prozent von ihnen sagen, sie hätten Kontakt zu einer Art göttlichem oder gottähnlichem Wesen gehabt. Das war ein Problem für mich, weil ich keinerlei Möglichkeit sah, den Wahrheitsgehalt solcher Berichte zu überprüfen. Aber ich hatte das Gefühl, ihnen trotzdem nachgehen zu müssen, weil viele diese Begegnung mit dem Göttlichen als das bedeutendste Merkmal ihrer Nahtoderfahrung betrachten. Ich begann, nach übereinstimmenden Mustern in diesen gesammelten Geschichten zu suchen.

Manche identifizieren das göttliche Wesen aus ihrem Nahtoderlebnis mit dem Gott ihrer jeweiligen Religion. Julia war als Baptistin aufgewachsen, ging aber eher selten zur Kirche. Nachdem sie mit dreiundfünfzig einen Herzinfarkt hatte, beschrieb sie eine Begegnung mit Jesus und seinem Vater:

»Zuerst sah ich Jesus. Er hatte blaue Augen und lächelte. Er reichte mir seine Hand. Aber – und das war witzig – er sprach nicht, doch ich wusste, was er sagte. Er sagte, sein Vater wolle mich treffen. Wir schwebten durch die schönste Gegend, die ich je gesehen habe. Es war so friedlich. Wir bewegten uns auf ein großes, weißes, wolkenähnliches Gebilde zu. Ein Mann mit einem langen weißen Bart und langen weißen Haaren saß auf einem großen weißen quadratischen Objekt. Er sagte, ich könne nicht bleiben. Ich müsse zurück. Ich würde dort noch gebraucht, aber bald könne ich kommen und bei ihm bleiben.«

Julia identifizierte diese beiden Wesen ganz klar mit Jesus und Gott, und zwar in Übereinstimmung mit ihrer religiösen Erziehung – wie etwa ein Drittel der Nahtoderfahrenen, die von einer Begegnung mit einem augenscheinlich göttlichen Wesen berichteten.

Andere bezeichnen das Wesen, dem sie begegneten, zwar als »göttlich«, identifizieren es jedoch nicht unbedingt mit dem Gott ihrer konfessionellen Tradition. Suzanne Ingram, die sich als »abtrünnige Katholikin« betrachtete, landete mit zweiundzwanzig nach einem Autounfall in der Notaufnahme. Sie erzählte mir von der Begegnung mit einem Wesen, das sie als ihren »Schöpfer« erkannte. Es sei aber nicht unbedingt der Gott ihrer katholischen Kindheit gewesen:

»Dann erlebte ich etwas anderes. Ich erinnere mich, meinen Schöpfer getroffen zu haben. Nennen Sie diesen Schöpfer, wie Sie wollen: Gott, Buddha, Krishna, Allah. Es ist egal. Ich nenne ihn ›Gott‹, um es einfach zu machen, beziehe mich aber nicht auf eine bestimmte Religion oder eine bestimmte Gottheit.

Gott sprach zu mir. Er sprach eine Weile, dann sagte er, ich könne jetzt dort bleiben und mein Leben würde als Erfolg gewertet werden. Dies sei ein guter Ort zum Verweilen, aber ich müsse in einem weiteren Leben auf die Erde zurückkehren, um das zu vollenden, was ich bisher in dieser Inkarnation noch nicht vollendet hatte. Oder ich könne auf die Erde zurückkehren und mein Leben fortsetzen. Ich glaube, er sagte, ich würde meine Mission hier auf diesem Planeten erfüllen und in die Welt hinter der Tür gelangen können. Gott öffnete die Tür nur einen Spalt weit und ließ mich in das Licht spähen, das aus dieser Tür strömte. Und genau in diesem Moment beschloss ich, zur Erde zurückzukehren und mein Leben fortzusetzen. Nichts würde mich davon abhalten, an diesen Ort zu gelangen, wenn ich sterbe, und ich wusste, dass ich in einem weiteren Leben nicht noch einmal auf die Erde zurückkehren musste. Ich erinnere mich, dass ich sehr entschlossen war, mein Ziel zu erreichen. Was es noch zu vollenden gibt, ist mir bisher allerdings nicht klar geworden.

Ich erinnere mich, dass wir beide lächelten – Gott und ich. Er war sehr zufrieden mit meinem Entschluss. Diese Entscheidung, auf die Erde zurückzukehren, war ein weiterer Schritt zu meinem endgültigen Schicksal.«

Rachel Walters Stefanini, die protestantisch erzogen worden war, wurde später zur »synkretisch-eklektischen Heidin«, sie vereinte also verschiedene Traditionen zu einem individuellen Weltbild und verehrte die Natur in privaten häuslichen Ritualen. Sie erzählte, wie sie mit fünfundvierzig infolge eines extremen Blutverlusts wegen ihrer Gebärmutterhalskrebserkrankung bewusstlos war und im Rahmen eines Nahtoderlebnisses sowohl einer buddhistischen als auch einer keltischen Gottheit begegnete:

»Ich fand mich im Schoß der mütterlich sanften Guanyin wieder. Meine Verehrung für sie war grenzenlos, und ich spürte einen Frieden und eine Sicherheit, wie ich sie in meinem ganzen menschlichen Leben noch nie erfahren hatte. Sie drückte mich an sich, strich mir übers Haar und redete beruhigend auf mich ein. Ich kann nach wie vor nicht sagen, was genau sie sprach. In meinen Gedanken sehe ich immer noch, wie sich ihr Mund bewegt, aber ich kann ihre Worte nicht hören. Ich weiß nur, dass sie mir Frieden brachte, als sie sich um mich kümmerte. Ich empfand überhaupt keine Furcht, spürte nur einen tiefen, dauerhaften Frieden. Die weibliche Gottheit saß rechts von mir. Zu meiner Linken saß der alte und weise keltische Gott Cernunnos. Ich war entzückt, ihn zu sehen, weil er so alt ist, aber ich war auch schockiert, weil ich ihn noch nie angerufen hatte. Cernunnos war ganz still und saß mit geschlossenen Augen da, als würde er meditieren. Ich erinnere mich, wie ich die großen Hörner aus seinem Kopf kommen sah und dachte, wie stark er doch sein müsse, um mit dem ganzen Gewicht auf seinem Kopf so still sitzen zu können.

Ich habe keine Ahnung, wie lange ich dort in Gegenwart dieser beiden liebenden Wesen lag. Ich erinnere mich nur an das kühle, seidige Gefühl von Guanyins Kleidung auf meinen Unterarmen und Händen.

Als ich nach der Operation aufwachte, war mein erster Gedanke: ›Dir geht es gut, Tochter.‹ Ich wusste, das war die Stimme von Guanyin. Ich wusste, dass alles gut werden würde.«

Die Anwesenheit von zwei Gottheiten aus sehr unterschiedlichen kulturellen Traditionen ist eher überraschend. Rachel selbst erklärte: »Bitte beachten Sie, dass diese beiden Gottheiten eigentlich nicht gemeinsam dort gewesen sein sollten. Heidnische Älteste und Quellen betonen, dass ein Mensch niemals Götter aus unterschiedlichen Systemen vermischen sollte. Andere Heiden, denen ich dies erzählte, waren ebenfalls schockiert und konnten mir keine andere Erklärung bieten als: ›Es muss das gewesen sein, was du brauchtest.‹«

Diese Kombination von Gottheiten aus verschiedenen Traditionen (und die Erklärung »Es muss das gewesen sein, was du brauchtest«) lässt vermuten, dass die Bilder von Guanyin und Cernunnos teilweise in Rachels eigener kreativer Vorstellungskraft entstanden sind: ihre persönliche Interpretation dessen, was sie erlebt hatte. In der Tat war auch Rachel der Ansicht, dass die göttlichen Wesen, denen sie begegnet war, als Bilder aus ihrem Kopf aufgetaucht sein könnten, weil sie ihr vertraut waren. »Ich bin keine Christin«, sagte sie, »daher bin ich sicher, dass meine Nahtoderfahrung so gestaltet war, dass ich mich damit wohlfühlen konnte.«

John Seidel war sechzig, als er sich bei einem schweren Motorradunfall das Schlüsselbein und sieben Rippen brach. Er erwachte mit Atembeschwerden auf der Intensivstation; und eine Röntgenaufnahme zeigte, dass seine gesamte Brusthöhle mit Blut gefüllt und beide Lungen zusammengebrochen waren. Er beschrieb mir das Nahtoderlebnis, das er während einer Notoperation zur Entleerung seiner Brusthöhle hatte:

»Das Nächste, woran ich mich erinnere, war, durch eine weiße Welt geführt zu werden. Ich wurde in einen Raum gebracht, der keine Decken, Wände oder Ecken hatte, aber begrenzt zu sein schien. Vor mir stand ein Wesen in weißen Gewändern mit überlangen Ärmeln. Es hatte lange Haare und einen langen, buschigen Bart mit schwarzen und grauen Strähnen. Es hob seine rechte Hand und zeigte über meine linke Schulter. Ich fühlte mich warm, friedlich und wohl in meiner Situation und Realität. Ich sah die Falten seiner Robe und seinen Bart in allen Details. Ich wachte auf und sagte meiner Frau, dass Gandalf hier das Sagen habe. Die Figur, die ich gesehen hatte, sah aus wie Gandalf aus dem ›Herrn der Ringe‹.«

John stammt aus einer Familie, die ziemlich viel umgezogen und immer in die Kirche gegangen war, zu der Gemeindemitglieder gehörten, die sein Vater aus seinem jeweils neuen Job kannte. Er war in vielen Gottesdiensten unterschiedlicher

Glaubensrichtungen gewesen, aber zum Zeitpunkt seiner Nahtoderfahrung hatte er viele Jahre lang gar keine Kirche mehr besucht, er verehrte keine Gottheit mehr und betete auch nicht. Als er im Rahmen seiner Nahtoderfahrung einer weiß gekleideten, gütigen Autoritätsperson begegnete, war der Name, den er dafür hatte, nicht der einer Gottheit, sondern der eines fiktiven Zauberers aus J. R. R. Tolkiens beliebtem Fantasy-Epos. Von allen Betroffenen, die mir für meine Forschung erzählten, dass sie im Rahmen ihrer Nahtoderfahrung einem göttlichen oder gottähnlichen Wesen begegneten, identifizierte ein Drittel dieses Wesen als mit ihren religiösen Überzeugungen übereinstimmend, während doppelt so viele, nämlich zwei Drittel, angaben, das gottähnliche Wesen nicht benennen zu können.

Obwohl viele Nahtoderfahrene die göttliche Gegenwart, die sie spüren, als »Gott« bezeichnen oder mit einer anderen bekannten Gottheit identifizieren, geben einige zu, dass ein solches Etikett unzureichend ist. Eben Alexander beschrieb eine allliebende Gottheit, für die »*Gott* ein zu klägliches Wort zu sein schien«. Und Kim Clark Sharp, die ein Nahtoderlebnis hatte, als sie mit siebzehn ohne Puls auf dem Bürgersteig zusammengebrochen war, sagte, »selbst das Wort *Gott* scheint zu klein, um die Herrlichkeit jener Präsenz zu beschreiben«. Viele andere beschreiben einfach die Präsenz und versuchten erst gar nicht, sie zu identifizieren.

Tracy, eine siebenundzwanzigjährige Agnostikerin, die ein Nahtoderlebnis hatte, als sie auf Glatteis ins Schleudern kam und gegen einen Abschleppwagen prallte, beschrieb mir ihr Gefühl, mit einer göttlichen Präsenz zu verschmelzen:

»Ich fühlte mich vollkommen umgeben von einer unbeschreiblich warmen und liebevollen Allgegenwart des Lichts und in sie aufgenommen. Die Gelassenheit und bedingungslose

Liebe, die von ihr ausging und durch mich strahlte, ist unbeschreiblich. Direkte, ungehinderte Gedankenübertragung, eher so etwas wie ein gemeinsames Wissen, flutete durch jede Zelle meines Seins. Sie war ich, und sie war nicht ich. Ich war sie, und ich war nicht sie. Ich war *in* ihr, *von* ihr und gleichzeitig mein individuelles einzigartiges Sein. Ich wusste, dass ich für diese Präsenz von Licht und Ton von unschätzbarem Wert war, als wäre ich ein Atom von ihr. Ein Tropfen aus dem Ozean ist die Essenz des Ozeans, aber nicht der Ozean selbst. Der Ozean ist nicht vollständig, wenn nicht jeder einzelne Tropfen vorhanden ist, aus dem er besteht. So nahm ich Bezug auf das Licht und den Klang, in die ich eingetaucht war.

Ich habe diese Präsenz von Licht und Ton weniger gesehen, als sie einfach so restlos zu kennen und zu lieben, wie sie mich kannte und liebte. Es gab keinen Raum, keine Zeit, keine Trennung, keine Dualität von irgendetwas, weil jede Zelle meines Wesens durch und durch von dem Wissen überflutet war, wie alles, was ist, nur ist; wie alles einen göttlichen Sinn ergibt, wie alles in göttlicher Ordnung ist. Wie einander zu lieben bedeutet, sich selbst zu lieben und das Göttliche zu lieben, von dem jeder von uns ein Atom ist.

Wie eine Hand ein Teil des menschlichen Körpers ist ... obwohl sie nicht der Körper ist und obwohl der Körper ohne die Hand nicht vollständig ist ... Ich wusste in diesem Moment und für alle Zeiten, dass ich ein einzigartiger Atom-Aspekt dieses wundersamen Wesens war. Durch eine Beschleunigung des Bewusstseins fühlte ich mich erleuchtet und verstand, dass jeder Einzelne ein Aspekt der Quelle ist. Worte werden der Erfahrung ebenso wenig gerecht, wie sie es könnten, wenn man jemandem, der noch nie einen Sonnenaufgang gesehen hat, beschreiben will, wie das Gelb-Rosa-Gold des heutigen Sonnenaufgangs aussah oder sich anfühlte.«

Auch Rudy, der im Alter von sechsundzwanzig Jahren eine Nahtoderfahrung machte, als er sich mit dem Auto überschlug und eine massive Hirnverletzung und mehrere Frakturen erlitt, beschrieb das Verschmelzen mit einer göttlichen Präsenz:

»Ich fand mich in einer weichen, samtigen, reinen, unendlichen Dunkelheit wieder. Ich war mir dieser unendlichen, weiten Dunkelheit bewusster, als mir bewusst ist, was ich Ihnen gerade erzähle. Da war dieses Gefühl der Vollständigkeit. Ich fühlte mich gesammelt und vollständig, aber verwirrt im Denken.

Dann war er plötzlich da: ein funkelnder, weißer Lichtpunkt. Wir nahmen einander bewusst wahr, ein Gefühl der liebevollen, friedlichen Einheit. Seit der Wahrnehmung der Dunkelheit und während der gesamten Erfahrung war gefühlt keine Zeit vergangen. Ab hier wird die Erfahrung noch tiefer und noch schwieriger mitzuteilen. Die einzige Möglichkeit, bedingungslose *Liebe* zu verstehen, besteht darin, sie zu erfahren.

Sobald das Licht präsent war, kam es mir vor, als würde ich damit verschmelzen – auf eine Art mit dem kommunizieren, was ich für das Licht der Liebe halte. Es kommt mir vor, als hätte ich mich auf dieses Licht zubewegt, als sei ich dorthin gereist, davon angezogen worden, als hätte ich mich ihm genähert. Ich weiß, dass ich mit unglaublicher Geschwindigkeit durch die Ewigkeit gereist bin, aber gleichzeitig immer noch ›da war‹. Als ich mich dem Licht näherte, wurde es heller, reinweiß. Das Licht der Liebe war die Summe des ganzen Reichtums aller guten Eigenschaften, die im Laufe der Erfahrung immer tiefer wurden. Friede, innere Ruhe, Harmonie, Einheit, Wohlbefinden, bedingungslose Liebe und Akzeptanz und noch so viel mehr sind Eigenschaften, die ich Gott zuschrieb. Das Licht wurde meine Ganzheit, von einer solchen Pracht und einem derartigen Reichtum, dass ich es nur mithilfe von leeren Definitionen und physischen Metaphern nachvollziehen kann, bis ich es wieder erlebe – Schönheit, die einem den Atem raubt, wenn man nur an die Erfahrung denkt. Ich ging ins Licht. Ich wurde eins mit dem Licht.«

Viele Nahtoderfahrene berichten, sie hätten durch dieses Erlebnis erkannt, dass wir *alle* göttlich sind. Anita Moorjani, deren Körper von Lymphdrüsenkrebs geplagt war, erzählte mir, ihr sei durch ihre Nahtoderfahrung klar geworden, dass wir alle Teil des Göttlichen sind:

»In meiner Erfahrung *wurde* ich selbst zum Ursprung, und es herrschte völlige Klarheit. ... Wegen der Besonderheit meiner Erfahrung habe ich das Gefühl, dass wir im Kern alle eins sind. Wir alle kommen von der Einheit in die Trennung und kehren dann zum Ganzen zurück. Ich bin der Ansicht, dass mir meine Nahtoderfahrung einen Einblick in diese Einheit gab. Ich könnte es als ›Gott‹ oder ›Ursprung‹ oder ›Brahman‹ oder ›Alles, was ist‹ bezeichnen, aber ich denke, verschiedene Menschen haben unterschiedliche Vorstellungen davon, was es bedeutet. Ich nehme das Göttliche nicht als eine von mir oder anderen getrennte Wesenheit wahr. Für mich ist es eher ein Seinszustand als ein eigenständiges Wesen ...

Sobald wir diese Energie mit einem Wort beschreiben – ›Ursprung‹, ›Gott‹, ›Krishna‹, ›Buddha‹ oder was auch immer –, kann es für einige von uns schwierig werden, über diesen Namen hinauszusehen. Diese Begriffe bedeuten für verschiedene Menschen verschiedene Dinge und scheinen auch dem Unendlichen eine Form aufzuzwingen. Mit derartigen Etiketten sind oft bestimmte Erwartungen verbunden, und viele von ihnen halten uns in der Dualität gefangen, sodass wir diese Energie als eine von uns getrennte Wesenheit betrachten. Aber die universelle Energie muss wie unser reiner Bewusstseinszustand grenzenlos und formlos bleiben, damit sie eins mit uns werden kann.«

Vielleicht macht ihr gemischter kultureller Hintergrund den entscheidenden Unterschied zwischen Anita und den meisten Nahtoderfahrenen. Sie wuchs auf bei hinduistischen Eltern in Singapur, wo die dominierenden Religionen Buddhismus, Islam und Hinduismus sind, und lebte dann in Hongkong, wo die dominierenden Religionen Buddhismus, Taoismus und Konfuzianismus sind. Als sie katholische Schulen besuchte, um eine bessere Ausbildung zu bekommen, war sie einer Vielzahl religiöser Metaphern für das Göttliche ausgesetzt. Am anderen Ende des Kontinuums wuchsen einige Nahtoderfahrene ohne jede religiöse Erziehung auf und machten ihre Nahtoderfahrungen als Atheisten, um ihre Überzeugungen dann aufgrund dessen, was sie erlebt hatten, infrage zu stellen.

Beispielsweise erzählte mir Janice Blouse, die einen Herzstillstand hatte, als sie mit achtundzwanzig große Mengen Blut von mehreren Magengeschwüren erbrach:

»Ich war immer eine bekennende Atheistin, aber seit meiner Erfahrung weiß ich, dass es Gott gibt. Er wartete am Ende des Tunnels – das weiß ich irgendwie. Ich spürte einen Frieden und eine Ruhe, die ich nie gekannt hatte. Ich finde es jetzt sehr beruhigend, weil ich weiß, dass unser Geist unseren Körper überlebt und dass das Sterben eine sehr angenehme Erfahrung ist.«

Und Marcia, die sich mit neununddreißig Jahren wegen einer Sepsis in Lebensgefahr befand und zwei Wochen im Krankenhaus lag, beschrieb mir, wie sie ohne ihren Körper durch ein anderes Reich reiste:

»Ich war unterwegs in einem strahlenden Licht. Ich fühlte mich nicht wie eine Person, obwohl ich sehr fundiert denken konnte. Ich fühlte mich absolut im Frieden und zu Hause. Ich bewegte mich schräg nach oben. Ich dachte damals nicht darüber nach, aber jetzt kann ich meine Bewegung beschreiben. Es war, als reiste ich in einem Heißluftballon und ohne jedes Geräusch durch die Luft.

Ich sah die weißen, schweren, wogenden Gewänder von Jesus Christus und wusste, dass dies meine Richtung war. Ich glaube nicht an Jesus Christus, deshalb erinnere ich mich, dass ich verwirrt war. Ich glaube, meine Verwirrung hielt mich davon ab weiterzugehen und unterbrach das Gefühl des vollkommenen Friedens. Der Frieden war immer noch intensiv, und ich wollte dieses Gefühl nicht aufgeben, aber ich kam zurück, weil es zu verwirrend war.

Als ich wieder zu Kräften kam, erinnerte ich mich an meine Erfahrung und spürte auch den absoluten Frieden in meinem Körper und meiner Seele wieder. Ich war mit einem katholischen Vater und einer methodistischen Mutter aufgewachsen und in beiden Religionen erzogen worden. Doch in noch ziemlich jungen Jahren beschloss ich, nicht mehr an Christus oder die Dreifaltigkeit zu glauben. Nach meiner Nahtoderfahrung versuchte ich einmal, in eine methodistische Kirche zu gehen, weinte aber während des gesamten Gottesdienstes. Ich konnte nicht verstehen, warum ich zu Christus geführt wurde, weil ich nicht an ihn glaube. Ich weiß nicht, warum ich diese Erfahrung gemacht habe, aber weil ich diesen ungeheuren Frieden immer noch spüren kann, bin ich froh, dass es geschehen ist.«

Unabhängig davon, ob sie ihre spirituellen Überzeugungen mit einem bestimmten religiösen Glauben in Verbindung bringen oder ob es sich dabei eher um ein unspezifisches Gefühl der Verbindung zum Universum handelt, sagen die meisten Betroffenen, dass sie sich seit ihrer Nahtoderfahrung der Gegenwart von *irgendetwas* Heiligem oder Göttlichem in ihrem Leben bewusst sind. Von den Nahtoderfahrenen, die an meinen Forschungen teilnahmen, gaben mehr als vier von fünf an, an eine höhere Kraft und ein inneres Gefühl der göttlichen Gegenwart zu glauben.

Tanya, die mit einundvierzig nach einer Hysterektomie starke Blutungen und einen Atemstillstand hatte, beschrieb dieses bleibende innere Gespür für das Göttliche so:

»Diese Nahtoderfahrung hat mich nie verlassen und mir die Augen geöffnet für das Leben nach dem Tod, die geistige Welt und das, was sich jeder wirklich fragt, nämlich: ›Gibt es wirklich einen Gott?‹ Ich musste bis auf die Schwelle zum Tod kommen, um mir diese Frage beantworten zu lassen. Ich weiß jetzt, dass es einen Gott gibt und er sich persönlich um jeden von uns kümmert. Wenn es das ist, was ich durchmachen musste, um zu meinem Glauben zu gelangen, danke ich ihm dafür. Ich kann nie wieder die Person sein, die ich vor dieser Erfahrung war.«

Veronica, die mit achtundvierzig ein Nahtoderlebnis hatte, als sich ihre Operationswunde schwer infizierte, erzählte mir eine ähnliche Geschichte:

»Diese Erfahrung hat mein Leben verändert. Sie machte mir bewusst, dass es einen Gott gibt. Seitdem hat das Leben eine besondere Bedeutung für mich. Ich nehme nicht mehr alles für selbstverständlich. Und Gott ist mein bester Freund geworden. Ich verlasse mich auf ihn und suche in allem seinen Rat. Ich bete immer und danke Gott dafür, dass er so gut zu mir ist. Jede Stunde, jede Minute, jede Sekunde ist jetzt so wertvoll, und ich gebe mein Bestes, um anderen Menschen zu helfen. Ich weiß, dass ich von den Toten auferstanden bin, und dafür bin ich ewig dankbar.«

Und Darcy, die mit achtundzwanzig wegen Hepatitis B ins Krankenhaus eingeliefert wurde, beschrieb ihre dauerhafte Beziehung zum Göttlichen seit ihrer NTE wie folgt:

»Während ich im Krankenhaus im Koma lag, erlebte ich mich auf einer Reise in freier Bewegung, ohne dass ich selbst irgendwelche Anstrengungen unternahm. Ich glaube nicht, dass ich schwebte, weil ich das Gefühl hatte, aufrecht zu sein. Ich wurde zu einem intensiven Licht gezogen. Ich hörte Musik und hatte ein intensives Gefühl von Frieden und Ruhe. Mir kam es vor, als würde ich überwältigt von einem extremen Gefühl der Akzeptanz und Liebe. An weltliche Dinge dachte ich nicht. Ich hatte zwei kleine Kinder und einen Ehemann, aber es war, als existierten sie nicht, wo immer ich war.

Ich sah zwei Bilder. Ich denke, das eine könnte Gott gewesen sein und das andere Jesus. Zwischen ihnen fühlte ich mich so geliebt und zufrieden. Sie sprachen miteinander, und es wurde beschlossen, dass ich auf demselben Weg zurückkehren solle, den ich gekommen war, weil ich an jenem anderen Ort eine Aufgabe hatte. Ich ging also zurück, den Blick auf das gerichtet, was vor mir lag.

Mein Leben veränderte sich auf dramatische Weise. Ich habe einen heidnischen Hintergrund, aber seit diesem Nahtoderlebnis erlebe ich immer wieder enge persönliche Begegnungen mit der spirituellen Welt. Gedanken kommen mir in den Sinn, und Worte sprudeln aus meinem Mund, über die ich keine Kontrolle habe, als würde jemand anderes durch mich sprechen. Ich hörte Gott mehr als einmal auf diese Weise laut zu mir sprechen – wenn nicht Gott oder Jesus, dann wen auch immer ich während meines Nahtoderlebnisses sprechen gehört habe. Normalerweise bekomme ich Ratschläge oder Anweisungen.«

Wie Marcia enthielt auch Darcys Nahtoderlebnis Bilder von göttlichen Wesen – Gott und Jesus –, die ihr vertraut waren, obwohl sie zu dieser Zeit keine Christin war. Noch heute geht sie auf Nummer sicher und bezeichnet ihren göttlichen Berater als »wenn nicht Gott oder Jesus, dann wen auch immer ich während meines Nahtoderlebnisses sprechen gehört habe«.

Ich bin ein Wissenschaftler, der es gern mit diesseitigen Beweisen zu tun hat, und religiöse Lehren sind eher nicht so mein Ding. Und weil ich in einem wissenschaftlichen Elternhaus ohne viel Sinn für das Göttliche aufgewachsen war, fühlte ich mich unwohl mit der überwältigenden Anzahl von Nahtoderfahrenen, die ihre Begegnung mit einem numinosen Wesen beschrieben – keineswegs nur, weil dies nicht Teil meines persönlichen Hintergrunds war, sondern auch, weil es mir wie etwas vorkam, was wissenschaftlich nicht verifiziert werden konnte. Wissenschaftler können sich jedoch nicht aussuchen, welche Beweise es wert sind, verfolgt zu werden, und welche ignoriert werden können. Wenn wir behaupten, Skeptiker zu sein, können wir die Beobachtungen, die unserer Weltanschauung widersprechen, nicht einfach ablehnen und diejenigen, die mit unseren Ansichten übereinstimmen, akzeptieren, ohne uns die Daten anzuschauen. Sigmund Freud warnte uns: »Wenn man sich für einen Skeptiker hält, tut man gut daran, gelegentlich auch an seiner Skepsis zu zweifeln.«

Genau wie bei dem, was Betroffene über das Leben nach dem Tod berichten, kann uns die Wissenschaft sagen, was Einzelne übereinstimmend über Gott erzählen, aber die Wissenschaft kann uns zu diesem Zeitpunkt nichts über die *Richtigkeit* dieser Berichte sagen. Und wie bei den Beschreibungen der Betroffenen über das Leben nach dem Tod fällt es mir schwer zu differenzieren, ob diese Darstellungen Gottes ein Spiegelbild kultureller Projektionen sind. Aber meine tief verwurzelte Skepsis hält mich davon ab, die Beschreibungen wörtlich zu nehmen.

Ich sage nicht, dass diese scheinbar göttlichen Wesen unwirklich sind. Aber Betroffene, die versuchen, über ihre Begegnung mit dem Göttlichen im Rahmen ihrer Nahtoderfahrungen zu sprechen, verwenden eine Vielzahl von Bezeichnungen, darunter »Gott«, »Buddha«, »Brahman«, »Krishna«, »Allah«, »Ursprung«, »Alles, was ist« – oder »Guanyin« und »Cernunnos«. Und viele Nahtoderfahrene, etwa Suzanne, Rachel und Anita, geben selbst zu, dass diese Bezeichnungen nicht unbedingt wörtlich genommen werden sollten, sondern eher ein Versuch ihres Gehirns sind, etwas zu verstehen, was sie zwar erlebten, aber mit Worten nicht beschrieben werden kann.

Manche Nahtoderfahrene erkennen die göttlichen Wesen, die sie treffen, und sind überhaupt nicht überrascht, ihnen zu begegnen, wie Julia. Andere erkennen diese Wesen zwar, sind aber recht erstaunt, sie zu sehen, wie Rachel, Janice und Marcia. Wieder andere haben kein Bedürfnis, das göttliche Wesen, dem sie begegnen, zu identifizieren oder zu bezeichnen, wie Suzanne und Anita. Der wichtige Punkt scheint nicht zu sein, wie die Betroffenen die göttlichen Wesen identifizieren oder bezeichnen, sondern wie sie sich in Gegenwart des Göttlichen *fühlen*. Unabhängig davon, wie sie das Wesen nennen oder wie überrascht sie sind, berichten Nahtoderfahrene übereinstimmend von Frieden, Gelassenheit und Ruhe und dem Gefühl, »zu Hause« zu sein, dankbar und vor allem geliebt.

Das andere, worin fast all diese Berichte über Nahtoderfahrungen übereinstimmen, ist, dass sie das Göttliche nach der Begegnung in der Regel als etwas weit Größeres als sich selbst einstuften – selbst wenn sie sich als Teil davon erlebt hatten. Das heißt, auch wenn sie jetzt die eigene Person als göttlich betrachten, erkennen sie, dass sie nur ein kleiner Teil eines viel größeren Göttlichen sind. Viele Nahtoderfahrene beschreiben diesen Zustand mit der Analogie einer Welle im Ozean. Die

Welle ist ein kleiner Teil des riesigen Ozeans. Sie besteht aus demselben Wasser wie der Rest des Ozeans, ist aber auch eine eigenständige Welle mit eigenen Eigenschaften, zumindest für eine Weile. Erinnern wir uns, dass Tracy sagte: »Ein Tropfen aus dem Ozean ist die Essenz des Ozeans, aber nicht der Ozean selbst. Der Ozean ist nicht vollständig, wenn nicht jeder einzelne Tropfen vorhanden ist, aus dem er besteht.«

Zumindest an diesem Punkt musste ich akzeptieren, dass Fragen nach Art und Identität der göttlichen Wesen, die in Nahtoderfahrungen vorkommen, von der Wissenschaft nicht beantwortet werden. Aber welcher Art von Göttlichkeit Menschen auch immer begegnen und wie auch immer sie diese Begegnung interpretieren, es schien einer der tiefgreifendsten Aspekte einer Nahtoderfahrung zu sein. Die Reaktion der Betroffenen auf die Begegnung mit einem göttlichen Wesen und ihre dauerhaften Auswirkungen auf ihr Leben führten mich zu einer größeren Frage, die durchaus wissenschaftlich untersucht werden *kann*. Diese Frage lautete: Was machen die Betreffenden, nachdem sie eine Nahtoderfahrung erlebt haben? Welchen Unterschied bewirkte es, ob eine Person ein Nahtoderlebnis hatte oder nicht? Und diese Frage erwies sich als die wichtigste von allen – zumindest für einen Psychiater.

– 15 –

Das ändert alles

John Migliaccio war in den Collegeferien zu Hause und tauchte an einem stürmischen Julitag vor der Küste von New Jersey. Die See war rau und die Sicht so schlecht, dass er unter Wasser keinen Meter weit sehen konnte. Nach etwa einer halben Stunde fiel ihm das Atmen schwer, ein Zeichen dafür, dass seine Pressluftflasche fast leer war. Ungefähr hundert Meter von der Küste entfernt, nahm er mit den stürmischen Wellen viel Salzwasser auf. Sein Hals fing an zu brennen, und ihm wurde schwindelig, weil er hyperventilierte.

Zu diesem Zeitpunkt nahm John alles nur noch wie im Nebel wahr. Er erinnert sich, dass er fürchtete, er sei zu erschöpft, um weiterzuschwimmen, und dann war er plötzlich hoch über dem Meer und schaute auf einen schwarzen Körper im Wasser hinab:

»Ich empfand absoluten Frieden und innere Ruhe. Ich hatte nichts zu befürchten. Für alles würde gesorgt werden. Ich erinnere mich, dass ich an diesem Punkt fühlte, alles sei vorbei. Und ich fühlte mich sehr friedvoll. Ich hatte das Gefühl, mich ausruhen zu können, nicht mehr schwimmen zu müssen. Es war, wie in einem Pool zu sein und sich nur darin treiben zu lassen. Ich war mir bewusst, dass ich mich allmählich von der Welle treiben ließ. Und danach erinnere ich mich an nichts mehr. Meine letzte körperliche Empfindung war, von den Wogen wieder zurückgetragen zu werden, und danach kann ich mich an nichts Körperliches mehr erinnern. Ich weiß nur noch von einem friedvollen Gefühl – als würde ich mich ganz hingeben. Es war eine Erleichterung. Es war, als würde ich loslassen.

Zwei andere Taucher waren am Strand. Sie zogen mich aus dem Wasser, aber ich atmete nicht mehr. Sie öffneten die Jacke meines Neoprenanzugs und konnten keinen Herzschlag feststellen. Einer gab mir Mund-zu-Mund-Beatmung, ein anderer kniete auf mir und versuchte, mich mit Herzdruckmassage wiederzubeleben.

Ich hatte mich vorher noch nie mit dem Tod beschäftigt. Ich war ja erst siebzehn. Was wusste ich schon? Aber dann machst du so eine Erfahrung und fürchtest dich nicht vor dem Sterben, wenn das Sterben ist, wenn das meine Erfahrung des Sterbens wäre. Weil es nicht schlecht war; es war sogar schön. Es war friedlich. Ich hatte das Gefühl, mitgenommen zu werden, ohne etwas tun zu müssen, ohne mir um irgendetwas Sorgen machen zu müssen. Da war nur das Gefühl der Dunkelheit. Es war angenehm; es war heiterer Gleichmut. Mein Leben ist nicht an mir vorbeigezogen. Ich war nicht im Himmel und auch nicht in der Hölle. Ich war nicht in der Schwebe. Ich bin nirgendwo hingegangen. Ich nenne es ›im Ruhezustand sein‹. Es ist, wie wenn eine Blüte im Frühling sehr langsam vom Wasser eines Bachs durch die Wiesen getragen wird. Nur so kann ich es erklären. Und es war sonnig und hell und friedlich, Vögel haben gezwitschert, und ich sagte: ›Es ist nicht so schlimm, wenn es so ist. Es ist doch gar nicht so schlimm.‹

Diese Erfahrung hatte zwei unmittelbare Auswirkungen. Erstens verstand ich, warum ich noch lebte, zweitens fürchtete ich mich nicht mehr vor dem Tod. Als mein Großvater kürzlich starb, war ich nicht verzweifelt wie andere Mitglieder meiner

Familie. Und ich denke, mein Bewusstsein wird nach dem Tod weiterbestehen.«

Meine Einschätzung zur Bedeutung von Nahtoderfahrungen für die Beziehung zwischen Geist und Gehirn und für das, was letztlich nach dem Tod geschieht, basiert auf jahrzehntelangen Forschungen, aber es ist nur meine Meinung über das, was die Beweise zeigen. Obwohl ich der Ansicht bin, dass ich ziemlich gute Belege habe, um meine Einschätzung zu stützen, weiß ich, dass manche Leute sie möglicherweise anders interpretieren und dass neue Erkenntnisse zeigen können, dass ich falsch liege. Aber es gibt eine Sache, bei der ich sicher bin, dass die Beweise überwältigend sind, nämlich die Auswirkung einer Nahtoderfahrung auf die Einstellungen, Überzeugungen und Werte des Menschen, der sie gemacht hat. Wenn Sie nur eine Information aus diesem Buch mitnähmen, würde ich mir wünschen, dass es die Würdigung der transformativen Kraft dieser Erfahrungen ist. Sie kann das Leben der Menschen verändern.

Fragte ich Nahtoderfahrene, wie sich diese Erfahrung auf sie ausgewirkt habe, lautete ihre spontane Antwort fast immer wie die von John, nämlich dass sich dadurch ihre Einstellung zum Tod geändert hat. Meine und andere Forschungen zeigen auf, dass Menschen wie John deutlich weniger Angst vor dem Tod haben als solche, die beinah gestorben wären, aber kein Nahtoderlebnis hatten. Diejenigen mit einer solchen Erfahrung haben tendenziell weniger Angst vor dem »Jenseits« und dem Sterben und weichen dem Thema »Tod« weniger oft aus. Im Gegenteil, sie sehen ihn oft als Tor zu einer anderen Art von Leben. Von allen, die an meiner Forschung teilnahmen, gaben sechsundachtzig Prozent an, seit ihrem Nahtoderlebnis weniger Angst vor dem Tod zu haben. Selbst Betroffene wie John, die nicht erzählen, sie seien im Himmel gewesen oder hätten Gott gesehen, stützen die Überzeugung, dass es keinen Grund gibt, den Tod zu fürchten, wenn er kommt.

Auch Sarah beschrieb, wie sie im Tod Trost fand, als sie mit dreiundzwanzig bei der Geburt ihres Kindes fast verblutet wäre:

»Meine Erfahrung wird immer bei mir sein. Ich war dem Tod nicht *nah* – ich war *tot*, klinisch tot, und dafür gibt es medizinische Beweise. Seitdem war der Tod oft eine Quelle des Trostes für mich. Ich lernte, meine Lebensweise zu ändern, indem ich meine chronische Krankheit akzeptierte. Aber ich hatte selbst in meiner schlimmsten Zeit nie Angst zu sterben. Dieser Mangel an Angst steigerte meiner Meinung nach meine Lebensfreude um ein Hundertfaches.

Als bei mir später während und nach einer Operation Krebs diagnostiziert wurde, vergaß ich nie, wie es sich anfühlt, tot zu sein. Mein Tod tat mir nicht weh, verbesserte aber mein Leben stark. Weil ich jetzt weiß, dass ich beschützt und willkommen geheißen werde, dass das Sterben schön und absolut friedlich ist, fürchte ich mich nicht. Die Wärme, der Sog, die Willkommensumarmung im Tunnel sind immer bei mir.

Bei mir gab es keinen Übergang. Ich sah nicht, wie ich meinen Körper verließ und nach oben schwebte. Ich war einfach dort, im Tunnel und am Ende des Tunnels. Das Sterben war schön, friedlich und elegant. Ich war tot. Ich kenne die Wahrheit. Und ich fürchte mich nicht.«

Und George erzählte mir, dass er seine Nahtoderfahrung nach einem Herzstillstand im Alter von neunundvierzig Jahren nutzte, um andere zu trösten, die auf der Schwelle zum Tod standen:

»Ich kann nur sagen, dass ich keine Angst und ein starkes Gefühl des Friedens hatte. Wenn das der Tod ist, müsste ich sagen: ›Warum sollte man ihn fürchten?‹ Ich habe weder eine heilige Gestalt auf der ›anderen Seite‹ gesehen noch Verwandte, die mir eine helfende Hand reichten, wie andere mir berichteten. Aber ich wollte nicht zurückkommen. Obwohl ich weder religiös bin, noch an Himmel oder Hölle glaube, denke ich jetzt, dass wir irgendwie in einen anderen Zustand übergehen. Was immer dieser Übergangszustand auch sein mag, er war mit einem so angenehmen Gefühl verbunden, dass ich mir fast wünsche, ihn noch einmal zu erleben. Auf jeden Fall habe ich nicht mehr die gleiche Angst vor dem Sterben.

Diese Erfahrung veränderte mein Leben in mehrfacher Hinsicht. Als Leiter des Sozialdienstes eines Krankenhauses hatte ich das Gefühl, dass die Nahtoderfahrung es mir ermöglichte, besser mit den Ängsten vor sterbenden Patienten umzugehen. Im Moment bin ich bereit, das Leben zu genießen, wo es erfreulich ist. Aber ich glaube nicht, dass eine Woche vergeht, in der ich mich nicht frage: ›Was ist jenseits des hellen Lichts?‹«

Die Psychologin Marieta Pehlivanova und ich versuchten herauszufinden, welche besonderen Merkmale von Nahtoderfahrungen mit einer veränderten Einstellung zum Tod in Verbindung stehen. In einer Stichprobe von mehr als vierhundert Menschen mit Nahtoderfahrung gab es eine Verbindung zwischen der Begegnung mit einem göttlichen oder gottähnlichen Wesen und einer erhöhten Akzeptanz des Todes und weniger Angst vor dem Tod. Auch die Begegnung mit verstorbenen Angehörigen, ein strahlendes Licht und Freude in der Nahtoderfahrung standen mit der Akzeptanz des Todes in Verbindung. Auch das Gefühl, eins mit dem Universum zu sein, konnte in Korrelation mit einer verminderten Todesangst gebracht werden. Zu meiner Überraschung stand das Gefühl, den Körper zu verlassen, in keinem wesentlichen Zusammenhang mit der Einstellung zum Tod. Ich hatte erwartet, dass eine extrakorporale Erfahrung die Angst der davon Betroffenen vor dem Tod verringern würde – und andere Forscher hatten dies ebenfalls vermutet. Doch das schien nicht der Fall zu sein.

Dieses Tröstliche, das Menschen nach einem Nahtoderlebnis mit dem Gedanken an den Tod in Verbindung brachten, veranlasste mich als Psychiater, über Menschen nachzudenken, die einen Suizidversuch und eine Nahtoderfahrung hinter sich hatten. Es schien mir, dass der Verlust der Angst vor dem Tod »Freitode« bei entsprechend Gefährdeten noch wahrscheinlicher machen könnten. Doch das war bei Joel, den ich am Tag nach seinem Selbsttötungsversuch an seinem Krankenbett besuchte, nicht der Fall. Joel hatte starke körperliche Schmerzen und wollte unbedingt aus seinem geplagten Leben heraus, aber er hatte befürchtet, er würde in der Hölle landen, wenn er sich umbrachte. Irgendwann war sein Schmerz jedoch so unerträglich geworden, dass er trotzdem eine Überdosis Medikamente nahm und dann zu seiner Überraschung eine friedliche Nahtoderfahrung durchlebte. Als er mir am nächsten Tag davon erzählte, fragte ich ihn, welche Gefühle diese Erfahrung in ihm weckten.

»Ich habe jetzt eine ganz andere Vorstellung vom Tod«, sagte er und schüttelte den Kopf. »Der Tod war die reinste Glückseligkeit. Ich kann es nicht beschreiben. Aber ich kann Ihnen sagen, es ist definitiv etwas, worauf ich mich freue.«

»Erzählen Sie mir davon«, sagte ich.

»Früher hatte ich Angst vor dem Tod«, fuhr er fort, »und vor allem, was bis in alle Ewigkeit mein Schicksal sein würde, wenn ich mich umbrachte.« Er machte eine Pause und fuhr dann fort: »Aber ich habe versucht, mich umzubringen, und es war überhaupt nicht so, wie ich es erwartet hatte. Mir wurde gesagt, dass ich einen Fehler gemacht habe, aber trotzdem geliebt werde. Ich bin nicht zur Hölle gefahren. Ich war irgendwo ... Nun, ich weiß nicht genau, wo. Ich denke, man muss es himmlisch nennen.«

»Jetzt sehen Sie den Tod als etwas, worauf Sie sich freuen können, und nicht als etwas, das Sie fürchten müssen«, fasste ich zusammen.

»Darauf können Sie wetten«, sagte er und nickte. »Ich kann Ihnen nicht alles erzählen, was passiert ist, aber ich kann sagen: Ich kann es kaum erwarten, wieder dorthin zurückzukehren.«

»Sie denken also wieder über Suizid nach?«, fragte ich.

»O Gott, nein!«, sagte er mit Nachdruck. »So habe ich das nicht gemeint. Ich würde das nie wieder versuchen. Meine Überdosis war ein Fehler, aber ich wurde zurückgeschickt ... für einen neuen Versuch.«

»Helfen Sie mir, das zu verstehen«, sagte ich vorsichtig. »Sie sind zurück in Ihrem Körper, mit Schmerzen, gegen die Ärzte scheinbar nichts machen können – Schmerzen, die so schlimm sind, dass Sie deswegen sterben wollten. Was hält Sie jetzt davon ab, noch einmal alles zu beenden?«

»Es stimmt, dass ich keine Angst mehr vor dem Tod habe«, sagte er, »aber ich habe auch keine Angst mehr vor dem Leben. Ja, ich habe immer noch große Schmerzen und sehe derzeit keinen Ausweg. Aber ich sehe auch, dass mir meine Schmerzen und mein Leid aus einem bestimmten Grund gegeben werden. Ich sehe jetzt, dass alles, was passiert, eine Bedeutung hat und dass alle unsere Probleme einen Sinn haben.«

Er hielt inne und trank einen Schluck Wasser aus der Tasse neben seinem Bett. »Ich wurde aus einem bestimmten Grund zurückgeschickt. Ich habe hier eine Aufgabe zu erledigen. Der Schmerz ist etwas, mit dem umzugehen ich lernen muss, nicht etwas, dem ich entkommen muss.« Er machte eine Pause, als wolle er meiner Reaktion entnehmen, ob er noch mehr sagen sollte. Dann fuhr er fort: »Ich verstehe jetzt, dass ich mehr als eine Ansammlung von Molekülen bin. Ich habe eine tiefe Verbindung zu allem anderen im Universum. Die Probleme dieses Hautbeutels sind nicht so wichtig. Es hat einen Sinn und einen Zweck, wieder hier in diesem Körper zu sein.«

Joel legte den Kopf schief und schaute mich an. »Sie sind nicht überzeugt, was?«, fragte er.

Ich zuckte mit den Schultern. »Ich bin Psychiater. Ich nehme Suizid sehr ernst«, sagte ich. »Sie haben gestern Nacht versucht, sich umzubringen. Sie haben überlebt – trotz aller Widrigkeiten –, und Sie stehen immer noch unter dem Schock dessen, was Sie erlebt haben, und unter dem Schock, wieder hier zu sein.« Ich machte eine Pause und sprach dann weiter: »Was Sie gerade sagen, ist beruhigend, aber Sie befinden sich immer noch in einer sehr vulnerablen Situation. Lassen Sie uns noch weitere Gespräche führen und sehen, wie sich die Dinge im Laufe der Zeit entwickeln.«

Wir setzten unsere Gespräche noch ein paar Tage lang fort. Dann wurde er aus dem Krankenhaus entlassen und begab sich bei einem Kollegen von mir in Psychotherapie. Sein Schmerz ist nie weggegangen, aber er hat auch nie wieder versucht, sich umzubringen.

Die Veränderung in Joels Einstellung war nicht einzigartig. Erinnern Sie sich an Henry, der sich wegen unerträglicher Trauer in den Kopf schoss und dann ein Nahtoderlebnis hatte, in dem er seine Mutter sah, die ihn im Himmel willkommen zu heißen schien? Diese Vision schien seine Trauer zu lindern und machte den Suizid zu meiner Überraschung für Henry nicht attraktiver. Er drückte es so aus: »Jetzt denke ich überhaupt nicht mehr an all das. Ich vermisse Mama immer noch, aber jetzt bin ich froh, dass ich weiß, wo sie ist.«

Meine Untersuchungen von Patienten, die einen Suizidversuch gemacht hatten, zeigten, dass etwa ein Viertel von ihnen dabei ein Nahtoderlebnis hatte. Diejenigen, bei denen dies der Fall war, sind nach dem Ereignis weniger gefährdet als diejenigen, die zwar einen Suizidversuch, aber keine Nahtoderfahrung hinter sich haben. Dies scheint paradox zu sein, da Nahtoderfahrungen in der Regel zu einer positiveren Einstellung zum Tod führen und die Angst vor dem Sterben verringern. Nachdem ich jahrzehntelang einen psychiatrischen Notdienst betrieben und vielen Menschen im Umgang mit ihren Suizidgedanken zu helfen versucht hatte, verblüffte mich diese Entdeckung. Alle Studien zu diesem Thema – meine eigenen und die von anderen Forschern – sind jedoch zu dem gleichen Ergebnis gekommen: Nahtoderfahrungen verringern Suizidgedanken.

Sobald ich diesen paradoxen Effekt erkannt hatte, fragte ich Patienten, die im Rahmen eines Suizidversuchs ein Nahtoderlebnis hatten, nicht nur, ob und wie sich ihre Gedanken über den Tod veränderten, sondern auch, *warum*. Sie gaben mir eine Vielzahl von Erklärungen, aber ich fand einige gemeinsame Themen in ihren Berichten. Sie erzählen am häufigsten, diese Erfahrung habe bewirkt, dass sie sich jetzt als Teil von etwas Größerem empfinden. Vor diesem Hintergrund scheinen ihre individuellen Verluste und Probleme weniger wichtig zu sein. Sie schätzen sich jetzt eher dafür, wer sie sind, als für ihre Umstände. Sie glauben jetzt mehr, dass das Leben bedeutungsvoller, kostbarer und angenehmer ist, als vor ihrem Suizidversuch, und sie fühlen sich lebendiger als zuvor. Viele bringen ihr gesteigertes Selbstwertgefühl und ihr sinnvolleres

Leben mit ihrer Überzeugung in Verbindung, dass der Tod nicht das Ende ist, und mit ihrem Gefühl der Verbundenheit mit anderen Menschen.

Und es stellte sich etwas heraus, was nicht nur für Leute gilt, die sich das Leben nehmen wollten, sondern auch für die meisten Nahtoderfahrenen: Die Angst vor dem Tod zu verlieren bedeutet, auch die Angst vor dem Leben zu verlieren. Es bedeutet, nicht mehr ständig alles unter Kontrolle haben zu müssen, mehr Risiken einzugehen und das Leben in all seiner Pracht genießen zu können. Im Laufe der Jahre bekam ich immer wieder zu hören, dass keine Angst vor dem Tod mehr zu haben oft zu mehr Wertschätzung des Lebens führt, und zwar ungeachtet der äußeren Umstände.

Glen erlitt mit sechsunddreißig einen schweren Stromschlag, als seine Bohrmaschine einen Kurzschluss hatte, während er auf einer vier Meter hohen Metallleiter stand. Auch er erlebte eine Nahtoderfahrung, die seine Sicht auf das Sterben veränderte:

»Ich habe diese Erfahrung 1973 gemacht, und sie ist mir immer noch in Erinnerung, als sei es heute Morgen geschehen. Ich fürchte mich nicht vor dem Sterben, nur davor, die negativen Teile meines Lebens nicht korrigieren zu können. Ich sehe dem Tod als etwas entgegen, was Freiheit und ein neues Leben bringt.

Dieses Dasein ist ein Schatten der nächsten Lebenserfahrung. Mein Leben ist jetzt viel reicher und macht mehr Spaß. Ich sehe so etwas wie Humor oder spüre, wie mir ein Lachen den Hals hinaufperlt, selbst wenn die meisten Menschen in einer äußerst ernsten Situation traurig sind oder weinen. Ich weiß, dass wir Verletzungen und Niederlagen hinnehmen müssen, um unsere Freiheit zu gewinnen. Wenn wir genug gelernt haben, werden wir frei von dieser Welt sein.

Am deutlichsten erinnere ich mich daran, was mir am wichtigsten war: Frieden und Freiheit von meinem physischen Körper. Wie ein Gewicht, das so lange getragen wurde, war seine Entfernung so etwas wie ein Versprechen für meine geistige Zukunft, wenn ich wirklich einmal sterbe, weil niemand da sein wird, um mir zu helfen. Das ist in Ordnung. Ich fürchte mich nicht mehr vor dem Tod, nur vor Schmerzen und dem Alterungsprozess und dem Verschleiß von Teilen meines Körpers.«

Katie hatte ein Nahtoderlebnis, als sie mit dreißig Jahren fast ertrank, weil ihr »Closed-Deck«-Kanu in einen Wirbel geraten und so umgedreht worden war, dass sie nicht mehr aus der Spritzdecke des Boots herauskam. Sie beschrieb, wie sie sowohl ihre Angst vor dem Tod verlor als auch eine gesteigerte Lebensfreude gewann:

»Es schien, als sei in dem Moment, in dem ich das ganze Wasser schluckte, jeder Muskel, jede Faser und jeder Gedanke in meinem Körper vollkommen entspannt, und alles fühlte sich so gut an. *So* entspannt, aber immer noch so *bewusst* zu sein kam mir seltsam vor, aber ich akzeptierte es voll und ganz. Ich wollte es. Ich hatte das Gefühl, dass dies meine Zeit war.

Ich glaube, diese Erfahrung veränderte mein ganzes Leben. Ich denke an sie zurück als eine gute Erfahrung, aus der ich gelernt habe. Ich denke, dass man keine Angst vor dem Tod haben muss, dass der Tod tatsächlich eine schöne Erfahrung sein kann. Er hat mich dazu gebracht, all die kleinen Dinge um mich herum zu genießen, mein Leben wirklich zu leben, mir jeden Tag Zeit zu nehmen, um innezuhalten, zu schauen und zuzuhören, mir einfach die Zeit zu nehmen, etwas zu sehen, wirklich zu sehen, wie zum ersten Mal.

Ich sage vielleicht: ›Oh, die erste Tulpe des Frühlings ist aufgeblüht‹, aber ich nehme mir auch die Zeit, sie genau anzuschauen, zu berühren und einfach eine Weile zu genießen. Es macht mir große Freude, etwas nur anzuschauen, zu genießen und zu staunen, wie wunderbar und komplex das Leben ist. Alles ist wesentlich vielschichtiger geworden.«

Peggy machte mit fünfundvierzig Jahren eine Nahtoderfahrung, als es während einer Hysterektomie zum Herzstillstand kam. Auch sie beschrieb den Verlust ihrer Angst vor dem Tod und ihren Vorsatz, jeden Tag voll und ganz zu leben:

»Während meine Gebärmutter entfernt wurde, verlangsamte sich mein Herzschlag und setzte anschließend ganz aus. Ich hatte auch keinen Puls mehr. Der Anästhesist hörte, wie der Monitoralarm darauf hinwies, dass ich eine Nulllinie hatte, und er dachte, mit dem Monitor sei etwas nicht in Ordnung. Er überprüfte alles und stellte fest, dass mein Herz aufgehört hatte zu schlagen und ich auch keinen Puls mehr hatte. Er rief dem Gynäkologen zu, die Operation abzubrechen, und leitete die Wiederbelebung ein.

In der Sekunde, in der mein Herz stehen blieb, öffnete ich die Augen und befand mich in strahlend weißem Licht. Angst zu haben lag mir absolut fern. Ich spürte noch nie in meinem Leben so viel Frieden, Freude, Zufriedenheit, bedingungslose Liebe und totale Akzeptanz! Nichts auf dieser Erde ist vergleichbar mit der Liebe, die ich empfand. Sogar das Licht schien vor Goldstaub zu funkeln, der sich wie Liebe anfühlte. Dort zu sein war das wunderbarste, friedlichste, wohlbehütetste Gefühl. Mein Herz war so voller Freude, dass ich dachte, es platzt gleich. Ich wollte diesen Ort nie wieder verlassen. Es gab kein Zeitgefühl. Zwei Sekunden hätten nach allem, was ich wusste, zwei Tage sein können. Ich wollte einfach nicht, dass es jemals endet.

Das war es, was ich mehr als alles andere wollte, aber etwas ließ mich zögern – meine Familie vielleicht oder auch nur, dass ich noch etwas zu erledigen hatte. Ich weiß es nicht. Sie erzählen mir, der ganze Vorfall habe weniger als eine Minute gedauert. In dieser Zeit konnte ich einen Blick auf die andere Seite werfen und auf das, was mich dort erwartet. Liebe ist das schönste Geschenk, das jeder geben oder empfangen kann. Wir alle müssen unsere Beziehungen pflegen und denen, die uns wichtig sind, unsere Liebe zeigen. Ich sehe, wie zerbrechlich und kurz das Leben ist, also versuche ich jetzt, jeden Tag voll und ganz zu leben. Ich freue mich auf das Sterben und habe überhaupt keine Angst davor. Es wird passieren, wenn ich nach Hause gehen kann, wo ich herkomme. Ich weiß, dass Gott immer bei mir ist. Ich habe einen großen Frieden und eine große Freude in meinem Herzen, die vorher nicht da waren, und neue Lebenslust.«

Diese weitreichenden und lang anhaltenden Auswirkungen von Nahtoderfahrungen auf das Leben der Menschen waren das am meisten Überraschende und doch Durchgängigste an jenen Erfahrungen. Im Laufe der Jahre lernte ich viele Menschen mit Nahtoderfahrung kennen, die mir nicht wesentlich anders vorkamen als alle anderen. Und dennoch bestanden sie darauf, bezüglich ihrer Einstellungen und Überzeugungen eine grundlegende Veränderung durchgemacht zu haben. Als Psychiater wusste ich genau, wie schwierig es sein kann, jemandem zu helfen, bescheidene Veränderungen in seinem Leben vorzunehmen. Dafür sind oft Wochen, Monate oder Jahre intensiver Arbeit erforderlich. Und doch behaupteten die Betreffenden, ihr Nahtoderlebnis habe ihr Leben in Sekundenschnelle verbessert.

Als ich anfing, mich mit Nahtoderfahrungen zu beschäftigen, war ich wie gesagt skeptisch, ob diese Berichte korrekt sein konnten, und widmete viele Jahre der Dokumentation der ganzen Bandbreite ihrer Nachwirkungen. Es wurde mir jedoch schnell klar, dass Menschen, die im Rahmen ihrer NTE eine andere Wirklichkeit sehen oder eine andere Sicht auf die Wirklichkeit haben, anschließend für immer verändert sind. Sie betrachten die Welt ihrer Erfahrung weiterhin als »realer« denn unsere alltägliche materielle Welt. Und sie können und wollen sie nicht hinter sich lassen und zu den Einstellungen, Werten und Verhaltensweisen zurückkehren, die sie vor dieser Erfahrung hatten. Neunzig Prozent der von mir untersuchten Personen gaben an, dass sich ihre Einstellungen und Überzeugungen durch ihr Nahtoderlebnis geändert haben. Und mehr als die Hälfte sagte, dass sich die Auswirkungen im Laufe der Zeit immer stärker bemerkbar machten. Zwei Drittel fühlten sich durch das alles besser, sie befanden sich in einer besseren Grundstimmung. Und drei Viertel sagten, sie seien ruhiger und hilfsbereiter als vor ihrem Erlebnis.

Nach einer Nahtoderfahrung verglichen mehrere der Betroffenen ihre neue Sicht auf die Welt mit Allegorien wie dem Spaziergang in einer regnerischen Nacht, die so dunkel ist, dass man kaum die Hand vor Augen sieht. Und dann erhellt plötzlich ein Blitz den Himmel, und sie erkennen die Straße, die Bäume und alles andere in ihrem unmittelbaren Umfeld. Sobald dieser kurze Blitz vorbei ist, befinden sie sich wieder im Dunkeln. Aber obwohl sie nicht mehr sehen können, was um sie herum ist, erinnern sie sich an das, was der Blitz ihnen offenbart hat, und können nicht leugnen, dass die Straße und die Bäume immer noch da sind.

Mehrere Forscher haben bei Nahtoderfahrenen durchgängige Veränderungen in der Selbstwahrnehmung, der Beziehung zu anderen und der Lebenseinstellung festgestellt. Sie kehren von ihrem Nahtoderlebnis mit einem neuen oder gestärkten Glauben an ein Leben nach dem Tod zurück, dem Gefühl, von einer höheren Macht geliebt und geschätzt zu werden, einem gesteigerten Selbstwertgefühl und einem neuen Sinn für ihre Lebensaufgabe oder ihre »Mission«. Dieser neue Sinn für die Lebensaufgabe hängt oft mit der Erfahrung zusammen, zurückgeschickt worden zu sein oder die Entscheidung getroffen zu haben, ins Leben zurückzukehren, um noch einiges zu erledigen. Nahtoderfahrene kehren in der Regel mit dem Gefühl zurück, dass wir alle Teil von etwas Größerem sind.

Sie scheinen mehr Mitgefühl und mehr Interesse an anderen zu haben sowie ein Gefühl der Verbundenheit – den Wunsch, ihnen zu dienen –, was oft in stärkerem Maße zu altruistischem Verhalten führt. Nahtoderfahrene neigen dazu, sich als integraler Bestandteil eines wohlwollenden und zielgerichteten Universums zu verstehen, in dem persönlicher Gewinn, insbesondere auf Kosten anderer, keine akzeptable Option mehr ist. Sie berichten auch von mehr Verständnis, Akzeptanz und Toleranz für ihre Mitmenschen.

Die persönlichen Veränderungen, die mit Nahtoderfahrungen in Verbindung gebracht werden, gehen wie gesagt auch über das hinaus, was wir bei Menschen sehen, die dem Tod nah waren, aber kein solches Erlebnis hatten. Auch wenn viele, die fast gestorben wären, das Leben mehr wertschätzen als früher, werden diejenigen, die keine NTE gemacht haben, oft ängstlicher und depressiver, ziehen sich von sozialen Aktivitäten zurück und leiden unter posttraumatischen Stresssymptomen. Sie reagieren auf die Begegnung mit dem potenziellen Tod oft, indem sie vorsichtiger werden und weniger Risiken eingehen. Auf der anderen Seite entwickeln diejenigen, die ein Nahtoderlebnis hatten, mehr Lebensfreude, wissen die Natur und Freundschaften mehr zu schätzen und leben intensiver im Moment, ohne sich groß darum zu kümmern, was andere von ihnen denken mögen.

Ich sprach mit Menschen um die neunzig, die eine solche Erfahrung als Kinder gemacht haben. Sie sagen immer wieder, dass ihre Nachwirkungen heute so stark sind wie vor vielen Jahrzehnten. Der Psychologe Kenneth Ring entwickelte den ersten objektiven Maßstab für eine Veränderung der Lebensweise nach einer Nahtoderfahrung, den er als »Life Changes Inventory« bezeichnete. Ich setzte diesen Fragenkatalog seit den frühen Achtzigerjahren bei Menschen ein, die ein Nahtoderlebnis hatten. Zwanzig Jahre später machte ich dieselben Nahtoderfahrenen ausfindig und ließ sie das Life Changes Inventory erneut ausfüllen, um festzustellen, ob die in den Achtzigerjahren angegebenen Veränderungen noch so stark waren. Die Ergebnisse waren verblüffend.

Am positivsten veränderte sich nach einer Nahtoderfahrung die Einstellung zum Tod, zur Spiritualität und zum Leben sowie das Gefühl für Sinn und Zweck des eigenen Lebens. Etwas weniger, aber immer noch deutlich verbessert war die mitfühlende Haltung anderen Menschen und sich selbst gegenüber. Die positive Einstellung zur Religion und zu sozialen Themen intensivierte sich nur geringfügig. Und die Haltung weltlichen Dingen gegenüber war negativer als vor der Nahtoderfahrung. Alle diese Änderungen waren nach Ablauf der zwanzig Jahre praktisch identisch. Seit der ersten Befragung der Betroffenen gab es keine wesentlichen Veränderungen.

Diese Beobachtungen tiefgreifender Persönlichkeitsveränderungen nach Nahtoderfahrungen sind nicht neu. Sir Benjamin Brodie, leitender Chirurg unter Queen Victoria und Präsident des Royal College of Surgeons of England, schrieb im 19. Jahrhundert über einen Seemann, der vor dem Ertrinken gerettet worden war: »In einem Fall verkündete ein Seemann, der aus den Wellen gerissen worden war, nachdem er eine Zeit lang bewusstlos an Deck des Schiffes gelegen hatte, bei seiner

Genesung, er sei im Himmel gewesen, und beklagte sich bitter über das große Ungemach, wieder zum Leben erweckt worden zu sein. Der Mann galt als Nichtsnutz, aber nach dem Unfall hat sich sein moralischer Charakter geändert, und er wurde einer der gesittetsten Seeleute auf dem Schiff.«

Hunderte von Menschen haben mir nach ihren Nahtoderfahrungen von umfassenden Veränderungen in Einstellungen, Werten und Überzeugungen berichtet. Einige drückten sich sehr einfach, andere sehr eloquent aus. Doch persönlich am meisten berührte mich ein Brief, der mich erreichte, nachdem mich Greg Jackson für eine Late-Night-Show in Detroit interviewt hatte. Er stammte von einer älteren Dame, die mir die Auswirkungen ihrer Nahtoderfahrung mitteilen wollte:

> *Lieber Dr. Greyson,*
> *Ihr Beitrag in »The Last Word« hat mir wirklich gefallen. Ich habe angerufen, aber die Leitungen waren alle besetzt ... Der Herr hat mich 1973 gesegnet ... Gegen sechs Uhr morgens kam der Herr herein und brachte mich in den Himmel, um ihn mir zu zeigen. Herr, erbarme dich, es war so ein friedlicher Ort. Ich wollte nicht zurückkommen. Ich habe meinen Körper dort liegen und auf mich warten gesehen. Ich bat ihn immer wieder, mich bleiben zu lassen. Er sagte Nein, ich muss zurück. Ach, wissen Sie, Doktor, da fällt Ihnen nichts auf der Erde ein, das ist wirklich ein Erlebnis ... Ich war so schockiert, Doktor. Aber ich wünschte, er hätte mich behalten. Oh, was für ein Tag. Da ist keine Angst vor dem Sterben.*
> *Ich glaube, niemand will von dort zurückkommen. Aber, Doktor, ich habe es meinem Pastor und meinem Mann erzählt. Ich glaube, sie dachten, ich wäre verrückt.*

Aber sie können denken, was sie wollen. Denn ich weiß, dass ich dort war. Ich weiß nicht, wohin ich gehe … Aber, Doktor, ich wurde gesegnet, der Herr hat mir einfach seinen Segen gegeben und es mich sehen lassen. Ich lobe ihn jeden Tag dafür. Er hat mich auf Dinge in meinem Leben vorbereitet, die noch kommen. Der Himmel ist da, ich weiß, dass er da ist. Mir stand der Mund offen vor lauter Freude. Du bist ein neuer Mensch. Es bringt dich dazu, richtig zu gehen. Es bringt dich dazu, richtig zu sprechen. Es bringt dich dazu, alle anderen richtig zu behandeln. Es ist etwas anderes, wenn man erst einmal dort war. Du siehst das Leben anders. Materielles zählt nicht mehr. Dir gefällt einfach jeder. Du findest einen Grund für jeden Fehler eines Menschen. Er bringt dich ihm näher. Dr. Greyson, ich wollte Ihnen nur schreiben, um Ihnen zu sagen, dass es real ist … Ich weiß nicht, was Sie denken, aber Gott weiß, es ist wahr, ich war in seiner Hand.

Katherine

Wie auch aus Katherines Brief hervorgeht, waren Änderungen der Einstellung nach ihrer Nahtoderfahrung für viele Betroffene nur die Spitze des Eisbergs. Unter der Oberfläche befand sich ein tieferes und innigeres Bewusstsein für Sinn und Zweck des Lebens und ein Gefühl der Verbundenheit mit etwas Größerem. Ich fand diese Nachwirkungen äußerst überzeugend, tat mich aber schwer mit dem, was sie bedeuteten.

– 16 –

Was hat das alles zu bedeuten?

Christine, eine erfolgreiche Geschäftsfrau, machte mit siebenunddreißig eine Nahtoderfahrung, als ihr Herz aufgrund eines Infarkts zehn Minuten lang stillstand. Sie war in einer christlichen Familie aufgewachsen, die »hin und wieder« zur Kirche ging. Als sie ihre eigenen Kinder erzog, spielte das Christentum eher eine nachgeordnete Rolle in ihrem Leben, und sie ging mit ihnen nur dann in die Kirche, »wenn es gerade passte«. Sie war zum Workaholic geworden und machte sich permanent um alles und jeden Sorgen. Sie bezeichnete sich selbst als ehedem aggressive Zeitgenossin und hatte in all den Jahren der Plackerei und Sorge einen hohen Blutdruck entwickelt. Sie beschrieb, wie ihre Nahtoderfahrung all das veränderte:

»Ich hatte plötzlich Schmerzen in der Brust. Innerhalb einer Stunde war ich im Krankenhaus. Der Arzt teilte meinem Mann mit, ich hätte einen Herzinfarkt gehabt. In der Nacht blieb mein Herz siebenmal stehen, das letzte Mal mindestens zehn Minuten lang. Sämtliche Worte unserer Sprache sind nicht hinreichend, um die Komplexität dieser Erfahrung auch nur annähernd zu beschreiben. Wenn ich jemandem mitteilen möchte, was da geschehen ist, glaube ich, nach Begriffen zu suchen, die einfach nicht verfügbar sind.

Ich hatte das Gefühl, in eine Million oder mehr Lichter gezogen zu werden, die schönsten, hellsten und am herrlichsten funkelnden Lichter. Dies war kein beängstigendes, sondern ein ganz natürliches Gefühl. Mein Leben seit der Kindheit zog an mir vorbei, als würde ich ein Buch ganz schnell durchblättern. Ich schien alles zu wissen und zu verstehen – das Warum, das Wann und das Wo. Dann sah ich dieses große Licht, wie einen Scheinwerfer mit einem Wesen darin, als ob es das Licht wäre. In Gegenwart dieses Wesens, das Gott war, waren meine Gefühle freudig, tröstlich, friedlich und schön. Es war, als wäre ich dort angekommen, wo ich hingehöre – ein unbeschreibliches Gefühl der Ganzheit und des Glücks. Ich wollte bei ihm bleiben, mehr, als ich jemals etwas in meinem Leben gewollt hatte. Es war absolute Zufriedenheit. Ich streckte meine Hand nach ihm aus, und er streckte mir seine Hand entgegen. Kurz bevor er meine Hand nahm, sagte er: ›Deine Kinder brauchen dich.‹ Als er das sagte, wollte ich sofort, was er wollte, und anscheinend wollte er, dass ich zurückkomme. Also nahm ich seine Hand nicht, weil er es nicht wollte.

Diese Erfahrung hat mein Leben verändert. Ich bringe jetzt tief empfundene bedingungslose Liebe und Verständnis für fast jeden auf. Dinge, die mich früher geärgert oder verrückt gemacht haben, tangieren mich gar nicht mehr. Ich mache mir um nichts Sorgen. Ich habe immer noch Interesse an allem, mache mir aber keine Sorgen mehr. Das Wichtigste in meinem Leben ist nicht, das zu tun, was ich nach Ansicht anderer Leute tun sollte, sondern das, was Gott meiner Meinung nach von mir verlangt. Meine Aufgabe besteht darin, Menschen wissen zu lassen, dass es ein anderes Leben gibt, und mich um meine Familie zu kümmern.

Vor meinem Nahtoderlebnis war ich sehr angriffslustig und wollte alle Güter besitzen, die das Leben so zu bieten hat. Ich war zu stolz, hatte ein sehr aktives Temperament, war von allem Möglichen voreingenommen und bestrebt, so viel wie möglich unter Kontrolle zu bringen. Ein Nein als Antwort wollte ich unter keinen Umständen akzeptieren. Wenn ich abschlägig beschieden wurde, war das, als würde eine rote Fahne geschwenkt, und ich stürmte in den Kampf. Ich war auch eine Perfektionistin, also arbeiteten Menschen nicht gern für mich.

Soziale Arbeit hatte keinen Platz in meinem Leben. Ich wollte am liebsten überhaupt nicht von irgendjemandem behelligt werden. Ich hatte keine Zeit für andere. Wenn ich zurückblicke, denke ich, dass Geld und die Möglichkeit zu tun, was ich wollte, für mich am wichtigsten waren. Das soziale Ansehen war mir sehr wichtig. Ich habe zu viel getrunken, zu viel geraucht und all das genossen. Zumindest habe ich mir eingebildet, ich würde es genießen.

Seit meinem Nahtoderlebnis ist die größte Veränderung in meinem Leben meine bedingungslose Liebe und mein Mitgefühl für die ganze Menschheit. Ich empfinde inneren Schmerz angesichts von Menschen, die unterprivilegiert, krank, hungrig, obdachlos, älter und bedürftig sind, auch von Menschen, die sehr unglücklich sind. Ich habe ein echtes Bedürfnis, diesen Leuten zu helfen. Ich spende mindestens ein Zehntel aller Einnahmen an gemeinnützige Organisationen. Ich bin nicht mehr die Gefangene meines Geschäfts. Geld ist nicht mehr mein Meister. Es ist für Bedürfnisse da, die wir haben, und um anderen zu helfen. Mein Temperament und mein Stolz sind unter Kontrolle. Nichts scheint mich mehr zu verärgern. Ich habe einige Probleme, aber fahre über sie hinweg wie in einem Boot über die Wellen. Ich habe Frieden, Freude und Zufriedenheit, schaue aber mit Vorfreude auf mein nächstes Leben. Jeder neue Tag ist wirklich ganz neu.«

Viele Betroffene berichten wie Christine, dass die bedeutendste Veränderung nach einer Nahtoderfahrung ihr gesteigertes Interesse an Spiritualität ist. Was sie unter dem Begriff »Spiritualität« verstehen, ist der Aspekt ihres persönlichen Lebens, der etwas enthält, was über die üblichen Sinne hinausgeht, und eine persönliche Suche nach Inspiration, Sinn und Zweck, nach einer Verbindung mit etwas, was größer ist als sie selbst. Für viele Nahtoderfahrene impliziert dies die Überzeugung, dass Liebe und das Kümmern um andere von größter Bedeutung ist.

Weil ich ohne starken religiösen Glauben aufgewachsen war, konnte ich nicht viel mit Ausdrücken wie eine »höhere Kraft« und »was Gott von mir verlangt« anfangen, die viele Nahtoderfahrene verwenden. Aber die Vorstellung, sich mit etwas verbunden zu fühlen, das größer ist als ich selbst, und Sinn und Zweck darin zu finden, andere zu lieben und für sie zu sorgen, klang nach den Werten, die mir meine Familie in meiner Jugend vermittelt hatte. Verwenden Betroffene, die sagen, dass ihre Nahtoderfahrung sie spiritueller gemacht hat, einfach andere Begriffe für dieselben Werte und denselben Antrieb, die ich habe, oder sprechen sie über etwas vollkommen anderes? Ich fand ihre persönlichen Geschichten überzeugend, aber ich wollte ein objektives Maß für ihre Spiritualität, um sie besser zu verstehen.

Ich wollte ein weiteres Mal Menschen, die Nahtoderfahrungen gemacht hatten, mit solchen vergleichen, die dem Tod zwar nah waren, aber *kein* derartiges Erlebnis hatten. Denn fast zu sterben ist an sich schon ein gewaltiges Ereignis, das durchaus zu Veränderungen in der Einstellung führen kann. Ich verwendete gut akzeptierte, standardisierte Fragebogen, in denen verschiedene Aspekte der Spiritualität abgefragt wurden, etwa die Zufriedenheit mit dem eigenen Leben, die Verbindung zu etwas Größerem und ein anderes Selbstbewusstsein. Ich fand heraus, dass diejenigen, die ein Nahtoderlebnis hatten, signifikant zufriedener mit ihrem Leben waren und offener für eine neue, positive Ausrichtung, dass sich ihre Beziehungen zu anderen Menschen positiv verändert hatten, dass sie sich persönlich stärker fühlten und mehr Wertschätzung für das Leben empfanden und dass sie aufgrund ihrer Nahtoderfahrung mehr spirituelles Wachstum erlebten. Darüber hinaus berichteten viele Menschen, dass sie sich seit ihrem Erlebnis verstärkt auf die Suche nach weiterem spirituellem Wachstum gemacht hatten.

Elizabeth hatte mit achtundzwanzig ein Nahtoderlebnis, als einer ihrer Eileiter platzte. Damit endete eine Eileiterschwangerschaft. So beschrieb sie ihre anschließende Suche nach spirituellem Wissen:

»Ich hatte meine formale Ausbildung nach der Highschool abgebrochen und interessierte mich nicht für religiöse, philosophische oder wissenschaftliche Fragen. Nach meiner Nahtoderfahrung begab ich mich jedoch auf eine lebenslange Suche nach Wissen in genau diesen Bereichen – Jahre bevor die gedruckten und veröffentlichten Erfahrungen anderer mein Verhalten beeinflusst haben konnten.

Seit der Nahtoderfahrung dominiert ein fast unstillbarer Durst nach Wissen in den Bereichen Wissenschaft, Philosophie, Theologie und dem, was man als ›Metaphysik‹ bezeichnet, mein ganzes Leben. Ich habe einige von mir als ›mild‹ bezeichnete Episoden des kosmischen Bewusstseins erlebt und durch Träume, Helfer und Meditation, die ich fünfunddreißig Jahre lang praktizierte, Zugang zu einer spirituellen Bibliothek. Ich bin auch von dem starken Gefühl erfüllt, dass alles im Universum miteinander in Verbindung steht.

Ich denke, am wichtigsten ist es, Wissen zu erlangen und zu teilen sowie Liebe zu empfangen und zu geben. Ich bin der festen Überzeugung, dass Spiritualität in unserem Leben wichtig ist, die Dogmen und Lehren der organisierten Religionen aber Menschenwerk und aus diesem Grund unzulänglich sind. Und wie die Geschichte zeigt, sind sie ja auch nicht immer ›effizient‹ im Sinne einer humaneren Gesellschaft. Ich folge nicht unbedingt den Lehren der Kirche, sondern eher der Führung des inneren Geistes.

Der Durst nach Wissen treibt mich täglich an, Stunden mit der Erforschung einer Vielzahl von Themen zu verbringen. Gelerntes kann man beim Übergang mitnehmen. Mein Lebensmotto lautet: Jeder ist verantwortlich für seine Taten und Überzeugungen und für seinen Fortschritt auf dem Weg zur spirituellen Erleuchtung.«

Der Psychiater Surbhi Khanna und ich konnten feststellen, dass Menschen mit Nahtoderfahrungen von einem größeren Wohlbefinden berichteten, das durch ihre neuen spirituellen Einstellungen und Bestrebungen zustande gekommen war und ihnen half, besser mit Herausforderungen umzugehen. Sie sprachen auch häufiger von alltäglichen spirituellen Erfahrungen wie Ehrfurcht, Dankbarkeit, Barmherzigkeit, mitfühlender Liebe und innerem Frieden als Menschen, die dem Tod zwar sehr nah gekommen waren, aber *kein* Nahtoderlebnis hatten. Unsere Studien und die Forschungen anderer haben auch ergeben, dass Nahtoderfahrene von einem gesteigerten Bewusstsein für Sinn und Zweck ihres Lebens berichten, von einem erhöhten Einfühlungsvermögen, einem Bewusstsein für die Verbundenheit aller Menschen und von dem Glauben, dass alle Religionen bestimmte Grundwerte teilen. Das Erlebnis führt scheinbar paradoxerweise oft zu einer *Minderung* der Hingabe an eine religiöse Tradition, obwohl das Bewusstsein für die Führung durch eine höhere Macht und die Verbindung zu ihr größer ist als zuvor.

Spiritualität *kann* mit religiösen Traditionen verbunden sein, aber viele der Betroffenen beschreiben ihre Spiritualität als ein inneres Gefühl, das von jeder konfessionellen Praxis oder Überzeugung unabhängig ist. Sie sprechen oft davon, eine so starke persönliche Verbindung zum Göttlichen gehabt zu haben, dass ihnen mittlerweile jede Religionsausübung unnötig scheint. Viele berichten, dass sie seit ihrer Nahtoderfahrung eine Art nichtkonfessioneller Spiritualität praktizieren, in der zwar alle religiösen Traditionen geschätzt werden, aber keine von ihnen Vorrang hat.

Katherine Glenn hatte ein Nahtoderlebnis aufgrund von Atemwegsinfektionen, die sie sich mit siebenundzwanzig in der Erholungsphase nach einer Operation im Krankenhaus zugezogen hatte. Sie erzählte mir, sie habe in ihrem Erlebnis gesehen, dass alle Religionen im Kern die gleichen sind:

»Dieses ungeheure Ereignis hatte einen solchen Einfluss auf mein Leben, dass es mir Fenster und Türen öffnete, von deren Existenz ich zuvor keine Ahnung hatte. Mir wurde gezeigt, dass Religionen wie Marmeladengläser in einem Regal sind. Jedes Glas hat ein anderes Etikett, das von Menschen darauf angebracht wurde. In allen ist Marmelade, und die ist immer süß.

Es gibt viele Wege bergauf, um zu Gott zu gelangen, und es spielt wirklich keine Rolle, welchen Sie nehmen, denn wenn Sie auf diesem Berggipfel angekommen sind, ist es alles Liebe, Licht, Frieden, Harmonie, Dankbarkeit, Weisheit, Wahrheit, und alle haben einen Sieg errungen. Im Himmel gibt es keine Religionen, nur ›Marmelade‹ …«

Ich stellte fest, dass dieses spirituelle Wachstum bei Menschen, die vor ihrem Nahtoderlebnis entschieden materialistisch gewesen waren, besonders auffällig war. Doug bezeichnete sich seit jeher als Atheisten, der sich über die Idee eines geistigen

Reiches stets nur zynisch geäußert hatte. Dann machte er mit einundsiebzig aufgrund innerer Blutungen von einer geplatzten Magenarterie eine Nahtoderfahrung. Im Gespräch mit mir erkannte er widerstrebend an, dass Menschen tatsächlich spirituelle Erfahrungen machen:

»Gegen zwei Uhr morgens wachte ich mit Bauchschmerzen auf. Ich konnte mich nicht übergeben und hatte auch keinen Stuhlgang. Dann wurde ich ohnmächtig. Meine Frau hörte mich stöhnen und rief einen Krankenwagen. In der Notaufnahme rief der Arzt einen Chirurgen hinzu, und nach mehreren Tests waren sie der Ansicht, ich hätte möglicherweise eine Milzruptur. Sie operierten mich. Zu diesem Zeitpunkt hatte ich bereits viel Blut verloren. Der Arzt entdeckte, dass eine Magenarterie geplatzt und ich dem Tod sehr nah war.

Während dieser Operation hatte ich ein Nahtoderlebnis. Ich stand vor einer Wand und war ganz in Licht getaucht. Auf der anderen Seite dieser Wand war nichts – nur absolute Dunkelheit.

Dann hatte ich die Wahl. Ich weiß nicht, wer mir diese Wahlmöglichkeit eröffnete, aber trotz all meiner Skepsis gegenüber spirituellen Angelegenheiten glaube ich, dass ich wirklich die Wahl hatte. Und das glaube ich immer noch. Ich hatte die Wahl, entweder den ›Express-Check-out‹ zu nehmen und schmerzfrei zu sterben. Oder ich konnte leben, allerdings mit der Gefahr, mich viel Leiden und einem längeren Krankenhausaufenthalt auseinandersetzen zu müssen und am Ende doch zu sterben. Auf der anderen Seite der Wand war nichts – nur Dunkelheit.

Ich entschied, nicht den Express-Check-out zu nehmen, weil ich auf der anderen Seite der Wand, wohin ich gegangen wäre, nichts sehen konnte außer Dunkelheit. Ich hatte auch das Gefühl, es könne sich lohnen herauszufinden, ob an den düsteren Aussichten, zu leiden und am Ende trotzdem zu sterben, möglicherweise nichts dran war. Und wenn doch, konnte ich mich ja beim nächste Mal fürs Sterben entscheiden. Meine Wahl hatte ihre Grundlage in dem, was ich über den Tod glaubte. Ich dachte, wenn eine Person stirbt, ist das ihr absolutes Ende, nicht anders als bei einem Hund oder Vogel.

Wenn ich jetzt darüber nachdenke, glaube ich, der spirituelle Teil meiner Erfahrung bestand darin, dass ich wirklich eine Wahl hatte. Niemand hat für mich entschieden. Ich bin keine gläubige oder religiöse Person. Ich habe das College absolviert und bin als Katholik geboren und aufgewachsen, aber vor fünfzig oder sechzig Jahren hörte ich auf, diese Religion zu praktizieren. Und es gibt auch keine andere Religion, die ich annehmen würde.

Was habe ich gelernt? Erstens, dankbar zu sein, dass ich eine Wahl hatte. Und zweitens, jeden Tag so gut wie möglich zu leben.

Ich glaube wirklich, dass ich die Wahl hatte. Das ist doch spirituell, oder? Und ich glaube *nicht* an so was. Ja, ich wundere mich über den spirituellen Teil meiner Nahtoderfahrung. Ich glaube nicht an Spirituelles, aber genau das scheint mir passiert zu sein.«

Auch Naomi, eine Kinderärztin, die sich immer als Atheistin betrachtet hatte, erzählte, dass sie nach ihrem Nahtoderlebnis mit vierunddreißig – aufgrund eines stark blutenden Magengeschwürs – mitfühlender und weniger ehrgeizig wurde:

»Ich erinnere mich mit erstaunlicher Klarheit an den Frühling nach diesem Ereignis. Die ganze Umgebung hatte eine fast magische Qualität, und ich sah alles wie zum ersten Mal. Das Erblühen der Bäumen und Blumen bekam eine neue Dimension, die ich noch nie zuvor so bewundern konnte. Ich hatte fast das Gefühl, auf einem chemisch induzierten Hoch zu sein. Ich werde es mit Sicherheit nie für selbstverständlich halten, wieder am Leben zu sein. Ich hatte auch das Gefühl, dass ich, wenn ich jemals wieder auf der Schwelle zum Tod stehe, keine Angst haben werde, weil dies eindeutig keine negative Erfahrung war. Ich nutzte diese Erkenntnis, um den Familien vieler behinderter und todkranker Kinder, die ich betreue, zu helfen – mit guten Ergebnissen. Ich entwickelte auch einen starken Sinn für das Spirituelle und glaube jetzt fest an eine höhere Macht, obwohl ich zuvor mehr oder weniger Atheistin war.

Keine andere Erfahrung hat mein Leben so tiefgreifend beeinflusst. Ich bin jetzt mit viel weniger Angestrengtheit und Ehrgeiz bei der Arbeit. Ich habe auch das Gefühl, dass materielle Güter zwar ganz nett sind, aber nichts über den Geist oder das Wesen eines Individuums aussagen. Mein Leben ist ausgeglichener als je zuvor. Ich bin viel offener für Meditation und ›alternativmedizinische‹ Techniken. Ich versuche jetzt, meine gesundheitlichen Probleme eher mit Veränderungen der Lebensweise als mit Medikamenten in den Griff zu bekommen. Ich glaube, dass ich mittlerweile mehr Mitgefühl für meine Patienten aufbringe und damit eine bessere Ärztin geworden bin.

Ich integriere immer noch viele Aspekte dieser Erfahrung und finde es gut, sie von Zeit zu Zeit zu betrachten, um mich neu auszurichten und das Gesamtbild zu sehen. Ich vermute, dass diese Erfahrung für mich immer eine Quelle des Wachstums sein wird.«

Diese Erzählungen von spirituellem Wachstum nach einer Nahtoderfahrung sind sehr weit verbreitet. Unabhängig davon, wie sie formuliert wurden, konzentrieren sie sich in der Regel auf das Gefühl, mit etwas verbunden zu sein, das größer ist als man selbst, und darauf, wie wichtig es ist, andere zu lieben und für sie zu sorgen. Mehrere Studien zeigten, dass die Betreffenden mehr Mitgefühl für andere empfinden und mehr Interesse an ihnen bekunden als vor ihrem jeweiligen Nahtoderlebnis und dass sie bereit sind, alles zu tun, um anderen Menschen zu helfen.

Hier handelt es sich im Prinzip um das, was wir als goldene Regel kennen: »Was du nicht willst, dass man dir tu, das füg auch keinem anderen zu.« Oder: »Liebe deinen Nächsten wie dich selbst.« Jede große Religion hat eine Variante davon als eine ihrer grundlegenden Richtlinien. Sie erscheint in einem alten ägyptischen Papyrus aus dem Jahr 500 vor Christus, in den Schriften der griechischen Philosophen Sextus Empiricus und Isokrates, im Buch Levitikus des Alten Testaments, im Evangelium des Matthäus und im Galaterbrief des Neuen Testaments, im babylonischen Talmud, im muslimischen Koran, im hinduistischen Mahabharata und im Padma Purana, im buddhistischen Udanavarga, im Sutrakritanga der Jainas, in den Analekten des Konfuzius und im taoistischen Taishang Ganying Pian.

Religionen, die an Gott glauben, propagieren die goldene Regel als göttlichen Befehl, während Religionen, die *nicht* an Gott glauben, sie als vernünftigen Leitfaden für ein erfülltes Leben propagieren. Der Schriftsteller Dinty Moore drückte es so aus: »Wenn es einen Gott gibt, sollte ich mein Leben nach den Prinzipien Freundlichkeit, Mitgefühl und Achtsamkeit führen, und wenn es keinen Gott gibt, dann sollte ich mein Leben sowieso nach den Prinzipien Freundlichkeit, Mitgefühl und Achtsamkeit führen. Wie wunderbar einfach.«

Neuere neurowissenschaftliche Arbeiten legen nahe, dass die universelle Natur der goldenen Regel das Ergebnis eines unbewussten Gehirnmechanismus ist, der sich über Jahrtausende entwickelt hat, um uns das Überleben in Gruppen zu erleichtern. Die Universalität dieses spirituellen Gebotes, das fast allen Religionen gemeinsam ist, spiegelt sich wiederholt in den Berichten über Nahtoderfahrungen wider. Betroffene beschreiben die goldene Regel oft nicht als moralische Richtlinie, die wir befolgen sollten, sondern als Funktionsweise der Welt, als ein Naturgesetz, das so unausweichlich ist wie die Schwerkraft. Sie sagen oft, dass sie dieses Naturgesetz in ihren Nahtoderlebnissen aus erster Hand erfuhren, weil sie in ihrem Lebensrückblick die Auswirkungen ihrer Taten auf andere zu spüren bekamen. Obwohl sie sich für ihre Missetaten nicht bestraft oder verurteilt fühlen, bekommen sie im Rahmen ihrer Retrospektive Maß für Maß alles zurück, was sie anderen jemals gegeben oder angetan haben.

Tom Sawyer, der ein Nahtoderlebnis hatte, als der Lastwagen ihm die Brust einquetschte, stellte fest, dass er in seiner Lebensrückschau alle seine Missetaten aus der Sicht seiner Opfer erlebte. Er beschrieb mir, wie er eine Erinnerung daran, dass er jemanden verprügelt hatte, noch einmal erlebte:

»Ich sah mich mit neunzehn in meinem Hot-Rod-Pick-up die Clinton Avenue entlangfahren. Ein Mann schoss hinter einem Van hervor und rannte fast in meinen Transporter. Es war Sommer, die Fenster waren unten, und ich fuhr zentimeterweise auf ihn zu. Ich machte eine ziemlich sarkastische Bemerkung: ›Das nächste Mal sollten Sie wirklich den Zebrastreifen benutzen‹, woraufhin er mich mit Schimpfworten anschrie, durch das Fenster griff und mir mit der Hand mitten ins Gesicht schlug.

Nun, ich habe den Schlüssel aus dem Zündschloss gezogen, bin aus dem Auto gestiegen und habe diesen Mann verprügelt – mit vielen Faustschlägen. Er fiel geradewegs nach hinten und schlug mit dem Kopf auf die Straße. Ich hätte diesen Mann fast getötet, aber ich dachte überhaupt nicht an ihn dabei. Ich war einfach stinksauer. Die Leute von der Tankstelle auf der anderen Straßenseite kamen angerannt. Ich sagte: ›Nun, ihr habt ja wohl gesehen, dass er mich zuerst geschlagen hat.‹ Dann stieg ich ganz cool wieder in meinen Transporter und fuhr weg.

Und jetzt: Zeit für einen Lebensrückblick! Ich kann dem Adrenalinschub von meiner Mitte nach außen folgen, das Kribbeln in meinen Händen spüren und erleben, wie mein Gesicht heiß und rot wird. Ich kann die Wut darüber spüren, dass dieser Idiot mein ausgeglichenes ›Streben nach Glück‹ verletzt hat. Ich kannte diesen Mann nicht vor der Auseinandersetzung und hatte auch nachher keinen Kontakt zu ihm. Aber in der Lebensrückschau erfuhr ich, dass er betrunken und außerdem in tiefer Trauer um seine gerade verstorbene Frau war. Ich sah den Hocker in der Bar, auf dem dieser Mann saß, wenn er trank. Ich sah den Weg, den er nahm – anderthalb Häuserblocks die Straße entlang –, bevor er hinter diesem Fahrzeug auftauchte und direkt in meinen Transporter lief.

Ich erlebte auch, wie Toms Faust direkt in meinem Gesicht landete. Und ich spürte die Empörung, die Wut, die Beschämung, die Frustration, den körperlichen Schmerz. Ich spürte, wie meine Zähne durch meine Unterlippe gingen. Mit anderen Worten: *Ich war im Körper dieses Mannes und sah mit seinen Augen.* Ich habe an diesem Tag alles über die Beziehung zwischen mir und diesem Mann erlebt. Ich war dieser Mann, das können Sie mir glauben. Zum ersten Mal erlebte ich nicht nur, wie ein wütender Tom aussah, sondern auch, wie er sich anfühlte. Ich erlebte den körperlichen Schmerz, die Erniedrigung, die Beschämung, die Demütigung und die Hilflosigkeit, so zurückgestoßen zu werden.

Nachdem ich aus dem Transporter gestiegen war, habe ich diesen Mann zweiunddreißigmal geschlagen. Ich habe ihm die Nase gebrochen und sein Gesicht übel zugerichtet. Er fiel nach hinten und schlug mit dem Hinterkopf auf dem Bürgersteig auf. Okay, ›er hat mich zuerst geschlagen‹. Kommen Sie damit mal in Ihrem Lebensrückblick! Ich habe das alles erlebt, bis hin zur Bewusstlosigkeit des Mannes. Mein Lebensrückblick enthielt auch das Erleben des Ereignisses aus Sicht eines Außenstehenden, aus Sicht einer dritten Person. Dies alles geschah gleichzeitig mit dem Erleben aus meiner und seiner Sicht. In dieser Lebensrückschau habe ich alles einfach nur beobachtet. Es war weder wertend noch negativ. Ich machte die Erfahrung, etwas ohne Emotionen, ohne Wunsch nach Gerechtigkeit und ohne urteilende Anhaftung zu beobachten.

Ich wünschte, ich könnte Ihnen sagen, wie es sich wirklich anfühlte und wie so ein Lebensrückblick wirklich ist, aber das werde ich wohl nie so ganz genau sagen können. Ist man total am Boden zerstört von dem ganzen Mist, den man in das Leben anderer Leute gebracht hat? Oder fühlt man sich gleichermaßen erleuchtet und erhaben, weil man im Leben so viel Liebe und Freude mit anderen Menschen geteilt hat? Wissen Sie, was? Es hält sich so ziemlich die Waage. Sie sind für sich selbst verantwortlich, wenn es darum geht, auf lange Sicht zu beurteilen und noch einmal zu durchleben, wie folgenschwer das war, was Sie allem und jedem angetan haben.«

Manche Leute tun diese spirituellen Lehren aus Nahtoderfahrungen als klischeehafte, abgenutzte religiöse Plattitüden ab. Ja, das sind sie. Der Grund, warum die Lehren aus Nahtoderfahrungen so banal und recycelt klingen, ist, dass wir sie alle schon einmal gehört haben. Immer wieder erzählten mir Betroffene, dass ihre Nahtoderfahrungen nichts enthüllten, was sie nicht wussten, sondern sie vielmehr an Dinge erinnerten, die sie einmal gewusst, aber längst vergessen oder verdrängt hatten.

Kim Clark Sharp hatte ein Nahtoderlebnis, nachdem sie mit siebzehn auf dem Bürgersteig zusammengebrochen war. Eine Krankenschwester, die gerade in der Nähe war, suchte nach Kims Puls, konnte ihn aber nicht finden, und bat jemanden, die Feuerwehr anzurufen. Die Feuerwehrmänner kamen schnell und schlossen sie an ein tragbares Beatmungsgerät an, weil sie aufgehört hatte zu atmen. Und sie begannen mit der Herzdruckmassage. Kim beschrieb mir ihre Erfahrung nach dem Zusammenbruch:

»Plötzlich gab es eine enorme Lichtexplosion unter mir, die sich bis an die äußersten Grenzen meines Sehvermögens ausdehnte. Das Licht gab mir Wissen, obwohl ich keine Worte hörte. Dieser Diskurs war klarer und einfacher als das unbeholfene Sprachmedium. Ich bekam Antworten auf die ewigen Fragen des Lebens – Fragen, die so alt sind, dass wir sie als stereotyp belächeln. Ich hatte das Gefühl, als würde ich mich an Grundsätzliches erinnern, was ich einmal gekannt, aber irgendwie vergessen hatte, und es kam mir unglaublich vor, dass ich all dies vorher noch nicht herausgefunden hatte.«

Natürlich ist die wahre Bewährungsprobe für spirituelles Wachstum nicht das, was jemand fühlt oder sagt, sondern der Alltag, wie der Pädagoge Frank Crane anmerkt: »Die goldene Regel nützt Ihnen nichts, es sei denn, Sie erkennen, dass es an Ihnen ist, sie umzusetzen.« Fran Sherwood machte mit siebenundvierzig während einer Notfall-Bauchoperation eine Nahtoderfahrung. Sie berichtete, wie wichtig es ist, sich nicht auf die Erfahrung selbst zu konzentrieren, sondern darauf, das umzusetzen, was man durch sie gelernt hat:

»All dies hatte und hat so tiefgreifende Auswirkungen auf mein Leben, dass ich nicht mehr dieselbe Person bin. Trotzdem bin ich immer noch ich, vielleicht ein freierer Mensch als je zuvor. Alle meine Werte haben sich geändert, ändern sich immer noch und werden klarer. Ich spüre oft einen Hunger nach mehr Engagement für meine Mitmenschen und strebe nach einer immer engeren Verbindung mit Gott. Und mitten in der täglichen Routine des Lebens versuche ich zu verbessern, was ich kann, wo immer ich es kann, und die Botschaft der Liebe auf all die kleinen Arten zu verbreiten, die uns zur Verfügung stehen.

Die Erfahrung hat ihre Gültigkeit, und von ihr zu sprechen ist mit einer gewissen Freude und Ehrfurcht verbunden. Aber es kommt der Moment, in dem die Erfahrung nicht mehr im Mittelpunkt steht. Man sollte sie wirklich nur als einen Anfang betrachten – eine neue Geburt, wenn Sie so wollen. Und von diesem Punkt an beginnt man zu wachsen. Diesmal ist das Wachstum eine neue Realität. Es fordert Sie auf, sich mit anderen zu beschäftigen. Das Selbst beginnt zu schwinden; und obwohl man vielleicht versucht, sich an das zu halten, was einem am eigenen Ich lieb und teuer ist, muss man wirklich loslassen. Wenn Sie das nicht tun, leugnen Sie die Bestimmung, die Sie jetzt haben. Dieses Wachstum ist zu Ihrem Wohl und für Ihr ultimatives Glück.

Zum Reden über die Erfahrung, zum Mitteilen muss dann das *Handeln* kommen. Das heißt nicht, dass man aufhören muss, zu reden oder sich mitzuteilen, aber jetzt geht es auch ums Tun, also darum, das umzusetzen, wofür wir zurückgeschickt wurden. Es mag jedem von uns auf unterschiedliche Weise präsentiert worden sein, aber die gleiche Botschaft kommt laut und deutlich heraus. Wir alle wissen, was es ist, und obwohl es auf tausend Arten gesagt werden kann, gibt es nur ein Wort, das alles sagt: Liebe. Und die Botschaft lautet: ›Liebt einander so, wie ich euch geliebt habe.‹ Dies ist eine unwiderrufliche Wahrheit.«

Tatsächlich stellte ich fest, dass die eindrücklichsten Nachwirkungen nicht die veränderten Einstellungen waren, sondern die dramatischen Veränderungen in der Lebensweise, die häufig auf eine Nahtoderfahrung folgten.

– 17 –

Ein neues Leben

Der Granatsplitter trat durch das Armloch von Steve Prices kugelsicherer Weste ein, während er gerade sein Gewehr abfeuerte, und ein Fragment davon durchbohrte seine Lunge. Als die Sanitäter endlich da waren, flogen sie den vierundzwanzigjährigen Marinesoldaten aus dem vietnamesischen Dschungel in ein Militärkrankenhaus auf den Philippinen, wo er operiert werden sollte. Während der OP verließ er seinen Körper und machte eine glückselige Erfahrung von Licht, Wärme und Frieden. Dem stämmigen, stark tätowierten »Rabauken vom Schulhof«, als den er sich selbst bezeichnete, kamen die Tränen, als er mir beschrieb, was passiert war:

»Plötzlich wurde mir klar, dass ich fast oben an der Decke war und auf meinen Körper hinunterschaute. Ein strahlendes weißes Licht umarmte mich und hüllte mich ein. Es nahm mich in sich auf. Ich spürte eine solche Wärme und so einen Frieden und war in das friedlichste und freudigste Gefühl eingetaucht, das man sich nur vorstellen kann. Ich befand mich an einem Ort, der wie der Garten Eden war. Ich habe das Wort ›Gott‹ lange nicht in den Mund genommen, aber jetzt kann ich sagen, dass das Licht Gott war. Es war, als würde eine liebende Mutter ihr Kind umarmen, nur Millionen Male mehr als das. Auf der anderen Seite eines Baches, der durch diesen Garten sprudelte, stand mein längst verstorbener Großvater. Ich wollte auf ihn zugehen, aber dann war es schon vorbei.«

Nach seiner Genesung versuchte er, zum Kriegsgeschehen zurückzukehren, dies erwies sich jedoch als schwierig:

»Ich führte meine Einheit. Ich hatte alles getan, was ich tun sollte, aber ich konnte meine Waffe nicht mehr abfeuern. Ein Marine zu sein war alles, was ich jemals wollte, aber mir wurde klar, dass ich meinen Job nicht mehr ausführen konnte.

Die Nahtoderfahrung hatte einen unglaublichen Einfluss auf mein Leben. Wie sehr ich es auch versuchte, ich konnte mein Gewehr nicht mehr abfeuern. Schließlich verließ ich die Marines und arbeite jetzt als Labortechniker. Ich bin der Nationalgarde beigetreten, weil sie Menschen hilft, anstatt sie zu töten. Ich bin jetzt sanftmütig, nachdenklich und ganz anders als der kampferprobte Macho-Marine, der ich einmal war. Ich bin so sensibel geworden, dass ich spüre, wenn andere verletzt werden. Ich spreche mit Menschen über metaphysische Themen. Vorher hätte ich mich über Leute lustig gemacht, die über Derartiges sprechen.«

Viele Betroffene berichten ähnlich wie Steve, dass sich ihr früherer Lebensstil nach ihrer Nahtoderfahrung nicht mehr angenehm anfühlte oder sie nicht mehr erfüllte. Daher wechseln einige den Beruf, genau wie Steve. Von den Betroffenen, die ich untersucht habe, hat ein Drittel aufgrund der Nahtoderfahrung den Beruf gewechselt. Und drei Viertel gaben an, dass sich ihre Lebensweise oder ihre Aktivitäten deutlich geändert haben. Diese Veränderungen sind am dramatischsten bei Personen, die vor ihrem Nahtoderlebnis in einem Beruf tätig waren, in dem Gewalt angewendet wird, etwa bei Strafverfolgungsbehörden oder beim Militär. Joe Geraci, der sechsunddreißigjährige Polizist, der nach einer Operation fast verblutet wäre und eine Nahtoderfahrung machte, beschrieb eine Veränderung in der Lebensweise, die mit der von Steve vergleichbar ist:

»Ich war ein sachlicher, kompromissloser Polizist. Meine Nahtoderfahrung hat das alles geändert. Ich verließ das Krankenhaus als ganz anderer Mann. Als Polizist, der an Blutvergießen gewöhnt war, stellte ich plötzlich fest, dass ich nicht mehr fernsehen konnte, weil es zu gewalttätig war. Nachdem ich mich und meinen Partner auf Streife in Gefahr gebracht hatte, weil ich meine Waffe nicht abfeuern konnte, verließ ich die Polizei und schulte zum Lehrer um. Obwohl ich es als erfüllend empfand, an der Highschool zu unterrichten, wurde ich oft gerügt, weil ich mich zu sehr in das Privatleben meiner Schüler einmischte.«

Auch Mickey, der in den Siebzigerjahren Schutzgeld für die Mafia eingetrieben hatte, erlebte nach einer Nahtoderfahrung eine tiefgreifende Transformation seiner Persönlichkeit. Zuvor war er ganz in der Welt des »schnellen Geldes« aufgegangen und schreckte vor nichts zurück, um voranzukommen. In seinem letzten Job als oberster Verwalter eines Resorts in Mafiabesitz bestand eine seiner Hauptaufgaben darin, sexuelle Dienstleistungen und andere Arten von zwielichtigem bis illegalem Entertainment für mehr oder weniger Prominente bereitzustellen, die in dem Hotel auftraten. In dieser Funktion war er für eine Reihe sogenannter »Edelprostituierter« zuständig, mit denen er oft sehr grob umging. Dann, während eines Herzinfarkts, machte er eine Nahtoderfahrung, in der er seinen eigenen Worten nach glückselige Gefühle hatte, das Licht sah und sowohl mit einem göttlichen Wesen kommunizierte als auch mit einem Bruder, der viele Jahre zuvor gestorben war und den er abgöttisch liebte.

Seine Nahtoderfahrung hatte ähnliche Nachwirkungen wie die von Steve und Joe. Er bekam ein Gefühl dafür, dass Kooperation und Liebe das Wichtigste im Leben sind und nicht die

Konkurrenz mit allen Mitteln, nur um illegal materiellen Besitz anzuhäufen. Diese Änderung der Einstellung passte natürlich nicht in sein kriminelles Milieu, aber seine Spießgesellen hatten offenbar keine Einwände, als er den Familienkreis verließ. Es war seine Freundin, die sich darüber beschwerte, dass er »den Beruf wechseln« und von jetzt an kriminellen Kindern und Opfern von häuslicher Gewalt helfen wollte. Einen Tag nach seiner Entlassung aus dem Krankenhaus saßen sie gemeinsam beim Mittagessen. Da brach sie in Tränen aus und sagte zu ihm: »Du bist nicht mehr derselbe!« Als er sie fragte, was sie meine, antwortete sie: »Du beschäftigst dich nicht mehr mit Dingen, die wirklich etwas bedeuten«, was aus ihrer Sicht Geld und Schmuck und schnelle Autos waren. Auch ihre Wege trennten sich bald darauf.

Mickey fand einen anschaulichen Vergleich zwischen seiner Einstellung und seinem Verhalten vor und nach seiner Nahtoderfahrung:

»Vor der Erfahrung war ich der Ansicht, dass sich Menschen selbst helfen müssen. So nach dem Motto: Wenn sie sich nicht selbst helfen, zur Hölle mit ihnen. Ich hatte eine ziemlich zynische Haltung anderen gegenüber. Vor meiner Nahtoderfahrung hätte ich mir nicht vorstellen können, in irgendeinem helfenden Beruf zu arbeiten. Aber danach finde ich mich als jemand wieder, der Leute berät, der Menschen zuhört. Und sie sagten: ›Du hast mir wirklich zugehört. Du verstehst wirklich, wie ich mich tief innen fühle.‹ *Vorher* hätte ich gesagt: ›Hör zu, Kumpel, ich habe keine Zeit. Gott hilft denen, die sich selbst helfen. Also schwing deinen Arsch raus, und hilf dir selbst. Weil dort draußen auf der Straße Krieg herrscht. Pass auf, dass du dort immer schön in Deckung bleibst, weil es ein Krieg ist.‹

Früher dachte ich: ›Ich muss mich so gut wie möglich durchsetzen. Überleben.‹ Wann immer ich kurz davor war, Mitleid mit jemandem zu haben, sagte ich mir: ›Verdammt, ich bin nicht der Hüter meines Bruders!‹ Ich war knallhart. Aber nach der Nahtoderfahrung änderte sich meine ganze Sichtweise. Ich kann spüren, wenn Menschen Schmerzen haben. Früher war ich manchmal *Verursacher* von Schmerzen. Nach meinem Herzinfarkt konnte ich das nicht mehr. Vorher ging es mir immer und vor allem um mich selbst – im Beruf, beim Glücksspiel oder bei was auch immer. Das waren die Regeln.

Die Erfahrung hat mich sensibler gemacht und bewusster für die Schmerzen anderer. Mir kommen immer noch die Tränen, wenn andere leiden. Leute, die ich von früher kenne, verstehen das nicht. Manchmal sitze ich da, schaue mich um und sage: ›Was zum Teufel mach ich hier? Ich könnte das Zehnfache verdienen.‹ Aber das will ich gar nicht. Meine Bedürfnisse sind einfach. Ich bin sehr zufrieden. Ich könnte in einem Zimmer wohnen. Früher hatte ich einen großen Cadillac, ein Luxusapartment. Ich brauchte diese Dinge. Sie waren notwendig für meine Identität. Jetzt ist es mir, ehrlich gesagt, egal, ob ich zehn oder zehntausend Dollar am Tag verdiene. Es spielt keine Rolle; es bedeutet mir nichts. Es ist nicht das, was für unsere Reise hier auf der Erde wichtig ist.

Im Moment stecke ich bis über beide Ohren in Rechnungen – alle Arten von Rechnungen. Aber das macht mich nicht wirklich wütend. Ich bin nicht mehr hinter dem Geld um seiner selbst willen her. Ich kann die Sachen, die ich früher getan habe, um schnell Geld zu verdienen, einfach nicht mehr machen. Es geht einfach nicht mehr. Es ist nicht so, dass ich jetzt denke: ›Gott, der große Daumen am Himmel, zeigt jetzt für mich nach unten.‹ Es ist vielmehr etwas zwischen ihm und mir.«

Diese Art von Einstellungsänderung, die zu einem Wechsel im »Job« führt, tritt auch bei Menschen auf, deren früherer legaler

Beruf auf Konkurrenz beruhte. Emily machte mit neunundvierzig Jahren eine Nahtoderfahrung, als sie beim Schwimmen im Golf von Mexiko fast ertrank. Das führte zum Verlust ihres »Killerinstinkts« und veränderte ihr Wertegefüge:

»Ich bin seit siebzehn Jahren als Immobilienmaklerin sehr erfolgreich. Nach diesem Ereignis übergab ich mein Geschäft einem meiner Söhne und trat dem Lutheran Church Home bei, wo ich Seniorenwohnungen vermarkte. Ich kann wirklich sagen, dass ich jetzt jeden Tag in vollen Zügen genießen und niemals Angst vor dem Sterben haben werde. Das kann nur eine großartige Reise sein!

Diese Erfahrung lässt mich mehr Mitgefühl empfinden. Sie vermittelte mir das intensive Gefühl, dass Wut und Hass destruktive und Energie verschwendende Emotionen sind. Die Freude darüber, dass ich noch am Leben war, verdrängte einen großen Teil der angriffslustigen Einstellung, für die ich bekannt war. Der ›Killerinstinkt‹, der mich trieb, wenn ich ›Geschäfte machte‹, war auf einmal verschwunden! Viel Geld zu verdienen hat keine Priorität mehr für mich.

Meine Empathie – der Wunsch, Menschen zu helfen – kommt von Herzen. Ich schätze die Zeit mit meinen Söhnen wie nie zuvor. Früher nutzte ich sogar Familientreffen, um irgendwelche Deals zu machen, das ist jetzt aber passé! Materielle Güter sind den Aufwand einfach nicht mehr wert. Und ich lasse keine Gelegenheit aus, denen, die ich liebe, zu sagen, wie wichtig sie mir sind. Ich habe vielleicht keine andere Chance mehr.«

Gordon Allen war in ähnlicher Weise ein rücksichtsloser und erfolgreicher Finanzexperte. Mit fünfundvierzig erkrankte er an einer Herzinsuffizienz. Nach seiner Nahtoderfahrung brach er alle Verbindungen zu seinem Business ab und ließ die Welt des Geldes weit hinter sich. Er wurde lizenzierter Berater und nutzte seine neuen Erkenntnisse, um anderen zu helfen, ihr Leben zu verändern:

»Sofort wurde mir der Gedanke eingegeben, dass alle Fähigkeiten und Talente und alles, was mir gegeben worden war, womit ich sehr, sehr, sehr gesegnet war, für einen Zweck bestimmt war, der größer war als der, für den ich es verwendet hatte, nämlich Geld zu verdienen. Und das allein war es nicht. Es gab noch einen anderen Zweck, und meine Talente sollten jetzt auf eine Weise angewendet werden, die mir gezeigt werden würde. Absolut, das ist der Moment, der mein Leben verändert hat.

Als ich zurückkam, war mein Herz erfüllt. Man könnte es als lichterloh brennend beschreiben. Dein Herz fühlt sich an, als ob es in Flammen steht, und es brennt vor Liebe, okay? Das Gefühl der Liebe, das ich während der außerkörperlichen Erfahrung hatte, ist geblieben. Ich bin dort; es ist in mir. Es ist nicht verschwunden. Es hat sich nicht geändert.

Also versuche ich zu verstehen, wohin es gehen wird, aber ich habe beschlossen, dass ich nicht versuchen werde, etwas aus meinem früheren Leben in der Finanzwelt oder im Geschäft oder überhaupt irgendetwas zu retten. Also rief ich jene Leute an, die wohl am vehementesten dagegen waren, dass ich nicht mehr als Finanzguru in der realen Welt arbeiten würde und sie nicht mehr viel Geld mit mir verdienen konnten – auf welche Weise auch immer. Ich sage: ›Hi, Bill‹, ›Hi, Jack‹ oder wer auch immer und ›Hier ist Gordy. Erinnerst du dich, wie …?‹

›O ja, Gordy‹, und man konnte hören, wie sie das Telefon an sich zogen, weil sie auf den Treffer warteten, denn in den alten Tagen war dies möglicherweise ein Treffer für alle, die nach Geld oder was auch immer ich zu bieten hatte suchten. Und ich sagte: ›He, weißt du, als wir uns das letzte Mal gesprochen haben, war ich nicht wirklich glücklich über das, was dabei herauskam, und ich denke, ich wäre nicht ehrlich, wenn ich nicht sagen würde, dass ich nicht gut zu dir war, dass ich dich nicht geliebt habe, und ich wollte dich nur anrufen und um Vergebung bitten für alles, was ich dir vielleicht angetan habe.‹

Nun, machen Sie das, wenn Sie Totenstille am Telefon hören möchten. Dann haben Sie absolute Stille, und dann folgt ein Stammeln und etwas wie ›Nun ja, ich denke, schon‹ oder was auch immer. Und das war's dann.«

Wenn Nahtoderfahrene behaupten, sie hätten das Gefühl, nicht mehr süchtig nach weltlichen Gütern und Freuden zu sein, bedeutet dies interessanterweise nicht, dass sie diese ganz aufgeben. In der Tat sagen viele von ihnen, sie fühlten sich paradoxerweise freier, materielle Freuden besser zu genießen, weil sie eben nicht mehr den Antrieb spüren, Reichtümer anzuhäufen. Sie verzichten nicht auf weltliche Besitztümer, fühlen sich aber weniger an sie gebunden. Sie definieren sich nicht mehr über das, was sie besitzen.

Eines Tages kam Tom Sawyer, dem damals ein Lastwagen die Brust zerquetscht hatte, von Ohr zu Ohr grinsend zu einem Treffen bei mir zu Hause. Er war gerade fünf Stunden in seinem Cadillac Eldorado gefahren. Es war zwar ein gebrauchtes Auto, aber der Besitz eines so extravaganten Wagens schien nicht zu meinem Bild des Arbeiters zu passen, der behauptete, jetzt kein Interesse mehr an materiellen Besitztümern zu haben. Für ihn war das kein Widerspruch. Er sagte, er habe die luxuriösen Sitze des Eldorado und das Fahren darin genossen – weitaus angenehmer als bei jedem Auto, das er jemals gefahren sei. Was ihn veranlasst hatte, diesen gebrauchten Cadillac zu kaufen, war eher sein Wunsch, das Leben ganz auszukosten, einschließlich solcher Freuden wie süßer Geschmack und sanftes Fahren, als der, etwas zu besitzen. Und als er ein paar Jahre später die Raten nicht mehr zahlen konnte, zuckte er natürlich mit keiner Wimper und gab das Auto wieder ab. Den Cadillac zu *besitzen* war nie der Punkt gewesen. Es ging nur um die Begeisterung, eine Weile damit zu fahren.

Einige Menschen glauben, ihre Nahtoderfahrung habe nicht nur ihre Prioritäten geändert, sondern sie auch vor einem destruktiven Lebensstil bewahrt. Dan Williams hatte mit siebenunddreißig einen Herzstillstand, als er einen Drogenentzug machte. Er berichtete von einer bemerkenswerten Veränderung nach seiner Nahtoderfahrung:

»Durch meine Sucht nach verschreibungspflichtigen Medikamenten und Drogen habe ich alles verloren. Ich war mindestens neunmal in einer Entzugsklinik und wurde über ein Dutzend Mal wegen Drogenmissbrauchs sowie mehrere Male wegen Alkoholmissbrauchs angeklagt. Ich hatte sämtliche Versuche, clean zu werden, bereits aufgegeben. Ich hatte so ziemlich mein ganzes Leben aufgegeben.

Wie kommt jemand, der hoffnungslos drogenabhängig, fast obdachlos und pleite war und der Drogen stahl, dazu, Seniorenwohngruppen zu leiten und dort oft bei den Sterbenden zu sitzen und sie zu trösten? Ich kann die erstaunlich transformierende Kraft meiner Nahtoderfahrung immer noch nicht ganz begreifen. Ihre Auswirkungen überraschen mich und meine Frau nach wie vor. Es war wirklich ein Segen. Ich war ein extremer Skeptiker, der die Probleme des Lebens immer mit Logik und wissenschaftlichen Methoden lösen wollte. Auf der spirituellen Ebene war ich absolut unbeleckt.

Im Oktober 2003 war ich erneut verhaftet worden. Und weil mir Ärzte und Drogenberater gesagt hatten, ich würde nach fünfzehn Jahren täglichen Medikamentenmissbrauchs vermutlich an Entzugssymptomen und Absetzphänomenen zugrunde gehen, machte ich mich bereits darauf gefasst, im Gefängnis zu sterben. An meinem siebten Tag im Knast hatte ich während eines großen Epilepsieanfalls schließlich einen Herzstillstand. Ich wurde wiederbelebt und ins Krankenhaus gebracht.

Ich erinnere mich, dass es mir vorkam, als reise ich aus meinem Körper und kehre dann wieder zurück, als könne ich gehen, aber nirgendwo bleiben. Ich hatte das Gefühl, in einem milchig schwarzen Bereich zu schweben oder zu hängen. Und dann erlebte ich ein Gefühl, zu dem ich mich sofort hingezogen fühlte. Dieses Gefühl war nicht von dieser Welt: Alle meine Schmerzen waren weg. Mein erster Gedanke war buchstäblich: ›Es gibt keine Droge auf der Welt, mit der man sich so fühlen kann.‹ Ich kann einfach nicht in Worte fassen, wie sich das anfühlte: Nirwana vielleicht, reinste Form der Liebe, was auch immer. Ich wusste nur, dass ich nie wieder derselbe sein würde. Es kam mir vor, als bewegte ich mich durch den milchigen Stoff auf dieses Gefühl zu und würde von ihm angezogen.

Zu diesem Zeitpunkt spürte ich eine Präsenz in meiner Nähe. Ich denke, man könnte es einen Lotsen oder Engel nennen, aber ich habe nie eine Figur oder Person gesehen. Da war nur Licht ringsum, und es tat mir nicht in den Augen weh. Die Helligkeit dieses Lichts war jenseitig. Die Präsenz führte mich in dieses Licht. Sie schien neben oder hinter mir zu sein. Ich vertraute ihr. Ich hatte das Gefühl, diese Präsenz zu kennen. Da war nur Friede, keine Angst mehr. Es war reine Perfektion.

Irgendwann konnte ich meine Sucht als das sehen, was sie war, und mich mit ihr konfrontieren, man kann sogar sagen, sie bekämpfen. Sie stand für das Schlimmste von mir, und ich war regelrecht verärgert. Ich schämte mich für das, was aus mir geworden war. Zum ersten Mal in meinem Leben war ich wütend auf sie, und zum ersten Mal in meinem Leben hatte ich die Oberhand über meine Sucht. In meinem Nahtoderlebnis habe ich gekämpft und gewonnen, und jetzt ist die Sucht Geschichte.

Das ist jetzt sechzehn Jahre her, und ich habe seitdem weder eine Droge noch ein alkoholisches Getränk zu mir genommen. Es gab noch mehr Komponenten meiner Nahtoderfahrung, aber diese war am wirkungsvollsten. Anstatt meinen Mitmenschen etwas wegzunehmen, diene ich ihnen jetzt. Heute weiß ich, wer ich bin und wohin ich gehe. Ich fühle mich nicht mehr verloren.«

Natürlich sind Menschen mit Nahtoderfahrung immer noch Menschen wie wir alle, komplexe Mischungen aus Emotionen und Gedanken, gut und schlecht, angenehm und unangenehm, altruistisch und egoistisch. Tom Sawyer ist ein perfektes Beispiel dafür. Seine Frau Elaine sprach über den zweifelhaften Segen seiner Nahtoderfahrung. Mit einem Blitzen in ihren dunklen Augen beschrieb sie, wie Tom vor seinem Nahtoderlebnis gewesen war: »Er war gewalttätig, warf mit Schuhen und anderen Dingen nach mir und schrie, er sei das Familienoberhaupt und wir hätten zu tun, was er sagt.« Dann lächelte sie und fügte hinzu: »Aber seit seinem Nahtoderlebnis ist er mitfühlend, sanft und rücksichtsvoll. Er hat in all den Jahren danach nicht einmal mehr die Hand gegen mich oder die Kinder erhoben.« Andererseits beschwerte sie sich, dass er jetzt *alle* mit demselben liebevollen Mitgefühl behandle und eher einem bedürftigen Fremden helfen wolle als der eigenen Familie. Mit einem Seufzen sagte sie: »Es interessiert ihn überhaupt nicht, dass unser Sofa auseinanderfällt und wir dringend ein neues brauchen. Wir haben das Geld gespart, um eines zu kaufen, aber er weiß gar nicht, was wir wollen.«

Und ebenso wenig, wie Nahtoderfahrungen Menschen zu Heiligen machen, ist das Leben danach immer nur eitel Freude und Sonnenschein. Ich habe sogar festgestellt, dass Nahtoderlebnisse manchmal zu ernsten Problemen führen.

– 18 –

Unsanfte Landung

Die meisten Nachwirkungen einer Nahtoderfahrung, von denen Betroffene berichten, sind positiv. Doch warum sollte ein derart tiefgreifendes Geschehen, das sich so radikal von jedem Alltagserleben unterscheidet, nicht auch zu Problemen führen? In der Tat sind hier nicht alle Nachwirkungen positiv. Manche Betroffenen haben Schwierigkeiten, ihre Nahtoderfahrung mit ihren religiösen Überzeugungen in Einklang zu bringen. Anderen fällt es schwer, ihre alten Rollen und Lebensweisen, die nicht mehr dieselbe Bedeutung haben, wieder aufzunehmen oder von den Auswirkungen ihrer Erfahrung zu erzählen. Wieder andere berichten, dass sie wütend sind, weil sie noch leben – oder *wieder* lebendig sind.

Cecilia, eine einundsechzigjährige Lehrerin, musste sich eines Nachts so heftig übergeben, dass sie ein schier unerträgliches Reißen auf beiden Seiten spürte. Das Fieber schoss in die Höhe, und sie konnte nicht aufhören zu zittern. Ihr Mann fuhr sie ins Krankenhaus. Die Röntgenaufnahme, die dort gemacht wurde, zeigte eine faustgroße Raumforderung auf der rechten Seite. Sie wurde operiert, und man fand einen brandigen Blinddarm, der durchgebrochen war und eine ausgedehnte Infektion in ihrer Bauchhöhle verursacht hatte. Während des Nahtoderlebnisses wütete das Fieber in ihr:

»Ich fühlte mich in etwas versetzt, was zu beschreiben ich nur *versuchen* kann – als ›umfassende Schwärze‹. Es war, als sei ich in den Weltraum transportiert worden und schaute auf das, was, wie ich wusste, die Erde war. Sie erschien als Globus mit einem bläulichen Schimmer. Aus der großen Distanz, in die ich gereist war, sah sie aus wie der große Gummiball eines Kindes. Ich erhielt die Nachricht: ›Es ist in Ordnung zu gehen. Die Samen wurden ausgesät. Deine Arbeit wird fortgesetzt.‹

Ich erlebte ein wunderbares Gefühl von Frieden und Freiheit. Ich sah, wie meine Schüler in die Welt gingen, um anderen zu helfen, und ich wusste, dass die Arbeit, die ich liebte, auch ohne mich weitergehen würde. Ich hatte ein Gefühl dafür, wie klein wir als Individuen in diesem riesigen Universum sind. Natürlich würden Menschen in meiner Nähe um meinen Tod trauern, aber in Wirklichkeit wäre mein Dahinscheiden so unbedeutend wie ein Sandkorn weniger auf der Erde.

Der Tod ist nichts, wovor man sich fürchten müsste. Er brachte mir ein unglaubliches Gefühl der Liebe und des Friedens. Ich erkannte auch, wie unbedeutend die materiellen Dinge sind, die wir hinter uns lassen. Ich fühlte mich bereit zu gehen, streckte meine Arme nach zwei Geistern aus, die im Raum waren – die beobachteten und warteten. Und dann zogen sie sich zurück und ließen mich dort! Ich flehte: ›Hier bin ich. Nehmt mich mit‹, doch sie verblassten allmählich.«

Cecilias glückselige Erfahrung endete mit der Rückkehr in ihren schmerzgeplagten Körper:

»Meine Reise zurück in die reale Welt begann. Meine Genesung erwies sich als zäh und mühsam. Mein Körper heilte, aber ich bedauerte, nicht gestorben zu sein. An dem großartigen Frieden, den ich erlebt hatte, hegte ich keinerlei Zweifel.

Mich plagten wochenlang Depressionen. Alles war so anstrengend: mich anziehen, Schnürsenkel binden, Essen kauen, schlucken, Auto fahren, das Lenkrad drehen, Treppen steigen, Türknöpfe drehen, gehen – alles, sogar reden! Den Körper herumzutragen schien einfach zu anstrengend zu sein. Ich erinnere mich, dass ich dachte, ich müsse vielleicht noch zwanzig Jahre warten, bevor sich mir eine weitere Gelegenheit wie diese bot. Ich wusste natürlich, dass der Tod auf natürliche Weise kommen musste, damit ich einen solchen Frieden genießen konnte.

Ich hatte keine Idee, wie ich aus diesem Loch herauskommen sollte. Es schien tiefer und immer tiefer zu werden. Ich suchte überall, wo ich nur konnte, verzweifelt nach Antworten. Ich kaufte mir ein Notizbuch, um Tagebuch darüber führen zu können, wie ich das durchstehen sollte. Meinen ersten Eintrag schrieb ich voller Wut an Gott. Ich fragte: ›Warum lebe ich überhaupt?‹«

Andere empfinden weniger Wut als vielmehr Traurigkeit oder Bedauern. Lynn, die beim Fahrradfahren von einem Betrunkenen frontal angefahren worden war, beschrieb ihre Gefühle nach ihrem Erwachen aus dem Koma und wie sie zu ihrer Nahtoderfahrung zurückkehren wollte:

»Ich wollte nicht zurück in dieses Leben. Ich bin überwältigt, wenn ich darüber nachdenke, wie meine Erfahrung mein Leben verändert hat und immer noch verändert. Nach meinem Unfall und meiner Entlassung aus der Reha-Einrichtung war ich so deprimiert, dass ich nur sterben wollte. Meine Eltern brachten mich in eine psychiatrische Klinik, und ich weigerte mich etwa drei Monate lang, mit irgendjemandem zu sprechen. Ich konnte nur daran denken, wie sehr ich das alles hier hasste und dass ich an jenen Ort zurückkehren wollte. Ich hatte das Gefühl, alles verloren zu haben, wofür ich jemals gearbeitet hatte, und meine Identität noch dazu. Jener Ort war so wunderbar gewesen, und ich wollte unbedingt dorthin zurück. Ich war so wütend, und die Menschen auf der Erde schienen einfach so gemein zu sein. Und niemand verstand mich. Ein psychiatrisches Zentrum ist auch nicht wirklich der richtige Ort, um mit jemandem über diese Themen zu sprechen.

Nach meinem Unfall habe ich nur geschlafen. Ich hatte auch große körperliche Schmerzen und war so verwirrt, weil ich plötzlich wusste, dass ich nichts weiß. Ich war wütend, dass ich diese Erfahrung gemacht hatte. Sie ist nicht nur eine großartige Sache, die dir da passiert. Sie macht das Leben schwerer. Zumindest hat sie es für mich schwerer gemacht. Ich hatte immer das Gefühl: ›Vielen Dank. Warum hättest du mir nicht ein bisschen mehr oder gar nichts erzählen können?‹ Es dauerte wirklich eine ganze Weile, bis ich mich emotional darauf eingestellt hatte, dass man nicht einfach aufhört zu existieren, wenn man stirbt. Es hat mich wirklich kalt erwischt. Ich konnte mir einfach keinen Reim darauf machen.

Etwa zu der Zeit begann der Golfkrieg, und ich konnte einfach nicht verstehen, warum auf der Welt so viel Schlimmes passiert. Ich spürte so viel Schmerz und verstand nichts davon oder warum es passieren musste. Das ist diese eine Sache, die so verwirrend war: Wenn es diesen Schöpfer gibt, der so absolut unglaublich ist, dass man es kaum fassen kann, warum lässt er dann zu, dass unschuldige Kinder, Menschen und Tiere verletzt werden?«

Lynn brauchte ein paar Jahre, bis sie sich wieder wohl damit fühlte, am Leben zu sein. Doch am Ende war sie froh, eine zweite Chance bekommen zu haben:

»Seit meinem Unfall sind Jahre vergangen, und ich habe das Gefühl, dass ich gerade erst anfange, mich zu entspannen und gewisse Dinge zu lernen. Ich weiß, es klingt komisch, aber ich bin so begeistert, am Leben zu sein. Das Leben ist so unglaublich. Es ist ein solches Geschenk. Ich fürchte mich nicht vor dem Sterben, aber ich bin einfach noch nicht bereit dafür. Es gibt noch so viel, was ich vorher tun möchte.

Neulich saß ich draußen und schaute mir den Mond an. Es ist so unglaublich, dass man von hier aus einen anderen Himmelskörper sehen kann. Ich habe einfach das Gefühl, dass ich so viel für selbstverständlich gehalten hatte, besonders die Zeit. Ich sage nicht, dass ich nicht immer noch schlechte Tage habe. Ich habe sogar schreckliche Tage; aber ich bin froh, noch am Leben zu sein. Das ist wirklich anders als direkt nach meinem Nahtoderlebnis.«

Für manche Betroffene ist das Problem nicht Wut oder Depression, sondern lähmende Verwirrung. Louise Kopsky hatte mit neunundzwanzig ein Nahtoderlebnis, nachdem sie vor der Geburt ihres Kindes betäubt worden war. Sie vernahm, wie ihr Herzschlag immer lauter wurde, und dann hörte er plötzlich ganz auf. Ihr Nahtoderlebnis führte sie in ein anderes Reich. Sie erwachte in einem Zustand tiefer Verwirrung darüber, welche Welt denn nun real und welche ein Traum war:

»Als ich hörte, wie mein Herzschlag aussetzte, kam ich mir vor wie im Weltraum und erschien mir selbst als Licht. Und da draußen waren viele, viele, viele andere Lichter mit mir. Es war sehr, sehr friedlich, extrem friedlich. Das war das Erste, was mir darüber klar wurde. Es war so friedlich und so erholsam und ruhig. Ich wusste, ich musste zurück. Ich kann mich nicht speziell an jemanden erinnern, der mir gesagt hätte, ich müsse zurück, aber ich erinnere mich, dass ich enttäuscht war.

Dann erinnere ich mich, dass ich im Kreißsaal über meinem Körper war und Ärzte und Krankenschwestern sah. Und an diesem Punkt ging ich einfach wieder in meinen Körper. Ich weiß nicht, wie. Ich erinnere mich nicht an eine bestimmte

Art, wie ich das gemacht habe. Ich war wohl wieder in meinem narkotisierten Zustand. Ich bin eine Weile nicht aufgewacht.

Als ich wieder zu mir kam, erschrak ich, weil ich die Realität nicht von dem trennen konnte, was ich meinen ›Traum‹ nenne. Ich wusste, dass es kein Traum war, aber ich wusste nicht, wie ich es sonst nennen sollte. Also bezeichnete ich es in meinem Kopf als Traum. Aber es ging mir schrecklich damit, einfach furchtbar. Am nächsten Tag sagte ich zu meinem Mann, ich habe, obwohl ich mein Baby stillte und die Krankenschwestern und der Arzt ein und aus gingen, er zu Besuch kam, meine Eltern und seine Eltern auch, das Gefühl, dass dies ein Traum sei, dass die Realität der Traum sei und dass das, was ich erlebt hatte, die Realität war. Das war mein Problem.

Wochenlang war es einfach schrecklich; schon als ich meinem Mann am zweiten Tag endlich davon erzählt hatte und er meinte, es sei nur das Anästhetikum, sagte ich, es sei anders, es sei tiefgreifend. Man findet einfach keine Worte, um es zu beschreiben. Ich sagte mir immer wieder, dass dies die Realität war und das andere der Traum. Und ich dachte eine ganze Weile, ich würde den Verstand verlieren, und deshalb musste ich es unterdrücken, denn jedes Mal, wenn ich anfing, darüber nachzudenken, musste ich sofort aufhören, es aus meinem Kopf schieben und mir immer wieder sagen: ›Das ist real, das ist real, nicht das, was du erlebt hast.‹ Und so kam es, dass ich nie wieder darüber sprach. Monatelang kam es mir immer wieder in den Sinn, und ich schob es weg, weil es für mich so beängstigend war: Nicht, was ich erlebt habe, aber seine Folgen erschreckten mich nur.

Ich war deswegen psychisch sehr durcheinander, und es dauerte sehr lange, bis ich darüber hinwegkam. Ich wusste nicht, dass ich dem Tod sehr nah gekommen war, aber ich hatte Probleme, die beiden Realitäten zu trennen. Was ich im Krankenhaus mit dem Baby und den Leuten erlebte, die mich besuchten, war der Traum. Aber das andere war die Wirklichkeit. Und genau das war mein Problem. Das Erlebnis selbst war sehr angenehm, aber zwischen der Wirklichkeit und meinem Erlebnis zu unterscheiden war das Problem, und ich hatte das Gefühl, das Erlebnis irgendwie vergraben oder wegstecken zu müssen, um den Verstand nicht zu verlieren.

Ich hatte noch nie etwas von Nahtoderfahrungen gehört und verstand nicht, was ich durchgemacht hatte. Wenn es heute noch einmal passierte, würde ich es genießen. Jetzt merke ich, dass das, was ich erlebt habe, wie der Himmel war, wie das, was einem nach dem Tod passiert, aber ich weiß es noch nicht mit absoluter Gewissheit. Es gibt einem ein wenig Sicherheit. Ich habe ohnehin an ein Jenseits geglaubt, aber dies ist wie eine Versicherung, nehme ich an, ein kleiner Beweis.«

Wieder andere sind zwar selbst nicht wütend, niedergeschlagen oder verwirrt, fühlen sich aber verspottet oder missverstanden, wenn sie über ihre Nahtoderfahrung sprechen. Edith hatte mit achtunddreißig ein Nahtoderlebnis, als ihre Magengeschwüre platzten. Sie beschrieb ihre Erfahrung als glückselig und ganz anders als den qualvollen Schmerz, den sie in ihrem Körper empfand:

»Das Nächste, das mir bewusst wurde, war, dass ich mich in einer anderen Umgebung befand. Ich lag plötzlich *nicht* mehr in meinem Krankenhausbett mit den ganzen medizinischen Geräten, die meine Anatomie einschränkten. Vielmehr konnte ich den gesamten Raum sehen, komplett mit einem zarten Spinnennetz in einer Ecke an der Decke und etwas rissigem Putz über dem Fenster. Ich spürte nicht den kleinsten Anflug von Besorgnis oder Angst in dieser ungewöhnlichen Situation.

Ich genoss diese ganze Erfahrung sehr. Als ich mich umsah und mir meinen Körper aus der Höhe genau anschaute, nahm ich ein unglaubliches Licht wahr. Dies war *kein* alltäglicher Sonnenstrahl, nicht das Licht einer Hundert-Watt-Glühbirne, kein loderndes Feuer und auch nicht das Licht vieler Kerzen. Es war keine Sternenexplosion am Mitternachtshimmel. Es strahlte ›in Kleidern hell und schön‹. Es war warm. Es war von überirdischem Frieden und strahlender Pracht. Nichts auf der Erde hat seine Farbe. Es gibt keine Worte, um die Tiefe seiner visionären Schönheit zu beschreiben. Dies ist ein Ort der absoluten Liebe, ein Ort der ultimativen Sicherheit – für immer.

Irgendwo im Licht spürte ich die Anwesenheit von etwas anderem. Ich schaute mich um, konnte aber nicht genau erkennen, was es war. Es war sicherlich nicht menschlich, jedenfalls nicht in dem Sinne, in dem ich dieses Wort kenne. Es hatte keine definierbare Form. Es war kein Tier, kein Gemüse und kein Mineral. Instinktiv wusste ich jedoch, dass ich von dieser Anwesenheit nichts zu befürchten hatte. Ich fühlte mich jetzt sogar noch friedlicher und sicherer. Als käme sie von überall um mich herum, sagte eine Stimme: ›Du bist hier in Sicherheit.‹

Ich war überwältigt, weil ich nicht sehen konnte, woher sie kam. Dann sagte die Stimme, dass ich für immer dort bleiben oder in meinen Körper zurückkehren und mein Leben fortsetzen könne. Es war meine Entscheidung. Ich wollte nicht zu all diesen körperlichen Schmerzen zurückkehren. Ich wollte nicht zu Unglück, Konflikt und Stress zurückkehren. Es gefiel mir dort, und ich wollte diesen Frieden, diese Gelassenheit und diese Sicherheit nicht aufgeben. Ich schaute auf meinen Körper im Bett mit all seinen künstlichen Anhängseln hinunter und wollte umso mehr bleiben, wo ich war.

Während ich dies beobachtete, sah ich plötzlich mein ganzes Leben auf einem riesigen Fernsehbildschirm, lebendig, dreidimensional und in Farbe vor mir. Es war alles da, sogar Dinge, an die ich jahrelang nicht gedacht hatte. Kein Detail fehlte.

Das Tauziehen in meinem Innern war das Intensivste, was ich je empfunden habe: *Geh – bleib … bleib – geh!* Die Stimme kannte meine Entscheidung, ohne dass ich sie in Worte fassen musste. Wegen meines Mannes und meiner beiden Kinder wusste ich, dass ich in meinen Körper zurückkehren musste, was immer dies auch nach sich ziehen würde. Mit der ganzen himmlischen Sanftmut, die man sich vorstellen kann, fügte die Stimme leise hinzu: ›Du wirst zurückgehen und deine Familie zusammenhalten. Du wirst ihr Zement sein.‹

Dann war ich in einer großen, seligen Schlinge und wurde ganz sanft und ganz langsam wieder in meinen Körper gezogen. Ich spürte einen *Aufprall*, der mich weckte! Wie durch einen Reflex öffneten sich meine Augen, und ich schaute mich schnell im Raum um. Keine Frage, ich war wieder in meinem Körper.«

Doch nach ihrer Rückkehr wurde sie verspottet und missverstanden. Und für den Fall, dass sie ihre Nahtoderfahrung erwähnte, drohte man ihr mit psychiatrischen Interventionen:

»Ich war wie berauscht! Ich wollte meine Geschichte erzählen, bevor ich platzte. Was für ein großartiges Wunder hatte ich erlebt! Ich musste versuchen, das Licht mit seiner unendlichen Kraft und Anmut zu beschreiben. Ich dachte mir: ›Was für ein Glück, dass ich ein Stück davon mitbringen konnte. Ich werde es immer hier drin haben.‹

Eine Krankenschwester kam herein, um Blutdruck bei mir zu messen. Ich schaute sie an und erzählte ihr von meiner Erfahrung. Sie hörte zu, bis ich fertig war. Als sie die Manschette wieder abnahm, sagte sie: ›Nun, meine Liebe, das ist sehr interessant, aber Sie sind sehr krank und hatten eine Halluzination.‹ Ich dachte: ›Sie hat wirklich nicht verstanden, was ich kommunizieren wollte.‹

Wenig später kam eine zweite Krankenschwester herein, und ich erzählte auch ihr meine Geschichte. Als ich fertig war, erklärte sie mir, dass die Drogen, die sie mir gaben, oft dazu führen, dass Menschen seltsame Träume haben. Aber ich wusste, was ich gesehen hatte. Ich wusste, was mir passiert war, und es war kein seltsamer Traum! Wie konnte etwas so Lebendiges und Reales ein Traum sein? Ich dachte, ich sollte besser etwas länger warten, bevor ich wieder jemandem von meiner Erfahrung erzähle.

Als die Nachtschicht kam, versuchte ich es zum dritten Mal. Diesmal reagierte die Krankenschwester kalt und sachlich und sagte, wenn ich so weiterrede, würde ein Psychiater hinzugezogen. Diese Drohung machte mir Angst. Ich dachte mir, wenn mich Ärzte und Schwestern für verrückt hielten, sollte ich lieber den Mantel des Schweigens über die ganze Angelegenheit breiten. Mir wurde eins klar: Das Beste, was ich jetzt tun konnte, war, das Licht festzuhalten, es niemals loszulassen und still zu sein – sehr, sehr still. Und das tat ich dann auch.«

Anderen fällt es nach einer Nahtoderfahrung schwer, die zwischenmenschlichen Grenzen, die in unserer Kultur erwartet werden, zu verstehen und einzuhalten. Weil sie das Gefühl haben, dass wir alle miteinander verbunden sind, gehen sie manchmal in einer Weise auf andere zu, die für unangemessen gehalten wird. Joe Geraci, der Polizist, der nach seiner Nahtoderfahrung als Lehrer arbeitete, wurde wiederholt von seinem Schulleiter wegen »unprofessionellen« Verhaltens gerügt, weil er auf seine Schüler zuging, um ihnen bei ihren persönlichen Problemen zu helfen. Alex, ein fünfundzwanzigjähriger Mann, der nach seiner Nahtoderfahrung Schwierigkeiten hatte, sich im Leben zurechtzufinden, stand eines Tages mit seinen Koffern und seinem Golden Retriever im Auto vor meiner Haustür. Er hatte mich über Nahtoderfahrungen sprechen hören, war zwei Stunden bis in meine Heimatstadt gefahren und erwartete jetzt, dass ich ihn in meinem Haushalt willkommen heißen würde, bis seine Probleme nach der Nahtoderfahrung gelöst waren. Zum Glück für meine Ehe war das Setzen von gesunden Grenzen Teil meiner Ausbildung zum Psychiater. Bei einem gemütlichen Abendessen in einem ruhigen Restaurant hörte ich mir seine Sorgen und Probleme an und konnte ihn mit einem Berater in seiner Nähe zusammenbringen, der mit der Komplexität von Nahtoderfahrungen vertraut war. Außerdem empfahl ich ihm eine lokale Selbsthilfegruppe, in der er offen mit anderen Betroffenen reden konnte.

Ich erkannte, dass dies erforderlich war: mehr Betreuer, die Nahtoderlebnisse als echte Ereignisse ernst nahmen, und Selbsthilfegruppen, um den verheerenden Gefühlen der Einsamkeit und Verwirrtheit entgegenzuwirken, die manche Nahtoderfahrenen haben.

In den Achtzigerjahren wurden Nahtoderfahrungen in der breiten Öffentlichkeit immer bekannter. Und als meine Medizinerkollegen von meinem Interesse daran erfuhren, überwiesen einige von ihnen Patienten, die als Folge einer solchen Erfahrung Schwierigkeiten hatten, zur psychiatrischen Behandlung an mich. Nachdem ich in der individuellen Psychotherapie nur mäßig erfolgreich mit jedem Einzelnen von ihnen zusammengearbeitet hatte, beschloss ich, sie alle zu einer Gruppe zusammenzufassen. Ich stellte bald fest, dass sie mehr Unterstützung und Verständnis voneinander bekamen als von mir. Die Gruppe entwickelte sich schnell von einer Psychotherapiegruppe zu einer offenen Selbsthilfegruppe, an der jeder teilnehmen kann und die sich seit mehr als vierzig Jahren monatlich trifft. Viele brachten ihre Familienmitglieder mit in die Selbsthilfegruppe.

Kenny war ein Teenager, der einen Herzstillstand hatte, als er von einem Funken aus einer Hochspannungsleitung einen

Stromschlag erlitt. Er hatte ein Nahtoderlebnis mit sowohl himmlischen als auch höllischen Visionen und fühlte sich von Christus gerettet und mit einer Mission zurückgeschickt. Seine Eltern brachten ihn zu mir, weil er sich von seinen Schulfreunden entfremdete, die nicht verstanden, warum er sich so verändert hatte. Ich brachte Kenny in die Selbsthilfegruppe, und er wiederum brachte seine Eltern mit, weil sie verstehen sollten, dass seine Probleme nicht einzigartig waren. Noch lange nachdem Kenny selbst nicht mehr in die Gruppe kam, nahmen seine Eltern weiterhin daran teil.

In den drei Jahrzehnten, seit Kenny dieser Gruppe beigetreten war, hatte er weiterhin mit den Nachwirkungen seiner Nahtoderfahrung zu kämpfen:

»Ich durchlebte seitdem viele Höhen und Tiefen – manches Gute, manches Schlechte. Im Laufe der Jahre entdeckte ich wirklich meine empathische Seite. Ich weiß, dass meine wahren Gaben auf der emotionalen Seite der Menschlichkeit liegen, und ich habe eine starke Fähigkeit, zu trösten und aufzuklären, wenn Menschen sehr schlimm dran sind. Ich glaube, der Stromschlag hat mein Leben geprägt. Ich weiß, dass mein Leben einen Sinn hat und es für mich vorgesehen ist, etwas zu tun, was größer ist als ich selbst, sei es, Menschen konkret zu helfen oder nur für sie da zu sein.«

Weil viele Betroffene Probleme haben, nach ihrem Nahtoderlebnis wieder in ihr tägliches Leben zurückzukehren, veranstaltete die Internationale Vereinigung für Nahtodstudien (IANDS) 1984 einen fünftägigen Workshop zur Unterstützung von Betroffenen. Ich leitete den Workshop zusammen mit Barbara Harris Whitfield, damals IANDS-Vorstandsmitglied, die selbst eine Nahtoderfahrung gemacht hatte. Wir luden zweiunddreißig Teilnehmer ein, eine Hälfte Betreuer (Ärzte,

Krankenschwestern, Psychologen, Sozialarbeiter, Geistliche), die andere Hälfte Nahtoderfahrene sowie einige Teilnehmer aus beiden Kategorien. Die Gruppe erforschte eine breite Palette von Therapiestrategien und -techniken, mit denen vermieden werden sollte, die Betroffenen als kranke Patienten oder hilflose Opfer zu behandeln. Wir entwickelten allgemeine Richtlinien, die sich auf drei Ziele konzentrierten. Zunächst wurde den Betroffenen geholfen, zu dem Verständnis ihrer Nahtoderfahrung zu gelangen, das ihnen am hilfreichsten erschien. Zweitens ging es darum, die Kraft dieser Erfahrung als Katalysator für Veränderungen zu respektieren. Und drittens sollten sich die Betroffenen darauf konzentrieren, ihre Ziele im Leben zu erreichen. In dem Workshop entwickelten wir auch eine Reihe spezifischer Techniken, um auf diese Ziele hinzuarbeiten. Eine Schlüsselkomponente war die Selbsthilfegruppe.

Es dauerte ein weiteres Jahrzehnt, bis die Bedeutung von Nahtoderfahrungen im Leben der Betroffenen vom Gesundheitswesen erkannt wurde. 1994 bestätigte das *Diagnostic and Statistical Manual* (DSM-IV) der American Psychiatric Association erstmals, dass solche Erfahrungen erhebliche Turbulenzen verursachen und Menschen dazu bringen können, Hilfe zu suchen. Das DSM-IV enthielt eine neue Kategorie, nämlich »Religiöses oder spirituelles Problem«. Sie stand in Zusammenhang mit einer Art von Schwierigkeiten, auf die möglicherweise besonders geachtet werden sollte, die aber genau genommen keine psychischen Störungen sind. Zu den sogenannten religiösen oder spirituellen Problemen gehörten beispielsweise Erfahrungen, bei denen der Glaube verloren geht oder infrage gestellt wird oder das Hinterfragen spiritueller Werte. In einem Begleitartikel, der diese neue Kategorie erläuterte, gaben die Autoren beispielhaft auch Nahtoderfahrungen an, wobei sie anhand von Berichten meiner Patienten veranschaulichten, dass nach Nahtoderlebnissen häufig Probleme wie Wut, Depression und ein Gefühl der Isolation auftreten können.

Im Laufe der Jahre entwickelte ich einige zusätzliche Richtlinien für Krankenhauspersonal, hauptsächlich Ärzte, Pflegepersonal und Seelsorger, weil sie es am wahrscheinlichsten mit Patienten zu tun bekommen, die Nahtoderfahrungen durchlebt haben. Auch für Familienmitglieder und Freunde von Betroffenen können diese Richtlinien nützlich sein. Zunächst geht es darum, sich den Erfahrungsbericht des Betroffenen anzuhören, ohne auf Details zu drängen oder erklären beziehungsweise interpretieren zu wollen, was passiert ist. Nach einer zweiten Richtlinie versichert man dem Betroffenen, dass Nahtoderfahrungen normal sind und häufig vorkommen, und erkennt gleichzeitig ihre tiefgreifenden persönlichen Auswirkungen an. Eine dritte Anweisung besteht darin, die betroffene Person zu ermutigen, Veränderungen ihrer Einstellungen, Überzeugungen oder Werte zu untersuchen und festzustellen, wie sich diese Veränderungen auf ihr Leben auswirken. Es kann auch hilfreich sein, speziell nach Wut, Traurigkeit oder Verwirrung zu fragen und danach, ob die Nahtoderfahrung oder ihre Nachwirkungen verwirrend, rätselhaft oder schwer zu verstehen sind oder sie verärgern.

Meine Kollegin Marieta Pehlivanova und ich haben im Jahr 2019 untersucht, welche Art von Hilfe und Unterstützung Betroffene suchen, wenn es darum geht, ihre Nahtoderfahrung zu verarbeiten, was sie daran hindert, Hilfe zu suchen und anzunehmen, und ob und auf welche Weise die entsprechenden Bemühungen förderlich sind. Wir fanden heraus, dass zwei Drittel der Hilfesuchenden nach ihrer Nahtoderfahrung länger als ein Jahr warteten, bevor sie dies angingen. Und als sie dann nach Unterstützung Ausschau hielten, gab es verschiedene Gründe dafür. Der häufigste Grund war, dass sie mit den Nachwirkungen ihrer Nahtoderfahrung zu kämpfen hatten. Der zweithäufigste war ein beunruhigendes Merkmal der Nahtoderfahrung selbst. Der dritthäufigste Grund war, dass die Betroffenen aufgrund dieser Erfahrung Probleme mit anderen hatten.

Ein Drittel von ihnen wandte sich an Fachleute für psychische Gesundheit. Ein kleinerer Personenkreis suchte Hilfe bei spirituellen Beratern, Medizinern, Organisationen wie IANDS, Online-Ressourcen wie Nachrichtenportalen und Social-Media-Gruppen sowie bei religiösem Fachpersonal. Ein Viertel erhielt eine individuelle Psychotherapie oder Beratung. Weniger Personen erhielten eine Hypnosebehandlung, meditierten, bekamen Medikamente, gingen zu Geistheilern, machten eine Familien- oder Gruppentherapie oder besuchten Selbsthilfegruppen. Andere beschäftigen sich mit Yoga oder sonstigen Körpertherapien.

Die gute Nachricht aus dieser Studie ist, dass drei Viertel der Betroffenen auch Hilfe fanden und das als eine positive Erfahrung verbuchen konnten. Die gängigsten Vorteile für sie waren Einsichten in oder neue Perspektiven auf ihre Schwierigkeiten und die Validierung ihrer Nahtoderfahrung und ihrer Reaktionen darauf. Andere sagten, sie hätten davon profitiert, einen sicheren Ort zu wissen, an dem sie ihre Gedanken und Gefühle mitteilen konnten, wo sie Hilfe erführen, ihre Nahtoderfahrung zu verstehen, und emotionale Unterstützung bekamen. Die schlechte Nachricht ist, dass einem Viertel der Betroffenen keinerlei Hilfe zuteilwurde. Die häufigsten Gründe, die sie dafür nannten, waren: nicht zu wissen, dass Hilfe verfügbar war, sowie zu befürchten, sie könnten für verrückt gehalten werden und man würde ihnen nicht glauben.

Heute gibt es viele Selbsthilfegruppen, die regelmäßig Treffen für Betroffene und eine breite Öffentlichkeit anbieten. Es gibt mehr als fünfzig mit der IANDS verbundene Gruppen in diversen Städten der Vereinigten Staaten und weitere in verschiedenen Ländern auf der ganzen Welt. In einem unterstützenden, leicht zugänglichen Umfeld bieten sie Nahtoderfahrenen Verständnis und Informationen und der Öffentlichkeit Aufklärung und Diskussionen über Nahtoderlebnisse. Darüber hinaus bietet die IANDS für diejenigen, die keine Selbsthilfegruppe in ihrer Nähe haben, über IANDS Sharing Groups Online-Selbsthilfegruppen im Internet an, kleine Gruppendiskussionen mit der Betonung auf persönlichem Erfahrungsaustausch in einem sicheren, vertraulichen und fürsorglichen Umfeld.

In der Arbeit mit Betroffenen und ihren Familien stellte ich fest, dass störende Auswirkungen nicht auf die Überlebenden von Nahtoderlebnissen beschränkt sind. Elaine Sawyer beklagte sich darüber, dass Tom die materiellen Bedürfnisse ihrer Familie vernachlässigte, und auch über ihre ganz persönlichen Gefühle nach seinem Nahtoderlebnis. Familie und Freunde tun sich oft schwer, die Veränderungen der Wertvorstellungen, Einstellungen, Überzeugungen und Verhaltensweisen der Betroffenen nach einem Nahtoderlebnis zu verstehen und sich daran anzupassen. Langfristig erfolgreiche familiäre Beziehungen nach einem solchen Erlebnis können sowohl davon abhängen, wie die Betroffenen diese Erfahrung in ihr Leben integrieren, als auch davon, wie Familienmitglieder ihre neue Identität sehen und aufnehmen. Forscher in den USA und in Australien fanden heraus, dass Ehen, in denen ein Partner ein Nahtoderlebnis hatte, weniger stabil sind als vor diesem Ereignis. Fünfundsechzig Prozent endeten mit einer Scheidung. Dies wird normalerweise auf Probleme bei der Kommunikation über die Herausforderungen zurückgeführt, vor die sich das Paar gestellt sieht, sowie auf Meinungsverschiedenheiten über Rollen und unterschiedliche Werte und Ziele.

Für Eltern kann es besonders schwierig sein, die Nachwirkungen von Nahtoderfahrungen bei ihren Kindern zu verstehen und zu akzeptieren. Kennys Eltern waren verwirrt, als ihr beliebter, aufgeschlossener Sohn das Interesse an Hochschulsport, Rockmusik und Geselligkeit mit seinen Freunden verlor und sich jetzt darauf konzentrierte, Lebensziele zu entwickeln, die sich für ihn bedeutungsvoller anfühlten. Ihre Bemühungen zu verstehen, was ihr Sohn und sie selbst da durchmachten, brachte sie in die Selbsthilfegruppe und veranlasste sie, auch noch lange nachdem Kenny selbst nicht mehr teilnahm, in die Gruppe zu kommen.

Einmal wurde ich von einem Kinderchirurgen in meinem Krankenhaus gebeten, mit einer Mutter zu sprechen, deren sechsjähriger Sohn sich einer Operation am offenen Herzen unterziehen musste. Die Operation war erforderlich, um ein Loch in seinem Herzen zu reparieren, das seit seiner Geburt bestand und das nun zunehmend unregelmäßige Herzschläge und gelegentliche Atembeschwerden verursachte. In der Nacht vor der Operation hatte er einen Herzstillstand gehabt, aber das Herz fing von selbst wieder an zu schlagen, als die Ärzte schon kurz davor waren, ihm einen Schock mit dem Defibrillator zu geben. Als er am nächsten Morgen in den Operationssaal gerollt wurde, wirkte seine Mutter extrem aufgewühlt. Der Herzchirurg bat um einen Psychiater, der dringend mit ihr sprechen sollte.

Als ich Bobbys Zimmer betrat, saß seine Mutter Ginger auf einem Stuhl neben seinem leeren Bett und fingerte nervös an einem Papiertaschentuch herum. Sie schaute kurz auf, als ich an die offen stehende Tür klopfte und eintrat. Ich stellte mich vor und erklärte, der Chirurg ihres Sohnes habe mich gebeten, mit ihr zu sprechen, während Bobby in der Chirurgie war. Sie nickte und schaute wieder auf ihre Hände. Sie weinte nicht, sondern schniefte nur leise.

»Ich stelle mir vor, dass dies alles ziemlich beängstigend für Sie sein muss«, begann ich. »Ich wäre ziemlich besorgt, wenn mein Sohn am Herzen operiert würde.«

»Es ist alles so verwirrend«, sagte Ginger und kam ein wenig ins Stottern. »Die ganzen Jahre, in denen ich mich gefragt habe, ob es wieder gut werden würde, und die Frage, warum es passiert ist, ob ich etwas falsch gemacht habe.« Sie legte eine Pause ein und zerknüllte das Taschentuch zwischen ihren Händen. »Und dann die Entscheidung, die Operation durchführen zu lassen ... Und dann letzte Nacht ...« Sie schüttelte den Kopf, als wolle sie die Erinnerung löschen.

»Letzte Nacht?«

»Sie wissen, dass er einen Herzstillstand hatte?«, fragte sie und schaute mir zum ersten Mal direkt in die Augen. Ich nickte, und sie schaute schnell wieder auf ihre Hände, bevor ich etwas anmerken konnte.

»Was ist denn passiert?«, wollte ich wissen.

»Er ist da herausgekommen, aber das hat bewirkt, dass ich mir heute Morgen noch mehr Sorgen wegen der Operation machte ... Und etwas später heute Morgen ...«

»Heute Morgen?«

Sie schaute immer noch auf ihre Hände. »Kurz bevor sie Bobby zur Operation abholen kamen, sagte ich zu ihm ...« Ihre Stimme versagte kurz, und sie schluckte schwer. »Ich sagte: ›Komm, wir falten die Hände und beten, dass alles gut wird.‹ Und Bobby schaute mir in die Augen und sagte mit einem breiten Grinsen: ›Nein, Mama, das müssen wir nicht.‹«

Sie schluckte wieder schwer, ihre Hände fummelten immer noch am Taschentuch herum. Dann sprach sie weiter. »Er sagte, wir müssten unsere Hände nicht falten, um zu beten. Ich ... Ich war verwirrt und sauer, weil ich mir Sorgen um seine Operation machte und er mir hier freche Antworten gab. Also fragte ich ihn: ›Wer hat dir das gesagt?‹ Und er starrte mich immer noch direkt an und antwortete: ›Jesus hat mir das letzte Nacht gesagt.‹ Das jagte mir einen richtigen Schrecken ein, Doktor.«

Ginger räusperte sich und hörte auf zu sprechen. Ich legte meine Hand sanft auf ihren Unterarm, und sie schaute fragend zu mir auf.

»Ich kann mir vorstellen, wie verstörend das war«, sagte ich und nickte. »Was hat er noch gesagt?«

»Er sagte, Jesus habe ihm versichert, die Operation würde gut verlaufen und sein Herz würde repariert werden. Und dann sagte er, dass er seine Hände faltete und Jesus fragte, ob sie beten sollten, und Jesus habe gelächelt und ihm gesagt, er müsse seine Hände nicht falten. Jesus sagte ihm, er müsse das Gebet nur in seinem Herzen sprechen, und Gott würde es hören.«

Sie machte eine Pause, schaute mich immer noch fragend an und fuhr dann fort: »Ich wusste nicht, was ich sagen sollte. Also drückte ich nur seine Hand und sagte nichts. Bobby spricht nicht so. Es war, als würde jemand anderes aus seinem Mund sprechen. ... Es machte mir Angst.«

Ich nickte wieder und versuchte, etwas Beruhigendes zu sagen. »Es muss beängstigend gewesen sein, Bobby so reden zu hören. Aber das ist nicht ungewöhnlich. Menschen, die einen Herzstillstand hatten oder die in einer Krise sind, was die Aussicht auf eine Operation am offenen Herzen ja ist, sagen oft, dass sie Jesus oder Gott sehen.«

Ich spürte, wie sich ihr Unterarm unter meiner Hand entspannte, und fuhr fort: »Ich weiß, dass dies beängstigend ist, weil wir es nicht wirklich verstehen. Aber Menschen, die solche Erfahrungen gemacht haben, geht es normalerweise gut.

Sie sind deswegen nicht verstört, sondern vielmehr ruhiger. Und das kann Bobby helfen, entspannter mit seiner Operation umzugehen. Es bedeutet nicht, dass er verrückt ist oder etwas mit ihm nicht stimmt. Es bedeutet nur, dass er Angst vor seinem Herzproblem und der Operation hatte, genau wie Sie. Die Erfahrung, die er letzte Nacht gemacht hat, half ihm dabei, sich dieser Angst zu stellen.«

Ginger seufzte tief und nickte. »Aber ... bekomme ich denn mein Baby zurück?«

Ich lächelte und nickte. »Er kommt mit einem stärkeren Herzen zurück. Und vielleicht mit mehr Vertrauen, dass er in guten Händen ist und alles wunderbar ausgeht.«

Sie lächelte und holte tief Luft. »Danke, Doktor«, sagte sie. »Mir geht es schon besser.«

Ich machte eine Pause und versuchte einzuschätzen, ob sie das wirklich glaubte. Dann fragte ich: »Möchten Sie, dass ich später noch einmal wiederkomme?«

»Nein, nein«, sagte sie schnell. »Solange die Operation gut verläuft, geht es mir gut.« Nach einer Weile fügte sie hinzu: »Ich muss mir nur über dies alles klar werden.«

»Möchten Sie vielleicht mit dem Krankenhausseelsorger darüber sprechen?«

»Vielleicht«, sagte sie zögernd. »Aber vielleicht spreche ich einfach mit meinem Pastor, wenn wir wieder zu Hause sind.«

Ich gab ihr meine Karte und bat sie, mich anzurufen, wenn sie weiteren Redebedarf habe, entweder während Bobby noch im Krankenhaus lag oder nach seiner Entlassung. Sie bedankte sich bei mir; und als ich ging, fragte ich mich, ob ich dem Geistlichen von ihr erzählen sollte oder nicht. Ich entschied, es nicht zu tun, sondern es Ginger selbst zu überlassen, um Hilfe zu bitten, wenn sie es wollte. Ich schrieb eine kurze Notiz in Bobbys Krankenakte, dass ich mich mit seiner Mutter getroffen hatte, um mit ihr über ihre Bedenken bezüglich der Operation zu sprechen, und dass ich mich gern zu einem weiteren Gespräch mit ihr treffen würde, wenn sie dies wolle oder das Krankenhauspersonal es für hilfreich hielt.

Es ist nicht ungewöhnlich, wenn Familienmitglieder und Freunde feststellen, dass sich *ihre eigenen* Einstellungen, Überzeugungen und Verhaltensweisen ändern, weil sie ein sehr enges Verhältnis zu Nahtoderfahrenen haben. Das Gleiche gilt für *Nahtodforscher*. Viele Male, wenn ich von zu Hause wegging, um Nahtoderfahrene zu besuchen oder an einer Konferenz über Nahtoderfahrungen teilzunehmen, fragte sich meine Frau Jenny, ob sie denselben Ehemann zurückbekommen würde, der gerade weggegangen war. Und ich muss zugeben, dass ich mich genau das manchmal auch fragte. Mir war klar, dass die eingehende Beschäftigung mit diesem Thema mich geradezu drängte, zu wachsen und meine Ansichten über den Geist und das Gehirn und darüber, wer wir als Menschen wirklich sind, zu verändern.

– 19 –

Eine neue Sicht der Wirklichkeit

Gegen vier Uhr morgens wurde meine Freundin Jenny, damals noch auf der Highschool, von der aufgewühlten Stimme ihrer Mutter geweckt: »Irgendwas stimmt nicht mit deinem Vater! Ich kann ihn nicht wecken. Ich brauche deine Hilfe!« Sie folgte ihrer Mutter ins Elternschlafzimmer. Dort lag ihr Vater reglos auf dem Rücken und gab nur noch gelegentlich ein schwaches Keuchen von sich. Dann hörte auch das Keuchen auf. Jenny erinnerte sich an ihre Ausbildung zum Junior Lifeguard beim Roten Kreuz und versuchte sofort, ihren Vater mit Mund-zu-Mund-Beatmung wiederzubeleben, während ihre Mutter den Arzt anrief. Sie hielt ihre Wiederbelebungsbemühungen eine halbe Stunde lang aufrecht, bis der Arzt eintraf und ihren Vater für tot erklärte.

Fünfundzwanzig Jahre später besuchte Alice, meine Schwiegermutter, Jenny, mich und unsere Kinder in den Neujahrsferien. Wir hatten unseren kleinen Sohn und unsere kleine Tochter geweckt, um uns den »Times Square Ball Drop« im Fernsehen anzuschauen. Wir aßen ganz gemütlich eine Kleinigkeit und sahen zu, wie die frierenden Menschenmengen in New York den Beginn des neuen Jahres feierten. Als die Kinder wieder eingeschlafen waren, tranken Alice, Jenny und ich Champagner und sinnierten über das vergangene Jahr und unsere Hoffnungen für das neue. Nach einer stillen Pause, in der sie sich vielleicht an frühere Silvesternächte erinnerte, in denen sie und ihr Mann ihre Kinder geweckt hatten, um den Ball auf dem Times Square herabsinken zu sehen, fragte Alice: »Habe ich dir jemals von dem Traum erzählt, den ich in der Nacht hatte, bevor Jimmy gestorben ist?«

Jenny und ich schauten uns an, und dann sagte Jenny: »Nei...n.« Dann schilderte uns Alice einen Traum, in dem sie sich in einem dunklen Raum befand und sich darüber bewusst war, dass ein Mann bei ihr war. Eine Tür öffnete sich, und strahlend weißes Licht fiel hindurch. Der Mann schickte sich an, durch die Tür zu gehen, und Alice wollte folgen, konnte aber nicht. Sie fürchtete sich nicht und wusste, dass es für den Mann gut sein würde, wollte aber nicht mit ihm gehen. Dann trat er durch die Tür, verschwand im Licht und ließ sie in der Dunkelheit zurück. Sie erwachte aus dem Traum und sagte sich: »So muss es sein zu sterben. Man geht durch eine Tür ins Licht und lässt andere zurück. Ich muss Jimmy morgen früh davon erzählen.« Und dann schlief sie wieder ein. »Aber ich habe die Chance nie bekommen«, sagte sie uns jetzt. »Er ist gestorben, bevor ich es ihm mitteilen konnte.«

Jenny und ich waren fassungslos, weil sie uns diesen Traum noch nie erzählt hatte. Er schien ein so wichtiger Teil der Geschichte um den Tod ihres Mannes zu sein, und doch erwähnte sie ihn jetzt fast wie im Abspann. Und während ich mir das alles anhörte, konnte ich nur denken, wie beruhigend dieser Traum für Alice gewesen sein musste ... und wie sehr sie ein Vierteljahrhundert lang gezögert haben musste, über diese Erfahrung zu sprechen. Mir wurde klar, dass spirituelle Erfahrungen rund um den Tod oft zu persönlich sind, um über sie zu reden, und daher vielleicht viel häufiger vorkommen, als uns bewusst ist.

Ich nahm auch zur Kenntnis, wie bereitwillig ich Alice' Bericht aufnahm – ohne mit der Wimper zu zucken. Wenn ich daran denke, wie erschüttert ich war, als Holly den Spaghetsaucenfleck auf meiner Krawatte erwähnte. Und jetzt, Jahrzehnte später, kam mir meine Schwiegermutter, die über etwas sprach, was eine Vorahnung vom Tod ihres Mannes zu sein schien, absolut plausibel vor.

In den dazwischenliegenden Jahren an der Medizinischen Hochschule und in der psychiatrischen Ausbildung und in all den Jahrzehnten, in denen ich Nahtoderfahrungen erforscht habe, war ich mit einer Vielzahl von Situationen konfrontiert, in denen Gedanken und Gefühle offenbar nicht mit Gehirnfunktionen zu erklären waren. Ich musste zugeben, dass es sich bei einigen der Dinge, die mir über den Geist und das Gehirn beigebracht worden waren, eher um Annahmen als um Fakten handelte. Die Vorstellung, dass unser Geist – unsere Gedanken, Gefühle, Hoffnungen, Ängste – ausschließlich von unserem physischen Gehirn hervorgebracht wird, ist keine wissenschaftliche Tatsache. Es ist eine philosophische Theorie, die unterbreitet wird, um Fakten zu erklären. Und es ist nur eine von vielen solcher Theorien, von denen einige bessere Erklärungen für Gedanken und Gefühle zu bieten haben als andere. Im Laufe der Jahrzehnte hatte ich mich mit verschiedenen Theorien über den Geist und das Gehirn angefreundet und mir angewöhnt, verschiedene Modelle für unterschiedliche Zwecke einzusetzen.

Erfahrungen wie Nahtoderlebnisse scheinen mir sowohl das physische Gehirn als auch den nichtphysischen Geist einzubeziehen. Wir können uns auf das Gehirn konzentrieren und chemische und elektrische Veränderungen im Zusammenhang mit Nahtoderlebnissen untersuchen. Oder wir konzentrieren uns auf den Geist und untersuchen Empfindungen wie Frieden und Liebe, außerkörperliche Wahrnehmungen und Begegnungen mit verstorbenen Angehörigen. Beide Aspekte – der physische und der nichtphysische – sind vorhanden, und wir sehen den einen oder den anderen, indem wir unseren Fokus ändern. Wir können Nahtoderfahrungen als eine Funktion des Gehirns oder als eine Funktion des Geistes betrachten, doch keine dieser Perspektiven allein liefert eine vollständige Beschreibung der Erfahrung.

In den ersten Jahren des neuen Jahrtausends hat der Neurowissenschaftler Andy Newberg von der Universität von Pennsylvania den Blutfluss im Gehirn von Franziskanerinnen beim Gebet gemessen. Er stellte eine erhöhte Aktivität in bestimmten Teilen des Gehirns fest. Als er seinen Neurowissenschaftlern diese Gehirnscans zeigte, war ihre Reaktion rein physischer Natur: »Das sind also die Teile des Gehirns, *die sie glauben lassen*, sie sprächen mit Gott!« Doch als er den Nonnen dieselben Gehirnscans zeigte, war ihre Reaktion eine Kombination aus Physischem und Nichtphysischem: »Das sind also die Teile des Gehirns, die Gott verwendet, um mit mir zu sprechen!« Andy fasste es so zusammen: »Skeptiker bedienen sich meiner Erkenntnisse, um zu dem Schluss zu kommen, dass religiöse Erfahrung nichts anderes ist als eine neuronale Konfabulation im Gehirn. Menschen, die eine Religion praktizieren, zitierten meine Arbeit, um zu bestätigen, dass Menschen ›für Gott biologisch verkabelt‹ sind.«

Wenn Ereignisse wie Nahtoderfahrungen also auf mehrere Arten interpretiert werden können, wie entscheiden wir dann, welches Modell dabei zum Einsatz kommen soll? Sind NTEs das Ergebnis von Veränderungen im Gehirn, oder sind es Erfahrungen des Geistes? Müssen wir uns entscheiden, oder können wir beide sehen?

Es erscheint mir plausibel, dass Nahtoderfahrungen von elektrischen oder chemischen Veränderungen im Gehirn ausgelöst werden, die es dem Geist ermöglichen, seine eigene Trennung vom Körper im Moment des Todes zu erleben. Es gibt keinen inhärenten Konflikt zwischen einer physischen und einer nichtphysischen Auffassung von Nahtoderfahrungen. Das Physische und das Nichtphysische sind lediglich unterschiedliche Erklärungs- oder Beschreibungsebenen. Es ist so, als würde man sagen: »Mein Schreibtisch ist aus Mahagoni« – eine physische Beschreibung – und »Meinen Schreibtisch habe ich von meinem Großvater geerbt« – eine nichtphysische Beschreibung. Beide Beschreibungen sind korrekt, aber keine ist für sich allein vollständig. Auch physische und nichtphysische Beschreibungen von Nahtoderfahrungen mögen richtig sein, aber keine ergibt für sich allein das vollständige Bild.

Im täglichen Leben scheinen unsere materiellen und nichtmateriellen Anteile zusammenzuarbeiten. Veränderungen im Körper können zu tiefgreifenden Veränderungen im Geist führen. Vor einigen Jahren, als einige meiner Freunde aus dem Berufsleben ausschieden, war ich zwar irgendwie neidisch auf sie, konnte mir aber nicht vorstellen, mich selbst zur Ruhe zu setzen. Ich behandelte gern Patienten mit psychiatrischen Problemen in meiner klinischen Praxis. Mir bereitete es Freude, Medizinstudenten und Auszubildende zu unterrichten und Nahtoderfahrungen zu erforschen. Diese Aktivitäten definierten zwar nie vollständig, wer ich war, aber sie waren dennoch ein so großer und erfüllender Teil meines Lebens, dass ich mir einfach nicht vorstellen konnte, was die Lücke füllen würde, wenn ich nicht mehr damit beschäftigt wäre.

Doch dann baute meine Hüfte immer mehr ab, und das Hüftgelenk musste operativ ersetzt werden. Nach der OP war ich mehrere Wochen lang weitgehend ans Bett gefesselt. Dann folgten noch ein paar Wochen Physiotherapie, bevor ich wieder arbeiten konnte. Zu meiner großen Überraschung eröffneten mir diese Wochen der erzwungenen Abwesenheit von der Arbeit unerwartete neue Möglichkeiten, die ich genauso erfüllend und faszinierend fand wie meine Arbeit als Professor für Psychiatrie. Sie gaben mir mehr Zeit mit meiner Frau und eröffneten mir verschiedene Möglichkeiten, das, was ich über Nahtoderfahrungen gelernt hatte, mit der ganzen Welt zu teilen. In einem sehr realen Sinne führte das physische Ereignis Hüftoperation zu tiefgreifenden nichtphysischen Veränderungen in meiner Einstellung, einschließlich der Bereitschaft, jetzt doch in den Ruhestand zu gehen.

Und genau wie Veränderungen in unserem Körper zu einem Sinneswandel führen können, bewirken auch unsere Gedanken und Gefühle Umgestaltungen in unserem Organismus. Alles, was wir denken und fühlen, hat Auswirkungen auf das Gehirn. Wenn Sie von einem strahlenden Sonnenuntergang ganz hingerissen sind, einen Schokoladentrüffel auf der Zunge zergehen lassen oder gern jemandem helfen, der in Not geraten ist, dann können alle diese Gefühle mit elektrischen und chemischen Veränderungen in Ihren grauen Zellen in Verbindung gebracht werden. MRT-Bilder des Gehirns zeigen, dass Meditation, eine mentale Praxis zur Fokussierung des Geistes, das Organ Gehirn im Laufe der Zeit dahin gehend verändert, dass sich die Größe der Regionen, die auf Stress reagieren, verringert. Und sowohl funktionelle MRT-Bilder des Gehirns als auch EEGs von Betroffenen zeigen, dass das Meditieren über ihre Nahtoderfahrung ihr physisches Gehirn modifiziert, indem es die elektrische Aktivität und den Blutfluss in Regionen erhöht, die an positiven Emotionen und entsprechendem Vorstellungsvermögen beteiligt sind. MRT-, PET- und SPECT-Bilder des Gehirns von Patienten, die sich einer Psychotherapie unterziehen, zeigen, dass durch die Therapie bewirkte Veränderungen der Gedanken, ein weiterer nichtphysikalischer Prozess, das Gehirn verändern, indem sie den Blutfluss und die Stoffwechselaktivität in den Regionen verringern, die mit Angstzuständen oder Depressionen in Verbindung gebracht werden.

Obwohl unser Gehirn und unser Geist im Alltag als eine Einheit zu funktionieren scheinen, sagen Menschen, die ein Nahtoderlebnis hatten, immer wieder, dass die Erfahrung, wach und bewusst zu sein, während ihr Gehirn beeinträchtigt war, sie davon überzeugt hat, dass der Geist manchmal unabhängig vom Gehirn handeln kann und nicht nur ein Produkt des physischen Organs ist. Das lässt sie glauben, dass ihr Geist oder ihr Bewusstsein nach dem Tod des Körpers *weiterbestehen* kann. Und was fangen diejenigen von uns, die keine Nahtoderfahrung gemacht haben, mit alldem an? Können wir angesichts der Tatsache, dass die meisten Betroffenen sagen, ihre Nahtoderfahrung könne nicht angemessen in Worten ausgedrückt werden und sie müssten für ihre Beschreibung auf Metaphern zurückgreifen, wirklich sicher sein, wie wir das Erlebte interpretieren sollen?

Ich vermute, dass viele von Ihnen ähnlich sind wie ich. Wir führen unser Leben auf Basis des Offenkundigen, das unsere Augen und Ohren uns liefern, und der logischen Schlussfolgerungen, die wir aus diesen »Beweisen« ziehen. Wir haben keine göttlichen Offenbarungen erhalten, die uns sagen, was wahr ist und was nicht. Die meisten der von mir untersuchten Personen mit Nahtoderfahrung sind sich sicher, dass sie die Wahrheit kennen, und zwar aufgrund der sehr persönlichen Beweise, die ihnen ihre Erfahrung geliefert hat. Doch wie gesagt: Was ist mit uns Übrigen, die wir keine Nahtoderfahrung gemacht und diese Gewissheit daher nicht haben? Wie können wir das, was Betroffene über die Wahrheiten sagen, die ihnen offenbart wurden, richtig einschätzen?

Ich akzeptiere mittlerweile, dass wir längst nicht alle Antworten haben. Unsicherheit und Ambivalenz machen mir keine Angst mehr, weil die Erforschung von Nahtoderfahrungen dazu geführt hat, dass mir wohler dabei ist, nicht alle Antworten zu haben. Vor ein paar Jahren machte ich eines Tages einen Mittagsschlaf. Ich schlief nicht wirklich, war aber sehr entspannt. Ich befand mich in einem ziemlich träumerischen Zustand und hatte das Gefühl, dass mein Körper immer größer wurde. Anfangs war mit dieser Empfindung keine besondere Emotion verbunden, aber als ich immer weiter wuchs, kam es mir vor, als sei ich viel größer geworden als der Planet Erde. Während ich mich noch weiter durch das Universum ausdehnte und zu den fernen Sternen griff, wurde mir plötzlich klar, dass die Atome, aus denen mein Körper bestand, nicht größer geworden waren, aber ich wurde immer größer, weil der Abstand zwischen meinen einzelnen Atomen zunahm. Mit Erschrecken erkannte ich diese Erfahrung als die, die ich schon in dem schrecklichen Traum vor Jahrzehnten gehabt hatte, in der Nacht bevor ich einen Vortrag vor der American Psychiatric Association halten sollte. Und genau wie bei dem Traum von vor Jahren wusste ich, dass es nur meine Vorstellungskraft und meine Gefühle waren. Aber während der Traum vor Jahren furchterregend gewesen war, war *diese* Erfahrung eine glückselige. Anstatt in Panik zu geraten, während ich zwischen meinen sich schnell voneinander trennenden Atomen hin und her huschte, genoss ich die Freiheit, mich in das ganze Universum auszudehnen. Ich hatte nicht das Bedürfnis, die Atome meines Körpers zusammenzuhalten, sondern genoss das Gefühl, die Weite des Kosmos zu erkunden.

Ich ging aus dieser Erfahrung mit dem Gefühl hervor, jünger und lebendiger zu sein – nicht am ganzen Körper zitternd und schweißgebadet wie vor Jahrzehnten. Natürlich, jetzt war ich viel älter, und diesmal stand ich nicht unter dem Druck, einen öffentlichen Vortrag halten zu müssen. Trotzdem fühlte sich diese Erfahrung *so viel* anders an als der schreckliche Traum von früher, der den gleichen Inhalt und die gleiche Handlung gehabt hatte. Ich denke, die beiden Erfahrungen waren verschieden, weil ich inzwischen anders war. Die kumulative Wirkung der Berichte von Nahtoderfahrenen aus den dazwischen liegenden Jahren hat mir geholfen, mich mit dem Unbekannten auseinanderzusetzen und mit dem Ungeklärten wohlzufühlen.

Vierzig Jahre lang konnte ich sehen, welchen tiefgreifenden Einfluss Nahtoderlebnisse nicht nur auf die Betroffenen selbst, sondern auch auf die Menschen in ihrem Umfeld haben. Und ich sah, welche Wirkung sie auf mich als Forscher hatten. Aber was ist mit Menschen, die sich noch nicht so lange mit Nahtoderfahrungen befasst haben? Können sie auch von ihnen beeinflusst werden?

In der Tat stellt sich heraus, dass einige der Veränderungen in Einstellungen, Werten und Verhaltensweisen, die wir bei Nahtoderfahrenen sehen, auch bei anderen aufgetreten sind, die nur aus zweiter Hand etwas darüber erfahren hatten. Kenneth Ring bezeichnet diese Nachwirkungen als einen »gutartigen Virus«, mit dem sich andere Menschen von Betroffenen anstecken können – oder von anderen, die ähnlich »infiziert« wurden. In der medizinischen Literatur gibt es eine wachsende Zahl klinischer Berichte, die zeigen, wie wichtig es ist, möglichst viel über Nahtoderfahrungen zu lernen, um Menschen, die diese Erfahrungen nicht selbst gemacht haben, Trost, Hoffnung und Inspiration zu bieten.

Fünf Studien mit Collegestudenten bestätigen diese »Secondhand-Wirkung«. Eine jener an der Miami University of

Ohio durchgeführten Studien ergab, dass mehr als achtzig Prozent der Studenten in einem Soziologiekurs, in dem Nahtoderfahrungen untersucht wurden, mehr Mitgefühl für andere aufbrachten und ein besseres Selbstwertgefühl entwickelten, und das sowohl am Ende des Semesters wie auch noch ein Jahr später. Eine andere Studie an der Montana State University ergab, dass Auszubildende in der Krankenpflege, die einen Kurs über Nahtoderfahrungen abgeschlossen hatten, weniger Angst vor dem Tod sowie eine sicherere spirituellere Orientierung aufwiesen und mehr Sinn in ihrem Leben fanden. Zwei voneinander unabhängige Studien an der University of Connecticut ergaben, dass Studenten, die an einem Psychologiekurs über Nahtoderfahrungen teilnahmen, das Leben mehr wertschätzen, sich selbst besser akzeptieren und mehr Mitgefühl für andere Menschen aufbringen konnten. Sie berichteten auch über einen verstärkten Sinn für Spiritualität, geringeres Interesse an materiellen Besitztümern und weniger Angst vor dem Tod.

Und eine Studie, die an der Massey University in Neuseeland durchgeführt wurde, verglich eine Gruppe zufällig ausgewählter Studenten, die sich Online-Lehrmaterial zu Nahtoderfahrungen anschaute, mit einer zweiten, die sich dieses Material nicht ansah. Diejenigen, die diese Informationen bekommen hatten, brachten anschließend mehr Wertschätzung für das Leben auf, waren mehr an Spiritualität interessiert und hatten eine positivere Einstellung zum Tod. Und sie machten sich weniger Sorgen um materielle Besitztümer und entsprechende Errungenschaften.

Informationen über Nahtoderfahrungen wurden auch in den Gesundheitslehrplan einer Highschool in Kentucky integriert. Unter anderem sprach eine Lehrerin über ihr eigenes Nahtoderlebnis, das sie infolge eines Aneurysmas hatte. Sie beschrieb das friedliche Gefühl beim Verlassen ihres Körpers und dass sie nach der Erfahrung eine neue Lebenskraft verspürte und den Tod nicht mehr fürchtete. Ein vorläufiger Bericht über die Auswirkungen der Unterrichtsstunden zu diesem Thema weist auf positive Veränderungen in den Gefühlen und im Verhalten der Schüler hin. Alle sechs bisher durchgeführten Studien kamen also zu dem Schluss, dass die Aufklärung von Schülern, Studenten oder Krankenpflegern über Nahtoderfahrungen positive Auswirkungen auf sie hatte.

Nach Jahrzehnten, in denen ich Ärzten, Krankenschwestern, Krankenhausseelsorgern und anderen im Gesundheitswesen Beschäftigten etwas über Nahtoderfahrungen beigebracht habe, nehme ich mit Begeisterung zur Kenntnis, dass das Bewusstsein für Nahtoderfahrungen auch die Praxis der Gesundheitsversorgung beeinflusst hat. Viele Medizinische Hochschulen und Schulen für Krankenpflegekräfte nehmen mittlerweile Informationen über Nahtoderfahrungen in ihre Lehrpläne auf. In den letzten Jahren haben diese Informationen neue Ansätze für Patienten inspiriert, weil Anbieter medizinischer Leistungen mittlerweile sensibler auf die Häufigkeit und die Auswirkungen von NTEs bei ihren Patienten reagieren.

Studien konnten zeigen, dass die Einbeziehung von Informationen über Nahtoderfahrungen in die Behandlung von Suizidpatienten, die nicht auf eine traditionelle Therapieform ansprechen, zu einer dramatischen Abnahme oder völligen Eliminierung von Suizidgedanken führen kann. Andere Untersuchungen ergaben, dass Informationen über Nahtoderfahrungen das Leid trauernder Menschen verringern können, was bedeutet, dass sie weniger Angst, Wut und Schuldgefühle haben und wieder vermehrt am Leben teilnehmen können. Nahtoderfahrungen scheinen also gesamtgesellschaftliche Auswirkungen zu haben, weil sie Menschen helfen, sich mit ihrer Angst vor dem

Tod ebenso zu beschäftigen wie mit ihrer Fähigkeit, das Leben zu genießen und Mitgefühl füreinander zu empfinden.

Es gibt immer mehr Hinweise darauf, dass ein breiteres Bewusstsein für Nahtoderfahrungen und ihre Auswirkungen Menschen nicht nur zum Besseren beeinflussen *kann*, sondern es auch *tatsächlich* tut. Joe Geraci, der mit sechsunddreißig nach einer Operation fast verblutete, fasste diesen Punkt so zusammen:

»Ich finde, unsere Gesellschaft kann sehr negativ sein: ›Tu dies nicht. Tu das nicht‹, ein sehr in sich geschlossenes Schwarz-Weiß-System. Aber wenn sich Menschen einfach liebten und umeinander kümmerten, müssten sie sich gar keine Gedanken über all diese ›Verbote‹ machen. Ich weiß, das klingt sehr idealistisch und praxisfern. Aber ich glaube, Liebe kann genauso ansteckend sein wie Hass.

Man muss irgendwo anfangen. Es beginnt im kleinen Rahmen. Ich erzähle Ihnen von meiner Erfahrung, und jemand liest, was Sie darüber schreiben. Es vervielfacht sich schnell. Und ich bin nicht der Einzige, der eine solche Erfahrung gemacht hat. Es gibt Tausende von uns auf der ganzen Welt. Multiplizieren Sie meine Geschichte mit tausend, und Sie werden sehen, wie schnell sie sich verbreitet! Es lässt sich machen. Es hat in der Tat schon angefangen.«

– 20 –

Leben vor dem Tod

Ein Großteil des öffentlichen Interesses an Nahtoderfahrungen steht in Verbindung mit der Hoffnung, dass sie uns etwas über das Leben nach dem Tod erzählen. Und in der Tat sind die meisten Betroffenen davon überzeugt, dass ein Aspekt von uns nach dem physischen Ableben weiterbesteht. Ebenso wichtig sind ihnen aber auch die Lehren, die sie aus ihrer Erfahrung für das Leben *vor* dem Tod ziehen. Diese Erfahrung gibt ihnen oft einen neuen Blick darauf, was dieses Dasein bedeutungsvoll macht. Ich habe dem Original dieses Buches den Titel *After* (»Danach«) gegeben, um auf diesen doppelten Fokus anzuspielen. Hier geht es darum, was mit Menschen *nach dem Tod* geschieht, aber auch darum, was mit Menschen *nach einer Nahtoderfahrung* passiert, und zwar in diesem Leben. So wie ich Nahtoderfahrungen verstehe, geht es dabei letztendlich nicht um den Tod, sondern um Transformation, um Erneuerung und darum, unserem Leben jetzt einen Sinn zu geben.

Ich hoffe, dass dieses Buch dazu beitragen wird, die Diskussion über Nahtoderfahrungen über das hinaus zu erweitern, was sie über Geist und Gehirn und ein mögliches Leben nach dem Tod vermuten lassen. Ich würde gern sehen, dass diese Diskussion auch die kritischeren Themen des Lebens im Hier und Jetzt mit einbezieht. Wir finden uns möglicherweise woanders wieder, nachdem wir gestorben sind, aber *jetzt* sind wir *hier*. Nachdem ich ein halbes Jahrhundert lang mit Menschen gearbeitet habe, die Nahtoderfahrungen gemacht haben, habe ich eine Reihe von Erkenntnissen über diese Erfahrungen gewonnen und darüber, welche Bedeutung sie hier und jetzt für uns haben.

Die erste Erkenntnis ist, dass *Nahtoderfahrungen sehr häufig sind und jedem passieren können*. Die meisten Forscher schätzen, dass zwischen zehn und zwanzig Prozent der Menschen, die dem Tod sehr nahe kommen, von Nahtoderlebnissen berichten. Das sind etwa fünf Prozent der Gesamtbevölkerung. In den letzten vierzig Jahren konnte in zahlreichen Studien keine Variable gefunden werden, die vorhersagen kann, wer eine Nahtoderfahrung machen wird. Sie passieren Männern und Frauen, Menschen jeden Alters, jeder Religionszugehörigkeit und aus allen ethnischen Gruppen. Sie sind keineswegs selten, noch auf bestimmte Arten von Menschen beschränkt. Was bedeutet dies für diejenigen von uns, die noch kein solches Erlebnis hatten? Die Tatsache, dass sie häufig sind und jedem passieren können, bedeutet, dass Sie früher oder später jemanden treffen werden, der eines hatte, falls dies noch nicht der Fall war. Wenn vier bis fünfzehn Prozent der Bevölkerung ein Nahtoderlebnis hatten – was Umfragen in den USA, Australien und Deutschland nahelegen –, ist es durchaus wahrscheinlich, dass mindestens eine Person in Ihrer Familie, an Ihrem Arbeitsplatz oder in Ihrem Schulungsraum eine hatte.

Die zweite Erkenntnis ist, dass *Nahtoderfahrungen »normale« Ereignisse sind, die Menschen unter außergewöhnlichen Umständen wahrnehmen*. Erinnerungen an diese Erlebnisse wirken wie solche an reale Begebenheiten, nicht wie Erinnerungen an Fantasien oder ein imaginäres Geschehen. Unser Gehirn verarbeitet sie wie Fakten, nicht wie Träume oder Halluzinationen. Zahlreiche Studien haben keinerlei ursächlichen Zusammenhang zwischen Nahtoderfahrungen und irgendeiner Art von psychischer Störung ermittelt. Im Gegenteil deuten mehrere von ihnen sogar darauf hin, dass Nahtoderlebnisse einen gewissen *Schutz* vor der Entwicklung einer Gemütskrankheit nach einem engen Kontakt mit dem Tod bieten können. Diese Tatsache bedeutet, dass die davon Betroffenen nicht psychiatrisch behandelt werden müssen, allein weil sie ein Nahtoderlebnis hatten. Was sie brauchen, ist die Bestätigung von uns »anderen«, dass sie »normal« sind, die Versicherung, dass ihre Erfahrungen real waren, und die Möglichkeit, ihre Eindrücke zu kommunizieren und sich ihr eigenes Bild davon zu machen.

Die dritte Erkenntnis ist, dass *Nahtoderlebnisse normalerweise mehrere tiefgreifende und lang anhaltende Nachwirkungen haben*. Unabhängig davon, ob diese Nachwirkungen positiv sind, wie etwa mehr Lebensfreude zu empfinden, oder negativ – wie beispielsweise Schwierigkeiten, wieder in den Beruf oder zur eigenen Lebensweise zurückzufinden –, ist es normalerweise hilfreich, die entsprechenden Veränderungen und ihre Bedeutung für das Leben und die Beziehungen des Betroffenen anzuerkennen und zu thematisieren. Obwohl die meisten selbst mit diesen Veränderungen klarkommen, sollten sich Familienangehörige und Freunde sowie medizinisches Personal dieser Nachwirkungen bewusst sein und auf alles achten, was darauf hinweist, dass der Betroffene möglicherweise Hilfe braucht. Als Angehörige müssen Sie sich möglicherweise der Veränderungen in Ihrer Beziehung bewusst sein und dem oder der Nahtoderfahrenen vielleicht bei der Entscheidung helfen, welche

Veränderungen er oder sie vornehmen möchte, um die Nachwirkungen dieser Erfahrung ins tägliche Leben zu integrieren.

Die vierte Erkenntnis ist, dass *Nahtoderlebnisse die Angst vor dem Tod verringern*. Die meisten Menschen gehen davon aus, dass das Sterben eine schreckliche Erfahrung sein wird. Betroffene berichten jedoch fast durchgängig, dass das Erlebnis ihre Angst vor Tod und Sterben stark verringert hat. Und viele sagen, dass ihre Angst vollständig verschwunden sei. Dies gilt für alle, egal, ob es sich bei der Nahtoderfahrung um eine der typischen, glückseligen oder eine der seltenen, beängstigenden handelt. Wenn Sie das wissen, denken Sie möglicherweise anders über Ihren eigenen Tod. Wenn Sie wissen, dass der Prozess des Sterbens normalerweise friedlich – wenn nicht sogar glückselig – verläuft, müssen möglicherweise auch Sie keine Angst vor dem Sterben haben. Das kann ebenso dazu führen, dass Sie sich weniger Sorgen darüber machen, dass Ihre Lieben leiden müssen, wenn sie sterben. Sie sollten jedoch nicht erwarten, dass es Sie vom Trauern abhält. Der Tod eines geliebten Menschen ist immer noch der Verlust einer Beziehung und einer gemeinsamen Geschichte. Selbst wenn Sie sich keine Sorgen darüber machen, dass der geliebte Mensch leiden musste, spüren Sie den Schmerz ihres Verlustes. Auch nach ihren Nahtoderlebnissen trauern die Betroffenen immer noch, wenn andere sterben.

Eine Folge ihrer durch die NTE verringerten Angst vor dem Sterben ist, dass diese Erfahrung auch ihre Angst vor dem *Leben* verringert. Viele Betroffene sagen, dass sie nicht mehr so viel zu verlieren haben, wie sie vor der Erfahrung dachten, weil sie sich jetzt nicht mehr vor dem Tod fürchten. Sie haben nicht mehr das Bedürfnis, ihr Leben so rigide unter Kontrolle zu halten, und fühlen sich jetzt freier, Risiken einzugehen. Die Tatsache, dass weniger Angst vor dem Tod bei den Betroffenen dazu führt, dass sie auch weniger Angst vor dem Leben haben, kann uns ermutigen, sich zu öffnen und alles zu genießen, was das Leben zu bieten hat, mit weniger Angst, vielleicht Fehler zu machen.

Und das bringt uns zu der damit verbundenen fünften Erkenntnis, dass *Nahtoderlebnisse die Betroffenen dazu bringen, mehr im gegenwärtigen Moment zu leben*, statt der Vergangenheit nachzuhängen oder sich in Gedanken über die Zukunft zu verlieren. Ich vermute, diese Tendenz, im Hier und Jetzt präsent zu sein, beruht zumindest teilweise auf der Erfahrung, fast gestorben zu sein, das heißt, einen Moment erlebt zu haben, von dem man glaubt, es sei der letzte. Es erscheint mir einleuchtend, dass Menschen, die ein Nahtoderlebnis hatten, fortan mit der Erinnerung an diese Erfahrung leben und daher versuchen, das Beste aus jedem einzelnen Tag zu machen. Die Überlebenden glauben, dass sie *tatsächlich* ihre letzten Momente erlebt haben, allerdings ohne die Chance, sich zu verabschieden oder Unvollendetes zu Ende zu bringen.

Würden wir alle denken, dass dieser Moment *genau jetzt* unser letzter sein könnte, wie würden wir uns dann unseren Partnern, unseren Kindern, unseren Freunden, Fremden, die wir auf der Straße treffen, und uns selbst gegenüber verhalten? Das Beispiel von Menschen, die fast gestorben sind und jetzt versuchen, mehr in der Gegenwart zu leben, kann uns ermutigen, das Leben mehr zu genießen und mehr im Moment zu leben. Und wenn wir das Beste aus unserem Leben machen und es in der Gegenwart achtsamer wahrnehmen, werden wir nicht nur die Freude, sondern auch den Schmerz jeder einzelnen Erfahrung mehr zu schätzen wissen.

John Wren-Lewis wurde von einem potenziellen Dieb vergiftet, als er mit seiner Frau Ann Faraday im Bus durch

Thailand fuhr. Nach einer Weile stellte Ann erschrocken fest, dass Johns Lippen ganz blau angelaufen waren und sie seinen Puls nicht mehr fühlen konnte. Sie schaffte es, ihn in ein nahe gelegenes Krankenhaus zu bringen. Doch die Ärzte hatten wenig Hoffnung, ihn retten zu können. Weil sie davon ausgingen, dass er unter Drogen gesetzt worden war – eine verbreitete Taktik der Diebe in dieser Region –, gaben sie ihm ein Gegenmittel gegen Narkotika sowie Sauerstoff und hängten ihn an einen Tropf. Ungefähr sieben Stunden später, nach einem zutiefst bewegenden Nahtoderlebnis, wachte er in einem Zustand auf, den er selbst als »Ewigkeitsbewusstsein« bezeichnete. Er beschrieb mir seine gesteigerte Wertschätzung des Daseins, die ihm sein Leben lang erhalten blieb:

»Obschon ich mehr Freude an ›schönen‹ Erlebnissen wie Sonnenuntergängen, Vogelgezwitscher, großartiger Kunst, angenehmen Menschen oder gutem Essen empfinde als früher, habe ich ebenso viel Freude an Sachen oder Umständen, die ich in meinem früheren Zustand als unangenehm bezeichnet hätte, beispielsweise mein Zimmer in dem thailändischen Krankenhaus oder ein sehr nasser Tag oder eine schwere Erkältung. Diese letzte Entdeckung, dass ich eine Erkältung als etwas Positives einordnen konnte – nicht nur, weil ich mich den ganzen Tag im Bett aufhalten konnte, sondern weil ich wirklich ›Spaß‹ an den ungewöhnlichen Empfindungen in meiner Nase und meinem Hals hatte –, war in der Tat eine Überraschung für mich.

Etwa zu der Zeit stellte ich fest, dass sich der Tinnitus – das Pfeifen in den Ohren, unter dem ich seit einigen Jahren leide – von einem leichten Ärgernis, das ich manchmal bestenfalls vergessen konnte, in einen positiv entzückenden Klang verwandelt hatte, den ich als alten Freund immer dann begrüßte, wenn er sich meine Aufmerksamkeit erzwang. Ich fing auch an,

Müdigkeit und die vielen kleinen Schmerzen zu genießen, die einen sechzigjährigen Körper nun mal plagen.«

Die Erkenntnis, dass solche Erfahrungen Menschen dazu bringen können, jeden Tag so anzugehen, als sei es ihr letzter, kann uns helfen, unsere Tage nicht nur mit Pflichten zu füllen, sondern auch mit Freude – in dem Wissen, dass wir vielleicht keine zweite Chance haben. »Die Arbeit wartet, während du dem Kind den Regenbogen zeigst, aber der Regenbogen wartet nicht, während du deine Arbeit erledigst«, bringt die Schriftstellerin Patricia Clafford es auf den Punkt. Ganz im Moment zu leben bedeutet nicht, niemals Pläne für die Zukunft zu machen oder sich an die Vergangenheit zu erinnern. Es bedeutet vielmehr, ganz in der Gegenwart zu sein, *während* man plant oder sich erinnert, und sich vollständig auf die Erfahrung des Augenblicks einzulassen.

Die sechste Erkenntnis ist, dass *Nahtoderlebnisse Fragen zur Beziehung zwischen Geist und Gehirn aufwerfen*. Im normalen täglichen Leben hat es oft den Anschein, als seien unser Gehirn und unser Verstand ein und dasselbe. Nahtoderfahrene berichten jedoch fast übereinstimmend, dass ihre Gedanken und Wahrnehmungen während ihres Erlebnisses klarer waren als je zuvor, während ihr Gehirn stark beeinträchtigt war. Darüber hinaus erzählen sie manchmal, dass sie Aktivitäten, die sich in ihrem unmittelbaren Umfeld abspielten, bis ins Detail wahrnahmen, und zwar aus einem Blickwinkel *außerhalb* ihres physischen Körpers. Diese Phänomene legen nahe, dass wir ein anderes Modell für die Interaktion von Geist und Gehirn brauchen. Sie lassen vermuten, dass sich das Gehirn ähnlich einem Smartphone verhält, das Gedanken und Gefühle vom Geist empfängt und sie in elektrische und chemische Signale umwandelt, die der Körper verstehen und nutzen kann. Und sie legen nahe, dass der Geist – zumindest unter extremen Umständen – ohne Gehirn, das Gedanken und Gefühle filtert, ziemlich gut funktionieren *kann*.

Ich weiß nicht, ob der vom Gehirn getrennte Geist die beste Erklärung für Nahtoderlebnisse ist, bei denen der Erlebende ein Geschehen aus extrakorporaler Perspektive sehr genau wahrnimmt. Aber ich habe keine andere Erklärung für die Belege. Und ich weiß nicht, ob ein Gehirn, das ebenso als Filter für Gedanken und Gefühle fungiert wie Augen als Filter für Lichtwellen, die beste Erklärung für Nahtoderfahrungen liefert, bei denen die Erlebenden klar denken und sehen, während ihr Gehirn stark beeinträchtigt ist. Dieses Modell wirft sicherlich weitere Fragen darüber auf, was und wo der Geist zu lokalisieren ist und wie genau er mit dem Gehirn interagiert. Ich habe aber keine andere Begründung für die Belege. Wir werden vielleicht irgendwann eine andere Erklärung finden, aber bis dahin scheint die Hypothese, Geist und Gehirn seien zwei voneinander getrennte Dinge, wobei Letzteres unsere Gedanken und Gefühle »filtert«, das plausibelste Arbeitsmodell zu sein.

Die Fragen, die Nahtoderfahrungen darüber aufwerfen, wie unsere Gedanken und Gefühle mit unserem Gehirn zusammenhängen, lassen uns darüber nachdenken, ob wir nur biologische Maschinen sind oder mehr als das. Ob die Vorstellung, dass ein Geist unabhängig von einem Gehirn funktioniert, Ihnen nun sinnvoll erscheint oder nicht – Nahtoderfahrungen sollten Sie skeptisch gegenüber unseren aktuellen Modellen der Funktionsweise von Gehirn und Geist machen und die Frage aufwerfen, ob unsere Gedanken und Gefühle mehr sind als nur elektrische und chemische Veränderungen in unseren Gehirnzellen.

Die siebte Erkenntnis ist, dass *Nahtoderlebnisse Fragen nach einem Weiterbestehen des Bewusstseins nach dem Tod aufwerfen.* Wenn es stimmt, dass der Geist unter extremen Umständen ohne Gehirn funktionieren kann, ist es durchaus möglich, dass der Geist nach dessen Tod weiterexistiert. Eine Antwort auf das, was nach unserem Ableben geschieht, kann jenseits der heutigen wissenschaftlichen Methoden liegen. Vielleicht liegt sie auch nur jenseits unserer Vorstellungskraft. Aber die wissenschaftliche Antwort – falls sie jemals kommen sollte – wird wahrscheinlich durch indirekte Beweise gegeben, ähnlich wie die Spur aus Blasen, die subatomare Teilchen in einer Blasenkammer hinterlassen. Ich weiß nicht, ob eine Art fortgesetztes Bewusstsein nach dem Tod die beste Erklärung für Nahtoderlebnisse ist, bei denen die Betroffenen verstorbene Angehörige sehen, von deren Tod niemand wusste. Aber ich habe keine andere Erklärung für die Belege. Wir werden vielleicht irgendwann eine andere Begründung finden, aber bis dahin scheint eine Form des nach dem Tod weiterbestehenden Bewusstseins das plausibelste Arbeitsmodell zu sein.

Belege dafür, dass wir unter extremen Bedingungen mehr wahrnehmen können als das, was unsere Sinne uns vermitteln, und dass wir uns an Ereignisse erinnern können, die unser Gehirn nicht verarbeitet hat, stammen nicht nur aus Berichten über Nahtoderfahrungen, sondern aus einer Vielzahl von Forschungszweigen. Daher ist es für mich sinnvoll, so zu leben, als sei es wirklich so, dass wir mehr sind als unser physischer Körper, dass ein Teil von uns vielleicht weiterlebt, nachdem unser Körper aufgehört hat zu funktionieren, und dass wir eng mit etwas verbunden sind, was größer ist als wir. Und das hat enorm positive Auswirkungen darauf, wie wir leben und was unser Leben sinnvoll und lohnenswert macht.

Vor einigen Jahren folgte ich einer Einladung zum Residenzwohnsitz des Dalai Lama im indischen Dharamsala, der zugleich Sitz der tibetischen Exilregierung ist, und nahm dort mit buddhistischen Gelehrten und anderen westlichen Wissenschaftlern an einem Dialog über Geist und Materie teil. Ich präsentierte die wissenschaftliche Forschung zu der Frage, ob das Bewusstsein vom Gehirn hervorgebracht wird. Dabei konzentrierte ich mich stark auf Nahtoderfahrungen. Anders als die Zuhörer, zu denen ich in den USA normalerweise spreche, waren die buddhistischen Mönche mit den von mir beschriebenen Erfahrungen recht vertraut und gleichzeitig überrascht zu erfahren, dass Wissenschaftler sie erforschten.

Noch wichtiger für mich war jedoch eine Anmerkung, die der Dalai Lama selbst zum Unterschied zwischen westlicher Wissenschaft und Buddhismus machte. Beide Disziplinen, so argumentierte er, beruhen auf Beobachtung und logischen Folgerungen. Und auf der Suche nach der Wahrheit geben beide dem Erleben Vorrang vor dem Glauben. Aber, fügte er hinzu, westliche Wissenschaftler scheinen Erkenntnisse darüber, wie die Welt funktioniert, zu suchen, um die natürliche Welt zu verändern und unter ihre *Kontrolle* zu bringen. Das Ziel der meisten Wissenschaftler ist es also, unsere Umwelt zu beherrschen. Buddhisten hingegen suchen Erkenntnisse darüber, wie die Welt funktioniert, um *harmonischer mit ihr zu leben*. Mit anderen Worten, das Ziel des Buddhismus ist eher, mit der Natur zusammenzuleben, als sie zu dominieren, um unser Leiden zu verringern. Diese Unterscheidung berührte mich tief und brachte mich dazu, alles zu hinterfragen, was ich als Wissenschaftler unternehme, mich zu fragen, warum ich es mache und welchem Zweck es dienen soll. Es veränderte die Fragestellung für meine Forschung. Statt »Was können wir aus diesen Ergebnissen über die Funktionsweise der Welt lernen?«

frage ich nun: »Wie könnten diese Ergebnisse dazu beitragen, das Leiden in der Welt zu verringern?«

Diese Ziele – die Natur unter Kontrolle zu bringen und das Leiden zu verringern – schließen einander nicht unbedingt aus. Medizinische Wissenschaftler erforschen regelmäßig Krankheiten, um den Krankheitsverlauf zu ändern *und* um das Leiden der Patienten zu lindern. Die buddhistische Sichtweise legt jedoch nahe, dass allein das Verstehen von Phänomenen, selbst wenn wir sie nicht ändern können, dazu beitragen kann, das Leiden in der Welt zu lindern. Nahtoderlebnisse liegen jenseits dessen, was wir unter Kontrolle haben, und es gibt keinen Grund zu der Annahme, dass sich das jemals ändern wird. Aber wir können sie und ihre Nachwirkungen verstehen. Und die Indizien wie auch die Belege, die wir bisher haben, deuten darauf hin, dass das bessere Verständnis von Nahtoderfahrungen – und ihre Integration in unsere Naturwissenschaft und Medizin – dazu beitragen kann, das Leiden zu verringern.

Was bedeutet das alles für diejenigen von uns, die kein Nahtoderlebnis hatten? Es gab noch einen dritten Grund, aus dem ich dem Original dieses Buches den Titel *After* gab. »Danach« bezieht sich nicht nur auf das, was *nach dem Tod* und *nach einer Nahtoderfahrung* passieren kann, sondern auch auf das, was geschehen mag, *nachdem Sie dieses Buch gelesen haben*. Ich hoffe, Sie hören nicht auf, über meine Worte nachzudenken, wenn Sie es zur Seite legen, sondern leben auch weiterhin in Ihren Gedanken und Gefühlen über das Leben, den Tod und alles, was jenseits davon liegt.

Wie auch immer wir erkennen, was Nahtoderfahrungen verursacht, sie zeigen uns, dass es sehr viel mehr über den Geist und seine Fähigkeiten in Erfahrung zu bringen gibt, als wir bis jetzt wissen. Darüber hinaus scheinen Nahtoderfahrungen bei den Betroffenen den Funken zu zünden, um ihr Leben neu zu bewerten und die Art und Weise zu verändern, wie sie ihre Zeit verbringen und mit anderen Menschen umgehen. Sie sagen uns, dass es beim Tod eher um Frieden und Licht geht als um Angst und Leiden. Sie sagen uns, dass es im Leben eher um einen tieferen Sinn und Mitgefühl geht als um Reichtum und Kontrolle. Sie sagen uns, dass die Wertschätzung sowohl der physischen als auch der nichtphysischen Aspekte des Lebens uns zu einem viel umfassenderen Verständnis führt. Und es gibt Beweise dafür, dass Nahtoderlebnisse nicht nur das Leben der Menschen, die sie haben, und ihrer Angehörigen verändern, sondern auch das der Forscher, die sie untersuchen. Nahtoderlebnisse können auch diejenigen verändern, die darüber lesen. Und letztendlich, glaube ich, dass sie uns sogar helfen können, die Art und Weise zu verändern, wie wir einander sehen und miteinander umgehen.

Ich hoffe, dass etwas über Nahtoderlebnisse erfahren zu haben auch Ihnen den Anstoß gibt, Ihr Leben neu zu bewerten und sich wieder mit den Dingen zu verbinden, die Ihrem Dasein mehr Sinn geben und es mit mehr Freude erfüllen.

Dank

Mir ist völlig klar, dass ich dieses Buch nicht hätte schreiben und meinen Berufsweg nicht hätte gehen können, hätten mir im Laufe der Jahre nicht so viele Menschen Rat und Hilfe gegeben und mit mir zusammengearbeitet. Sie verdienen viel Anerkennung dafür, dass sie mich auf dieser Reise betreut und ermutigt haben.

Zuallererst geht mein grenzenloser Dank an die vielen Nahtoderfahrenen, die an meinen Forschungen teilnahmen und von denen einige seit mehr als vierzig Jahren meine Fragebögen über Nahtoderfahrungen ausfüllen. Viele von ihnen steuerten aufschlussreiche Kommentare zu dieser Forschung und Vorschläge für weitere Untersuchungen bei. Wenn sie ihre Zeit, ihr Wissen und ihre Weisheit nicht so großzügig mit mir geteilt hätten, wäre diese ganze Arbeit nicht möglich gewesen. Ich empfinde es als Privileg, weitergeben zu können, was ich von ihnen gelernt habe.

Meinem Vater Bill Greyson schulde ich enorm viel. Er flößte mir von klein auf eine Leidenschaft für Wissenschaft und für Wissen ein, das eher auf Beweisen als auf Überzeugungen beruht. Auch meiner Mutter Debbie Greyson verdanke ich sehr viel. Sie brachte mir schon in jungen Jahren bei, dass nichts, was wir tun, von großer Bedeutung ist, wenn es nicht von Herzen kommt. Beiden danke ich, weil sie mir vorlebten, dass unabhängig davon, was man mit seinem Leben anfängt, der eigene Erfolg daran gemessen wird, ob man anderen Menschen geholfen hat.

Zutiefst dankbar bin ich auch Ian Stevenson, der mir zeigte, wie man ungeklärte Phänomene mit wissenschaftlichen Methoden untersucht, sowie Raymond Moody, der mich wie viele andere Menschen mit Nahtoderfahrungen bekannt machte. Ich bin auch den Pionieren zu Dank verpflichtet, die mit mir zusammen die International Association for Near-Death Studies (www.iands.org) gründeten, die Organisation, die Nahtoderfahrungen bekannt gemacht hat: Kenneth Ring, der den Weg für ein gründliches Studium von Nahtoderfahrungen frei machte, Michael Sabom und John Audette.

Außerdem möchte ich meine Dankbarkeit den Kollegen gegenüber zum Ausdruck bringen, die bei meinen Nahtodforschungen mit mir zusammenarbeiteten und so viel dazu beitrugen, namentlich Ian Stevenson, Kenneth Ring, Emily Williams Kelly, Surbhi Khanna, Jan Miner Holden, Ed Kelly, Nancy Evans Bush, Masayuki Ohkado, Sam Parnia, Peter Fenwick, Barbara Harris Whitfield, Lauren Moore, Marieta Pehlivanova, Rense Lange, Jim Houran, Mitch Liester, Geena Athappilly, Adriana Sleutjes, Alexander Moreira-Almeida, Enrico Facco, Christian Agrillo, Karl Jansen, Evgeny Krupitsky, Jeff Long, Pim van Lommel, Ross Dunseath, John Buckman, Debbie James, Cheryl Fracasso, Harris Friedman, Chuck Flynn, David Hufford, Jim Tucker, Paul Mounsey, Alan Marty, Nathan Fountain, Lori Derr, Donna Broshek, Jim Council, Karen Packard, Lisa Hacker, Charles Paxton, Claudia Szobot, Charlotte Martial, Héléna Cassol, Vanessa Charland-Verville, Steven Laureys und Enzo Tagliazucchi. Ich hatte das besondere Glück, mit einigen Forschern zusammenarbeiten zu dürfen, die selbst Nahtoderfahrungen gemacht hatten und mich davon abhielten, mich durch die Erfahrung von meinem logischen wissenschaftlichen Ansatz ablenken zu lassen, und andere Mitarbeiter, die keine Nahtoderfahrung hatten und mich davon abhielten, mich durch meinen wissenschaftlichen Ansatz von der Erfahrung ablenken zu lassen.

Auch meinen Kollegen von der Fakultät für Wahrnehmungsstudien an der University of Virginia (www.uvadops.org) verdanke ich viel. Mit ihrer konstruktiven Kritik verbesserten sie meine Arbeit, namentlich Ed Kelly, Emily Williams Kelly, Jim Tucker, Lori Derr, Marieta Pehlivanova, Carlos Alvarado, Nancy Zingrone, Kim Penberthy, Ross Dunseath und Christina Fritz. Sue Ruddock, Pat Estes und Diane Kyser halfen mir sehr bei der alltäglichen Arbeit rund um meine Forschungen. Die Fakultät für Wahrnehmungsstudien, die keine Forschungsgelder von der Universität bekommt, aber seit mehr als einem halben Jahrhundert – allein mit Spenden finanziert – gründliche wissenschaftliche Forschungen betreibt, stellte mir einen sicheren Ort für die Erforschung der unbekannten Welt zur Verfügung und tut dies immer noch, jetzt für andere Wissenschaftler.

Unendlich dankbar bin ich Chester F. Carlson und Priscilla Woolfan, von deren Nachlass mein Lehrstuhl an der University of Virginia finanziert werden konnte; den gemeinnützigen Stiftungen, die meine Forschung im Laufe der Jahre finanziert haben, insbesondere der BIAL-Stiftung (Fundação BIAL), dem Institut für Grenzgebiete der Psychologie und Psychohygiene, dem Japan-US-Fonds für Gesundheitswissenschaften, dem Azuma Nagamasa Fund, der James S. McDonnell Foundation, der Bernstein Brothers Foundation und dem Fetzer Institute (ehemals John E. Fetzer Foundation); den Unterstützern dieser Forschung Richard Adams, Cheryl Birch und David Leiter sowie den Unterstützern meiner Kollegen an den Universitäten von Virginia, Michigan und Connecticut.

Ich stehe auch in der Schuld meiner vielen Kollegen, die im Laufe der Jahrzehnte an meinen Forschungsergebnissen herumgemäkelt haben. Ihre Kritik verbesserte zweifellos die Qualität meiner Arbeit und trug zu einem besseren Verständnis von Nahtoderfahrungen bei.

Nur wenige Bücher werden von einer Person allein geschrieben, und ich hatte viel Hilfe beim Schreiben dieses Buches. Zutiefst dankbar bin ich wie gesagt den vielen Menschen mit Nahtoderfahrungen für ihre Berichte, die ich in diesem Buch zitiere. Jedes Wort, das ich geschrieben hatte, las zuerst meine Frau Jenny, die mich besser kennt als ich mich selbst. Sie stellte sicher, dass die Beschreibungen meiner Reaktionen auf diese Berichte authentisch waren und dass die Emotionen und der Tonfall echt wirkten. Ich gab dann noch alles an meinen kompetenten Mitarbeiter Jason Buchholz weiter, der mir zeigte, wie ich die Geschichte lebendig machen und das Buch, das ich schreiben wollte, in eines verwandeln konnte, das andere vielleicht gern lesen möchten. Schließlich fand und korrigierte meine ältere und klügere Schwester Nancy Beckerman sorgfältig meine sämtlichen Fehler und Mehrdeutigkeiten, wie sie es mein Leben lang getan hat.

Unendlich dankbar bin ich dem visionären Team von Idea Architects, das mir half, meine Idee für dieses Buch in die Realität umzusetzen, insbesondere Doug Abrams und Lara Love Hardin, deren Begeisterung für meine Arbeit entscheidend zur Entstehung dieses Buches beitrug. Dank gebührt auch George Witte, meinem Lektor bei St. Martin's Press, der mir viele praktische Ratschläge zur Erstellung dieses Buches gab. Zu Dank verpflichtet bin auch Steve Bhaerman, alias Swami Beyondananda, der mich schon vor vierzig Jahren ermutigte, ein Buch zu schreiben, und Rebecca Valla, einer grenzenlos einfühlsamen Psychiaterin mit einem Herz aus Gold, die mich dazu brachte, mich endlich daranzumachen, und mir half, die mir eigene Zurückhaltung des Introvertierten, mich schriftlich zu entlarven, als solche zu erkennen.

Ewig dankbar bin ich Jenny Greyson, meiner Gefährtin, meinem Anker, meiner Lebenspartnerin und besten Freundin seit mehr als einem halben Jahrhundert. Sie war für den größten Teil unseres gemeinsamen Lebens mein Fels in der Brandung in allen Höhen und Tiefen der Nahtodforschung. Ohne ihre Liebe und Unterstützung hätte ich mich auf keinen Fall als Vater, Freund, Psychiater oder Schriftsteller weiterentwickeln können.

Anmerkungen

Einleitung: Eine Reise in unbekannte Welten

22. ***Life After Life* (dt. *Leben nach dem Tod*) …** Raymond Moody: *Life after Life. The Investigation of Phenomenon – Survival of Bodily Death* (Covington, GA: Mockingbird Books), dt. *Leben nach dem Tod. Die Erforschung einer unerklärlichen Erfahrung* (Reinbek: Rowohlt, 1977).

22. **Berichte über Nahtoderfahrungen aus antiken griechischen und römischen Quellen …** Jeno Platthy: *Near-Death Experiences in Antiquity* (Santa Claus, IN: Federation of International Poetry Foundations of UNESCO, 1992).

22. **alle wichtigen religiösen Traditionen …** Farnaz Masumian: »World Religions and Near-Death Experiences«, in *The Handbook of Near-Death Experiences*, hg. von Janice Miner Holden, Bruce Greyson und Debbie James (Santa Barbara, CA: Praeger/ABC-CLIO, 2009), 159–183.

22. **indigene Bevölkerungsgruppen auf der ganzen Welt …** Allan Kellehear: »Census of Non-Western Near-Death Experiences to 2005: Observations and Critical Reflections«, in *The Handbook of Near-Death Experiences*, hg. von Janice Miner Holden, Bruce Greyson und Debbie James (Santa Barbara, CA: Praeger/ABC-CLIO, 2009), 135–158.

22. **der medizinischen Literatur des neunzehnten und frühen zwanzigsten Jahrhunderts …** Terry Basford: *The Near-Death Experience. An Annotated Bibliography* (New York: Garland, 1990).

23. **Themen in diesen Erfahrungen, die sich jeder kulturellen Interpretation entziehen** ... Geena Athappilly, Bruce Greyson und Ian Stevenson: »Do Prevailing Societal Models Influence Reports of Near-Death Experiences? A Comparison of Accounts Reported before and after 1975«, *Journal of Nervous and Mental Disease* 194 (3) (2006), 218–222.

1. Eine Wissenschaft des Rätselhaften

31f. **Dann klemmte er sich das Kleinkaliber-Jagdgewehr zwischen die Beine** ... Henrys Nahtoderlebnis und meine psychologische Interpretation davon sind beschrieben in John Buckman und Bruce Greyson: »Attempted Suicide and Bereavement«, in *Suicide and Bereavement*, hg. von Bruce L. Danto und Austin H. Kutscher (New York: Foundation of Thanatology, 1977), 90–104.

39. **Sigmund Freud hat die Psyche mit einem Eisberg verglichen** ... Sigmund Freud: »Das Unbewußte« (1915), in *Werkausgabe in zwei Bänden, Band 1* (Frankfurt am Main: S. Fischer, 1978), 128–155.

40. **Beispielsweise würden die meisten Lehrer den attraktivsten Schülerinnen nicht wissentlich bessere Noten geben** ... David Landy und Harold Sigall: »Beauty Is Talent: Task Evaluation as a Function of the Performer's Physical Attractiveness«, *Journal of Personality and Social Psychology* 29 (3) (1974), 299–304.

44. **Mein Bericht über dieses Experiment wurde später in einer medizinischen Fachzeitschrift veröffentlicht** ... Bruce Greyson: »Telepathy in Mental Illness: Deluge or Delusion?«, *Journal of Nervous and Mental Disease* 165 (3) (1977), 184–200.

45. **dass Raymond ... bereits als Medizinstudent ein Buch geschrieben hatte** ... Raymond Moody: *Life after Life. The Investigation of Phenomenon – Survival of Bodily Death* (Covington, GA: Mockingbird Books), dt. *Leben nach dem Tod. Die Erforschung einer unerklärlichen Erfahrung* (Reinbek: Rowohlt, 1977).

2. Außerhalb der Zeit

52. **Heim veröffentlichte die erste große Sammlung von Nahtoderfahrungen …** Heim, Albert: *Jahrbuch des Schweizer Alpenclub/Notizen über den Tod durch Absturz* (Bern: Verlag der Expedition des Jahrbuchs des S.A.C., 1892, Zentralbibliothek Zürich, ZU 417,5, https://www.e-rara.ch/zuz/periodical/titleinfo/6873309, abgerufen am 1. März 2021.

52. **»Was ich in fünf bis zehn Sekunden gedacht und gefühlt habe …«** Dieses Zitat stammt aus ebenda, 334 f.

55. **Joe Green hat die Frage aufgeworfen, ob Heims Bericht über seinen Absturz eine Rolle für Einsteins Relativitätstheorie gespielt hat …** Joseph Timothy Green: »Did NDEs Play a Seminal Role in the Formulation of Einstein's Theory of Relativity?«, *Journal of Near-Death Studies* 20 (1) (2001), 64 ff.

56. **Einer dieser Schüler war ein Teenager namens Albert Einstein …** Ronald W. Clark: *Einstein. The Life and Times* (New York: Avon, 1971), 54, dt. *Albert Einstein. Leben und Werk* (München: Herbig, 1974).

56. **die er später in einem Brief an Heims Sohn als »magisch« beschrieb …** Albrecht Fölsing, übersetzt von Ewald Osers, in *Albert Einstein* (New York: Penguin, 1997), 66, dt. *Albert Einstein. Eine Biographie* (Frankfurt am Main: Suhrkamp 1995).

56. **in dem er … die These aufstellte, dass *die Zeit langsamer wird, je schneller man reist* …** Seine Relativitätstheorie wurde aufgestellt in Albert Einstein: »Zur Elektrodynamik bewegter Körper«, *Annalen der Physik* 322 (10) (1905), 891–921.

56. **Joe Geraci, ein sechsunddreißigjähriger Polizist, der nach einer Operation fast verblutet wäre, berichtete von dieser Empfindung in Zusammenhang mit seiner Nahtoderfahrung …** Joes Nahtoderfahrung wurde beschrieben in Darlene Taylor: »Profile of an Experiencer: Joe Geraci«, *Vital Signs* 1 (3) (1981), 3 und 12.

57. **Weniger wahrscheinlich waren sie bei Nahtoderfahrungen, die eher zu erwarten waren …** Ian Stevenson und Bruce Greyson: »Near-Death Experiences. Relevance to the Question of Survival after Death«, *JAMA* 242 (3) (1979), 265–267; Bruce Greyson: »A Typology of Near-Death Experiences«, *American Journal of Psychiatry* 142 (8) (1985), 967–969; Bruce

Greyson: »Varieties of Near-Death Experience«, *Psychiatry* 56 (4) (1993), 390–399.

58. **Jayne Smith hatte im Alter von dreiundzwanzig Jahren während einer schlechten Reaktion auf eine Anästhesie … ein Nahtoderlebnis …** Jayne beschrieb ihr Nahtoderlebnis in Jayne Smith: »… Caught Up into Paradise«, *Vital Signs* 3 (1) (1983), 7 und 10; und in Jayne Smith: »Unconditional Love. The Power and the Glory«, *Vital Signs* 19 (1) (2000), 4.

3. *Die Lebensrückschau*

61. **die »Lebensrückschau«, in der Szenen aus der Vergangenheit des Erlebenden wiederauftauchen …** Ian Stevenson und Emily Williams Cook: »Involuntary Memories during Severe Physical Illness or Injury«, *Journal of Nervous and Mental Disease* 183 (7) (1995), 452–458; Russell Noyes und Roy Kletti: »Panoramic Memory: A Response to the Threat of Death«, *Omega* 8 (3) (1977), 181–194.

62. **Beaufort … fiel … von einem Schiff in den Hafen von Portsmouth …** Dieser Bericht über sein Nahtoderlebnis erscheint auf den Seiten 77 f. von Francis Beaufort: *Notice of Rear-Admiral Sir Francis Beaufort, K.C.B.* (London: J. D. Potter, 1858).

64. **als ein Lastwagen, unter dem er arbeitete, auf seine Brust stürzte …** Tom beschrieb sein Nahtoderlebnis in Sidney Saylor Farr: *What Tom Sawyer Learned from Dying* (Norfolk, VA: Hampton Roads Publishing, 1993), dt. *Tom Sawyers Nah-Todeserfahrung und die Wandlung seines Lebens* (Weida: Flensburger Hefte, 1998).

69. **Barbara Harris Whitfield machte im Alter von zweiunddreißig Jahren eine Nahtoderfahrung, als sie … an Atembeschwerden litt …** Barbara beschrieb ihr Nahtoderlebnis in Barbara Harris und Lionel C. Bascom: *Full Circle* (New York: Pocket Books, 1990); und in Barbara Harris Whitfield: *Final Passage* (Deerfield Beach, FL: Health Communications, 1998).

72. **ein wichtiges Instrument für Berater, die mit Menschen am Ende ihres Lebens arbeiten …** David Haber: »Life Review. Implementation, Theory, Research, and Therapy«, *International Journal of Aging and Human De-*

velopment 63 (2) (2006), 153–171; Robert N. Butler: »The Life Review. An Interpretation of Reminiscence in the Aged«, *Psychiatry* 26 (1) (1963), 65–76; Myrna I. Lewis und Robert N. Butler: »Life-Review Therapy: Putting Memories to Work in Individual and Group Psychotherapy«, *Geriatrics* 29 (11) (1974), 165–173.

4. Die ganze Geschichte verstehen

75. **befragte ich fast 1600 Patienten ...** Bruce Greyson: »Incidence and Correlates of Near-Death Experiences in a Cardiac Care Unit«, *General Hospital Psychiatry* 25 (4) (2003), 269–276.

78. **Bill Urfer, ein sechsundvierzigjähriger Geschäftsmann, erzählte mir von seiner Schwierigkeit, die Nahtoderfahrung zu beschreiben ...** Bill beschrieb seine NTE in Harry Cannaday: *Beyond Tomorrow* (Heber Springs, AR: Bill Urfer, 1980).

79. **»Stille ist die Sprache Gottes ...«** Dieses Zitat erscheint auf Seite 134 von Igor Kononenko und Irena Roglič Kononenko: *Teachers of Wisdom* (Pittsburgh: RoseDog Books/Dorrance, 2010).

80. **Patienten befragte, die nach einem Suizidversuch ins Krankenhaus eingeliefert worden waren ...** Bruce Greyson: »Near-Death Experiences and Attempted Suicide«, *Suicide and Life-Threatening Behavior* 11 (1) (1981), 10–16; Bruce Greyson: »Incidence of Near-Death Experiences Following Attempted Suicide«, *Suicide and Life-Threatening Behavior* 16 (1) (1986), 40–45; Bruce Greyson: »Near-Death Experiences Precipitated by Suicide Attempt. Lack of Influence of Psychopathology, Religion, and Expectations«, *Journal of Near-Death Studies* 9 (3) (1991), 183–188; Bruce Greyson: »Near-Death Experiences and Anti-Suicidal Attitudes«, *Omega* 26 (2) (1992), 81–89.

85. **Gründe, aus denen diese Menschen ihre Nahtoderfahrung für sich behalten ...** Einige Kliniker haben untersucht, warum manche Nahtoderfahrene so zurückhaltend sind, wenn es darum geht, ihre Geschichten zu erzählen. Siehe beispielsweise Kimberly Clark: »Clinical Interventions with Near-Death Experiencers«, in *The Near-Death Experience*, hg. von Bruce Greyson und Charles Flynn (Springfield, IL: Charles C.

Thomas, 1984), 242–255; Cherie Sutherland: *Reborn in the Light* (New York: Bantam, 1995); Regina M. Hoffman: »Disclosure Needs and Motives after a Near-Death Experience«, *Journal of Near-Death Studies* 13 (4) (1995), 237–266; Regina M. Hoffman: »Disclosure Habits after Near-Death Experiences. Influences, Obstacles, and Listener Selection«, *Journal of Near-Death Studies* 14 (1) (1995), 29–48; Nancy L. Zingrone und Carlos S. Alvarado: »Pleasurable Western Adult Near-Death Experiences. Features, Circumstances, and Incidence«, in *The Handbook of Near-Death Experiences*, hg. von Janice Miner Holden, Bruce Greyson und Debbie James (Santa Barbara, CA: Praeger/ABC-CLIO, 2009), 17–40; L. Suzanne Gordon: »An Ethnographic Study of Near-Death Experience Impact and Aftereffects and their Cultural Implications«, *Journal of Near-Death Studies* 31 (2) (2012), 111–129; Janice Miner Holden, Lee Kinsey und Travis R. Moore: »Disclosing Near-Death Experiences to Professional Healthcare Providers and Nonprofessionals«, *Spirituality in Clinical Practice* 1 (4) (2014), 278–287.

5. Woher wissen wir, was wirklich ist?

87. entwickelte ich in den frühen Achtzigerjahren die NTE-Skala … Die NTE-Skala und ihre psychometrischen Merkmale werden beschrieben in Bruce Greyson: »The Near-Death Experience Scale. Construction, Reliability, and Validity«, *Journal of Nervous and Mental Disease* 171 (6) (1983), 369–375; Bruce Greyson: »Near-Death Encounters with and without Near-Death Experiences. Comparative NDE Scale Profiles«, *Journal of Near-Death Studies* 8 (3) (1990), 151–161; und Bruce Greyson: »Consistency of Near-Death Experience Accounts over Two Decades. Are Reports Embellished over Time?«, *Resuscitation* 73 (3) (2007), 407–411.

89. dass sich der Geist das Gefühl, durch einen Tunnel zu gehen, vorstellt … Kevin Drab: »The Tunnel Experience. Reality or Hallucination?«, *Anabiosis* 1 (2) (1981), 126–152; C. T. K. Chari: »Parapsychological Reflections on Some Tunnel Experiences«, *Anabiosis* 2 (1982), 110–131.

89. mit dem verglichen, was theoretische Physiker ein »Wurmloch« nennen ... J. Kenneth Arnette: »On the Mind/Body Problem. The Theory of Essence«, *Journal of Near-Death Studies* 11 (1) (1992), 5–18.

91. bestätigte ihre Analyse die Validität der NTE-Skala ... Rense Lange, Bruce Greyson und James Houran: »A Rasch Scaling Validation of a ›Core‹ Near-Death Experience«, *British Journal of Psychology* 95 (2004), 161–177.

91. Ian und ich veröffentlichten einen kurzen Artikel über Nahtoderfahrungen ... Ian Stevenson und Bruce Greyson: »Near-Death Experiences. Relevance to the Question of Survival after Death«, *JAMA* 242 (3) (1979), 265 ff.

92. dass Nahtoderfahrungen häufig dem widersprechen, was diejenigen, die sie machen, über ein Leben nach dem Tod glauben ... Henry Abramovitch: »An Israeli Account of a Near-Death Experience. A Case Study of Cultural Dissonance«, *Journal of Near-Death Studies* 6 (3) (1988), 175–184; Mark Fox: *Religion, Spirituality, and the Near-Death Experience* (London: Routledge, 2003); Kenneth Ring: *Heading Toward Omega* (New York: Coward, McCann & Geoghegan, 1984).

94. wurden der Beschwerdebrief und unsere Antwort darauf gemeinsam in *JAMA* veröffentlicht ... Monroe Schneider: »The Question of Survival after Death«, *JAMA* 242 (24) (1979), 2665; Ian Stevenson und Bruce Greyson: »The Question of Survival after Death – Reply«, *JAMA* 242 (24) (1979), 2665.

94. noch mehrere Artikel über meine Nahtodforschung in führenden Fachzeitschriften für Psychiatrie ... Zum Beispiel Bruce Greyson und Ian Stevenson: »The Phenomenology of Near-Death Experiences«, *American Journal of Psychiatry* 137 (10) (1980), 1193–1196; Bruce Greyson: »Near-Death Experiences and Personal Values«, *American Journal of Psychiatry* 140 (5) (1983), 618–620; und Bruce Greyson: »The Psychodynamics of Near-Death Experiences«, *Journal of Nervous and Mental Disease* 171 (6) (1983), 376–381.

99. »Die Basisdaten für die Studie *müssen* aus den Geschichten derer stammen, die Nahtoderfahrungen (NTEs) gemacht haben ...« Dieses Zitat erscheint auf Seite 273 von Arvin S. Gibson: »Review of Melvin

Morse's *Transformed by the Light*«, *Journal of Near-Death Studies* 13 (4) (1995), 273 ff.

100. **»Der Plural von Anekdote ist Daten«** … Dieses oft wiedergegebene Zitat von Raymond Wolfinger, das er in den Sechzigerjahren im Rahmen eines Graduiertenseminars an der Stanford University prägte, wurde später von Skeptikern als »Der Plural von Anekdote ist nicht Daten« missverstanden (dieses wörtlich aus dem Englischen übertragene Idiom bedeutet auch: »Man soll nicht von sich auf andere schließen«). Es erscheint auf Seite 779 von Nelson W. Polsby: »The Contributions of President Richard F. Fenno, Jr.«, *PS: Political Science and Politics* 17 (4) (1984), 778–781; und auf Seite 83 von Nelson W. Polsby: »Where Do You Get Your Ideas?«, *PS: Political Science and Politics* 26 (1) (1993), 83–87.

100. **Es gibt viele Bereiche, die jeder als Naturwissenschaften akzeptiert …** Jared Diamond: »A New Scientific Synthesis of Human History«, in *The New Humanists*, hg. von John Brockman (New York: Barnes & Noble Books, 2003), dt. *Die neuen Humanisten. Wissenschaftler, die unser Weltbild verändern* (Berlin: Ullstein, 2004).

101. **Es gibt keine Beweise für die Nützlichkeit von Fallschirmen** … Die beiden Zitate erscheinen auf den Seiten 1459 und 1461 von Gordon C. S. Smith und Jill P. Pell: »Parachute Use to Prevent Death and Major Trauma Related to Gravitational Challenge: Systematic Review of Randomised Controlled Trials«, *BMJ* 327 (7429) (2003), 1459 ff.

6. Den Körper verlassen

104. **kommt es häufig zu wissenschaftlichen Fortschritten, wenn eine neue Tatsache entdeckt wird, die nicht erklärt werden kann** … Thomas S. Kuhn: *The Structure of Scientific Revolutions* (Chicago: University of Chicago Press, 1962), Kapitel 6, dt. *Die Struktur wissenschaftlicher Revolutionen* (Frankfurt am Main: Suhrkamp, 1973/76), »VI. Anomalien und das Auftauchen wissenschaftlicher Entdeckungen«, 65–78.

104. trat genau zu diesem Zeitpunkt Al Sullivan in mein Leben ... Al beschrieb sein Nahtoderlebnis in einem selbst publizierten und undatierten Büchlein mit dem Titel *Roadway to the Lights*. Seine Nahtoderfahrung wurde auch diskutiert in Emily Williams Cook, Bruce Greyson und Ian Stevenson: »Do Any Near-Death Experiences Provide Evidence for the Survival of Human Personality after Death? Relevant Features and Illustrative Case Reports«, *Journal of Scientific Exploration* 12 (3) (1998) 377–406; und in Emily Williams Kelly, Bruce Greyson und Ian Stevenson: »Can Experiences Near Death Furnish Evidence of Life after Death?«, *Omega* 40 (4) (2000), 513–519.

114. Er beschrieb wiederholte außerkörperliche Wahrnehmungen ... Ogston beschrieb sein Nahtoderlebnis auf den Seiten 222–233 seiner Autobiografie, Alexander Ogston: *Reminiscences of Three Campaigns* (London: Hodder and Stoughton, 1919).

115. »Die Erinnerung an den Tag eins des Schlaganfalls hat sich bittersüß in mein Gedächtnis eingegraben« ... Dieses Zitat erscheint auf Seite 67 von Dr. Jill B. Taylor: *My Stroke of Insight* (New York: Viking/Penguin, 2006), dt. *Mit einem Schlag. Wie eine Hirnforscherin durch ihren Schlaganfall neue Dimensionen des Bewusstseins entdeckt* (München: MensSana, 2008), 87 f.

116. Sabom stellte fest, dass Menschen mit einer Nahtoderfahrung ihre Wiederbelebung sehr präzise beschreiben konnten ... Michael Sabom: *Recollections of Death* (New York: Harper & Row, 1982), dt. *Erinnerungen an den Tod. Eine medizinische Untersuchung* (Gütersloh: Bertelsmann, 1982).

116. Penny Sartori reproduzierte Saboms Befunde ... Penny Sartori: *The Near-Death Experiences of Hospitalized Intensive Care Patients* (Lewiston, NY: Edwin Mellen Press, 2008).

116f. dreiundneunzig Berichte über außerkörperliche Wahrnehmungen ... Janice Miner Holden: »Veridical Perception in Near-Death Experiences«, in *The Handbook of Near-Death Experiences*, hg. von Janice Miner Holden, Bruce Greyson und Debbie James (Santa Barbara, CA: Praeger/ABC-CLIO, 2009), 185–211.

117. »Es genügt zu beweisen, dass eine einzelne Krähe weiß ist« ... Dieses Zitat erscheint auf Seite 5 von William James: »Address by the President«, *Proceedings of the Society for Psychical Research* 12 (1) (1897), 2–10.

117. **Versuche, die Genauigkeit außerkörperlicher Wahrnehmungen im Rahmen einer Nahtoderfahrung zu testen …** Janice Miner Holden und Leroy Joesten: »Near-Death Veridicality Research in the Hospital Setting. Problems and Promise«, *Journal of Near-Death Studies* 9 (1) (1990), 45–54; Madelaine Lawrence: *In a World of Their Own* (Westport, CT: Praeger, 1997); Sam Parnia, Derek G. Waller, Rebekah Yeates und Peter Fenwick: »A Qualitative and Quantitative Study of the Incidence, Features and Aetiology of Near Death Experiences in Cardiac Arrest Survivors«, *Resuscitation* 48 (2) (2001), 149–156; Penny Sartori: *The Near-Death Experiences of Hospitalized Intensive Care Patients* (Lewiston, NY, Edwin Mellen Press, 2008); Bruce Greyson, Janice Miner Holden und J. Paul Mounsey: »Failure to Elicit Near-Death Experiences in Induced Cardiac Arrest«, *Journal of Near-Death Studies* 25 (2) (2006), 85–98; Sam Parnia, Ken Spearpoint, Peter Fenwick et al.: »AWARE-AWAreness during REsuscitation – A Prospective Case Study«, *Resuscitation* 85 (12) (2014), 1799–1805.

118. **Einem Update der American Heart Association aus dem Jahr 2018 zufolge …** Emilia J. Benjamin, Salim S. Virani, Clifton W. Callaway et al.: »Heart Disease and Stroke Statistics – 2018 Update: A Report from the American Heart Association«, *Circulation* 137 (12) (2018), e67–e492.

118. **eine Studie mit Patienten, von denen ich *wusste*, dass sie den Herzstillstand überleben würden …** Bruce Greyson, Janice Miner Holden und J. Paul Mounsey: »Failure to Elicit Near-Death Experiences in Induced Cardiac Arrest«, *Journal of Near-Death Studies* 25 (2) (2006), 85–98.

119. **Cathy Milne, Krankenschwester in einer Herzklinik, hatte die Häufigkeit von Nahtoderfahrungen untersucht …** Catherine T. Milne: »Cardiac Electrophysiology Studies and the Near-Death Experience«, *CACCN: The Journal of the Canadian Association of Critical Cared Nurses* 6 (1) (1995), 16–19.

123. **»Anomalien werden so lange unter den Teppich gekehrt« …** Dieses Zitat erscheint auf Seite 72 von Charles Whitehead: »Everything I Believe Might Be a Delusion. Whoa! Tucson 2004: Ten Years On, and Are We Any Nearer to a Science of Consciousness?«, *Journal of Consciousness Studies* 11 (12) (2004), 68–88.

7. Oder den Verstand verloren?

127. Ich setzte den *Psychiatric Diagnostic Screening Questionnaire* ein ... Mark Zimmerman und Jill I. Mattia: »A Self-Report Scale to Help Make Psychiatric Diagnoses«, *Archives of General Psychiatry* 58 (8) (2001), 787–794.

128. die *Dissociative Experiences Scale* ... Eve Bernstein und Frank Putnam: »Development, Reliability und Validity of a Dissociation Scale«, *Journal of Nervous and Mental Disease* 174 (12) (1986), 727–735; Bruce Greyson: »Dissociation in People Who Have Near-Death Experiences. Out of Their Bodies or Out of Their Minds?«, *Lancet* 355 (9202) (2000), 460–463.

129. die *Impact of Event Scale* ... Mardi Horowitz, Nancy Wilner und William Alvarez: »Impact of Event Scale. A Measure of Subjective Stress«, *Psychosomatic Medicine* 41 (3) (1979), 209–218; Bruce Greyson: »Posttraumatic Stress Symptoms following Near-Death Experiences«, *American Journal of Orthopsychiatry* 71 (3) (2001), 368–373.

131. die revidierte Symptomcheckliste mit neunzig Punkten ... Leonard Derogatis: *SCL-90-R Administration, Scoring, and Procedures Manual – II* (Towson, MD: Clinical Psychometric Research, 1992); Bruce Greyson: »Near-Death Experiences in a Psychiatric Outpatient Clinic Population«, *Psychiatric Services* 54 (12) (2003), 1649 ff.

134. einem fünfundzwanzigjährigen Krankenpfleger, der eine Nahtoderfahrung machte ... Dieser Fall wurde beschrieben auf Seite 71 von Bruce Greyson: »Is Consciousness Produced by the Brain?«, in *Cosmology and Consciousness*, hg. von Bryce Johnson (Dharamsala, Indien: Library of Tibetan Works and Archives, 2013), 59–87.

139. Mitch Liester und ich verglichen zwei Gruppen von Menschen ... Bruce Greyson und Mitchell Liester: »Auditory Hallucinations Following Near-Death Experiences«, *Journal of Humanistic Psychology* 44 (3) (2004), 320–336.

140. ungewöhnlichen Erfahrungen, die Symptome einer psychischen Erkrankung sind, und solchen wie Nahtoderfahrungen ... Bruce Greyson: »Differentiating Spiritual and Psychotic Experiences. Sometimes a Cigar Is Just a Cigar«, *Journal of Near-Death Studies* 32 (3) (2014), 123–136. Ich stützte mich auf die Arbeiten einer Reihe von Wissenschaftlern, um diese Unterscheidung zu treffen, darunter Janice Miner Holden in *Near-Death Experiences*, produziert von Roberta Moore (Fort Myers, FL: Blue Marble Films, 2013); Harold G. Koenig: »Religion, Spirituality, and Psychotic Disorders«, *Revista de Psiquiatria Clinica* 34 (Supplement 1) (2007), 40–48; David Lukoff: »Visionary Spiritual Experiences«, *Southern Medical Journal* 100 (6) (2007), 635–641; Penny Sartori: »A Prospective Study of NDEs in an Intensive Therapy Unit«, *Christian Parapsychologist* 16 (2) (2004), 34–40; Penny Sartori: *The Near-Death Experiences of Hospitalized Intensive Care Patients* (Lewiston, NY: Edwin Mellen Press, 2008); Adair Menezes und Alexander Moreira-Almeida: »Differential Diagnosis between Spiritual Experiences and Mental Disorders of Religious Content«, *Revista de Psiquiatria Clinica*, 36 (2) (2009), 75–82; Adair Menezes und Alexander Moreira-Almeida: »Religion, Spirituality, and Psychosis«, *Current Psychiatry Reports* 12 (3) (2010), 174–179; Alexander Moreira-Almeida: »Assessing Clinical Implications of Spiritual Experiences«, *Asian Journal of Psychiatry* 5 (4) (2012), 344 ff.; Alexander Moreira-Almeida und Etzel Cardeña: »Differential Diagnosis between Non-Pathological Psychotic and Spiritual Experiences and Mental Disorders. A Contribution from Latin American Studies to the ICD-11«, *Revista Brasileira de Psiquiatria* 33 (Supplement 1) (2011), 529–589; und Kathleen D. Noble: »Psychological Health and the Experience of Transcendence«, *Counseling Psychologist* 15 (4) (1984), 601–614.

141. **Die Erinnerung verblasst nicht mit der Zeit ...** Bruce Greyson: »Consistency of Near-Death Experience Accounts over Two Decades. Are Reports Embellished over Time?«, *Resuscitation* 73 (3) (2007), 407–411; Lauren E. Moore und Bruce Greyson: »Characteristics of Memories for Near-Death Experiences«, *Consciousness and Cognition* 51 (2017), 116–124.

142. **Sicherlich lernen manche Menschen aus ihren psychischen Erkrankungen und wachsen daran ...** Gary Nixon, Brad Hagen und Tracey Peters: »Psychosis and Transformation. A Phenomenological Inquiry«, *International Journal of Mental Health and Addiction* 8 (4) (2010), 527–544.

8. Sind Nahtoderlebnisse real?

144. **»Wissenschaft wird nicht durch die Themen definiert, die sie untersucht, sondern durch ihren Ansatz bei der Untersuchung dieser Themen« …** Dieses Zitat erscheint auf Seite 275 f. in Mark Leary: »Why Are (Some) Scientists so Opposed to Parapsychology?«, *Explore* 7 (5) (2011), 275–377.

145. **Wissenschaftler hielten Berichte über Meteoriten für Fabeln …** Kat Eschner: »Scientists Didn't Believe in Meteorites Until 1803«, *Smithsonian Magazine*, 26. April 2017, www.smithsonianmag.com/smart-news/1803-rain-rocks-helped-establish-existence-meteorites-180963017/, abgerufen am 23. Februar 2021.

145. **machten sich Wissenschaftler und Ärzte lustig über die Idee der Krankheitserreger …** John Waller: *The Discovery of the Germ* (New York: Columbia University Press, 2003).

145. **Bakterien als potenzielle Verursacher von Magengeschwüren …** Richard B. Hornick: »Peptic Ulcer Disease. A Bacterial Infection?«, *New England Journal of Medicine* 316 (25) (1987), 1598 ff.

146. **unsere Modelle verfeinern, wenn neue Phänomene entdeckt werden …** Lisa Feldman Barrett: »Psychology Is Not in Crisis«, *New York Times*, 1. September 2015, 23.

147. **»In der Wissenschaft geht es überhaupt nicht darum, die Wahrheit zu finden« …** Thomas M. Schofield: »On My Way to Being a Scientist«, *Nature* 497 (2013), 277 f.

147. **»Objektive Wahrheit«, sagt Tyson, »ist die Art von Wahrheit, die die Wissenschaft entdeckt« …** Neil deGrasse Tyson: »Neil deGrasse Tyson on Death and Near Death Experiences«, Auszug aus einem Vortrag, 3. Mai 2017, 92nd Street Y, www.youtube.com/watch?v=y5qEBC7ZzVQ, abgerufen am 23. Februar 2021.

149. **ein seltsames und wundersames Tier gesehen: ein Kamel …** Kaplans Geschichte wird erzählt auf Seite 379 von Paul C. Horton: »The Mystical Experience: Substance of an Illusion«, *Journal of the American Psychoanalytic Association* 22 (2) (1974), 364–380.

149. **Wenn Sie von einem Lastwagen angefahren wurden, *wissen* Sie, dass Sie von einem Lastwagen angefahren wurden …** Dieses Zitat erscheint

auf Seite 7 von Robert L. Van de Castle: »The Concept of Porosity in Dreams«, *EdgeScience* 14 (2013), 6–10.

150. **es kein gefälschtes Gold gäbe, wenn es nicht auch echtes Gold gäbe …** Dieses Zitat von Rumi wurde wiedergegeben von Idries Shah in Elizabeth Hall: »The Sufi Tradition. Interview with Idries Shah«, *Psychology Today*, Juli 1975, www.katinkahesselink.net/sufi/sufi-shah.html, abgerufen am 23. Februar 2021.

150. **Erstens treten viele von ihnen nach einem Herzstillstand auf, was häufig zu einer Amnesie in Bezug auf die Ereignisse rund um das Aufhören der kardialen Aktivität führt …** Sam Parnia, Ken Spearpoint und Peter B. Fenwick: »Near Death Experiences, Cognitive Function and Psychological Outcomes of Surviving Cardiac Arrest«, *Resuscitation* 74 (2) (2007), 215–221.

150. **Zweitens werden Nahtoderfahrungen manchmal von Menschen gemacht, die psychedelische Drogen genommen haben, welche das Gedächtnis beeinträchtigen können …** H. Valerie Curran: »Psychopharmacological Perspectives on Memory«, in *The Oxford Handbook of Memory*, hg. von Endel Tulving and Fergus Craik (New York: Oxford University Press, 2000), 539–554.

150. **Drittens finden sie normalerweise in traumatischen Situationen statt, von denen bekannt ist, dass sie die Genauigkeit von Erinnerungen beeinflussen …** Jonathan W. Schooler und Eric Eich: »Memory for Emotional Events«, in *The Oxford Handbook of Memory*, hg. von Endel Tulving und Fergus Craik (New York: Oxford University Press, 2000), 379–392.

150. **Viertens gehen sie normalerweise mit starken positiven Emotionen einher, die das Gedächtnis ebenfalls kompromittieren können …** Alexandre Schaefer und Pierre Philippot: »Selective Effects of Emotion on the Phenomenal Characteristics of Autobiographical Memories«, *Memory* 13 (2) (2005), 148–160.

151. **Und schließlich berichten die Betroffenen manchmal erst lange nach dem Ereignis von dem Geschehen, was die Detailgenauigkeit und Lebendigkeit von Erinnerungen häufig mindert …** Lucia M. Talamini und Eva Goree: »Aging Memories. Differential Decay of Episodic Memory Components«, *Learning and Memory* 19 (6) (2012), 239–246.

151. **Manche Forscher spekulierten, dass Geschichten über Nahtoderfahrungen im Laufe der Zeit … verklärt werden …** Nathan Schnaper: »Comments Germane to the Paper Entitled ›The Reality of Death Experiences‹ by Ernst Rodin«, *Journal of Nervous and Mental Disease* 168 (5) (1980), 268 ff.

151. **Dabei stellte ich fest, dass die Berichte im Laufe der Zeit *nicht* verklärter geworden waren …** Bruce Greyson: »Consistency of Near-Death Experience Accounts over Two Decades. Are Reports Embellished over Time?«, *Resuscitation* 73 (3) (2007), 407–411.

152. **Ich wählte zwei Dutzend von Ians vollständigst beschriebenen Fällen aus den Sechziger- und frühen Siebzigerjahren aus …** Geena Athappilly, Bruce Greyson und Ian Stevenson: »Do Prevailing Societal Models Influence Reports of Near-Death Experiences? A Comparison of Accounts Reported before and after 1975«, *Journal of Nervous and Mental Disease* 194 (3) (2006), 218–222.

153. **Tatsächlich sind sich die meisten Menschen, die eine Nahtoderfahrung gemacht haben, deren Echtheit ziemlich sicher …** Andrew J. Dell'Olio: »Do Near-Death Experiences Provide a Rational Basis for Belief in Life after Death?«, *Sophia* 49 (1) (2010), 113–128.

153. **Jeffrey Long fand heraus, dass sechsundneunzig Prozent ihre Nahtoderfahrung als »definitiv real« bewerteten …** Jeffrey Long mit Paul Perry: *Evidence of the Afterlife* (New York: HarperOne, 2010), dt. *Beweise für ein Leben nach dem Tod* (München: Goldmann, 2017).

154. **LeaAnn Carroll entwickelte ein massives Blutgerinnsel in der Lunge …** LeaAnns medizinische Krise wurde beschrieben in Alan T. Marty, Frank L. Hilton, Robert K. Spear und Bruce Greyson: »Post-cesarean Pulmonary Embolism, Sustained Cardiopulmonary Resuscitation, Embolectomy, and Near-Death Experience«, *Obstetrics and Gynecology* 106 (5 Pt. 2) (2005), 1153 ff. Sie beschrieb ihr Nahtoderlebnis in LeaAnn Carroll: *There Stood a Lamb* (Kearney, NE: Morris Publications, 2004).

154. **Nancy Evans Bush, die mit siebenundzwanzig während einer Komplikation auf Lachgas ein Nahtoderlebnis hatte …** Nancy beschrieb ihr Nahtoderlebnis in Nancy Evans Bush: *Dancing Past the Dark* (Cleveland, TN: Parson's Porch Books, 2012), dt. *Wenn das Dunkel vorbei, will*

ich tanzen vor Freude. Erschreckende und nicht-positiv erlebte Nahtoderfahrungen (Goch: Santiago, 2017).

154. **setzten den Memory Characteristics Questionnaire ein …** Lauren E. Moore und Bruce Greyson: »Characteristics of Memories for Near-Death Experiences«, *Consciousness and Cognition* 51 (2017), 116–124.

155. **Zwei weitere Forschungsteams, eines in Belgien und eines in Italien, kamen zu den gleichen Ergebnissen …** Charlotte Martial, Vanessa Charland-Verville, Héléna Cassol et al.: »Intensity and Memory Characteristics of Near-Death Experiences«, *Consciousness and Cognition* 56 (2017), 120–127; Arianna Palmieri, Vincenzo Calvo, Johann R. Kleinbub et al.: »›Reality‹ of Near-Death Experience Memories. Evidence from a Psychodynamic and Electrophysiological Integrated Study«, *Frontiers in Human Neuroscience* 8 (2014), 429.

9. Die Biologie des Sterbens

157. **Manche von ihnen waren der Ansicht, dass Nahtoderlebnisse mit dem rechten Temporallappen in Verbindung stehen …** Olaf Blanke, Stéphanie Ortigue, Theodor Landis und Margitta Seeck: »Stimulating Illusory Own-Body Perceptions«, *Nature* 419 (6904) (2002), 269 f.

157. **während andere für den linken argumentierten …** Willoughby B. Britton und Richard R. Bootzin: »Near-Death Experiences and the Temporal Lobe«, *Psychological Science* 15 (4) (2004), 254–258.

158. **Es wird allgemein angenommen, dass Penfield außerkörperliche Erfahrungen … auslöste …** Susan Blackmore: *Dying to Live* (Amherst, NY: Prometheus, 1993); Melvin L. Morse, David Venecia und Jerrold Milstein: »Near-Death Experiences. A Neurophysiological Explanatory Model«, *Journal of Near-Death Studies* 8 (1) (1989), 45–53; Vernon M. Neppe: »Near-Death Experiences. A New Challenge in Temporal Lobe Phenomenology? Comments on ›A Neurobiological Model for Near-Death Experiences‹«, *Journal of Near-Death Studies* 7 (4) (1989), 243–248; Frank Tong: »Out-of-Body Experiences. From Penfield to Present«, *Trends in Cognitive Science* 7 (3) (2003), 104 ff.

159. **»O Gott! Ich verlasse meinen Körper«** ... Dieses Zitat erscheint auf Seite 458 von Wilder Penfield: »The Twenty-Ninth Maudsley Lecture. The Role of the Temporal Cortex in Certain Psychical Phenomena«, *Journal of Mental Science* 101 (424) (1955), 451–465.

159. **»Ich habe ein seltsames Gefühl, als wäre ich nicht hier«** ... Dieses Zitat und die nächsten vier in diesem Abschnitt wurden wiedergegeben auf Seite 174 von Wilder Penfield und Theodore Rasmussen: *The Cerebral Cortex of Man* (New York: Macmillan, 1950).

159. **Patienten mit einer Vielzahl von Anfällen, die verschiedene Teile des Gehirns betreffen** ... Orrin Devinsky, Edward Feldmann, Kelly Burrowes und Edward Bromfield: »Autoscopic Phenomena with Seizures«, *Archives of Neurology* 46 (10) (1989), 1080–1088.

159. **dass Nahtod- und ähnliche Erfahrungen mit verschiedenen Teilen des Gehirns in Verbindung stehen** ... Nina Azari, Janpeter Nickel, Gilbert Wunderlich et al.: »Neural Correlates of Religious Experience«, *European Journal of Neuroscience* 13 (8) (2001), 1649–1652; Peter Fenwick: »The Neurophysiology of Religious Experience« in *Psychosis and Spirituality*, hg. von Isabel Clarke (London: Whurr, 2001), 15–26; Andrew B. Newberg und Eugene G. d'Aquili: »The Near Death Experience as Archetype. A Model for ›Prepared‹ Neurocognitive Processes«, *Anthropology of Consciousness* 5 (4) (1994), 1–15.

160. **Gehirnaktivität bei Menschen, die eine Nahtoderfahrung hatten** ... Mario Beauregard, Jérome Courtemanche und Vincent Paquette: »Brain Activity in Near-Death Experiencers During a Meditative State«, *Resuscitation* 80 (9) (2009), 1006–1010.

164. **Lori Derr und ich befragten dann hundert Patienten auf der Epilepsiestation zu ihren Erfahrungen während ihrer Anfälle** ... Bruce Greyson, Nathan B. Fountain, Lori L. Derr und Donna K. Broshek: »Out-of-Body Experiences Associated with Seizures«, *Frontiers in Human Neuroscience* 8 (65) (2014), 1–11; Bruce Greyson, Nathan B. Fountain, Lori L. Derr und Donna K. Broshek: »Mystical Experiences Associated with Seizures«, *Religion, Brain & Behavior* 5 (3) (2015), 182–196.

167. **dass Patienten, die das Gefühl hatten, ihren Körper während eines Anfalls zu verlassen, häufig von einem intensiven Entsetzen oder gro-**

ßer Angst berichten … Peter Brugger, Reto Agosti, Marianne Regard et al.: »Heautoscopy, Epilepsy, and Suicide«, *Journal of Neurology, Neurosurgery, and Psychiatry* 57 (7) (1994), 838 f.; Orrin Devinsky, Edward Feldmann, Kelly Burrowes und Edward Bromfield: »Autoscopic Phenomena with Seizures«, *Archives of Neurology* 46 (10) (1989), 1080–1088.

168. **»Ich war mir bewusst, dass mein geistiges Selbst regelmäßig den Körper verließ« …** Dieses Zitat erscheint auf Seite 222 von Alexander Ogston: *Reminiscences of Three Campaigns* (London: Hodder and Stoughton, 1919).

170. **»Ich kam mir vor wie der Geist, der aus der Flasche erlöst worden ist« …** Dieses bereits ausführlicher wiedergegebene Zitat erscheint auf Seite 67 von Dr. Jill B. Taylor: *My Stroke of Insight* (New York: Viking/Penguin, 2006), dt. *Mit einem Schlag. Wie eine Hirnforscherin durch ihren Schlaganfall neue Dimensionen des Bewusstseins entdeckt* (München: MensSana, 2008), 87.

172. **dass die elektrische Stimulation des Temporallappens bei einem Patienten ein Gefühl der Verdrehung … des Körpers hervorrufen kann …** Siehe beispielsweise Olaf Blanke, Stéphanie Ortigue, Theodor Landis und Margitta Seeck: »Stimulating Illusory Own-Body Perceptions«, *Nature* 419 (6904) (2002), 269 f.

172. **Es gibt jedoch viele wichtige Unterschiede zwischen diesen evozierten Empfindungen …** Bruce Greyson, Sam Parnia und Peter Fenwick: »Visualizing Out-of-Body Experience in the Brain«, *New England Journal of Medicine* 358 (8) (2008), 855 f.

172. **dass die Gehirnaktivität sechs bis sieben Sekunden nach einem Herzstillstand abnimmt …** Pim van Lommel: »Near-Death Experiences. The Experience of the Self as Real and Not as an Illusion«, *Annals of the New York Academy of Sciences* 1234 (1) (2011), 19–28; Jaap W. de Vries, Patricia F. A. Bakker, Gerhard H. Visser et al.: »Changes in Cerebral Oxygen Uptake and Cerebral Electrical Activity during Defibrillation Threshold Testing«, *Anesthesia and Analgesia* 87 (1) (1998), 16–20; Holly L. Clute und Warren J. Levy: »Electroencephalographic Changes during Brief Cardiac Arrest in Humans«, *Anesthesiology* 73 (1990), 821–825; Thomas J. Losasso, Donald A. Muzzi, Frederic B. Meyer und Frank W. Sharbrough:

»Electroencephalographic Monitoring of Cerebral Function during Asystole and Successful Cardiopulmonary Resuscitation«, *Anesthesia and Analgesia* 75 (6) (1992), 1021–1024.

173. **nachdem das Herz zu schlagen aufgehört hat, gibt es *keine* genau definierte EEG-Aktivität mehr …** Loretta Norton, Raechelle M. Gibson, Teneille Gofton et al.: »Electroencephalographic Recordings during Withdrawal of Life-Sustaining Therapy until 30 Minutes after Declaration of Death«, *Canadian Journal of Neurological Sciences* 44 (2) (2017), 139–145.

173. **dass die Art von Gehirnaktivität, die mit Träumen verbunden ist und allgemein als Aktivität im REM-Schlaf … bezeichnet wird …** Kevin R. Nelson, Michelle Mattingly, Sherman A. Lee und Frederick A. Schmitt: »Does the Arousal System Contribute to Near Death Experience?«, *Neurology* 66 (7) (2006), 1003–1009.

173. **nicht höher als die der gleichen REM-Schlaf-Intrusionssymptome in einer Zufallsstichprobe …** Bruce Greyson und Jeffrey P. Long: »Does the Arousal System Contribute to Near Death Experience?«, *Neurology* 67 (12) (2006), 2265; Maurice M. Ohayon, Robert G. Priest, Jürgen Zully et al.: »Prevalence of Narcolepsy Symptomatology and Diagnosis in the European General Population«, *Neurology* 58 (12) (2002), 1826–1833.

173. **Menschen unter Vollnarkose … wodurch die REM-Schlaf-Gehirnaktivität unterdrückt wird …** Arthur J. Cronin, John Keifer, Matthew F. Davies et al.: »Postoperative Sleep Disturbance. Influences of Opioids and Pain in Humans«, *Sleep* 24 (1) (2001), 39–44.

173. **Messungen der REM-Schlaf-Gehirnaktivität bei Menschen mit Nahtoderfahrung zeigen, dass sie tatsächlich *niedriger* ist als bei anderen Menschen …** Willoughby B. Britton und Richard R. Bootzin: »Near-Death Experiences and the Temporal Lobe«, *Psychological Science* 15 (4) (2004), 254–258.

173. **Menschen, die sich an ihre Nahtoderfahrung erinnern, keine Gehirnwellenmuster hatten, die typisch für das Abrufen von Fantasien sind …** Arianna Palmieri, Vincenzo Calvo, Johann R. Kleinbub et al.: »›Reality‹ of Near-Death Experience Memories. Evidence from a Psychodynamic and Electrophysiological Integrated Study«, *Frontiers in Human Neuroscience* 8 (2014), 429.

174. ob ein verringerter Sauerstoffgehalt im Gehirn ein Faktor für die Entstehung von Nahtoderfahrungen sein kann ... Siehe zum Beispiel James E. Whinnery: »Psychophysiologic Correlates of Unconsciousness and Near-Death Experiences«, *Journal of Near-Death Studies* 15 (4) (1997), 231–258.

174. dass Sauerstoffmangel eine sehr unangenehme Erfahrung ist ... William Breitbart, Christopher Gibson und Annie Tremblay: »The Delirium Experience. Delirium Recall and Delirium-Related Distress in Hospitalized Patients with Cancer, Their Spouses/Caregivers, and Their Nurses«, *Psychosomatics* 43 (3) (2002), 183–194.

174. unterscheiden sich stark von Nahtoderfahrungen, bei denen es sich normalerweise um friedliche, positive Erfahrungen handelt ... Nancy L. Zingrone und Carlos S. Alvarado: »Pleasurable Western Adult Near-Death Experiences. Features, Circumstances, and Incidence«, in *The Handbook of Near-Death Experiences*, hg. von Janice Miner Holden, Bruce Greyson und Debbie James (Santa Barbara, CA: Praeger/ABC-CLIO, 2009), 17–40.

174. dass Nahtoderfahrungen entweder mit *erhöhten* Sauerstoffwerten einhergehen ... Sam Parnia, Derek G. Waller, Rebekah Yeates und Peter Fenwick: »A Qualitative and Quantitative Study of the Incidence, Features and Aetiology of Near Death Experiences in Cardiac Arrest Survivors«, *Resuscitation* 48 (2) (2001), 149–156; Michael Sabom: *Recollections of Death* (New York: Harper & Row, 1982), dt. *Erinnerungen an den Tod. Eine medizinische Untersuchung* (Gütersloh: Bertelsmann, 1982).

174. oder mit Werten, die denen von Menschen entsprechen, die keine solche Erfahrung machten ... Melvin Morse, Doug Conner und Donald Tyler: »Near-Death Experiences in a Pediatric Population. A Preliminary Report«, *American Journal of Diseases of Children* 139 (6) (1985), 595–600; Pim van Lommel, Ruud van Wees, Vincent Meyers und Ingrid Elfferich: »Near-Death Experiences in Survivors of Cardiac Arrest. A Prospective Study in the Netherlands«, *Lancet* 358 (9298) (2001), 2039–2045.

175. dass Patienten, denen Medikamente verabreicht werden, *weniger* von Nahtoderfahrungen berichten ... Bruce Greyson: »Organic Brain Dysfunction and Near-Death Experiences«, Aufsatz, vorgetragen beim

135. Jahrestreffen der American Psychiatric Association, Toronto, 15. bis 21. Mai 1982; Karlis Osis und Erlendur Haraldsson: *At the Hour of Death* (New York: Avon, 1977), dt. *Zur Stunde des Todes* (Casselberry, FL: Hastings House Daytrips Publishers, 3. Auflage 2006); Michael Sabom: *Recollections of Death* (New York: Harper & Row, 1982), dt. *Erinnerungen an den Tod. Eine medizinische Untersuchung* (Gütersloh: Bertelsmann, 1982).

175. **von denen die meisten durch das Anästhetikum Ketamin** … Karl L. R. Jansen: »The Ketamine Model of the Near-Death Experience. A Central Role for the N-Methyl-D-Aspartate Receptor«, *Journal of Near-Death Studies* 16 (1) (1997), 5–26; Ornella Corazza und Fabrizio Schifano: »Near-Death States Reported in a Sample of 50 Misusers«, *Substance Use and Misuse* 45 (6) (2010), 916–924.

175. **und DMT (Dimethyltryptamin) ausgelöst wurden** … Rick Strassman: *DMT* (Rochester, VT: Park Street Press, 2001); Christopher Timmermann, Leor Roseman, Luke Williams et al.: »DMT Models the Near-Death Experience«, *Frontiers in Psychology* 9 (2018), 14–24.

175. **Ich war Teil eines internationalen Forschungsteams, das den Sprachgebrauch … analysierte** … Charlotte Martial, Héléna Cassol, Vanessa Charland-Verville et al.: »Neurochemical Models of Near-Death Experiences. A Large-Scale Study Based on the Semantic Similarity of Written Reports«, *Consciousness and Cognition* 69 (2019), 52–69.

176. **Ketamin nur als »eine weitere Tür« zu Nahtoderfahrungen anzusehen** … Karl L. R. Jansen: »Response to Commentaries on ‚The Ketamine Model of the Near-Death Experience…«, *Journal of Near-Death Studies* 16 (1) (1997), 79–95.

176. **am wahrscheinlichsten mit Nahtoderlebnissen in Verbindung zu bringen, waren *Endorphine*** … Daniel Carr: »Pathophysiology of Stress-Induced Limbic Lobe Dysfunction. A Hypothesis for NDEs«, *Anabiosis* 2 (1) (1982), 75–89.

176. **dass Nahtoderfahrungen vielleicht mit Serotonin, Adrenalin, Adiuretin und Glutamat in Verbindung gebracht werden können** … Karl L. R. Jansen: »Response to Commentaries on ›The Ketamine Model of the Near-Death Experience‹ …«, *Journal of Near-Death Studies* 16 (1) (1997),

79–95; Melvin L. Morse, David Venecia und Jerrold Milstein: »Near-Death Experiences. A Neurophysiologic Explanatory Model«, *Journal of Near-Death Studies* 8 (1) (1989), 45–53; Juan C. Saavedra-Aguilar und Juan S. Gomez- Jeria: »A Neurobiological Model for Near-Death Experiences«, *Journal of Near-Death Studies* 7 (4) (1989), 205–222.

177. **Gleichnis von den Blinden und dem Elefanten ...** John Ireland (Übersetzer): *The Udāna and the Itivuttaka* (Kandy, Sri Lanka: Buddhist Publication Society, 2007).

10. Das Gehirn zum Zeitpunkt des Todes

181. **die Nahtoderfahrung des Neurochirurgen Eben Alexander ...** Eben beschrieb seine Nahtoderfahrung in Eben Alexander: *Proof of Heaven. A Neurosurgeon's Journey into the Afterlife* (New York: Simon & Schuster, 2012), dt. *Blick in die Ewigkeit. Die faszinierende Nahtoderfahrung eines Neurochirurgen* (München: Ansata, 2013).

183. **Wir kamen alle drei unabhängig voneinander zu dem Schluss, dass er dem Tod sehr nah ... gewesen war ...** Surbhi Khanna, Lauren E. Moore und Bruce Greyson: »Full Neurological Recovery from *Escherichia coli* Meningitis Associated with Near-Death Experience«, *Journal of Nervous and Mental Disease* 206 (9) (2018), 744–747.

184. **»Der Geist ist das, was das Gehirn tut« ...** Dieses Zitat erscheint auf Seite 4 von Stephen M. Kosslyn und Olivier M. Koenig: *Wet Mind* (New York: Free Press/Macmillan, 1992).

186. **»zur Antwort: ›Nicht ich habe das gemacht, sondern Sie‹« ...** Dieses Zitat erscheint auf den Seiten 76 bis 77 von Wilder Penfield: *Mystery of the Mind* (Princeton, NJ: Princeton University Press, 1975).

187. **wir hätten keine Ahnung ...** Alva Noë: *Out of Our Heads* (New York: Hill and Wang, 2009), dt. *Du bist nicht dein Gehirn* (München: Piper, 2010).

187. **das größte Rätsel der Wissenschaft sei das Wesen des Bewusstseins ...** Nick Herbert: *Quantum Reality* (Garden City, NY: Anchor/ Doubleday, 1985), dt. *Quantenrealität. Jenseits der neuen Physik* (München: Goldmann, 1991).

188. genauso fantastisch wie die Idee eines selbstspielenden Orchesters ... Alva Noë: *Out of Our Heads* (New York: Hill and Wang, 2009), dt. *Du bist nicht dein Gehirn* (München: Piper, 2010).

188. dass der Geist, der eine Funktion des Gehirns ist, auf zwei sehr unterschiedliche Arten interpretiert werden kann ... William James: *Human Immortality* (Boston: Houghton Mifflin, 1898), dt. »Die Unsterblichkeit des Menschen«, in *Der Sinn des Lebens. Ausgewählte Texte* (Darmstadt: Wissenschaftliche Buchgesellschaft, 2010).

11. Der Geist ist nicht das Gehirn

194. »Stellen Sie sich beispielsweise eine riesige dunkle Lagerhalle vor« ... Dieses Zitat erscheint auf den Seiten 71 ff. von Anita Moorjani: *Dying to Be Me. My Journey from Cancer, to Near Death to True Healing* (Carlsbad, CA: Hay House, 2014), dt. *Heilung im Licht. Wie ich durch eine Nahtoderfahrung den Krebs besiegte und neu geboren wurde* (München: Arkana, 3. Auflage 2015), 103 ff.

196. nahm ich an einem Symposium der Vereinten Nationen über alternative Modelle für Geist und Gehirn teil ... »Beyond the Mind-Body Problem: New Paradigms in the Science of Consciousness«, 11. September 2008, New York, www.nourfoundation.com/events/Beyond-the-Mind-Body-Problem-New-Paradigms-in-the-Science-of-Consciousness.html, abgerufen am 24. Februar 2021.

197. die meisten von ihnen glaubten, Geist und Gehirn seien verschiedenerlei ... Athena Demertzi, Charlene Liew, Didier Ledoux et al.: »Dualism Persists in the Science of Mind«, *Annals of the New York Academy of Sciences* 1157 (1) (2009), 1–9.

197. glaubte die Mehrheit, der Geist sei vom Gehirn unabhängig ... Alexander Moreira-Almeida und Saulo de Freitas Araujo: »Does the Brain Produce the Mind? A Survey of Psychiatrists' Opinions«, *Archives of Clinical Psychiatry* 42 (3) (2015), 74 f.

197. »dominante Paradigmen unabsichtlich Hindernisse schaffen, die Innovationen behindern« ... Dieses Zitat erscheint auf den Seiten 1104 f.

von Basil A. Eldadah, Elena M. Fazio und Kristina A. McLinden: »Lucidity in Dementia. A Perspective from the NIA«, *Alzheimer's & Dementia* 15 (8) (2019), 1104 ff.

198. »Das Gehirn … ist das Organ der Aufmerksamkeit für das Leben«… Dieses Zitat erscheint auf Seite 168 von Henri Bergson: »Presidential Address« (übersetzt von H. Wildon Carr), *Proceedings of the Society for Psychical Research* 27 (68) (1914), 157–175.

202. im Laufe der Jahrhunderte mithilfe verschiedener Metaphern beschrieben … Michael Grosso: »The ›Transmission‹ Model of Mind and Body. A Brief History«, in *Beyond Physicalism*, hg. von Edward F. Kelly, Adam Crabtree und Paul Marshall (Lanham, MD: Rowman & Littlefield, 2015), 79–113.

202. »Das Gehirn … der Interpret des Bewusstseins ist« … Dieses Zitat erscheint auf Seite 179 von Hippocrates: *Hippocrates. Volume 2: The Sacred Disease, Sections XIX & XX*, übersetzt von William Henry Samuel Jones (Cambridge, MA: Harvard University Press/Loeb Classical Library, 1923; orig. verfasst um 400 vor Christus).

202. »Es ist die Aufgabe des Gehirns und des Nervensystems« … Dieses Zitat erscheint auf den Seiten 22 ff. von Aldous Huxley: *The Doors of Perception* (New York: Perennial Library/Harper & Row, 1954), dt. *Die Pforten der Wahrnehmung. Erfahrungen mit Drogen* (München: Piper, 1995), zitiert nach https://docplayer.org/22629504-Die-pforten-der-wahrnehmung-himmel-und-hoelle.html, Seite 16 von 148, abgerufen am 25. Februar 2021.

204. biologische Mechanismen, durch die das Gehirn als Filter fungieren könnte … Edward F. Kelly und David E. Presti: »A Psychobiological Perspective on ›Transmission‹ Models«, in *Beyond Physicalism*, hg. von Edward F. Kelly, Adam Crabtree und Paul Marshall (Lanham, MD: Rowman & Littlefield, 2015), 115–155; Marjorie Woollacott und Anne Shumway-Cook: »The Mystical Experience and Its Neural Correlates«, *Journal of Near-Death Studies*, 38 (2020), 3–25.

204. Eine ähnlich ungeklärte Erfahrung ist die sogenannte »terminale Geistesklarheit«… Michael Nahm, Bruce Greyson, Emily W. Kelly und Erlendur Haraldsson: »Terminal Lucidity. A Review and a Case Collection«, *Archives of Gerontology and Geriatrics* 55 (1) (2012), 138–142.

204f. Workshop im National Institute on Aging ... George A. Mashour, Lori Frank, Alexander Batthyany et al.: »Paradoxical Lucidity. A Potential Paradigm Shift for the Neurobiology and Treatment of Severe Dementias«, *Alzheimer's & Dementia* 15 (8) (2019), 1107–1114.

205. Neuroimaging-Studien an Menschen unter dem Einfluss psychedelischer Drogen ... Robin L. Carhart-Harris, David Erritzoe, Tim Williams et al.: »Neural Correlates of the Psychedelic State as Determined by fMRI Studies with Psilocybin«, *Proceedings of the National Academy of Sciences* 109 (6) (2012), 2138–2143; Robin L. Carhart-Harris, Suresh D. Muthukumaraswamy, Leor Roseman et al.: »Neural Correlates of the LSD Experience Revealed by Multimodal Neuroimaging«, *Proceedings of the National Academy of Sciences* 113 (17) (2016), 4853–4858; Suresh D. Muthukumaraswamy, Robin L. Carhart-Harris, Rosalyn J. Moran et al.: »Broadband Cortical Desynchronization Underlies the Human Psychedelic State«, *Journal of Neuroscience* 33 (38) (2013), 15 171–15 183; Fernanda Palhano-Fontes, Katia Andrade, Luis Tofoli et al.: »The Psychedelic State Induced by Ayahuasca Modulates the Activity and Connectivity of the Default Mode Network«, *PLOS ONE* 10 (2) (2015), e0118143.

206. wir seien nicht *wegen* des Gehirns bewusst, sondern *trotz des Gehirns* ... Larry Dossey: *The Power of Premonitions* (New York: Dutton, 2009), dt. *Ich habe es geahnt! Wie Vorahnungen sich bestätigen und unser Leben bestimmen* (Amerang: Crotona, 2011).

12. Bleibt das Bewusstsein bestehen?

208. kürzlich verstorbene Personen, *von deren Tod sie noch gar nichts gewusst hatten* ... Bruce Greyson: »Seeing Deceased Persons Not Known to Have Died. ›Peak in Darien‹ Experiences«, *Anthropology and Humanism* 35 (2) (2010), 159–171.

211. erzählte mir Barbara Langer von einer ähnlichen Nahtoderfahrung ... Ein gekürzter Bericht über Barbaras Nahtoderlebnis erscheint auf den

Seiten 125 ff. von Julia Dreyer Brigden: *Girl. An Untethered Life* (Santa Rosa, CA: Julia Dreyer Brigden, 2019).

215. sieben Prozent, in denen der Erlebende jemanden gesehen hat ... Emily W. Kelly: »Near-Death Experiences with Reports of Meeting Deceased People«, *Death Studies* 25 (3) (2001), 229–249.

215. einen von »den beiden Brüdern Corfidius aus dem Ritterstande« ... Gaius Plinius Secundus: *Naturgeschichte. Siebentes Bändchen* (Stuttgart: J. B. Metzler'sche Buchhandlung, 1843), 864 f., zitiert nach https://books.google.de/books?id=fzY3AQAAIAAJ&printsec=frontcover&hl=de&source=gbs_ge_summary_r&cad=0#v=onepage&q&f=false, abgerufen am 25. Februar 2021.

216. Eleanor Sidgwick schrieb über eine Engländerin ... Dieser Bericht erscheint auf den Seiten 92 f. von Eleanor M. Sidgwick: »Notes on the Evidence, Collected by the Society, for Phantasms of the Dead«, *Proceedings of the Society for Psychical Research* 3 (1885), 69–150.

216. Dr. K. M. Dale berichtete über den Fall des neunjährigen Eddie ... Dieser Bericht erscheint auf den Seiten 42–46 von Brad Steiger und Sherry Hansen Steiger: *Children of the Light* (New York: Signet-Penguin, 1995).

13. Himmel oder Hölle?

220. Dottie Bush beschrieb, dass sie einen Ort aufgesucht hatte, den sie als Himmel identifizierte ... P. M. H. Atwater: *Coming Back to Life. The After-Effects of the Near-Death Experience* (New York: Dodd, Mead, 1988), dt. *Rückkehr vom Licht: Die Auswirkungen von Nahtoderfahrungen* (Goch: Santiago, 2011).

223. hatten Nancy Evans Bush und ich genügend Berichte über belastende Nahtoderfahrungen gesammelt ... Bruce Greyson und Nancy Evans Bush: »Distressing Near-Death experiences«, *Psychiatry* 55 (1) (1992), 95–110.

224. große Mystiker wie im 16. Jahrhundert Teresa von Ávila ... Teresa von Ávila: *Die Seelenburg oder Die Sieben inneren Wohnungen der Seele* (München: Anaconda, 2012/21, orig. 1577).

224. Johannes vom Kreuz … Johannes vom Kreuz: *Die Dunkle Nacht* (Freiburg im Breisgau: Herder, 1995, orig. 1576/78).

224. Mutter Teresa von Kalkutta … Mutter Teresa: *Komm, sei mein Licht. Die geheimen Aufzeichnungen der Heiligen von Kalkutta* (München: Knaur, 2010).

224. als Botschaft interpretiert werden, das eigene Leben zu ändern … Nancy Evans Bush und Bruce Greyson: »Distressing Near-Death Experiences. The Basics«, *Missouri Medicine* 111 (6) (2014), 486–491.

225. Kat Dunkle beschrieb die höllische Erfahrung … Kat beschrieb ihr Nahtoderlebnis in Kat Dunkle: *Falling into Darkness* (Maitland, FL: Xulon Press, 2007).

232. Am Tag nach ihrem fünfunddreißigsten Geburtstag erlitt Roisin Fitzpatrick … eine Gehirnblutung … Roisin Fitzpatrick: *Taking Heaven Lightly* (Dublin: Hatchette Books Ireland, 2016).

232. Margot Gray beschrieb mir Glücksgefühl, das sie empfunden hatte, als sie … von einer unbekannten Erkrankung … gebeutelt wurde … Margot Grey: *Return from Death* (London: Arkana, 1985).

14. Und was ist mit Gott?

242. Kim Clark Sharp, die ein Nahtoderlebnis hatte, als sie ohne Puls zusammengebrochen war … Kim beschrieb ihr Nahtoderlebnis in Kimberly Clark Sharp: *After the Light* (New York, William Morrow, 1995).

250. »Wenn man sich für einen Skeptiker hält, tut man gut daran, gelegentlich auch an seiner Skepsis zu zweifeln« … Sigmund Freud: »Traum und Okkultismus« (1933), in *Gesammelte Werke* XV (Frankfurt am Main: S. Fischer, 1999), 57.

251. Analogie einer Welle im Ozean … Die Schriftstellerin Katherine Anne Porter hatte ein Nahtoderlebnis, als sie während der Epidemie von 1918 fast an der Spanischen Grippe gestorben wäre. In ihrer Novelle »Pale Horse, Pale Rider« (dt. »Fahles Pferd, Fahler Reiter«) beschreibt sie, wie sie in einer himmlischen Umgebung mit verstorbenen Angehörigen eins wurde, während sie sich bewegte »wie eine Welle inmitten von

Wellen«. Siehe Steve Straight: »A Wave among Waves. Katherine Anne Porter's Near-Death Experience«, *Anabiosis* 4 (2) (1984), 107–123.

15. Das ändert alles

255. dass Menschen wie John deutlich weniger Angst vor dem Tod haben … Bruce Greyson: »Reduced Death Threat in Near-Death Experiencers«, *Death Studies* 16 (6) (1992), 523–536; Russell Noyes: »Attitude Change following Near-Death Experiences«, *Psychiatry* 43 (3) (1980), 234–242; Kenneth Ring: *Heading toward Omega* (New York: Coward, McCann & Geoghegan, 1984); Michael Sabom: *Recollections of Death* (New York: Harper & Row, 1982), dt. *Erinnerungen an den Tod. Eine medizinische Untersuchung* (Gütersloh: Bertelsmann, 1982); Charles Flynn: *After the Beyond* (Englewood Cliffs, NJ: Prentice Hall, 1986).

257. welche besonderen Merkmale von Nahtoderfahrungen mit einer veränderten Einstellung zum Tod in Verbindung stehen … Marieta Pehlivanova und Bruce Greyson: »Which Near-Death Experience Features Are Associated with Reduced Fear of Death?«, präsentiert auf der 2019 International Association of Near-Death Studies Conference, Valley Forge, PA, 31. August 2019.

258. dass eine außerkörperliche Erfahrung die Angst der davon Betroffenen vor dem Tod verringern würde … Natasha A. Tassell-Matamua und Nicole Lindsay: »›I'm Not Afraid to Die‹. The Loss of the Fear of Death after a Near-Death Experience«, *Mortality* 21 (1) (2016), 71–87.

261. etwa ein Viertel im Rahmen eines Suizidversuchs ein Nahtoderlebnis hatte … Bruce Greyson: »Incidence of Near-Death Experiences following Attempted Suicide«, *Suicide and Life-Threatening Behavior* 16 (1) (1986), 40–45.

261. Diejenigen, bei denen dies der Fall war, sind nach dem Ereignis weniger gefährdet … Bruce Greyson: »Near-Death Experiences and Attempted Suicide«, *Suicide and Life-Threatening Behavior* 11 (1) (1981), 10–16; Kenneth Ring und Stephen Franklin: »Do Suicide Survivors Report Near-Death Experiences?" *Omega* 12 (3) (1982), 191–208.

261. Sie gaben mir eine Vielzahl von Erklärungen ... Bruce Greyson: »Near-Death Experiences and Anti-Suicidal Attitudes«, *Omega* 26 (1992), 81–89.

266. Forscher stellten bei Nahtoderfahrenen durchgängige Veränderungen in der Selbstwahrnehmung ... fest ... Russell Noyes, Peter Fenwick, Janice Miner Holden und Sandra Rozan Christian: »Aftereffects of Pleasurable Western Adult Near-Death Experiences«, in *The Handbook of Near-Death Experiences*, hg. von Janice Miner Holden, Bruce Greyson und Debbie James (Santa Barbara, CA: Praeger/ABC-CLIO, 2009), 41–62; Michael Sabom: *Recollections of Death* (New York: Harper & Row, 1982), dt. *Erinnerungen an den Tod. Eine medizinische Untersuchung* (Gütersloh: Bertelsmann, 1982); Bruce Greyson: »Near Death Experiences and Personal Values«, *American Journal of Psychiatry* 140 (5) (1983), 618 ff.; Charles Flynn: *After the Beyond* (Englewood Cliffs, NJ: Prentice Hall, 1986); Margot Grey: *Return from Death* (London: Arkana, 1985).

267. gehen über das hinaus, was wir bei Menschen sehen, die dem Tod nah waren, aber kein Nahtoderlebnis hatten ... Kenneth Ring: *Heading toward Omega* (New York: Coward, McCann & Geoghegan, 1984); Cherie Sutherland: *Transformed by the Light* (New York: Bantam Books, 1992); Peter Fenwick und Elizabeth Fenwick: *The Truth in the Light* (New York: Berkley Books, 1995); Zalika Klemenc-Ketis: »Life Changes in Patients after Out-of-Hospital Cardiac Arrest«, *International Journal of Behavioral Medicine* 20 (1) (2013), 7–12.

267. werden diejenigen, die keine Nahtoderfahrung gemacht haben, oft ängstlicher ... Esther M. Wachelder, Véronique R. Moulaert, Caroline van Heugten et al.: »Life after Survival. Long-Term Daily Functioning and Quality of Life after an Out-of-Hospital Cardiac Arrest«, *Resuscitation* 80 (5) (2009), 517–522.

268. Life Changes Inventory ... Die Geschichte und Entwicklung dieses Fragenkatalogs, den Kenneth Ring 1980 als vorläufige Version einführte, wird beschrieben in Bruce Greyson und Kenneth Ring: »The Life Changes Inventory – Revised«, *Journal of Near-Death Studies* 23 (1) (2004), 41–54.

269. »er wurde einer der gesittetsten Seeleute auf dem Schiff« ... Dieses Zitat erscheint auf Seite 184 von Sir Benjamin Collins Brodie: *The Works* *of Sir Benjamin Collins Brodie* (London: Longman, Green, Longman, Roberts, and Green, 1865).

16. *Was hat das alles zu bedeuten?*

274. **der Aspekt ihres persönlichen Lebens, der etwas enthält, was über die üblichen Sinne hinausgeht …** Lynn G. Underwood: »Ordinary Spiritual Experience. Qualitative Research, Interpretive Guidelines, and Population Distribution for the Daily Spiritual Experience Scale«, *Archive for the Psychology of Religion* 28 (1) (2006), 181–218.
274. **eine persönliche Suche nach Inspiration, Sinn und Zweck …** Eltica de Jager Meezenbroek, Bert Garssen, Machteld van den Berg et al.: »Measuring Spirituality as a Universal Human Experience. A Review of Spirituality Questionnaires«, *Journal of Religion and Health* 51 (2) (2012), 336–354.
275. **dass diejenigen, die ein Nahtoderlebnis hatten, signifikant zufriedener mit ihrem Leben waren …** Bruce Greyson: »Near-Death Experiences and Satisfaction with Life«, *Journal of Near-Death Studies* 13 (2) (1994), 103–108.
275. **dass sie aufgrund ihrer Nahtoderfahrung mehr spirituelles Wachstum erlebten …** Surbhi Khanna und Bruce Greyson: »Near-Death Experiences and Posttraumatic Growth«, *Journal of Nervous and Mental Disease* 203 (10) (2015), 749–755; Bruce Greyson und Surbhi Khanna: »Spiritual Transformation after Near-Death Experiences«, *Spirituality in Clinical Practice* 1 (1) (2014), 43–55.
276. **dass Menschen mit Nahtoderfahrungen von einem größeren Wohlbefinden berichteten …** Surbhi Khanna und Bruce Greyson: »Near-Death Experiences and Spiritual Well-Being«, *Journal of Religion and Health* 53 (6) (2014), 1605–1615.
276. **Sie sprachen auch häufiger von alltäglichen spirituellen Erfahrungen …** Surbhi Khanna and Bruce Greyson: »Daily Spiritual Experiences before and after Near-Death Experiences«, *Psychology of Religion and Spirituality* 6 (4) (2014), 302–309.

276. **dass Nahtoderfahrene von einem gesteigerten Bewusstsein für Sinn und Zweck ihres Lebens berichten …** Steven A. McLaughlin und H. Newton Malony: »Near-Death Experiences and Religion. A Further Investigation«, *Journal of Religion and Health* 23 (2) (1984), 149–159; Cassandra Musgrave: »The Near-Death Experience. A Study of Spiritual Transformation«, *Journal of Near-Death Studies* 15 (3) (1997), 187–201; Bruce Greyson: »Near-Death Experiences and Spirituality«, *Zygon* 41 (2) (2006), 393–414; Natasha A. Tassell-Matamua und Kate L. Steadman: »›I Feel More Spiritual‹. Increased Spirituality after a Near-Death Experience«, *Journal for the Study of Spirituality* 7 (1) (2017), 35–49.

277. **eine so starke persönliche Verbindung zum Göttlichen gehabt zu haben, dass ihnen mittlerweile jede Religionsausübung unnötig scheint …** Greyson: »Near-Death Experiences and Spirituality«; Natasha A. Tassell-Matamua und Kate L. Steadman: »›I Feel More Spiritual‹. Increased Spirituality after a Near-Death Experience«, *Journal for the Study of Spirituality* 7 (1) (2017), 35–49; Kenneth Ring: *Life at Death. A Scientific Investigation of the Near-Death Experience* (New York: Coward, McCann & Geoghegan, 1980).

280. **dass die Betreffenden mehr Mitgefühl für andere empfanden und mehr Interesse an ihnen bekunde …** Russell Noyes, Peter Fenwick, Janice Miner Holden und Sandra Rozan Christian: »Aftereffects of Pleasurable Western Adult Near-Death Experiences«, in *The Handbook of Near-Death Experiences*, hg. von Janice Miner Holden, Bruce Greyson und Debbie James (Santa Barbara, CA: Praeger/ABC-CLIO, 2009), 41–62.

281. **Jede große Religion hat eine Variante davon als eine ihrer grundlegenden Richtlinien …** Antony Flew: *A Dictionary of Philosophy* (London: Pan Books, 1979), 134; William Spooner: »The Golden Rule«, in *Encyclopedia of Religion and Ethics, Volume 6*, hg. von James Hastings (New York: Charles Scribner's Sons, 1914), 310 ff.; Simon Blackburn: *Ethics* (Oxford: Oxford University Press, 2001), 101; Greg Epstein: *Good without God* (New York: HarperCollins, 2010), 115; Jeffrey Wattles: *The Golden Rule* (Oxford; Oxford University Press, 1996); Gretchen Vogel: »The Evolution of the Golden Rule«, *Science* 303 (5661) (2004), 1128–1131.

281. **»Wenn es einen Gott gibt, sollte ich mein Leben nach den Prinzipien Freundlichkeit, Mitgefühl und Achtsamkeit führen« …** Dieses Zitat erscheint auf Seite 196 f. von Dinty Moore: *The Accidental Buddhist* (New York: Broadway Books, 1997).

281. **dass die universelle Natur der goldenen Regel das Ergebnis eines unbewussten Gehirnmechanismus ist …** Donald Pfaff und Sandra Sherman: »Possible Legal Implications of Neural Mechanisms Underlying Ethical Behaviour«, in *Law and Neuroscience. Current Legal Issues 2010, Volume 13*, hg. von Michael Freeman (Oxford, UK: Oxford University Press, 2011), 419–432.

281f. **Betroffene beschreiben die goldene Regel oft nicht als moralische Richtlinie …** David Lorimer: *Whole in One* (London: Arkana, 1990).

284. **tun diese spirituellen Lehren aus Nahtoderfahrungen als klischeehafte, abgenutzte religiöse Plattitüden ab …** Siehe beispielsweise Ted Goertzel: »What Are Contact ›Experiencers‹ Really Experiencing?«, *Skeptical Inquirer* 43 (1) (2019), 57 ff.

285. **»Die goldene Regel nützt Ihnen nichts, es sei denn, Sie erkennen, dass es an Ihnen ist, sie umzusetzen« …** Zitiert auf Seite 45 von Robert D. Ramsey: *School Leadership From A to Z* (Thousand Oaks, CA: Corwin Press, 2003).

285. **Fran Sherwood machte … während einer Notfall-Bauchoperation eine Nahtoderfahrung …** Fran beschrieb ihr Nahtoderlebnis in Frances R. Sherwood: »My Near-Death Experience«, *Vital Signs* 2 (3) (1982), 7 f.

17. Ein neues Leben

287. **Der Granatsplitter trat durch das Armloch von Steve Prices kugelsicherer Weste ein …** Steves Nahtoderlebnis wurde beschrieben in »Fascinating Near-Death Experiences Changed Lives – Forever«, *Weekly World News*, 19. Dezember 2000, 35. Es wurde auch beschrieben auf den Seiten 217–227 von Barbara Harris und Lionel C. Bascom: *Full Circle* (New York: Pocket Books, 1990).

289. Mickey, der in den Siebzigerjahren Schutzgeld für die Mafia eingetrieben hatte, erlebte nach einer Nahtoderfahrung eine tiefgreifende Transformation … Mickeys Nahtoderlebnis wurde beschrieben auf den Seiten 41–44 von Charles Flynn: *After the Beyond* (Englewood Cliffs, NJ: Prentice Hall, 1986).

292. Gordon Allen war Unternehmer, ein rücksichtsloser und erfolgreicher Finanzexperte … Gordon beschrieb sein Nahtoderlebnis in »The Day I Died«, produziert von Kate Broome (London: BBC Films, 2002).

18. Unsanfte Landung

305. »in Kleidern hell und schön« … Dieses Zitat stammt aus einem Kirchenlied mit dem Titel »Zehntausendmal Zehntausend«; Melodie: Ira David Sankey (1840–1908), Text: Henry Alford (1810–1871), Textübersetzung: Ph. W. Bickel (1829–1914), https://www.notendownload.com/zehntausendmal-zehntausend-gemischter-chor-ira-david-sankey-1840-1908-henry-alford-1810-1871__nsf90nm3.html, abgerufen am 28. Februar 2021.

308. Patienten, die als Folge einer solchen Erfahrung Schwierigkeiten hatten … Ein paar dieser Fälle sind beschrieben in Bruce Greyson: »The Near-Death Experience as a Focus of Clinical Attention«, *Journal of Nervous and Mental Disease* 185 (5) (1997), 327–334.

309. einen fünftägigen Workshop zur Unterstützung von Betroffenen … Bruce Greyson und Barbara Harris: »Clinical Approaches to the Near-Death Experiencer«, *Journal of Near-Death Studies* 6 (1987), 41–52.

310. Das DSM-IV enthielt eine neue Kategorie, nämlich »Religiöses oder Spirituelles Problem« … American Psychiatric Association, *Diagnostic and Statistical Manual of Mental Disorders, 4th Edition* (Washington: American Psychiatric Association, 1994), V62.89, dt. hg. von Henning Saß et al.: *Diagnostisches und statistisches Manual psychischer Störungen*. DSM-IV (Göttingen: Hogrefe, 1996), V62.89.

311. dass nach Nahtoderlebnissen häufig Probleme wie Wut, Depression und ein Gefühl der Isolation auftreten können … Robert P. Turner, David Lukoff, Ruth Tiffany Barnhouse und Francis G. Lu: »Religious or Spiritual Problem. A Culturally Sensitive Diagnostic Category in the DSM-IV«, *Journal of Nervous and Mental Disease* 183 (7) (1995), 435–444.

311. welche Art von Hilfe und Unterstützung Betroffene suchen … Marieta Pehlivanova: »Support Needs and Outcomes for Near-Death Experiencers«, präsentiert auf der 2019 American Center for the Integration of Spiritually Transformative Experiences Conference, Atlanta, 15. November 2019.

313. mehr als fünfzig mit der IANDS verbundene Gruppen in diversen Städten … Aktuelle Informationen zu diesen Gruppen finden Sie auf www.iands.org/groups/affiliated-groups/group-resources.html, abgerufen am 28. Februar 2021. Informationen über diese Gruppen in Deutschland finden Sie zum Beispiel auf https://www.netzwerk-nahtoderfahrung.org/index.php/lokale-studiengruppen/deutsche-gruppen.html, abgerufen am 28. Februar 2021.

313. die IANDS bietet über IANDS Sharing Groups Online-Selbsthilfegruppen im Internet an … Informationen zu deutschsprachigen virtuellen Veranstaltungen finden Sie beispielsweise ebenfalls auf der genannten deutschen IANDS-Seite.

313. Familie und Freunde tun sich oft schwer, die Veränderungen … zu verstehen und sich daran anzupassen … Rozan Christian und Janice Miner Holden: »›Til Death Do Us Part‹. Marital Aftermath of One Spouse's Near-Death Experience«, *Journal of Near-Death Studies* 30 (4) (2012), 207–231; Mori Insinger: »The Impact of a Near-Death Experience on Family Relationships«, *Journal of Near-Death Studies* 9 (3) (1991), 141–181.

313. dass Ehen, in denen ein Partner ein Nahtoderlebnis hatte, weniger stabil sind … Charles P. Flynn: *After the Beyond* (Englewood Cliffs, NJ: Prentice Hall, 1986); Cherie Sutherland: *Reborn in the Light* (New York: Bantam, 1992).

19. Eine neue Sicht der Wirklichkeit

319. um uns den »Times Square Ball Drop« im Fernsehen anzuschauen ... Der »Times Square Ball«, ein sogenannter Zeitball, wird seit 1907 jedes Jahr an Silvester auf dem Dach des New Yorker Wolkenkratzers One Times Square dreiundvierzig Meter an einer Stange herabgelassen. Diese Zeremonie beginnt eine Minute vor dem Jahreswechsel und ist einer der Höhepunkte der Silvesterfeierlichkeiten in den USA.

322. »dass Menschen ›für Gott biologisch verkabelt‹ sind« ... Dieses Zitat erscheint auf Seite 178 von Andrew Newberg und Mark Robert Waldman: *Why We Believe What We Believe* (New York: Free Press, 2006).

324. Meditation, eine mentale Praxis zur Fokussierung des Geistes ... Adrienne A. Taren, J. David Creswell und Peter J. Gianaros: »Dispositional Mindfulness Co-Varies with Smaller Amygdala and Caudate Volumes in Community Adults«, *PLOS ONE* 8 (5) (2013), e64574.

324. dass das Meditieren über ihre Nahtoderfahrung ihr physisches Gehirn verändert ... Mario Beauregard, Jérôme Courtemanche und Vincent Paquette: »Brain Activity in Near-Death Experiencers during a Meditative State«, *Resuscitation* 80 (9) (2009), 1006–1010.

324. Psychotherapie, ein weiterer nichtphysikalischer Prozess, verändert das Gehirn ... David Linden: »How Psychotherapy Changes the Brain – The Contribution of Functional Neuroimaging«, *Molecular Psychiatry* 11 (6) (2006), 528–538; Jeffrey M. Schwartz: »Neuroanatomical Aspects of Cognitive-Behavioural Therapy Response in Obsessive-Compulsive Disorder: An Evolving Perspective on Brain and Behaviour«, *British Journal of Psychiatry* 173 (Supplement 35) (1998), 38–44.

327. einen »gutartigen Virus«, mit dem sich andere Menschen von Betroffenen anstecken können ... Kenneth Ring und Evelyn Elsaesser-Valarino: *Lessons from the Light* (New York: Insight/Plenum, 1998), dt. *Im Angesicht des Lichts* (Kreuzlingen/München: Ariston, 1999).

328. dass ... Studenten in einem Soziologiekurs, in dem Nahtoderfahrungen untersucht wurden, mehr Mitgefühl für andere aufbrachten... Charles Flynn: *After the Beyond* (Englewood Cliffs, NJ: Prentice Hall, 1986).

328. Auszubildende in der Krankenpflege, die einen Kurs über Nahtoderfahrungen abgeschlossen hatten, weniger Angst vor dem Tod … Kenneth Ring: »The Impact of Near-Death Experiences on Persons Who Have Not Had Them. A Report of a Preliminary Study and Two Replications«, *Journal of Near-Death Studies* 13 (4) (1995), 223–235.

328. dass Studenten, die an einem Psychologiekurs über Nahtoderfahrungen teilnahmen, das Leben mehr wertschätzen … Kenneth Ring: *The Omega Project* (New York: William Morrow, 1992); Kenneth Ring: »The Impact of Near-Death Experiences on Persons Who Have Not Had Them. A Report of a Preliminary Study and Two Replications«, *Journal of Near-Death Studies* 13 (4) (1995), 223–235.

328. Diejenigen, die diese Informationen bekommen hatten, brachten anschließend mehr Wertschätzung für das Leben auf … Natasha Tassell-Matamua, Nicole Lindsay, Simon Bennett et al.: »Does Learning about Near-Death Experiences Promote Psycho-Spiritual Benefits in Those Who Have Not Had a Near- Death Experience?« *Journal of Spirituality in Mental Health* 19 (2) (2017), 95–115.

328. Informationen über Nahtoderfahrungen wurden auch in den Gesundheitslehrplan einer Highschool in Kentucky integriert … Glenn E. Richardson: »The Life-after-Death Phenomenon«, *Journal of School Health* 49 (8) (1979), 451 ff.

329. Viele Medizinische Hochschulen und Schulen für Krankenpflegekräfte nehmen mittlerweile Informationen über Nahtoderfahrungen in ihre Lehrpläne auf … Robert D. Sheeler: »Teaching Near Death Experiences to Medical Students«, *Journal of Near-Death Studies* 23 (4) (2005), 239–247; Mary D. McEvoy: »The Near-Death Experience. Implications for Nursing Education«, *Loss, Grief & Care* 4 (1–2) (1990), 51–55.

329. Anbieter medizinischer Leistungen … sensibler auf die Häufigkeit und die Auswirkungen von Nahtoderfahrungen bei ihren Patienten reagieren … Ryan D. Foster, Debbie James und Janice Miner Holden: »Practical Applications of Research on Near-Death Experiences«, in *The Handbook of Near-Death Experiences*, hg. von Janice Miner Holden, Bruce Greyson und Debbie James (Santa Barbara, CA: Praeger/ABC-CLIO, 2009), 235–258.

329. Einbeziehung von Informationen über Nahtoderfahrungen in die Behandlung von Suizidpatienten … John M. McDonagh: »Introducing Near-Death Research Findings into Psychotherapy«, *Journal of Near-Death Studies* 22 (4) (2004), 269–273; Engelbert Winkler: »The Elias Project. Using the Near-Death Experience Potential in Therapy«, *Journal of Near-Death Studies* 22 (2) (2003), 79–82.

329. dass Informationen über Nahtoderfahrungen das Leid trauernder Menschen verringern können … Mette Marianne Vinter: »An Insight into the Afterlife? Informing Patients about Near Death Experiences«, *Professional Nurse* 10 (3) (1994), 171 ff.; Bruce J. Horacek: »Amazing Grace. The Healing Effects of Near-Death Experiences on Those Dying and Grieving«, *Journal of Near-Death Studies* 16 (2) (1997), 149–161.

20. Leben vor dem Tod

332. Wenn vier bis fünfzehn Prozent der Bevölkerung ein Nahtoderlebnis hatten … Sam Parnia, Derek G. Waller, Rebekah Yeates und Peter Fenwick: »A Qualitative and Quantitative Study of the Incidence, Features and Aetiology of Near Death Experiences in Cardiac Arrest Survivors«, Resuscitation 48 (2) (2001), 149–156.

335. John Wren-Lewis wurde von einem potenziellen Dieb vergiftet … John beschrieb sein Nahtoderlebnis in John Wren-Lewis: »The Darkness of God. A Personal Report on Consciousness Transformation through an Encounter with Death«, Journal of Humanistic Psychology 28 (2) (1988), 105–112.

337 »Die Arbeit wartet, während du dem Kind den Regenbogen zeigst, aber der Regenbogen wartet nicht, während du deine Arbeit erledigst« … Dt. passim, zitiert unter anderem nach https://dict.leo.org/forum/viewGeneraldiscussion.php?idForum=9&idThread=885199&lp=ende&lang=de, abgerufen am 1. März 2021.

340. Dialog zwischen buddhistischen Gelehrten und westlichen Wissenschaftlern über Geist und Materie … Bruce Greyson: »Is Consciousness Produced by the Brain?«, in Cosmology and Consciousness, hg. von Bryce Johnson (Dharamsala, Indien: Library of Tibetan Works and Archives, 2013), 59–87.

Register

Anmerkung: In diesem Register bedeutet NTE Nahtoderfahrung oder Nahtoderlebnis. Nahtoderfahrener ist eine Person, die eine NTE gemacht hat.